全注全译

隋释彦琮《辩正论》

Full Annotations and Complete Translations
of Bian Zheng Lun (On Right Way)
by Monk Yan Cong (557-610)

黄小芃/著

本书为四川省哲学社会科学研究「十二五」规划2011年度课题「隋释彦琮《辩正论》研究」（编号：SC11W001）成果

成都师范学院学术专著出版基金资助

四川大学出版社

责任编辑:敬铃凌
责任校对:夏　宇
封面设计:米迦设计工作室
责任印制:王　炜

图书在版编目(CIP)数据

全注全译隋释彦琮《辩正论》/ 黄小芃著. —成都:
四川大学出版社,2013.12
　ISBN 978-7-5614-7457-0

　Ⅰ.①全… Ⅱ.①黄… Ⅲ.①佛经-注释②佛经-译
文　Ⅳ.①B942

中国版本图书馆 CIP 数据核字（2013）第 315604 号

书　名　**全注全译隋释彦琮《辩正论》**
　　　　Quanzhu Quanyi Sui Shi Yan Cong《Bian Zheng Lun》

著　　者　黄小芃
出　　版　四川大学出版社
地　　址　成都市一环路南一段 24 号 (610065)
发　　行　四川大学出版社
书　　号　ISBN 978-7-5614-7457-0
印　　刷　郫县犀浦印刷厂
成品尺寸　148 mm×210 mm
印　　张　14.25
字　　数　367 千字
版　　次　2014 年 2 月第 1 版
印　　次　2014 年 2 月第 1 次印刷
定　　价　39.80 元

◆读者邮购本书,请与本社发行科联系。
　电话:(028)85408408/(028)85401670/
　(028)85408023　邮政编码:610065
◆本社图书如有印装质量问题,请
　寄回出版社调换。
◆网址:http://www.scup.cn

前　言

　　本书是翻译学专著，专门研究中国最早的系统翻译专论——隋释彦琮的《辩正论》。古代主要是佛教界在研究《辩正论》，而从近代起特别是其中的"八备"引起了各界大家硕学的研究兴趣。20世纪80年代之后，翻译学者大量加入该研究行列，研究正在逐步扩展到整篇《辩正论》。本书是有史以来首次全面研究整篇《辩正论》的代表。迄今，各界（包括翻译学）研究《辩正论》，偏重在其中的"八备"和"十条"，尤重在前者，研究局限于古人狭小的眼界，也没有专著形式的全面和系统的研究，整体上有待海纳百川之博论，而在佛教专门知识上尚需精益求精之严谨，一些重大的理论问题依然悬而未决。

　　针对以上问题，本书融通各相关学科的视角，以翻译学为主导角度进行理论分析和阐发，采用传统研究、人文主义、科学主义和马克思主义的方法研究《辩正论》，特别是用科学主义的系统思想研究《辩正论》。再者，本书的研究融合佛学、文学、哲学、历史学、语言学等学科的方法、资料和成果，形成以跨学科交叉参照，以翻译学为主并以整篇《辩正论》为研究对象。本书反对断章取义研究《辩正论》的错误方法。本书的基本研究思路以"前修未密，后出转精"的精神明确研究目标，在前辈学者已有斐然成就的基础上，重点澄清尚不甚清楚的问题，努力填补研究空白。在研究材料运用方面，本书研究的中外参考文献就有一百多本，尽量做到言必有据，论有所依。研究的原始资料都采用《大正藏》，其缺陷用《中华大藏经》和其他藏经版本弥补。也尽量采用反映相关领域最新成果和具有最高水平的工具书，如《汉语大字典》（2010 年九卷本）和《汉语大词典》（1986－1994年）。

第一章开展了对《辩正论》的原作者隋释彦琮和最早编录者唐释道宣的研究，回顾了从古至今《辩正论》研究的历史，梳理了各科学者的主要观点，提出了本书研究的对象、内容和方法。本章也研究了《辩正论》的语言风格。

第二章全面和详尽地注解了《辩正论》，古汉语、现代汉语原文、现代汉语今译文和英译文的语内与语际四种文本转换和对照。本章是全书其他各章研究的基础和根据，为读者扫清了语义等障碍。从本章注释，语内（古译现汉）和语际（汉英）翻译实践可一窥本书作者的翻译理论和方法倾向。

第三章是《辩正论》的篇章结构研究。笔者用今天翻译学的理论术语，以今天的理论视野给《辩正论》划分出篇、部和段。这样的分析结果表明，论文本身结构基本完整，各部分相互说明，前后照应，条理清楚，层层推进，中心突出。本书研究和讨论《辩正论》都根据本章的论文结构分析，用三个阿拉伯数字编号，第一个数字指第几篇，第二个数字指第几部，第三个数字指第几段。如 1.0.0 指第一篇，3.2.1 指第三篇第二部第一段，其余以此类推。

第四章按照研究传统分析了佛典译者条件论（"八备"），又研究了佛典译者理论（八备学说）。历代研究《辩正论》都只注重"八备"，即中土佛典译者应该具备的八个条件，属于《辩正论》当中的佛典译者理论——"八备"学说当中的佛典译者条件论（"八备"），乃其中子理论之一。本章既研究"八备"又研究"八备"学说。

第五章条分缕析《辩正论》所包含的翻译思想、佛教思想及其他思想，分析了《辩正论》的译理、佛理和道理及其各家思想之间的关系，还指出了原作者彦琮所说的佛典翻译及其理论的佛教性质。

第六章提出《辩正论》翻译理论和方法，开展翻译批评。本章如骨鲠在喉不得不发的翻译批评以上面作者自己的研究成果为基础，也是作者批评声如洪钟的底气所在。本章的翻译批评不免与其他学者的译文相对照，这完全是为了明道见理，而不逞一时之气，本章的观点仅为抛砖引玉。

第七章以中国翻译理论史、中国古代佛典译论史，甚至以西方翻译理论史为参照，评价了《辩正论》。本章的结论并非泛泛而论、人云亦云的空谈，完全是立足于前面实在的材料和踏实研究。

总之，隋释彦琮的《辩正论》是中国最早的一篇系统翻译专论，从中古至今都有学者从不同角度关注和研究。《辩正论》由佛典翻译原则论、佛典译者理论和中土学佛者通梵语论三大理论组成，逻辑关系紧密，相互支撑并论证了《辩正论》的中心论点：中土佛典翻译原则的确立和分析。

可能有细心的读者发现，本书观点有的通过论文形式在本书出版前已发表在某些学术刊物上，极个别观点前后可能有些差异。如有这样的情况，请以作者新近发表的为准。

黄小芃

2013 年 10 月

目 录

第一章　总论

本章是对《辩正论》的综合研究，重点在于研究作者释彦琮的生平，《辩正论》自唐以来的研究沿革，涉及的各代主要研究者及其观点，笔者研究的目标和方法，《辩正论》的语言风格及其意义和局限。请读者注意笔者每节最后所得出的结论。

第一节　标题、性质、作者、成文时间和 最早编辑者

一、《辩正论》的标题、性质和成文大致时间

1. 标题

《辩正论》这篇论文今存大藏经唐释道宣作《续高僧传第二卷·隋东都上林园翻经馆沙门释彦琮传四》(《大正藏》第50册第436－439页)。据此，我们知道论文的题目是"辩正论"，作者是隋朝高僧释彦琮，收编者是唐朝释道宣。这里的"辩"有分别、纠正和辩论的意思 (《汉语大字典》2010：4310)，这里的"正"字是名词，意思是常例、常法和准则，也有合规范和合标准之意 (同上：1538－1539)。标题三个字连起来的意思是：论

佛典翻译准（法）则之分析和纠正，使之符合规范和标准。

另外，笔者查阅了《永乐北藏》第 148 册（第 403 页）、《乾隆大藏经》第 113 册（第 203 页）、《大正藏》第 50 册（第 438页）和《中华大藏经》（汉文部分）第 61 册（第 511 页），彦琮的《辩正论》标题中头两字都是"辩正"二字，而不是"辩证"。进入 21 世纪以来，有的翻译理论家讨论彦琮的《辩正论》，有一错到底写成"辩证论"的，也有开头正确后面连续出错的[1]。

2. 性质

佛教虽并非没有辩证法（张曼涛，1978），但还是不能因为某些学者的文字引用错误而望文生义，把中国隋朝高僧彦琮作的《辩正论》与从欧洲舶来的辩证法（论）相混淆。辩证法（论）起源于欧洲古希腊哲学，先经过了古代朴素的辩证法发展阶段，后经以黑格尔为代表的唯心辩证法和马克思主义的唯物辩证法若干阶段发展而来。所以，此《辩正论》与西方哲学范畴内的辩证法没有关系。

《续高僧传》属于汉文佛典[2]之中国本土撰述的史传类著作，是真实记录汉地佛教发展历史上著名佛教人物的传记类著作。收录在《续高僧传》内隋释彦琮本传的《辩正论》，是中国今存最早的一篇专门研究佛典翻译的论文，简单说就是一篇最早的翻译专论。早在 20 世纪 30 年代，罗根泽在其著作[3]中已指出："翻译论的专篇论文，实以彦琮的《辩正论》为最早。"（1984：267）

全注全译隋释彦琮《辩正论》

2

---

① 参见陈福康（2000：24-28）和王宏印（2003：30-41）。曹明伦（2007a：230）早就指出了这两位学者的引文不确的瑕疵。

② 汉文佛典包括翻译佛典和本土佛教撰述，是中国（汉地）佛教理论和实践的文字记录（朱庆之，1992：2）。

③ 参见其《新版序》（罗根泽，1984：1）。

3. 成文时间

读者从本书的引用文献可以看到，笔者研究《辩正论》引用古今中外文献近两百部，其中大藏经两部以上，相关资料大多来自中国和日本，但关于《辩正论》的成书时间在笔者所搜集的材料中均没有提及。唯有的依据是《辩正论》第一段道宣那句话："然琮久参传译，妙体梵文……乃著《辩正论》，以垂翻译之式。"笔者只能据此和其本传下面彦琮的生平情况推断《辩正论》的大致成文时间。道宣的意思是，《辩正论》是彦琮多年参加佛典翻译之后写成的。彦琮27岁参加佛典翻译活动，十年以上才算"久"，那么该论文应当是他40岁以后50岁以前写成的。

二、《辩正论》的作者彦琮（557－610）

1. 生卒年和出生地

根据彦琮本传，可以推算出其生卒年是公元557年－610年，换算成世纪纪年应该是公元6至7世纪之交而不是"五六世纪之交"①（陈福康，2000：25）。彦琮本传说他本人是"赵郡柏人人也"②。《中国佛教思想资料选编》第二卷第三册说"赵郡柏人"就是今天河北唐山（石峻、楼宇烈、方立天，1991：299），可惜没有指出根据何在，况且河北省除了今天的唐山市，历史上还曾有个唐山县，究竟是哪个唐山并不清楚。而中国佛协主办的

---

① 根据《辞海》1999年音序版，百年为一世纪，特指耶稣基督纪元（公元纪元）之百年分期。但史学界有两种分法，一种是元年至100年为1世纪，101年至200年为2世纪，后以此类推。一种是元年至99年为1世纪，100年至199年为2世纪，200至299年为3世纪，以后类推。但不管哪种算法，公元557－610年都应该是6世纪和7世纪之交。

② 学者陈福康认为："彦琮（557－610），俗姓李，赵郡柏（今河北隆尧西南）人。"（陈福康 2000：25）而《大正藏》此处原文是："赵郡柏人人也。"可能是作者疏忽所致，但这样写且漏掉一个"人"字就造成考证上的困难。

《法音》杂志上的论文又说彦琮是"今河北省石家庄地区人"（苑艺、荣宽，1984：12）。那么，彦琮的出生地在今天就有了两个说法。中国古今地名和行政分属变化很大，这里还需要一番考证。

古时的赵郡从东汉建安十七年（公元212年）至唐天宝年间治所和名称历经变迁，在西晋末其辖境相当于今河北赵县、元氏、高邑、内丘、临城、柏乡、赞皇等县及平乡、隆尧二县部分地区。隋大业和唐天宝年间大致以上县地也属赵郡（史为乐2005：1758）。

"柏人邑，在今河北隆尧县西尧城西北。《左传·哀公四年》：'会鲜虞，纳荀寅于柏人。'柏人县，西汉置，治所在今河北隆尧县西尧城西北，王莽改名寿仁县。东汉复为柏人县。北魏移治今隆尧县西北尧城。东魏改为柏仁。"（魏嵩山，1995：748）

根据《隆尧县地名志》，尧山县在春秋时期是晋国的辖地，名叫柏人。西汉初年建立了柏人县。北魏王朝为表"仁政"，把"柏人县"改为"柏仁县"。唐武德元年（公元618年），东龙州设在柏仁县。到唐玄宗时，又据唐尧曾经受封此地，且有尧山在境，于公元742年改名为"尧山县"。金大定中（公元1127年），金太宗完颜晟为避其父宗尧之名讳，把尧山县改为"唐山县"。1925年民国政府因唐山县与京东唐山市重名才恢复尧山县名。1947年隆平、尧山两县合并为隆尧县（隆尧县地名办公室，1983：8-12）。

再证之以清光绪年间《唐山县志》的记载，唐山县最早是唐尧的封地，商和西周二朝时属刑国，春秋时是晋邑，始称柏人，战国时属赵国，秦朝属巨郡，汉朝置柏人县，东魏改称柏仁县，隋朝属襄国郡，唐朝天宝元年柏仁县改称尧山县，属刑州；金改称唐山县，属刑州，元朝并入内丘县，属顺德路，明朝仍为唐山县，属顺德府，清随明制（苏玉，2006：174-175）。

另外，《隆尧县地名志》还记载彦琮墓位于该县尧山（即巏嵍山）东山坡上，刻有彦琮名讳和生卒年月日的石棺属县级重点保护文物，至今保护完好（隆尧县地名办公室，1983：165－166）。

综上所述，今河北省隆尧县地处今石家庄市和邢台市之间，《法音》杂志的论断大致正确，且有根据；说彦琮是今天河北唐山人也非空穴来风。但更精确定位，《续高僧传》彦琮本传中所载的彦琮的出生地"柏人"在今天河北省隆尧县，属河北省邢台市辖地。所以，隋释彦琮应是今河北省邢台市隆尧县人。1999年上海辞书出版社出版的《中国佛教人名大辞典》的记录较准确："彦琮（557—610），隋僧，号衣冠。赵郡柏人（河北隆尧西）李氏。"（震华法师，1999：513－514）

2. 彦琮所处社会历史阶段的佛教发展特点

彦琮生活在南北朝末期和隋朝。南北朝佛教总体发展的特点是南方偏重玄谈，义学发达，而北方偏重实践，禅法流行。到了南北朝末期，南北社会发展水平相接近，南北佛学各家师说逐渐有了综合调和的趋势，开始酝酿形成佛教的中国宗派（吕澂，1979：159）。接着，隋朝一统天下，接下来隋朝的三十余年是中国佛教思想史上的转折点，佛教从南北各有侧重到南北融合与统一，最终形成有别于印度的中国新佛教（廉田茂雄，1986：165）。

隋朝文帝和炀帝从建寺、立塔、造像、写经、讲经、翻译、度僧尼等各方面支持佛教发展。文、炀二代帝王统治期间，新建寺院3 985所，新度僧尼236 200人，这大大超过了当年"南朝四百八十寺，多少楼台烟雨中"的佛教发展盛况，而且文帝还做了一件对佛教发展影响很大的事，即以长安为中心建立佛学教学体系。从当时流行的佛学派别中选出著名学者，集中于通都大邑，分为五众（团体），包括涅槃众、地论众、大论众、讲律众和禅门众，每众设众主负责教学（黄忏华，1977：1—11）。这当然有助于佛学理论与实践的相互接触参酌。

佛典翻译自东晋十六国的秦凉以来至隋朝都以官办译场形式的翻译为主，其基本翻译制度是一外来高僧作为译场的译主，辅以若干本土助译，其粗略分工从唐道宣的《续高僧传》可窥见一斑：译主、笔受、校对和制序是当时佛经翻译主要的四个工种。

迄今为止，笔者所见到的相关资料，把中国古代佛典翻译分为三期或四期，如梁启超（2001b：212）、吕澂（[1925]：13）、五老旧侣（1981）、王文颜（1984：66—92）和马祖毅（2006：69—109），其中只有吕澂特别提及隋朝"专设翻经院于洛阳上林园。规模渐备译传亦得渐精"（吕澂[1925]）[14]。王文颜也认为，隋代译经虽乏善可陈却是译场制度发展的关键期（1984：92）。马祖毅虽也没有把隋代专列为佛典翻译的一个时期，但强调秦凉年间乃至南北朝时期的确有若干译场，但都是临时性的，而隋朝在大兴善寺和洛阳上林苑所设翻经馆是常设的译场（2006：93）。

曹世邦在研究古代佛经译场的问题时，注意到了隋朝译场处于中国佛典翻译史承上启下、继往开来的关键阶段。隋朝的译场最多几十人，而前面几代的译场有上千或数百人。这说明自隋起佛典译场组织渐趋精密，译人（主要是本土助译）素质比以前大为提高（曹世邦，1981：203—207）。

3. 隋释彦琮生平资料

笔者根据彦琮本传，采用王文颜的方法（1984：237—240），以彦琮的年龄从小到大上下为序，并列当时的实际帝王年号和今人的公元纪年时间，罗列彦琮生平事迹如下，便于研究。

（1）彦琮生平综合资料

从北齐文宣帝（高洋）天保八年至北齐后主（高纬）天统一年（557至565年），即1至9岁。《大正藏》（第50册第436页）记载：

6

释彦琮，俗缘李氏，赵郡柏人人也，世号衣冠，门称甲族。（俗姓李，出生地为今河北省邢台市隆尧县，家族乃当时的望族。——笔者）少而聪敏，才藻清新，识洞幽微，情符水镜。遇物斯览，事罕再详。初投信都僧边法师，因试令诵须大拏经，减七千言，一日便了；更诵大方等经，数日亦度。边异之也。

北齐后主（高纬）天统二年（566年），10岁。《大正藏》（第50册第436页）记载：

至于十岁方许出家，改名道江。以慧声洋溢，如江河之望也；听十地论，荣誉流振，州邑所推。

北齐后主（高纬）天统四年（568年），12岁。《大正藏》（第50册第436页）记载：

十二在罐磬山诵法华经，不久寻究，便游邺下，因循讲席。乃返乡寺，讲无量寿经。时太原王邵任赵郡佐，寓居寺宇，听而仰之，友敬弥至。

北齐后主（高纬）武平之初（570年），14岁。《大正藏》（第50册第436页）记载：

齐武平之初，年十有四。西入晋阳，且讲且听，当尔道张汾朔，名布道儒，尚书敬长瑜及朝秀卢思道、元行恭、邢恕等，并高齐荣望，钦揖风猷，同为建斋讲大智论，亲受披导，叹所未闻。及齐后西幸晋阳，延入宣德殿，讲仁王经。国统僧都用为承奉，听徒二百，并是英髦，帝亲临御筵，文武咸侍。皇太后及以六宫，同升法会，勅侍中高元海，扶琮升坐，接侍上下。而神气坚朗，希世惊嗟，析理开神，咸遵景仰。

北齐后主（高纬）武平三年（572年），16岁。《大正藏》

（第50册第436页）记载：

> 十六遭父忧。厌辞名闻，游历篇章，爰逮子史，颇
> 存通阅。右仆射阳休之，与立林馆①诸贤，交共欺狎，
> 性爱恬静，延而方造。及初进具。日次晡时。戒本②万
> 言诵试兼了。自尔专习律检。进讨行科。

北周武帝（宇文邕）建德六年（577年），21岁。《大正藏》
（第50册第436页）记载：

> 及周武平齐，寻蒙延入，共谈玄藉，深会帝心，勒
> 预通道观③学士，时年二十有一。与宇文恺等周代朝
> 贤，以大易老庄陪侍讲论，江便外假俗衣，内持法服，
> 更名彦琮。武帝自缵道书，号无上秘要④。于时预沾纶
> 综，特蒙收采。

---

① 笔者认为，这里"立林馆"应是"文林馆"。如《北齐书》："三年祖珽奏立
文林馆，于是更招引文学士，谓之待诏文林馆焉。……当时操笔之徒，搜求略
尽。……待诏文林馆，亦一时盛事。"（李百药，2000：416—417）另见《中国历史大
辞典》："文林馆，官署名。北齐武平三年（572年）置，征召文学之士入馆，称待诏
文林馆。掌编撰供皇帝阅览的书籍，撰成后名《修文殿御览》。"（中国历史大辞典编
撰委员会，2000：560）

② 戒本，分成比丘戒本和比丘尼戒本，内容相当于广律中的比丘戒和比丘尼戒
（陈士强，2000：48）。

③ 北周建德三年（574年）五月，武帝下诏禁断佛道二教，同年六月又下诏设
置通道观，招纳已还俗的佛道教徒和儒士为通道观学士。通道观是当时融通儒、释、
道三教的国家文化机构（刘林魁、普慧，2007：66—70）。

④ 《无上秘要》为最早道教类书。北周武帝宇文邕建德六年灭北齐后敕诸学士
纂辑。《旧唐书·经籍志》《新唐书·艺文志》《宋史·艺文志》等均着录72卷。《正
统道藏》收有残本67卷，而且录止于100卷，可见原书本身为百卷，唐宋已缺28
卷，至明代编道藏又少5卷。此书摘取三洞四辅道典精要，分品纂录，内容包括天
地三界、洞天山水、众圣本迹、宫室舆服、斋仪科戒以及修真养身、服食飞升诸方
术等。残本中所引晋代以来道书多达180余种，为研究汉魏两晋南北朝道教史的重
要资料（刘琳撰，见《中国大百科全书光盘1.2版》）。

北周宣帝（宇文赟）大成元年（579 年），23 岁。《大正藏》（第 50 册第 436 页）记载：

> 至宣帝在位，每醮必累日通宵，谈论之际因润以正法，时渐融泰，颇怀嘉赏，授礼部等官并不就。与朝士王邵辛、德源、陆开明、唐怡等，情同琴瑟，号为文外玄友。

北周静帝（宇文阐）大象二年（580 年），24 岁。《大正藏》（第 50 册第 436 页）记载：

> 大象二年，隋文作相，佛法稍兴，便为诸贤讲释般若。

北周静帝（宇文阐）大定元年，也是隋文帝（杨坚）开皇元年（581 年），25 岁。《大正藏》（第 50 册第 436 页）记载：

> 大定元年正月，沙门昙延等，同举奏度，方蒙落发，时年二十有五。至其年二月十三日，高祖受禅，改号开皇，即位讲筵，四时相续。长安道俗咸拜其尘，因即通会佛理，邪正沾濡，沐道者万计。又与陆彦师、薛道衡、刘善经、孙万寿等一代文宗，著内典文会集。又为诸沙门撰唱导法，皆改正旧体，繁简相半，即现传习，祖而行之。

隋文帝（杨坚）开皇三年（583 年），27 岁。《大正藏》（第 50 册第 436—437 页）记载：

> 开皇三年，（帝怪道坛老子化胡像），……因作辩教论，明道教妖妄者，有二十五条，词理援据，宰辅褒赏。其年西域经至。即勅翻译。既副生愿，欣至泰然，从驾东巡，旋途并部。时炀帝在蕃，任总河北，承风请谒，延入高第，亲论往还，允惬悬伫，即令住内堂，讲

金光明、胜鬘、般若等经。又奉别教，撰修文疏，契旨卓陈，足为称首，又教住大兴国寺。尔后王之新咏旧叙，恒令和之，又遣萧懿、诸葛颖等群贤，迭往参问。谈对名理，宗师有归。隋秦王后作镇太原，又蒙延入安居内第，叙问殷笃。

隋文帝（杨坚）开皇十二年（592年），36岁。《大正藏》（第50册第437页）记载：

> 至十二年，勅召入京，复掌翻译，住大兴善，厚供频仍。时文帝御寓，盛弘三宝，每设大斋，皆陈忏悔。帝亲执香炉，琮为倡导，畅引国情，恢张皇览。炀帝时为晋王，于京师曲池营第林，造日严寺，降礼延请，永使住之。然而东夏所贵，文颂为先，中天师表，梵音为本。琮乃专寻教典，日诵万言。故大品、法华、维摩、楞伽、摄论、十地等，皆亲传梵书受持诵读，每日闇阅，要周乃止。

隋文帝（杨坚）仁寿初年（601年），45岁。《大正藏》（第50册第436页）记载：

> 仁寿初年，勅令送舍利于荆州。

隋文帝（杨坚）仁寿二年（602年），46岁。《大正藏》（第50册第437页）记载：

> 仁寿二年下勅，更令撰众经目录。乃分为五例，谓单译重翻别生疑伪，随卷有位。寻又下勅，令撰西域传。素所暗练，周镜目前，分异讹错，深有征举。故京壤名达，多寻正焉。勅又令琮翻隋（舍利瑞图经及国家祥瑞录）为梵，合成十卷，赐诸西域。琮以洽闻博达，素所关心，文章腾藉，京辇推尚。凡所新译诸经，及见

讲解大智释论等，并为之序引。又著沙门名义论别集五卷，并词理清简，后学师钦。

隋文帝（杨坚）仁寿末年（604年），48岁。《大正藏》（第50册第437页）记载：

> 仁寿末岁，又勒送舍利于复州方乐寺，今名龙盖寺也。

隋炀帝（杨广）大业二年（606年），50岁。《大正藏》（第50册第437页）记载：

> 大业二年。东都新治。与诸沙门诣阙朝贺。特被召入内禁。叙故累宵谈述治体呈示文颂。其为时主见知如此。因即下勒。于洛阳上林园。立翻经馆以处之。供给事隆倍逾关辅。新平林邑所获佛经。合五百六十四夹。一千三百五十余部。并昆仑书。多梨树叶。有勒送馆。付琮披览。并使编叙目录。以次渐翻。乃撰为五卷。分为七例。所谓经律赞论方字杂书七也。必用隋言以译之。则成二千二百余卷。勒又令裴矩共琮修缵天竺记。文义详洽条贯有仪。凡前后译经。合二十三部。一百许卷。制序述事备于经首。

隋炀帝（杨广）大业六年（610年），54岁。《大正藏》（第50册第437页）记载：

> （是年）因卒于馆，春秋五十有四，即大业六年七月二十四日也。俗缘哀悼，归葬柏人。

彦琮平生著述：

> 琮师尚宗据，深究教源，故章抄疏记诸无所及，述制书论，不叙丘坟。著福田论、僧官论、慈悲论、默语

第一章 总论

论、鬼神录、通极论、辩圣论、通学论、善知识录等。并赋词弘赡，精理通显。初所著通极者，破世术诸儒不信因果，执于教迹，好生异端，此论所宗，佛理为极。言辩圣者，明释教宣真，孔教弘俗，论老子教不异俗儒，灵宝等经则非儒摄。言通学者，劝引儒流，遍师孔释，令知内外，备识俗真。言善知识者，是大因缘，登圣越凡。不因善友，无人达也。

（2）彦琮文学和儒道修养事迹

北齐后主（高纬）武平三年（572年），16岁。《大正藏》（第50册第436页）记载：

> 厌辞名闻，游历篇章；爰逮子史，颇存通阅。右仆射阳休之。与立林馆诸贤。交共欵狎。性爱恬静。延而方造。

北周武帝（宇文邕）建德六年（577年），21岁。《大正藏》（第50册第436页）记载：

> 及周武平齐，寻蒙延入。共谈玄藉，深会帝心，勅预通道观学士，时年二十有一。与宇文恺等周代朝贤，以大易老庄陪侍讲论。江便外假俗衣，内持法服，更名彦琮。武帝自缵道书号无上秘要，于时预沾纶综，特蒙收采。

北周宣帝（宇文赟）大成元年（579年），23岁。《大正藏》（第50册第437页）记载：

> 至宣帝在位，每醮必累日通宵，谈论之际因润以正法，时渐融泰，颇怀嘉赏，授礼部等官并不就。与朝士王邵、辛德源、陆开明、唐怡等，情同琴瑟，号为文外玄友。

（3）彦琮佛教修养、著述和活动

北齐文宣帝（高洋）天保八年至北齐后主（高纬）天统一年（557年至565年），1岁至9岁。《大正藏》（第50册第436页）记载：

> 初投信都僧边法师，因试令诵须大拏经，减七千言，一日便了，更诵大方等经。数日亦度，边异之也。

北齐后主（高纬）天统二年（566年），10岁。《大正藏》（第50册第436页）记载：

> 至于十岁，方许出家，改名道江。以慧声洋溢，如江河之望也，听十地论，荣誉流振，州邑所推。

北齐后主（高纬）天统四年（568年），12岁。《大正藏》（第50册第436页）记载：

> 十二在罐嶅山诵法华经。不久寻究，便游邺下，因循讲席。乃返乡寺，讲无量寿经。时太原王邵任赵郡佐，寓居寺宇，听而仰之，友敬弥至。

北齐后主（高纬）武平之初（570年），14岁。《大正藏》（第50册第436页）记载：

> 齐武平之初，年十有四，西入晋阳，且讲且听。当尔道张汾朔，名布道儒。尚书敬长瑜及朝秀卢思道、元行恭、邢恕等，并高齐荣望，钦揖风猷，同为建斋，讲大智论，亲受披导，叹所未闻。及齐后西幸晋阳，延入宣德殿，讲仁王经。国统僧都用为承奉，听徒二百，并是英髦。帝亲临御筵，文武咸侍；皇太后及以六宫，同升法会。勅侍中高元海，扶琮升坐，接侍上下，而神气坚朗，希世惊嗟，析理开神，咸遵景仰。

北齐后主（高纬）武平三年（572年），16岁。《大正藏》（第50册第436页）记载：

> 及初进具，日次晡时，戒本万言，诵试兼了。自尔专习律检，进讨行科。

北周静帝（宇文阐）大象二年（580年），24岁。《大正藏》（第50册第436页）记载：

> 大象二年，隋文作相，佛法稍兴，便为诸贤讲释般若。

北周静帝（宇文阐）大定元年，其年二月十三日起为隋文帝（杨坚）开皇元年（581年），25岁。《大正藏》（第50册第436页）记载：

> 大定元年正月，沙门昙延等同举奏度，方蒙落发，时年二十有五。至其年二月十三日，高祖受禅，改号开皇。即位讲筵，四时相续，长安道俗咸拜其尘，因即通会佛理，邪正沾濡，沐道者万计。又与陆彦师、薛道衡、刘善经、孙万寿等一代文宗，著内典文会集。又为诸沙门撰唱导法，皆改正旧体，繁简相半，即现传习，祖而行之。

隋文帝（杨坚）开皇三年（583年），27岁。《大正藏》（第50册第436—437页）记载：

> 开皇三年，（帝怪道坛老子化胡像），……因作辩教论，明道教妖妄者，有二十五条，词理援据，宰辅褒赏。时炀帝在蕃任总河北，承风请谒，延入高第，亲论往还，允惬悬仁，即令住内堂。讲金光明胜鬘般若等经，又奉别教撰修文疏，契旨卓陈，足为称首。又教住大兴国寺，尔后王之新咏旧叙，恒令和之。又遣箫懿、

诸葛颖等群贤，选往参问。谈对名理，宗师有归。

隋文帝（杨坚）开皇十二年（592 年），36 岁。《大正藏》（第 50 册第 437 页）记载：

> 时文帝御寓，盛弘三宝，每设大斋，皆陈忏悔。帝亲执香炉，琮为倡导，畅引国情，恢张皇览。炀帝时为晋王，于京师曲池营第林，造日严寺，降礼延请永使住之。然而东夏所贵，文颂为先；中天师表，梵音为本。琮乃专寻教典，日诵万言，故大品法华维摩楞伽摄论十地等，皆亲传梵书，受持诵读，每日闇阅，要周乃止。

隋文帝（杨坚）仁寿初年（601 年），45 岁。《大正藏》（第 50 册第 437 页）记载：

> 仁寿初年，勅令送舍利于荆州。

隋文帝（杨坚）仁寿二年（602 年），46 岁。《大正藏》（第 50 册第 437 页）记载：

> 仁寿二年下勅更令撰众经目录。乃分为五例，谓单译重翻，别生疑伪，随卷有位。寻又下勅，令撰西域传。素所暗练，周镜目前，分异讹错，深有征举，故京壤名达，多寻正焉。琮以洽闻博达，素所关心，文章腾蔚，京辇推尚。凡所新译诸经，及见讲解大智释论等，并为之序引。又著沙门名义论别集五卷，并词理清简，后学师钦。

隋文帝（杨坚）仁寿末年（604 年），48 岁。《大正藏》（第 50 册第 437 页）记载：

> 仁寿末岁，又勅送舍利于复州方乐寺，今名龙盖寺也。

（4）彦琮佛经翻译事迹（《续高僧传》卷第二彦琮本传所记载的）

隋文帝（杨坚）开皇三年（583年），27岁。《大正藏》（第50册第437页）记载：

> 其年西域经至，即勅翻译。

隋文帝（杨坚）开皇十二年（592年），36岁。《大正藏》（第50册第437页）记载：

> 至十二年，勅召入京，复掌翻译，住大兴善，厚供频仍。

隋文帝（杨坚）仁寿二年（602年），46岁。《大正藏》（第50册第437页）记载：

> 勅又令琮翻隋（舍利瑞图经及国家祥瑞录）为梵，合成十卷，赐诸西域。

隋炀帝（杨广）大业二年（606年），50岁。《大正藏》（第50册第437页）记载：

> 大业二年，因即下勅，于洛阳上林园，立翻经馆以处之，供给事隆倍逾关辅。新平林邑所获佛经，有勅送馆，付琮披览。并使编叙目录，以次渐翻，乃撰为五卷，分为七例，所谓经律赞论方字杂书七也。必用隋言以译之，则成二千二百余卷。勅又令裴矩共琮修缀天竺记，文义详洽，条贯有仪。凡前后译经，合二十三部，一百许卷，制序述事备于经首。

（5）《续高僧传》卷第二彦琮本传之外的材料所记载的彦琮翻译佛典及其相关活动

隋文帝（杨坚）开皇二年（582年），26岁。《大正藏》（第

全注全译隋释彦琮《辩正论》

55 册第 547 页）记载：

> 《开元释教录》卷七：优婆塞达磨阇那，隋云法智，姓瞿昙氏。……智既妙善隋梵二言，执本自翻，无劳传度，以开皇二年壬寅，译业报差别经一部，成都沙门释智铉笔受，文词铨序义体，赵郡沙门释彦琮制序。

> 沙门毘尼多流支，隋言灭喜，北印度乌苌国人。不远五百由旬，振锡巡方，来观盛化，至止便召入令翻经。以文帝开皇二年壬寅，译方广总持等经二部。给事李道宝、般若流支次子昙皮二人传语，长安沙门释法纂笔受为隋言，并整比文义，沙门彦琮并皆制序。

隋文帝（杨坚）开皇五年（585 年），29 岁。《大正藏》（第 50 册第 434 页）记载：

> 《续高僧传》第二卷："至开皇五年，……诸有翻传，必以崛多为主。……沙门明穆、彦琮，重对梵本，再审覆勘，整理文义。"（此例显示彦琮整理和校勘译本文义。——笔者）

隋文帝（杨坚）开皇六年（586 年），30 岁。《大正藏》（第 49 册第 103 页）记载：

> 《历代三宝纪》卷十二：文殊尸利行经一卷（开皇六年正月翻，二月讫，沙门僧昙笔受，沙门彦琮制序），大威灯仙人问疑经一卷（开皇六年正月翻，二月讫，沙门道邃笔受，沙门彦琮制序），八佛名号经一卷（开皇六年五月翻，六月讫，沙门道邃笔受，沙门彦琮制序），希有校量功德经一卷（开皇六年六月翻，其月讫，沙门僧昙笔受，沙门彦琮制序），善恭敬师经一卷（开皇六年七月翻，八月讫，沙门僧昙等笔受，沙门彦琮制序）。

隋文帝（杨坚）开皇七年（587年），31岁。《大正藏》（第49册第103—104页）记载：

> 《历代三宝纪》卷十二：虚空孕菩萨经二卷（开皇七年正月翻，三月讫，沙门僧昙笔受，沙门琮制序），如来方便善巧呪经一卷（开皇七年正月翻，二月讫，沙门僧昙等笔受，沙门彦琮制序），不空羂索观世音心呪一卷（开皇七年四月翻，五月讫，沙门僧昙等笔受，沙门彦琮制序），十二佛名神呪除障灭罪经一卷（开皇七年五月翻，其月讫，沙门僧琨笔受，沙门彦琮制序），金刚场陀罗尼经一卷（开皇七年六月翻，八月讫，沙门僧琨等笔受，沙门彦琮制序）。

隋文帝（杨坚）开皇十年至隋炀帝（杨广）大业六年（590年至610年），34岁至54岁。《大正藏》（第55册第366页）记载：

> 《古今译经图纪》卷四："沙门达摩笈多，隋言法密，南贤豆国人。……暨开皇十年来届瓜州。……至炀帝定鼎东都，敬重隆笃，复于上林园内置翻经馆，译法炬陀罗尼经（二十卷）。……摄大乘论（十卷）。从开皇十年至大业末岁，译经一十八部合八十一卷，并文义清素，华质显正。沙门彦琮、行矩等笔受。"（此例说明此二十年彦琮在达摩笈多的译场做过笔受。——笔者）

隋文帝（杨坚）开皇十一年（591年），35岁。《大正藏》（第49册第103页）记载：

> 月上女经三卷（开皇十一年四月翻，六月讫。学士刘凭笔受，沙门彦琮制序），善思童子经二卷（开皇十一年七月翻，九月讫。学士费长房笔受，沙门彦琮制

18

序）。

隋文帝（杨坚）开皇十五年（595 年），39 岁。《大正藏》（第 49 册第 103 页）记载：

> 一向出生菩萨经一卷（开皇十五年十一月翻，十二月讫。沙门僧昙笔受，沙门彦琮制序）。

隋文帝（杨坚）开皇十七年（597 年），41 岁。《大正藏》（第 16 册第 359 页）记载：

> 《合部金光明经》卷一：合部金光明经序……大隋驭寓，新经即来。帝勅所司，相续翻译。至开皇十七年，法席小间，因劝请北天竺捷陀罗国三藏法师，此云志德，……在京大兴善寺，即为翻译。……学士成都费长房笔受，通梵沙门日严寺释彦琮校练。

隋炀帝（杨广）大业二年（606 年），50 岁。《大正藏》（第 32 册第 482 页）记载：

> 《缘生论》卷一：缘生论序……大业二年十月，南贤豆国（旧名天竺者讹也）三藏法师达磨笈多，与故翻经法师彦琮，在东都上林园，依林邑所获贤豆梵本，译为隋言，三年九月其功乃竟。经二卷，论一卷。三藏师，究论闲明，义解沈密。琮法师，博通经论，兼善梵文。共对叶本，更相扣击，一言靡遗，三覆逾审，辞颇简质，意存允正，比之昔人，差无尤失。（与外僧达磨笈多合作翻译佛经例。——笔者）

4. 外学修养

根据以上彦琮的生平资料，可以看出，他自 10 岁出名，12 岁起与达官贵人、文人名士打交道，16 岁左右可以说已经精通

外学，"游历篇章。爰逮子史颇存通阅"，还与当时的文人雅士交好；21岁其玄学修养已到达一定境界，"共谈玄藉，深会帝心，勅预通道观学士"，且"与宇文恺等周代朝贤，以大易老庄陪侍讲论"。他作为北周通道观学士参加过北周武帝敕纂的中国最早的道教类书《无上秘要》的编撰工作。

5. 内学修养和佛教活动

彦琮一生的佛教活动包括听、诵、讲、译佛经，受敕护送舍利，撰写经序经录和佛教论著（包括译经法则），主持高级别的佛教仪式等。

（1）佛教修养

隋文帝杨坚开皇年间（581年），彦琮25岁，正式削发为僧。25岁之前，他诵讲的多半是大乘佛教的经论，如《大方等大集经》《法华经》《大智度论》《无量寿经》《仁王经》《般若经》；他16岁诵讲小乘律藏的戒本，"戒本万言诵试兼了"，专门研习过佛门戒律，"自尔专习律检。进讨行科"。

在他36岁住日严寺期间，"琮乃专寻教典，日诵万言。故大品法华维摩楞伽摄论十地等，皆亲传梵书，受持诵读，每日闇阅要周乃止"。这既说明他懂梵语，又表明他很勤奋地研读梵语原经。

（2）佛教著述

彦琮善写佛教理论著作，"曾著有《福田论》《僧官论》《慈悲论》《默语论》《通极论》《通学论》《辩圣论》《辩正论》《善知识录》《鬼神录》等。今存者有《辩正论》，见续高僧传卷二；《通极论》，见《广弘明集》卷四；《福田论》，见《广弘明集》卷二十五；《合部金光明经序》，见频伽本大藏经黄九"（石峻、楼宇烈、方立天，1991：299）。《历代三宝纪》卷十二还记载，除了以上论著，彦琮还于仁寿二年（602年）撰有《彦琮录》（也称为《琮录》或《仁寿录》），共5卷；隋大业中又撰写《昆仑经录》5 卷（《中国大百科全书》光盘 1.2 版）。

（3）佛经翻译

从以上关于彦琮佛典翻译及其相关活动的生平资料可以看出，彦琮的佛经翻译活动包括译场笔受、译本校勘，为译毕的佛经制序引，翻隋为梵和翻梵为隋，但没有资料显示他是隋朝佛经译场的译主。有学者下结论说：彦琮也是中国佛经翻译史上第一个担任译场译主或主译的本土僧人（马祖毅，2006：92），从而结束了外国僧人主译的局面，并由中外僧人合译向中国僧人主译转化。这是中国佛经翻译史的一次大飞跃（苑艺、容宽，1984：13）。这样的结论根据不足。

然而，若以他没有译本传世为理由，认为"他的译经理论完全是从助译中得来"（王文颜，1984：241），这又完全忽视了其生平资料所显示的独立翻译活动。根据以上大藏经《续高僧传》卷二彦琮本传之内和之外所记载的彦琮翻译佛典及其相关活动，彦琮确如后世唐释道世在其所著佛教类书中所说，是隋朝"传译之领袖也"（2003：1774），王文颜也说彦琮是当时"译场的主脑人物"（1984：204）。作为隋朝德高望重的高僧，彦琮的佛教煌煌论著当时就享有盛名，彦琮也的确是隋朝两代皇帝看重的人物。

6. 官职

（1）道宣的证据

隋朝有完备的僧官制度（谢重光、白文固，1990：84－97），中央级的僧官有沙门大统、沙门统和都维那（谢重光、白文固，1990：86），地方级的有沙门都或僧任（谢重光、白文固，1990：87），寺监或寺监丞（谢重光、白文固，1990：95）等。《续高僧传》专门为佛门内高僧立传，所以对彦琮最常见的称呼是"沙门""释"和"法师"。这些称呼特别显示他是出家的高僧，并不刻意彰显他在朝廷的官职。但凭他与隋朝两代皇帝的关系、在隋朝的活动和影响,彦琮在朝廷应该有个名分。彦琮的正传虽没有其在隋朝廷官职名分的特别记载,可道宣的著作还是透露了这方面的信息。

道宣于公元664年写成的《广弘明集》距隋释彦琮逝世仅54年,其卷二十五收入的隋释彦琮的论文《福田论》,论文题目下标明"隋东都洛滨上林园翻经馆学士沙门释彦琮"(《大正藏》第52册第280页),"翻经馆"指彦琮任职的政府机构,"学士"是其官职,"沙门"和"释"表明他是僧人。与彦琮同朝的官员费长房所作《历代三宝纪》题下标明作者为"开皇十七年翻经学士臣费长房上"(《大正藏》第49册第22页),明确显示"学士"是个官职。费长房是蜀郡成都(今四川成都市)人,本出家为僧,博学而精于玄理,北周建德三年(574年)废佛法时还俗,隋开皇初佛教复兴,他应召任翻经学士,在大兴善寺国立译场参加译事(苏晋仁,1989b)。《续高僧传》卷二是这样记载的:"时有翻经学士成都费长房,本预细衣,周朝从废因俗。传通妙精玄理,开皇之译,即预搜扬,勅召入京,从例修缉,以列代经录散落难收佛法肇兴年载芜没,乃撰三宝录一十五卷。"(《大正藏》第50册第436页)

另外,《续高僧传》卷第二达摩笈多正传的附见之一记载:"又有翻经学士泾阳刘凭,撰内外旁通比较数法一卷。"(《大正藏》第50册第436页)这表明隋朝还有个翻经学士叫刘凭。再者,《达摩笈多传》也记载:"炀帝定鼎东都。……乃下勅于洛水南滨上林园内。置翻经馆,搜举翘秀,永镇传法。登即下征笈多并诸学士,并预集焉。四事供承,复恒常度,致使译人不坠其绪。"(《大正藏》第50册第435页)这说明当时的译场除了僧人外还有各种"学士"供职于其中。

北周武帝时,彦琮21岁,已是当时的通道观学士。这个身份在隋杨坚开皇时代依稀可辨。如开皇十二年(592年),彦琮

36 岁时，"勅召入京，复掌翻译，住大兴善"（《大正藏》第 50
册第 435 页）。这里的"掌"表明彦琮也是膺任监督管理佛典翻
译之职的朝廷官员。"复"表明彦琮担当此职已不是第一次了。

隋文帝（杨坚）开皇十三年（593 年），彦琮 37 岁，《续高
僧传》卷二记载："初开皇十三年广州有僧行塔忏法，以皮作帖
子二枚，书为善恶两字，令人掷之，得善者吉。又行自扑法以为
灭罪，而男女合，杂妄承密行，青州居士接响同行。官司检察谓
是妖异。其云：此塔忏法，依占察经，自扑忏法，依诸经中五体
投地如大山崩。时以奏闻。乃勅内史侍郎李元操就大兴善问诸大
德。有沙门法经、彦琮等，对云：'占察经见有两卷，首题菩提
登在外国译文似近代所出，众藏亦有写而传者，检勘群录，并无
正名及译人时处。塔忏与众经复异，不可依行。'勅因断之。"
（《大正藏》第 50 册第 435-436 页）此例显示，皇帝就佛教方面
重大事务犹豫不决时，会咨询彦琮等高僧意见后再做决断。所
以，彦琮的职责不仅涉及翻译方面的事务，而且涉及诸如为皇帝
管理佛教事务参谋这样的工作，这也是朝廷学士官职分内之事。

另外，彦琮本传记载："仁寿初年，勅令送舍利于荆
州。……仁寿末岁，又勅送舍利于复州方乐寺，今名龙盖寺也。"
（《大正藏》第 50 册第 437 页）这反映出彦琮在公元 601、604
年，即他 45、48 岁时受皇帝之命，两次护送佛舍利到荆州和复
州。这样亦佛亦政的活动由彦琮这种兼有僧与官身份的人主持再
恰当不过了。隋炀帝（杨广）大业二年（606 年），彦琮 50 岁
时，"因即下勅，于洛阳上林园，立翻经馆以处之，供给事隆，
倍逾关辅"。这也表明刚登基两年的炀帝与先皇一样肯定彦琮在
朝廷翻经馆的学士地位。

（2）中国历史工具书的旁证

关于学士这个官职，一般工具书包括涉及中国历史的工具
书。如《中国官制大辞典》从魏晋一直介绍到清朝，明确指出：

学士乃官名。战国时学士是学者，到了魏晋南北朝，学士由文学之士充任，掌典礼、编纂、撰述、修史之事，统称学士；诸王及持节将帅也置学士，以师友相待，无品秩和名额。唐至清都有学士这样的官职（俞鹿年，1992：299－300）。但可惜的是，鲜有资料详细介绍隋朝学士的情况。

（3）正史的证据

那我们来看看正史上的材料。《隋书·志·百官上》："高祖践极，百度伊始，复废周官，还依汉、魏。唯以中书为内史，侍中为纳言，自余庶僚，颇有损益。炀帝嗣位，意存稽古，建官分职，率由旧章。大业三年，始行新令。"（魏征，2000：487－488）这说明隋两代皇帝，杨坚时代官职基本因袭前代，炀帝即位后才创新制。

以下四个例子表明隋朝确实有"学士"这个官职。《隋书·志·音乐下》："大业元年，炀帝又诏修高庙乐，……又遣秘书省学士定殿前乐工歌十四首，终大业世，每举用焉。"（魏征，2000：249－250）《隋书·志·百官上》："秘书省置监、丞各一人，郎四人，掌国之典籍图书。著作郎一人，佐郎八人，掌国史，集注起居。著作郎谓之大著作，梁初周舍、裴子野，皆以他官领之。又有撰史学士，亦知史书。佐郎为起家之选。"（魏征，2000：490）《隋书·列传·韦世康》："大业中，帝与段达语及庶人罪恶之状，达云：'柳肃在宫，大见疏斥。'帝问其故，答曰：'学士刘臻，尝进章仇太翼于宫中，为巫蛊事。'"（魏征，2000：851）《隋书·列传·段文振》："长子诠，官至武牙郎将。次纶，少以侠气闻。文振弟文操，大业中，为武贲郎将，性甚刚严。帝令督秘书省学士。时学士颇存儒雅，文操辄鞭挞之，前后或至千数，时议者鄙之。"（魏征，2000：980）

以上其中三例都提到的"秘书省"，乃隋朝中央级政府部门，其最高长官是正三品的"秘书监"，其职责是"典司经籍"（俞鹿

年，1992：1389，317）。秘书省内有学士这样的官员。

（4）宋朝佛教界和其他方面资料

宋代释赞宁撰《大宋僧史略》三卷，该书"虽名为僧史，事实上是佛教事物以及典章制度的起源和沿革的记载。……他写这本著作，必须要从教内教外典籍中搜寻资料，才能编写。……在考证方面，作者是相当细致的"（苏晋仁，1989a：111－112）。赞宁在该书中用专节记载历代僧人"封授官秩"的沿革："昔后魏以赵郡沙门法果为沙门统，供施之不足，又官品之。遂授辅国宜城子忠信侯，寻进公爵，曰安城。释子封官自法果始也。梁朝以慧超为寿光殿学士，又陆法和甚高官位。后周选僧道中学问优赡者，充通道观学士，仍改服色。隋朝以彦琮为翻经馆学士。唐中宗神龙二年，造圣善寺，成慧范慧珍法藏大行会寂元璧仁方崇先进国九人。加五品并朝散大夫县公，房室器用料物，一如正员官给，以修大像之功也。"（《大正藏》第54册第250页）其后还记载有其他一些同代僧人和唐玄宗、代宗年代的僧人在朝廷加官晋爵的事迹。

此外，宋代高承撰《事物纪原》卷七"道释科教部"之"僧官"，曰："自隋文帝以沙门彦琮为翻经馆学士，后始命僧以官。及唐又以不空为开府仪同三司试鸿胪卿。宋朝会要曰：太宗时法贤，雍熙四年加试光禄卿阶朝散大夫。"（1989：391）小型类书《事物纪原》主要追溯事和物之源。作者认为，朝廷任命僧人为官从隋朝文帝任用彦琮为翻经馆学士开始，后举唐僧不空为例，宋朝的例子有好几个，如法贤、法天等。

（5）元朝编年佛教史

此外，后世元朝释念常作编年佛教史《佛祖历代通载》，其

卷二十二记录了元至大四年（1311年）"革罢僧道衙门"① 的政治事件。元仁宗1311年即位，除中央管理僧道的衙门宣政院和功德使司之外，把各地的僧道衙门都予以废除。释念常对这个事件的评论也证明隋释彦琮有显赫的"学士"官职。他评论这个事件并叙述历代僧道官制沿革时说："**后魏**以赵郡沙门法果，为沙门统，供施之不足，又官品之，遂授辅国宜城子忠信侯，寻进公爵曰安城。封官自果始也。**梁**以惠超为寿光殿学士。**后周**选僧道中学问优赡者，充通道观学士，仍改服色。**隋**以彦琮为翻经馆学士。**唐**中宗神龙二年，造圣善寺成。惠范惠珍法藏大行会寂元璧仁方崇先进国，九人加五品并朝散大夫。……迨我皇**元**世祖皇帝混一海宇。……谕天下设立宣政院僧录僧正都纲司。……仁宗皇帝居储宫日。目击其弊。降旨。除宣政院外。一例革之。……"（《大正藏》第49册第729页）这里把隋彦琮的翻经馆学士一职与各朝僧道官相提并论。上述宋代类书和元朝编年佛教史提供了释彦琮乃隋朝官员"学士"的旁证，其根据恐怕就是宋释赞宁的《大宋僧史略》。

所以，彦琮既是有名的高僧又是隋朝的官员——学士，具双重身份。他不仅负责佛经翻译，且亲自翻译，也为皇帝及朝廷提供佛教礼仪和佛教事务咨询，还受敕负责护送佛舍利这种亦佛事亦政事的活动。

7. 彦琮与彦悰

笔者还注意到隋释彦琮之后还有位唐朝僧人名叫彦悰②，二

① 《大元圣政国朝典章》（台湾故宫博物院藏元刊本，中国广播电视出版社1998年版）第1220页记载了这个事件。

② 彦悰（人名）：乡贯不详。唐贞观末，学于玄奘门。著大唐京师寺录傅十卷，集沙门不应拜俗等事六卷，大慈恩寺三藏法师传十卷，唐护法沙门法琳别传三卷。年寿并缺。出于《大唐内典录》等（丁福保，1991：1709）。

者容易被混淆。隋释彦琮和这个唐释彦悰二者朝代一先一后，名字前同后异，都有著述流传后世，有些古书把此二僧的事迹和著述张冠李戴。笔者就发现《大正藏》第 55 册目录部的目次第一页把《众经目录》（五卷）的作者误写成了"（隋）彦悰撰"，应该是"隋彦琮撰"。就连佛学大家吕澂在其名著《中国佛学源流略讲》中也将彦琮误写成"彦悰"（1979：62）。此书的《出版说明》指出，该书是 20 世纪 60 年代初学员根据吕澂的笔记把他的讲稿整理成书（1998：1）。这说明相关学界混淆此二位古代名僧并不罕见。幸好已有学者写了专论[①]辨析此二僧的事迹，避免再以讹传讹。

8. 彦琮生平结论

综上所述，彦琮童年和少年时代经历了北朝末年，从 25 岁至 54 岁去世 30 年间历经隋朝两位皇帝。隋朝隋文帝开皇元年 581 年至 618 年唐高祖（李渊）武德元年，隋祚总共不过 37 年，而彦琮度过了其中的 30 年，说他是"北朝末年及隋初僧人"[②]（罗新璋、陈应年，2009：60），似不妥，应该去掉其中的"初"字。

彦琮少而聪明睿智，品学兼优，精通内外之学，不愧为隋朝中华佛门一代名僧，也是朝廷负责佛典翻译、佛教事务咨询和主持佛教礼仪的官员——学士。他既是佛经译家又是理论家，有高低端的梵汉和汉梵佛经翻译实践经验，也有深刻而丰富的内外学理论背景和积累。他生活在南北朝末期和隋朝，写出了中国今存

---

① 参见李普文的《唐释彦悰与隋释彦琮考辨》（2008）。

② 还有学者说彦琮是"五代和隋朝初年的一位僧人"（傅惠生，2011：19），"隋初僧人"还算靠谱，但"五代僧人"就向后推了几百年。"五代"是五代十国的简称。唐朝灭亡之后，在中原地区相继出现了后梁、后唐、后晋、后汉和后周五个朝代以及割据于西蜀、江南、岭南和河东等地的十几个政权，合称五代十国。五代不只一个朝代，介于唐宋之间，时间延续从 907 年至 960 年。

历史上第一篇正式的翻译专论，可以说身当其时，应运而生。

三、《辩正论》的最早编辑者——唐释道宣（596—667年）的生平

1. 生平资料

隋释彦琮的《辩正论》既然收在唐释道宣的《续高僧传》第二卷的彦琮本传里，且经道宣增删（笔者下文将证明），因而有必要简要介绍《辩正论》的编辑和收录者道宣的生平情况。

《大正藏》第50册，第790—791页记载：

隋文帝开皇十六年（596年），1岁。

> 姓钱氏，丹徒人也，一云长城人。（俗姓钱，今江苏镇江市人。——笔者）

隋文帝（杨坚）仁寿末年（604年），9岁。

> 九岁能赋。

隋炀帝（杨广）大业六年（610年），15岁。

> 十五厌俗，诵习诸经，依智顗律师受业。（诵经拜师。——笔者）

隋炀帝（杨广）大业七年（611年），16岁。

> 洎十六落发，所谓除结非欲染衣，便隶日严道场。（削发为僧。——笔者）

隋炀帝（杨广）大业十一年（615年），20岁。

> 弱冠极力护持专精，克念感舍利现于宝函。隋大业年中从智首律师受具。（从师智首律师，受具足戒。——笔者）

《中国大百科全书》光盘1.2版记载：

唐高祖（李渊）武德七年（624 年），29 岁。

从智颉入居崇义寺，同年往终南山居仿掌谷习定，同时整理他十余年学律心得。

唐高祖（李渊）武德九年（626 年），31 岁。

撰《四分律删繁补阙行事钞》3 卷（今作 12 卷），阐发他律学开宗的见解。

唐太宗（李世民）贞观元年（627 年），32 岁。

撰《四分律拾昆尼义钞》3 卷（今作 6 卷）。

唐太宗（李世民）贞观四年（630 年），35 岁。

外出参学，广求诸律异传，曾到魏郡访法砺律师，请决疑滞。

唐太宗（李世民）贞观九年（635 年），40 岁。

撰《四分律删补随机羯磨》1 卷，疏 2 卷。

唐太宗（李世民）贞观十年（636 年），41 岁。

后又撰《四分律比丘含注戒本》1 卷，疏 3 卷。

唐太宗（李世民）贞观十六年（642 年），47 岁。

仍入终南山居丰德寺，与孙思邈为林下之交。

唐太宗（李世民）贞观十九年（645 年），50 岁。

撰成《比丘尼钞》3 卷（今作 6 卷）。曾为长安西明寺上座，参加玄奘译场，负责润文。同年撰成《续高僧传》三十卷。（高观如，1996a：119）

《中国佛教》（二）（第 116-120 页）记载：

唐高宗（李治）永徽元年（650 年），55 岁。

撰成《释迦方志》二卷。

唐高宗（李治）显庆五年（660 年），65 岁。

撰成《佛化东渐图赞》一卷（今佚）。

唐高宗（李治）龙朔元年（661 年），66 岁。

撰成《集古今佛道论衡》三卷。

唐高宗（李治）麟德元年（664 年），69 岁。

又撰成一卷《集古今佛道论衡》，合为四卷。同年又撰成《大唐内典录》十卷、《广弘明集》三十卷和《集神州三宝感通录》（一名《东夏三宝感通记》）三卷。

唐高宗（李治）麟德二年（665 年），70 岁。

撰成《释迦氏谱》（一名《释迦略谱》）一卷。

唐高宗（李治）干封二年（667 年），72 岁。

二月，在终南山麓清宫精舍创立戒坛，依他所制仪规为诸州大德二十余人授具足戒。（《中国大百科全书》光盘 1.2 版）

尔后十旬安坐而化，则乾封二年十月三日也。春秋七十二，僧腊五十二。（《大正藏》第 50 册第 791 页）

2. 小结

从以上资料可以看出，唐释道宣 29 岁以前处在隋朝，这段时期是其佛教佛学修养和活动的基础阶段，之后至 72 岁去世都处在唐朝。隋释彦琮 610 年去世，这年道宣才 15 岁；道宣于 645 年撰成《续高僧传》，距彦琮去世才 35 年，并不遥远。道宣参加过玄奘译场的译事，负责润文，对佛典翻译亦内行。

道宣著述甚多，以律学自立于中国佛教界，至今不衰①。道宣在佛教文史学上贡献很大。唐智升在《开元释教录》卷八中称他"外博九流，内精三学，戒香芬洁，定水澄齐，存护法城，著述无辍"。后人因他长居终南山，并在此树立了他的律学范畴，即称他所传弘的《四分律》学为南山宗，并称他为南山律师。中国出家僧徒至今大多还以其《四分律》学为行持的楷模（高观如，1996a：120）。

四、历史上两篇性质不同的《辩正论》及其辨析

1. 在《大正藏》中的篇幅

隋释彦琮的《辩正论》没有后来唐代释法琳写的《辩正论》10 卷在大藏经里所占据的位置显著。比如，《龙藏》②"此土著述（十三）"123 册目录第二页上直接可以看到以醒目的深黑体字标注的唐释法琳著《辩正论》，编号为"一五一七"号经，在本册正文 487 页，而要找到彦琮著《辩正论》，必须在"此土著述（三）"第 113 册目录第一页上找到编号为"一四六九"唐释道宣撰《续高僧传》31 卷，显示其卷二在正文 187 页，然后才能找到彦琮传四，并且还要仔细阅读后才能找到彦琮著《辩正论》。《大正藏》的情况也差不多，只不过《大正藏》把唐释法琳写的《辩正论》收在第 52 册史传部四，在 489 页，而唐释道宣撰《续高僧传》收在第 50 册史传部二第 436 页，笔者仔细阅读后才在438 页找到隋彦琮著《辩正论》。

2. 宗教类工具书的收录

任继愈主编的《宗教词典》（1981a：1159）和陈士强主编的

---

① 参见《中国大百科全书》光盘 1.2 版。

② 《乾隆大藏经》，又名《清藏》《龙藏》，乾隆三年十二月十五日完成。

《中国学术名著提要·宗教卷》（1997：32）只收有唐释法琳写的《辩正论》作为词目并加以解释；中国佛教协会编写出版的中国佛教百科全书《中国佛教·（四）中国佛教经籍（续）》（1996）直接收入唐释法琳写的《辩正论》作为词目并加以解释，而彦琮的《辩正论》被放在第158页"续高僧传"的词目内容介绍当中，并用了一句话来解释："彦琮的《辩正论》（卷二），则是有关佛典翻译的重要文献。"看来宗教工具书的编者并不重视隋释彦琮的《辩正论》，而中国哲学工具书的编者就不同了。中国社会科学出版社1994版方立克主编的《中国哲学大辞典》把这两篇《辩正论》放在同一页（742页）的同一词条下分别介绍。

【辩正论】①总结佛经翻译经验的论文。隋释彦琮撰。文章推崇道安及其关于译经有"五失本""三不易"的见解，强调译经需谨慎。总结了汉魏以来的译人得失，指出"汉纵守本，犹敢遥议，魏虽在昔，终欲悬讨"。"晋宋尚于谈说，争坏其淳；秦凉重于文才，尤从其质。""自兹以后，迭相祖述"，"留支洛邑，义少加新；真谛陈时，语多饰异"，提出"诚心爱法，志愿益人，不惮久时"等"八备"原则。文载《续高僧传》卷二。②佛教与道教论战的文章。唐释法琳撰。由《十喻篇》上、下和《九箴篇》组成。以内十喻九箴斥道士李仲卿外十异九迷。引证大量佛教与道教史料，并从出生差异、家庭出身、社会地位、相好、容服、华夷、寿天、教义、经文先后等方面来贬低道教，抬高佛教。说释迦牟尼"天上地下，介然居其尊；三界六通，卓尔推其妙"。认为佛教"生灭顿遣""空有兼融"，最为完美。"德无不备者"为涅槃，"遭无不通者"为菩提，"智无不周者"为佛陀。指出成佛的关键在澄神反性、绝情弃

欲。认为儒佛二教有很大差别，佛"以因果为宗"，儒"以名教为本"，但又肯定"人伦本于孝敬"。把"孝"分为小孝、中孝和大孝，说佛教是大孝，谓释迦牟尼"母氏降天，剖金棺而演句；父王即世，执宝床而送终"是"孝敬表仪，兹亦备矣"。竭力调和佛法与名教的矛盾。文载《广弘明集》卷十三。（方立克，1994）

3. 两篇论文的四个不同之处

由此可见，这两部《辩正论》虽篇名一样但区别很大。首先是产生的时代和作者不同。一篇是隋朝高僧彦琮所写，另一篇是唐朝高僧法琳所撰。二是这两篇论文虽都是佛门中人所造，但内容完全不一样。隋释彦琮写的《辩正论》是提出佛经传译法则（笔者将在第二、第三章论述）和"总结佛经翻译经验的论文"，属于佛经传译方面的论文。以今天的视角，这属于翻译学方面的论文，或者属于佛学和翻译学相交叉的论文；而唐释法琳所撰的《辩正论》是"佛教与道教论战"，"竭力调和佛法与名教的矛盾"的论文，属于宗教性质的佛教论文。由此看来，宗教工具书的编者不重视隋释彦琮的《辩正论》不无道理。有趣的是第三点，两篇《辩正论》都收在同一位高僧——唐释道宣名下的著作里，但收在他不同的著作中。彦琮的《辩正论》出自道宣写的《续高僧传第二卷·译经篇二·隋东都上林园翻经馆沙门释彦琮传四》，藏经内没有单独成篇，在《大正藏》第 50 册史传部二第 438－439 页，篇幅小，共 2500 左右个汉字。法琳所撰《辩正论》收在道宣的《广弘明集》卷十三，在藏经内单独成篇，如上所述，在《大正藏》第 52 册史传部四，第 489－550 页，总共有八卷，好几十页，篇幅大多了。四是这两篇《辩正论》的历史作用也大不相同。法琳的《辩正论》本身虽对佛教教理没有多大贡献，但对此后佛教兴盛起了很大作用（郭元兴，1996：214）。而彦琮的

《辩正论》是今存中国历史上最早的一篇系统的翻译专论。

五、本节综述

综上所述，《辩正论》是讨论佛典翻译原则的翻译专论，成书时间大致是作者 40 岁至 50 岁之间。作者是隋朝高僧和学士彦琮。《辩正论》流传至今，多亏了唐释道宣的著作，他是《辩正论》最早的收录和编辑者。本书将在第三章《篇章结构及译理分析》研究道宣在多大程度上对《辩正论》进行了删减和修改。

第二节　研究的历史、主要观点和方法等问题

一、《辩正论》研究的历史沿革

1. 唐、五代时期

《辩正论》保留在唐朝高僧道宣的著作《续高僧传》卷第二的彦琮本传里。与道宣同世的唐代释道世所著佛教类书①《法苑珠林》其中记载："隋朝日严寺沙门释彦琮撰""《辩②正论》一卷"（释道世，2003：2880）。由此可知，道世当时见到的《辩正论》是单独成一卷的。之后历代对《辩正论》的关注都集中在其中的"八备"或者"十条"上。

五代的《释氏六帖》（也称"义楚六帖"）只提收录《辩正论》其中的"八备十条"，并逐条详细罗列其内容，某些字词与唐释道宣的《续高僧传》卷第二收录的略有出入（义楚，1990：

---

① 类书：我国古代一种大型的资料性书籍，从各种书籍辑录材料，按门类、字韵等编排，以备查检，如《太平御览》《古今图书集成》。

② 辨：通"辩"。（汉语大字典编委会，2010：4306）

163）。

2. **宋代**

之后的宋代佛教界至少有三本书提到彦琮《辩正论》的"八备"。第一本是《宋高僧传》，在此书中，北宋高僧释赞宁（919-1001）在总结前代佛经翻译理论时说："逖观道安也，论五失三不易。彦琮也籍其八备，明则也撰翻经仪式，玄奘也立五种不翻，此皆类左氏之诸凡，同史家之变例。"（赞宁，1987：53）第二本书是《释氏要览》，此书是北宋释道诚编撰的一本佛教类书，其卷二收录了彦琮的"八备""十条"。在"八备"词条下，作者说："隋彦琮法师云：夫预翻译有八备、十条。"后逐条记载其内容，字句和顺序与唐释道宣《续高僧传》记载的略有出入（释道诚，1996：37）。第三本书是《翻译名义集》，南宋释法云为了理解、区分佛典里翻译的梵音而编撰此书，书中也收录了彦琮的"八备""十条"，字词与《释氏要览》所载几乎完全相同（释法云，1995：39）。

3. **清朝**

清朝严可均辑《全上古三代秦汉三国六朝文·全隋文卷三十三》（严可均，1999：386-389）收入了彦琮的《辩正论》。严氏该书卷帙浩繁，收录上古至隋代作者共 3497 人的文章。不仅收入彦琮的《辩正论》，而且收入了现存的其他几篇彦琮的论文：《福田论》《通极论》《沙门不应拜俗总论》《合部金光明经序》和《法纯像赞（序）》。1999 年商务印书馆又将严可均编《全上古三代秦汉三国六朝文》列入其国学基本经典丛书再版，原竖排改为横排，在中华书局 1958 年版断句和校正的基础上加上现代标点，水平很高。

一般来说，"历代的所谓'正史'（佛教）资料比较少"（吕澂，1979：7），所以即便唐正史有提及释彦琮之处，但正史均没有提到其《辩正论》，遑论"八备"，而仅载有彦琮其他的著述。如《新唐书·艺文志》只记载了隋僧彦琮作《崇正论》《沙门不拜俗议》和《福田论》（欧阳修、宋祁，2000）。从以上中国古代僧俗两界的著述来看，最早详载彦琮《辩正论》的是唐朝高僧道宣的《续高僧传》，最晚是清朝严可均的《全上古三代秦汉三国六朝文》。

4. 近现当代各学科研究的代表

自五代起佛教界就形成这么一个习惯，即一提起隋代高僧彦琮，大家推崇的亮点就是"八备、十条"，或者干脆只注重研究"八备"，整个《辩正论》的内容基本不提。中国古代至近代对"八备"或"十条"要么直书其名，要么直接详细引用，而都没有解释。究其原因，也许是大家同处古汉语时代，不存在历时的语言隔阂，且基本上都是佛教界同行之间引用，没有理解的隔阂和差异。近代之后，对"八备"的白话翻译和各种释义才逐渐出现。

（1）梁启超

从目前笔者所掌握的材料来看，近现代最早阐释彦琮《辩正论》中"八备"的首推梁启超。梁启超是中国近代思想家、政治家，也是近代兼治佛学的代表人物（陈士强，2001：2），分别在1920年和1922年完成了两篇研究佛典翻译的著名长篇论文《翻译文学与佛典》和《佛典之翻译》（陈士强，2001：5），研究了《辩正论》，但主要讨论其中的"八备"和"废译"或者"翻译无用论"，且以"八备"为研究重点（梁启超，2001a：186－187；2001b：277）。他说："其（一）（五）（六）之三事，特注重翻译家人格之修养，可谓深探本源；余则常谈耳。"（2001a：187）梁任公这里特别指明的"其（一）（五）（六）之三事"就是《辩正论》中释彦琮提出的"八备"之"备一""备五"和"备六"，被认为是特注重翻译家的"人格修养"。他还认为："末论译家，

宜有'八备'……此不惟商榷译例，而兼及译才译德。"（梁启超，2001b：277）梁启超在此提出了三个观点：第一，"八备"是翻译家要具备的八个译才译德方面的条件；第二，八备之第一、第五和第六是对翻译家在人格（即译德——笔者注）上的要求；第三，他没有特别提到的其余第二、三、四、七和第八备被认为是"常谈耳"，言下之意应划入"译才"的范围。

梁启超是近代研究阐释《辩正论》及其"八备"的第一人，其阐释很笼统，难免粗疏，但其首开阐释之功不可没。他从宏观整体的角度把"八备"分成佛经译者的人格修养和译才修养，为后世更清楚更详细地理解研究"八备"指明了大方向。但他仅用了六年时间研究佛学，其《佛学研究十八篇》是他从史学的角度研究中国佛教的兴衰流变及相关事项的扼要阐述（陈士强 2001：17，10）。但梁启超的《佛学研究十八篇》实际上是他《中国佛教史》的未定稿（陈士强，2001：9），其中对"八备"的研究难免肤浅笼统，正如他对自己治学的自明之谈："启超务广而荒，每一学稍涉其樊，便加论列，故其所著述，多模糊影响笼统之谈，甚者纯然错误……"（梁启超，2000：89）

（2）罗根泽

现当代中国文学批评理论的先驱之一罗根泽于 1937 年前大致完成了他的《中国文学批评史》[①]，其中第十一章《佛经翻译论》（1984：258）的第七节《彦琮的八备说》（1984：266）研究了《辩正论》。他说："翻译论的专篇论文，实以彦琮的辩正论为最早。"（1984：267）这是笔者所见最早肯定彦琮《辩正论》历史地位的作者。

罗根泽首先引用了《辩正论》的第一段，说明该论文的宗旨和历史地位。他接着依次概括《辩正论》的内容：首引道安的

---

① 见该书作者《新版序》（第 1 页）。该书最早于 1934 年由北京人文书店出版。

"五失本三不易"，次述名梵为胡的不当，再述译经史，接着论述历代译文的得失，接下来说翻译之难和翻译不可能之论；用了一页多的篇幅介绍"八备"。

可见罗根泽的研究重点还是在"八备"，该部分的题目就是"彦琮的八备说"。该节总共有两页另三行的内容，其中就有一页多在论述"八备"。罗根泽直接引用了"八备"，指出了"八备"的性质："此所谓八备……无宁说是翻译者的条件。……然犹未能进到理想的翻译，不是方法的问题。而是人的问题，所以彦琮又提出翻译者的条件。"（1984：268）然后他直接援用梁启超上述关于"八备"人格修养的观点。之后他比较详细地解释了其余各条的内容：

> 但第三条也是人格的修养。人格的修养，确是翻译的深探本源，其余各条，亦有相当价值。如第三条似谓必深通各经，始能译一经，与第七条的"要识梵言"，第八条的"不昧此文"，也都是翻译者的必备条件。因为不深通各经，则对一经的认识不会正确；认识还不正确，所译不问可知。不通梵言，当然不配翻译；对"此文"的知识不好，所译也不能通达。创作文学，文字与内容可以互相救济，故运用较易，翻译文学，只能以文字显示内容，才能以内容迁就文字，故运用尤难。因此"要识梵言"，又"不昧此文"才能以胜任。至第四条虽似求之过苛，但备此更能使译文美好。总之，一、三、五、六，这四条是人格修养，二、四、七、八，这四条是汉梵文学修养，有汉梵文学修养，才有能力翻译，有人格修养，才肯忠实翻译，二者都是不可缺的，否则真要自误误人了。（1984：268）

显然，罗根泽此说是对梁启超观点的继承和发展，其新观点

在梁任公的一、五、六备属于人格要求上增添了第三备，但并没有像梁启超那样说其余四备是"常谈耳"，而认为其是对译者汉梵文学修养方面的要求。他对梁启超不愿提的第二、四、七和八条解释得更详细，作为文论家对涉及语言学和文学的第四条着墨比梁启超更多，但其观点总体上与梁启超一致。

（3）范文澜

历史学家范文澜在 20 世纪 40 年代初运用马克思主义研究中国史，1941 至 1942 年间在延安完成《中国通史简编》上、下两册。1995 年版范文澜、蔡美彪等著《中国通史》前四册是《中国通史简编》的修订增删本，2002 年收入《范文澜全集》第七和第八卷。在 2002 年出版的《范文澜全集第八卷·中国通史简编下》中，只提到彦琮的"八备"（2002：629－630）；而范文澜、蔡美彪等著 1994 年版《中国通史》第三册第三编第一章第五节《隋朝文化》的《甲 佛教》部分简单叙述了彦琮《辩正论》的三个观点，即"批评译人得失，总结翻译经验，提出'八备'"，而他研究的重点还是在"八备"上（1994：96－97）。

范文澜指出了"八备"的性质：隋时释彦琮提出"八备"是做好翻译工作的八个条件。然后他用白话逐条翻译了"八备"：

> （一）诚心爱佛法，立志帮助别人，不怕费时长久。（二）品行端正，忠实可信，不惹旁人讥疑。（三）博览经典，通达义旨，不存在暗昧疑难的问题。（四）涉猎中国经史，兼擅文学，不要过于疏拙。（五）度量宽和，虚心求益，不可武断固执。（六）深爱道术，淡于名利，不想出风头。（七）精通梵文，熟习正确的翻译法，不失梵本所载的义理。（八）兼通中国训诂之学，不使译本文字欠准确。（范文澜、蔡美彪，1994：96－97）

最后他评价"八备""确是（译人）经验的总括，并非出于

苟求，也说明作为一个胜任的翻译家，如何难能而可贵"（范文澜、蔡美彪，1994：96-97）。范文澜是近代以来第一位用现代汉语翻译①了"八备"的学者，一下子拉近了"八备"与今天读者的距离。他没有像梁启超和罗根泽一样去区分"八备"中哪几条是人格要求，哪几条是译才要求，而只翻译出来，让读者自己去理解。范文澜此处所说的"译人"和"翻译家"虽然没有特别标明是佛经译者，但其著作的具体语境不会让人误解为泛指所有译者。本着严谨的学术态度，后来的学者引用范文澜白话翻译的"八备"，是否应该特别提醒自己的读者注意呢？范文澜可以在他的书里说"译人"与"翻译家"，而后来的学者在没有界定的情况下人云亦云，似乎不妥。

范文澜的"八备"今译文的特点是：除了"备一"字面上显现出无法回避的佛教专门术语，其他凡涉及佛教专门术语统统按照世俗意义解释。他最早写的《中国通史简编》如此，1994年版《中国通史》第三册也如此。如：将"备二"的"觉场"、"戒足"和"牢戒足"译成"忠实可靠"，以局部代整体的佛教术语"讥"没有佛教特别的意义，佛教术语"恶"没有译；将第三备的"三藏"泛化译成"经典"，"两乘"译成"义旨"。以范文澜的常识，不可能不知道这些佛教术语的具体含义，之所以这么译，大概是有一种有意无意的屏蔽和过滤。笔者以为，他这样做与他对佛教乃至所有宗教的态度有关。

范文澜的史学著作贯穿着马克思主义思想。马克思说："宗教是被压迫心灵的叹息，是无情世界的心境，正像它是无精神活力的制度的精神一样。宗教是人民的鸦片。"（1995：2）毛泽东

---

① 翻译也是一种阐释。西方学者早已用阐释学来研究翻译。如，斯坦纳（George Steiner）认为翻译过程就是译者阐释的四个步骤（hermeneutic motions）：初始信赖（initial trust）、侵入插入（aggression or penetration）、具体表现（incorporation）和相互补偿（compensation）。（Steiner，2001：312-319）

后来也说："我们是信奉科学的，不相信神学。"（1993：378）"意识形态也是一样，要用唯物论代替唯心论，用无神论代替有神论。"（1999：331）范文澜对中国历史上隋唐时期佛教的论述处处体现了马克思主义的无神论和统治工具论的宗教观。他认为，佛教在唐朝社会有三大祸害：一是宣传宗教迷信、麻痹人民；二是充当上层阶级统治和欺骗人民的工具；三是阻碍社会进步（范文澜，1979：340－347）。佛教提倡众生平等没有什么进步意义（同上：1979：338）；佛教是统治阶级奴役人民、巩固统治的工具（1979：339－340）。他还提倡宗教徒改造自己的思想行为，自己摆脱唯心主义和迷信，最终摆脱宗教，也帮助别人脱离宗教（1979：347－348）。范文澜对佛教乃至一切宗教持彻底否定的态度，持坚定的唯物主义无神论立场，所以淡化甚至过滤掉"八备"的佛教特定内容是其思想范式所决定的。中国迄今为止学术思想的来源有三：一是中国古代道统叙事，二是20世纪20年代从西方和日本传入的哲学思想，三是20世纪20和30年代从苏俄流传来的唯物哲学思想（葛兆光，2005：11）。范文澜对"八备"的阐释在史学领域是运用第三期来源的思想解释第一期源头思想的典范。

（4）钱钟书

文学研究家、作家钱钟书在《管锥编》第四册高度评价了道安的佛经译论"五失本"和"三不易"，说："吾国翻译术开宗明义，首推此篇。"（1979b：1262）他认为支谦《法句经序》的译论"仅发头角""开而弗达"（1979b），又说释彦琮"著《辩正论》，以垂翻译之式"，"所定'十条'、'八备'远不如道安之扼要中肯"（1979b）。他的评论主要针对《辩正论》中的"十条"和"八备"。但很明显的是，他行文关注的重点不在"八备"和"十条"，而在于道安的文章和译论。

笔者以为，钱钟书侧重关注道安的文章和译论并不意味着

"八备"不重要，而仅在于宏观评价。他一生钻研学问，著作等身，讨论翻译理论并不多见，一旦涉及都很重要。如以上他说支谦的译论算刚开了个头（"仅发头角"），虽然如此但讲得也并不到位（"开而弗达"），但在他的《管锥编》第三册又说："严复译《天演论》弁例所标：'译事三难：信、达、雅'，三字皆已见此（指以上支谦的译论——笔者注）。"（1979a：1101）佛经翻译的标准，文和质的范畴支谦就提出来了，这难道还不重要？钱钟书学贯中西，他当然知道，自释彦琮提出"八备"以来，从古至今僧俗两界不时有名人大家提起或者引用"八备"，其重要性不容置疑。《管锥编》第三和第四册除了提到上述支谦、道安和彦琮的译论，还提到的中外译论有鸠摩罗什的"嚼饭与人"，僧肇的"质而不野"，道安的"葡萄酒被水"，释道朗的"乳之投水"，赞宁的"与其典也宁俗"，等等；外国的译论有塞缪尔·巴特勒（Samuel Butler）、克里斯蒂安·莫根施特恩（Ch. Morgenstern）、塞万提斯、雨果、叔本华、伏尔泰、孟德斯鸠等人的译论。这些中外名人大家的译论，哪个不重要呢？笔者以为，评价彦琮的"八备"，陈福康较公允，认为道安的"五失本三不易"属于翻译方法原则，而彦琮的"八备"属于译者本身应具备的条件，两者不可相提并论和比较；论述翻译活动主体——译者本身，彦琮最早最全面（陈福康，2000：29）。

（5）李牧华

台湾作家和翻译家李牧华在 20 世纪 70 年代后期于台湾出版的《现代佛教学术丛刊》发文研究过彦琮的"八备"。李牧华在其文《我国伟大的翻译家——玄奘》（1977：173－192）中评价了释彦琮的"八备"，甚至还有白话解释。他的评价有两个：第一是转述玄奘对彦琮"八备"的评价，"玄奘认为彦琮所译的佛经，虽然错误很多；但是他所立的'翻经八备'，却颇有参考的价值"① （李牧华，1977：182）；第二是他自己对"八备"的评价，"其实'翻经八备'，用在现在的一般翻译上，也很恰当……"。接着他用白话逐条解释："这八备，如果用在现在一般的翻译上，用现代的话来说，应当是这样的。第一，译者要为读者着想，翻译要有恒心。第二，译者要有高尚的品德。第三，译者要译他内行的东西，起码要意思通顺。第四，译者要常识丰富，文笔通顺。第五，译者要虚心，不要固执己见。第六，翻译是文化事业，不是只为了出风头和拿稿费。第七，对原文要有相当了解，也要懂得翻译的技巧，不要会错原著的意思。第八，对本国文字要有良好的修养，译文要流畅优美。"（李牧华，1977：182－183）李牧华这个解释离原说距离太大，几无学术价值。比如：他就第一备解释了"诚心爱法，志愿益人，不惮久时，其备一也"的后半截，对"诚心爱法"弃之不顾。第三备的"起码要意思通顺"与"筌晓三藏，义贯两乘，不苦暗滞，其备三也"的哪部分对应呢？第四备"译者要常识……"可以对应"备四"的"坟史""典词"吗？第六备的解释与原备六相比显然有作者随意添加的成分。其解释尽管不可取，但他对"八备""用在现在的一般翻译上，也很恰当的评价"难能可贵，对"八备"有一般和特殊的认识，也就是说他意识到"八备"原本是对当时佛经译者的要求，但可以推广到一般译者。就此而言，其文选入《现代佛教学术丛刊》还是有道理的。

　　自近代起，上述历史学家、文学研究家、思想家、文论家、翻译家和作家都着重研究了隋释彦琮《辩正论》当中的"八备"。他们在各自的著述中评论和解释（白话翻译本身也就是一种解释）了"八备"。大家达成的共识是彦琮的"八备"是佛经译者必须具备的八个条件；大家研究的共同特点是差不多都不讨论和

43

---

　　① 玄奘这样评价彦琮，不知作者根据何在，作者没有注明此说的出处。

显示"八备"本身的佛教特色，倾向于泛化。即，基本不道明"八备"是佛经翻译者要具备的条件，而往往说是译者要具备的条件。梁启超和罗根泽的观点基本一致，都把"八备"的八个条件分类，哪几条是道德人格要求，哪几条又是译才的要求，但具体的划分两人不一致，而且罗根泽的解释在文论上着墨更多。范文澜是用现代汉语翻译"八备"的第一人，但他的翻译泛化倾向十分明显，基本上清除了或者说至少在很大程度上淡化了佛教色彩。钱钟书没有解释，也没有翻译，只有一个简短的评价。李牧华的解释没有太大的学术价值，但其对"八备"从特殊到一般的清醒认识难能可贵。

下面我们来看佛学家和哲学家对彦琮《辩正论》的阐释和评价。

（6）汤用彤

佛教史家和哲学史家汤用彤 1982 年写成《隋唐佛教史稿》一书，后收入 2000 年版《汤用彤全集》（全七卷）第二卷。他首先指出，佛典翻译史上关于"翻译律例之讨论，莫详于隋代彦琮"的《辩证论》，以垂翻译之式。其次，汤用彤认为"盖谓译才须有八备"，后直接引用释彦琮的"八备"。他的评论和推论很精彩："凡此诸项，即执以绳现代之翻译，亦为不刊之言。而世间译本之草率，则或因用功不勤，经时非久；或因本为下材，冒欲高炫，此则应为彦琮所痛恨也。"（2000a：82）第三，他认为，彦琮在《辩正论》中表达的翻译主张"趋重直译"（2000a：82-83）。第四，他认为，《辩正论》指出了佛典翻译之难，故极力主张学梵语的必要性（同上：83）。

汤用彤在以上的大家硕学当中，对彦琮《辩正论》的研究最全面、最深刻。另外，他还说：

> 但古今译书，风气颇有不同。今日识外洋文字，未悉西人哲理，即可译哲人名著。而深通西哲之学者，则

不从事译书。然古昔中国译经之巨子，必须先即为佛学之大师。如罗什之于《般若》《三论》，真谛之于《唯识》，玄奘之于性相二宗，不空之于密教，均既深通其义，乃行传译。而考之史册，译人明了于其所译之理，则亦自非只此四师也。若依今日之风气以详论古代译经之大师，必不能得历史之真相也。（2000b：223）

这虽不是专门针对释彦琮的"八备"而发，却是"八备"的绝妙注脚。汤用彤的意思再清楚不过了，译西哲非通西哲不行，译佛学必为佛学大师不可，同时举证以中国佛经翻译史上四位最伟大的翻译家（罗什、真谛、玄奘和不空），对译者相关专业修养的重视可见一斑。

（7）任继愈

佛学家、现代哲学史家任继愈研究中国古代佛经翻译，其专论《佛经的翻译》讨论了隋代的佛典翻译，明确解释和翻译了隋释彦琮《辩正论》的"八备"（1981b：393）。

> 隋代的彦琮曾举有八个条件：（一）翻译的人应诚心爱护佛家的道理和教养，有志救人救世，翻译工作历时长久，而绝无懈怠。（二）要有好的操行，他的作品才为人看重。（三）要博通佛家大小二乘的经典，才不致于义理有不明白的地方。（四）要精熟佛教以外的书籍，有文学的修养，译出的经才不致拙笨。（五）要有公平的器度，不可固执己见。（七）要精熟梵文。（八）要懂得文字学，用字才会正确。（1981b：393）

而且，他认为，这八条虽是佛经译者"应当"达到的基本条件，但也是他们真正完全达到了的标准。他接着进一步评价和阐释"八备"：

> ……（他们）当然是有诚意弘扬佛法的，有志救世

的（备———笔者）。他们一生的精力全花在研究佛理上面，当然精通大小二乘（备三———笔者）。他们不去考秀才进士进取功名，而去出家，当然是没有名利心的（备六———笔者）。而且从那些译家本身的作品看来，他们的梵文的修养，中文的修养，文学的造诣都是很高的（备七、八———笔者），这八条并不是虚设的标准，而是事实上已经作到的标准。（1981b：393）

上面两段引文都说佛经译者要有八个条件，但不知为什么前段漏掉第六备没有翻译，不过在后段的进一步解释中提到了第六备的后半部分。任继愈进一步解释了第一（诚意弘法），三（通佛理佛经），六（淡于名利）和七、八（梵文汉语）备，再次强调佛经译者"八备"的标准真实不虚，是在佛经翻译实践中真正达到的标准规范。

（8）陈士强

陈士强[①]在其撰写的《中国佛教百科全书·经典卷》中把隋释彦琮《辩正论》的"八备十条"称之为"八备十条"说，放在其书第五章《佛典的传译和语种》的第四节"汉文佛典"之"三、译经规则"之（二）项下（2000：193－194）。陈士强不仅逐条直接引用释彦琮的"八备"而且逐条白话翻译，这里只逐条抄录他的白话翻译。

"八备"，指的是佛经翻译者在品质和学术上应当具备的八种条件：1. 译者要虔信佛法，立志救世渡人，有长年累月献身译经事业的心理准备。2. 在踏入译场之前，首先要检查一下自己是否已经严守戒律，有没有

---

① 陈士强，1949 年生，浙江诸暨人。1982 年毕业于复旦大学哲学系，获哲学硕士学位，现为复旦大学出版社副编审。著有《佛典精解》《中国学术名著提要·宗教卷》（主编）、《中国学术名著提要·哲学卷》（副主编）。

染上会招致世人非议的恶习。3. 要通晓经律论三藏和大小乘教理，做到没有不明白的地方。4. 除精通佛法以外，还要旁涉世俗的典籍，善于文辞，以避免译文的粗陋笨拙。5. 要胸襟开朗，尊重并吸取他人的意见，不武断固执。6. 要潜心治学，淡泊名利，无炫耀自己之心。7. 要精通梵语，掌握正确的译法，不拘泥于梵语的句式。8. 要阅读《苍颉》《尔雅》等字书（语言文字工具书），了解篆书、隶书等不同字体的写法，熟练灵活地驾驭汉语的表达方式。（2000：193－194）

陈士强和任继愈二位都用现代汉语翻译了"八备"，二者的汉语翻译水平相当，但陈士强译文更为详细。他们对第一备的解释几乎相同，而且都把"不惮久时"译成佛经译者翻译工作经久不懈怠。第二备的解释二人不同。任继愈的解释是泛化成一般道德修养（操行），陈士强把"觉场"译成"译场"，不知根据何在；"牢戒足"译得很到位，译成"严守戒律"，但"讥恶"又是泛化成一般道德修养。从第三备到第八备他们二位翻译得都差不多，僧俗的尺度把握得很好。但是，通观三位佛学家对"八备"的解释，由于他们学术兴趣的原因，他们的解释和翻译要让我们今天的读者，尤其是在校大学生真正懂得"八备"并不容易，特别是涉及佛教术语的翻译还有不尽如人意之处。

（9）周裕锴

四川大学教授周裕锴在其专著《中国古代阐释学研究》中对隋释彦琮《辩证论》也有独到的研究（周裕锴，2003：159－160）。周裕锴首先肯定了"八备"的理论和科学性，"隋僧彦琮的'八备'和唐僧玄奘的'五不翻'，标志着译经理论的规范化和科学化"（2003：159）。接着，他指出了《辩正论》成文的原因和宗旨，"隋僧彦琮在长期的翻译实践中，注意到本土很多译师的汉文译文，少有与梵文音字诂训相符者，于是作《辩正论》，以垂翻译之式"。第三，他认为彦琮在《辩正论》中高度评价了道安"五失本""三不易"之说。彦琮也批评了道安"译胡为秦"的概念是混淆了胡与梵的界限，并指出胡、梵的区分是很有必要的（2003：159）。第四，他认为"彦琮还批判了前人译经'时野时华，例颇不定'的做法：'晋宋尚于谈说，争坏其淳；秦梁重于文才，尤从（丧?）其质。'这样做的结果导致翻译失真，如'僧鬘惟对面之物，乃作华鬘；安禅本合掌之名，例为禅定'"（2003：159）。第五，他认为"彦琮深知译经的艰难，因而特别对译者提出'八备'的要求"（2003：159）。周裕锴在直接引用"八备"后，认为：

> "八备"之一、二、五、六条属于道德修养范畴，三、四、七、八条则属于学识修养范畴，即译者所需具备的理解能力、表达能力以及掌握两种语言的水平。具体而言，在学理方面，需要有广博的佛理知识，熟知经、律、论三藏典籍，懂得大、小两乘佛教原理，翻译时能做到融会贯通；在辞章方面，需要广泛涉猎经史子集，掌握遣词造句的技巧，翻译时能做到典雅流丽，言之有文；在语言方面，需要精通梵语，认识梵文，熟悉原本。深知如何是正确的理解；在文字方面，应粗略掌握《苍颉》《尔雅》之类的字书词典，谙习篆字隶书，知道如何将正确的理解译为本土文字。具备以上的知识，就可以将翻译过程中的信息损失降低到最小程度。（周裕锴，2003：160）

周裕锴研究隋释彦琮的《辩证论》不仅有以上独到之处，而且全面，但其焦点依然对准其中的"八备"。

另外，中国佛教协会主办的《法音》杂志发表过逐条解释"八备"的论文，与前面佛学家和哲学家的解释大致相同，但其

对"八备"的看法独具慧眼。

> 尤其是第一、五、六这三条，特别注重翻译人员的思想修养，可谓深探本原。"八备"的核心是要求翻译力求忠实，而要做到忠实，译者必须要有高尚的品德和一定的汉、梵文的修养和造诣。（苑艺、荣宽，1984：41）

其观点明显深受梁启超的影响，但强调"八备"的核心是要翻译力求忠实可谓独具慧眼。《辩证论》主张的佛典翻译"未可加也""经不容易""兼而取之"三条要求，加上作者彦琮提出的"意者宁贵朴而近理，不用巧而背源"的佛经翻译标准，不正相当于我们今天翻译学的翻译标准"信"吗？（详见本书第三、第四章）

至此，再把佛学家的翻译诠释与前面范文澜的翻译比较，佛学家的翻译比范文澜的翻译更详细和准确，主要体现在对佛教术语的解释上。如：范文澜把第一备当中的"志愿益人"译成"立志帮助别人"似与常人助人为乐没什么区别，而陈士强的"立志救世渡人"和任继愈的"有志救人救世"则实为佛家的宗旨。范文澜译的第二备更是泛化成常人的道德修养，不仅"觉场"没译，而且将"牢戒足""讥恶"都泛化处理。从第三备至最后凡涉及佛教的地方都作泛化处理。总的来说，佛学家和哲学家解释"八备"比上述各家更多地保留了佛教的特点。下面我们来看 20世纪 80 年代以来翻译理论家的研究。

5. 20 世纪 80 年代以来的翻译学研究

中国翻译学在 20 世纪 80 年代兴起，翻译理论研究方兴未艾，翻译学也逐渐确立为一门独立的学科。这一时期的翻译学者如王文颜（1984：203，236－248），罗新璋（1984：44），颜志强（1994：55－56，57），陈福康（2000：25－29），朱志瑜、朱晓农（2006：95）都强调隋释彦琮的《辩正论》为中国历史上第一篇翻译专论。翻译学对隋释彦琮《辩正论》的研究格局大体上与以前并没有根本性的变化，焦点虽仍对准"八备"，但研究已逐步扩大，拓展到研究《辩正论》的其他部分。翻译学研究《辩正论》有以下代表，且各有特色。

（1）王文颜

台湾学者王文颜1984年出版专著《佛典汉译之研究》，其中有专节研究释彦琮的《辩正论》（王文颜，1984：236-248）。他的研究自《辩正论》产生以来至20世纪80年代中期最为详细和全面。此书第四章第三节共用12页篇幅专门研究了《辩正论》。与历史惯例相同，他先讨论"八备"，认为这是条理化的译经理论。随后他指出，译经理论与实践的关系十分密切，提出译经理论的人就是当时译场的参与者，彦琮就是当时译场的主脑人物，提出的译经理论是佛典翻译实际工作的经验之谈（1984：203-204）。这实际上对"八备"进行了理论定性。

王文颜指出，"彦琮是第一位将译经理论写成专文的人物"，但其专篇系统论文有删节，有文义不连贯或说解欠详的情况，造成许多今人理解困难（王文颜，1984：236-237）。然后，他按年代列举材料，详细研究和归纳了彦琮一生各阶段的生平资料，认为彦琮人生一帆风顺，宿慧早成，名满天下，历经三朝，备受皇帝、显贵和文士礼遇，凡隋朝重要佛经译场都参加过，但没有佛经汉译本传世。彦琮的译经理论"全从助译中得来"（1984：237-241）。

王文颜认为，彦琮《辩正论》的译经理论主要有以下五个方面的内容。第一，主张直接研习原典。第二，翻译佛典时要遵循"八备"。因为第一条的缘故而要求沙门入道之初就该学梵文。第三，彦琮提出了"十条要例"，可能经唐道宣删裁。第四，历代沙门耻学梵文，原因在于"胡梵不分"。第五，胡梵分开后，在

不违背"严夷夏之防"的原则下肯定梵文佛典的崇高地位,斥责耻学梵文佛典的矛盾心理。第六,彦琮还从梵本和译本两方面比较探讨翻译的缺点。第七,彦琮探讨文质、古今、主译笔人三大问题。第八,佛学真实性的三级等级制。第九,"八备"的内容,"八备"各条的分类和为何提出原因不明(王文颜,241-248)。

(2)罗新璋

罗新璋、陈应年编有《翻译论集》一书,该书最早于1984年由商务印书馆出版。该书收录了《辩正论》全文,繁体字改为简体字,用现代汉语标点,且分段,但没有注释,也没有今译(2009:60-63)。

(3)陈福康

陈福康在其《中国译学理论史稿》(2000)中也研究了《辩正论》。陈福康首先肯定了《辩正论》的历史地位,认为之前的译论仅是零散的只言片语,"而今存我国历史上第一篇正式的翻译专论"是隋朝释彦琮的《辩正论》。然后,他简述了彦琮的生平;接着他指出彦琮的《辩正论》是他佛经翻译经验的总结,撰此论文之目的是"以垂翻译之式";第三,转述道安的翻译理论——"五失本三不易";第四,分清胡与梵;第五,简述了彦琮之前的译经史;第六,提出"废译"理想,即人人都学梵语而不要翻译(翻译无益论或者翻译无用论);第七,道安提出了译经"十条",批评历代译经得失;第八,彦琮自己的佛经翻译原则:"宁贵朴而近理,不用巧而背源",就是坚持忠实第一和倾向于直译;第九,指出了理解和翻译佛经的困难;第十,"八备"及其各条归类;第十一,最早全面论述了翻译活动的主体——译者本身的理论问题;第十二,《辩正论》提出的"八备"是"古代译论史上的最大贡献"(陈福康,2000:24-29)。

陈福康研究《辩正论》相当系统和全面,对"八备""十条"的论述占据其所在章节五分之三以上的篇幅。

（4）王宏印

王宏印 2003 年出版《中国传统译论经典诠释》一书，用了一章共十多页的篇幅研究隋释彦琮《辩正论》（2003：30－48），指出彦琮在《辩正论》中讨论了"翻译主体性的问题"（2003：30）。在第一节王宏印"勾勒"了《辩正论》的重要思想，首先肯定中国到了隋代"才有了是正式的专门的翻译论文"——《辩正论》，是"了不起"的转折（同上：31）。然后，他指出《辩正论》有四个"重要的理论观点"：第一，批评前人佛典翻译的得失，坚持"质"译的贵朴原则；第二，肯定道安"五失本、三不易"的本体论思想，批评道安等人不辨胡梵的失误；第三，翻译"十例"由谁提出尚无定论，但涉及佛典翻译的各个方面（同上：31）；第四，提倡"人人学习梵语"以免翻译之失，这就是翻译消亡或无用论，其无用乃大用。这个"翻译功能消亡论"发展了"道安以来的翻译本体论"，立论精当，判断明晰，观点彻底，垂范译事千古（同上：31－32）。

王宏印在第二、第三节用哲学的主体性概念研究"八备"（2003：33－43）。首先，他研究梳理了近代以来各界著名学者对"八备"的主要研究，他针对梁启超、钱钟书和陈福康三位的观点，分别提出了自己的看法。比如，针对钱钟书的观点，他认为释彦琮提出的是翻译主体性论，而道安"五失本三不易"讲的是翻译本体论，二者不属于同一理论性质，没有可比性（王宏印，2003：34）。这可以说在理论上独具慧眼。他还站在翻译学的立场上肯定了刘宓庆提出的释彦琮"八备"是"为规约主体而制定"的观点，否定了刘宓庆的主体和客体凌驾性的极端理论倾向（王宏印，2003：45）。他也论述了颜治强（1994：5－57）对彦琮"八备"的研究，肯定了"颜治强先生颇有一些新颖的观点"，但其第三个"关于'人格化'的来源所作的"更为具体的"最后一点推论颇为费解。如果说作者已经知道各位高僧的特长，当然

可以说明彦琮'八备'是集中了各位的长处的概括之言，否则，是无法从抽象说法推演出每一个人的具体特点来的"（王宏印，2003：39—40）。

王宏印还用白话精心翻译了"八备"，用词颇为讲究。译文如下：

第一，虔诚地热爱佛法，立志于助人济世，不怕辛苦费时；

第二，忠诚地实践教义，严格地遵守戒律，不致招致非议；

第三，精研三藏经典，通晓大乘小乘，消除暧昧不明之处；

第四，旁涉三坟五典，工于诗词曲赋，不使译笔生硬呆滞；

第五，保持心态平和，态度宽容虚心，下笔不可专执武断；

第六，埋头钻研译术，耐得清贫寂寞，不尚名利炫耀自己；

第七，务必精通梵语，坚持翻译正途，无损害于原著义理；

第八，掌握中文规律，了解训诂之法，成就自如自然译笔。（王宏印，2003：34）

王宏印详细逐条解释了"八备"，显示了他深厚的学养和理论水平（2003：35—39）。他指出了"八备"的重大意义在于"存在翻译主体性建设的设想"，"八备"本身"体大思精，要言不烦"，在今天也具有十分重要的意义（2003：40—41）。

王宏印还从翻译理论的角度对彦琮"八备"进行定位和评价。他对"八备"进行逻辑归类，整齐排列，认为"八备"本身

具有如下理论的体系结构：

一、人生目标和道德修养（第一条，第二条）；
二、工作态度与心理素质（第五条，第六条）；
三、学识背景与知识储备（第三条，第四条）；
四、语言能力与翻译水平（第七条，第八条）。

（王宏印，2003：35）

此外，尽管他认为"八备"属于当代翻译学翻译主体性理论的范畴，但"我们觉得有必要将上述八条统一到译者的人格中去"，注意主体间性的平衡，注意区分"翻译主体性的建设"这个实践问题和"翻译主体性的研究"这个理论问题。最后，他对"八备""从积极的理论建设的高度和需要出发，在今天所应具有的现代理论的新视野的观照下给予科学的评估"。他认为，释彦琮的"八备"理论具有以下理论形态和性质："一、静态性而非动态性；二、规定性而非描写性；三、孤立性而非系统性。"（2003：41—43）

总之，王宏印研究"八备"，综合了前人成果，白话翻译，逐条解释，指出了其历史和现实意义，进行了翻译学理论定位和评价，这五个方面的研究在翻译学上独树一帜，自成一说。笔者见贤思齐，本书也从这五个方面研究"八备"，站在前面巨人的肩膀上和新兴翻译学理论的高度，尽量做到全面公允地总结前人学说，提出自己的观点，并支撑佐证以最新理论和原始材料。

另外，王秉钦的《20世纪中国翻译思想史》（2004）回顾了中国古代佛经翻译思想，其中主要阐述隋释彦琮的《辩正论》的"八备"，认为备一、二、五、六属于"译德"范畴，而将备三、四、七、八归于"译才"的范围。合格译者要德才兼备。"八备"在中国翻译史上最早论说翻译人才的素质。王秉钦还认为彦琮提倡直译（2004：12—13）。该书主要研究20世纪中国翻译思想史，回顾中国古代佛经翻译思想的内容不到 20 页，研究隋释彦琮《辩正论》只有一页另两行，难免过简。

（5）王铁钧

王铁钧的专著《中国佛典翻译史稿》（2006）研究《辩正论》重在史料积累，先根据《续高僧传》彦琮本传叙述其生平，后指出《辩正论》立论的主旨，肯定《辩正论》乃"中国译史首见翻译专论"，然后指出《辩正论》先推出道安的"五失本、三不易"，批评道安胡梵莫辨。再后王铁钧评价《辩正论》提倡学习梵语以省翻译之劳的观点"不过译人文化素养之谈"，"乃废话"。另外王铁钧评价彦琮对历代佛典译本的评论是："破多立少，即便立也空泛抽象。"（2006：225-228）

王铁钧认为，彦琮《辩正论》的"十条"与"八备"对中国译论贡献最大（2006：228）。他还对"八备"加以古义今释：

> 古义今释，此"八备"即是：一、诚心向佛，热心传法，一心助人，且一如既往。二、入译场之前，先守戒律，须是口碑甚好，不受讥疑。三、通晓经、律、论三藏，并大、小乘教理，有关佛教义理，无有不通不明不解之处。四、博通经史子集，尤其擅长文学，工于辞章，以免译典文辞不通。五、胸襟开朗，有大度量，虚怀若谷，决不独断专执。六、潜心治学，淡薄名利，不求飞黄腾达。七、通梵文，识佛经翻译之正道，不失梵本所见之义旨。八、兼通训诂之学，《苍颉》《尔雅》等字书多有过目，篆字、隶字等字体、字形亦有所知，对汉文法更是了然于胸。

> 此"八备"可视为译经人须具备基本条件。……然坦言之，彦琮"八备"之说并未具体述及翻译技法与笔法，不过囿于译人道德修养与文化素养侃侃而谈。"八备"之一、二、五、六项可归前者；三、四、七、八项

则属于后者。就翻译标准与翻译技巧论而言，彦琮"八
备"之说与"十条"同，依然虚多而实少。（王铁钧，
2006：229-230）

王铁钧对"八备"的解释还比较到位，但译文中的"觉场"
"讥""恶"都没有佛教的特别意义，"备五"的"恕"没有解释。
该解释对"八备"的认识基本没有超出梁启超的德才说的范围。
他对《辩正论》的若干观点和对"八备"的评价有值得商榷
之处。

（6）朱志瑜和朱晓龙

朱志瑜、朱晓龙在其专著《中国佛籍译论选辑评注》（2006）
中注释和评论了《辩正论》，与前文罗新璋、陈应年的《翻译论
集》相比较，增添了注释，有对《辩正论》的评论，现代标点和
分段水平也各有千秋。评论之间二位作者的观点推陈出新，有些
观点与众不同。二位作者首先认为，彦琮的"《辩正论》中讨论
翻译最早也最详"。其次，指出彦琮在《辩正论》认为，佛典翻
译开头很难，几年后"对译成中文，就不算难了"；"最高境界是
中国信徒都懂梵文，能直接读原本"，以省翻译之劳。第三，认
为"彦琮是翻译悲观论者"，认为翻译总是有缺陷。第四，认为
"八备"是译者应具备的八个条件（2006：102）。二位作者这样
翻译和解释"八备"：

> 如果一定要翻译，译者就应具备八个条件，所谓
> "八备"。一、信佛心诚志坚；二、牢守佛教戒条；三、
> 学精三藏两乘；四、旁通经史典籍；五、宽容虚心不固
> 执；六、淡泊名利不炫耀；七、懂梵文读原著；八、通
> 文字音韵训诂之学。（朱志瑜、朱晓龙，2006：102）

第五，认为彦琮极为重视原文，主张"笔受"应绝对服从精通梵
文的"译主"，把佛典翻译之功归"译主"而诿过"笔受"有失

公允。第六，认为彦琮主张佛典翻译贵朴近理、弃巧背源是"表面上继承道安的学说，实际上是转了个圈回到支谦《法句经》序的水平"（同上：103）。

二位作者对"八备"的以上解释都很正确，但似乎太简略，每一备的译文比原文还少了 10 个汉字，精则精矣，却失去了很多关键信息。古汉语的单位信息应该比现代汉语丰富，"八备"原文每一备都有 16 个汉字，在 16 个字当中，前 8 个字说要什么，第 9 至 12 个汉字说不要什么，最后 4 个汉字仅表明顺序和数量。"八备"的每一备都是"要什么不要什么"的格局和意义取向，二位作者的解释不能反映出这种格局和取向。

他们对《辩正论》的评论颇有新意，但有些提法值得商榷。比如说彦琮的"《辩正论》讨论翻译最早也最详"，说"最详"有道理，但"最早"不符合历史事实。此外，声称"我们注释的标准是使一般大学文科学生能够读懂"（朱志瑜、朱晓龙，2006：20）。但就笔者看来，其注释过于简略和稀少，凭现有注释一般大学教授也未必能读懂原文。

（7）张佩瑶

香港浸会大学张佩瑶（Cheung，Martha P. Y.，2006：136-147）编注的《中国翻译话语英译选集》（上卷）（2006）① 是迄今对《辩正论》的最新和最高水准的翻译学研究。该书有整篇《辩正论》的英译文，并附有评论和注释。读者从其英译、评论和注释可以看出英译者和注释者是如何理解原文的。此外，张佩瑶在《辩正论》英译文后通过精辟的评述（Commentary）提出了自己研究《辩正论》的六个观点，提升了《辩正论》研究的

---

① 此书是英文版，2006 年由英国圣杰罗姆公司（Saint Jerome Publishing）出版了第一卷，后上海外语教育出版社获授权于 2010 年在中国大陆出版。两个版本内容、页码完全一样，2010 年版仅字体小些。

理论高度。遗憾的是，该书没有《辩正论》语内翻译成果，加之其注释稀少，让英语读者知道译者的翻译缘由和学理比较困难。

首先，张佩瑶在《辩正论》研究史上第一次指出了《辩正论》的主干观点、逻辑线索和论文结构。她认为："彦琮的论文论证了若干问题，论文重点突出，并以这些重点为架构来组织其各个观点。"[①]（Cheung, Martha P. Y., 2006：144）论文的主干线索是：

> It would be best to learn directly from the Buddha, but since the Buddha is no longer with us and we only have the sutras to rely upon, then we should learn Sanskrit in order to study them properly. Failing that, we can read sutra translations to obtain access to the Buddha's words, even though the route is less direct. And indeed, translation had played a most important role in spreading the teachings of the Buddha. For this reason, those engaged in the task should be people of high linguistic competence, and more importantly, of high moral and spiritual accomplishment – hence the Eight Prerequisites for Translators. Lastly, in translating the sutras, translators should observe the Ten Guiding Principles rather than following the dictates of their own "subjective feelings in interpreting the meaning of the doctrine". (Cheung, P. Y., 2006：144)

学佛最好直接跟佛陀，而佛陀今天不在了，我们只

全注全译隋释彦琮《辩正论》

58

---

① 其英文原文是：Although Yan Cong dealt with a number of topics in this treatise, his priorities were clear and he used them to structure his points.

有靠佛典，所以为了读通佛典就必须学梵文。我们不懂梵文就只能读翻译佛典才能领受佛的教诲，然而这又相对多隔了一层。所以，翻译确实对佛教传播一直有非常重要的作用。为此，佛典传译者必须是具有深厚语言修养的人，而更重要的必须是具有高尚的道德修养且佛法造诣极高的人，这就是为什么译者要"八备"。最后，翻译佛典译者必须遵守"十条"，而不能"缘情判义"。①

根据以上观点，论文的线索和结构可以简单示意如下：佛陀——原典（梵文；学梵文）——译典——翻译——译者"八备"——翻译遵守"十条"。

针对张佩瑶的第一个观点，笔者要提醒读者，张佩瑶提出的这个结构形式与彦琮论文的内容实际结构不相符合。所以本书对《辩正论》的大小篇章结构和文章的逻辑线索也进行了分析和梳理，笔者得出的结论与张佩瑶不同。

张佩瑶的第二个观点是认为《辩正论》有四大内容：

> He expounded on "the right way" in four related areas: the right way of following the Buddha (that is joining the Buddhist order, the better to devote oneself to the Buddhist way of life), the right way of studying Buddhism, the right way of preparing oneself to be a Buddhist sutra translator, and the right way of translating. His recapitulation of Dao An's Five Losses and Three Difficulties and his argument for learning

① 以下对张佩瑶《中国翻译话语英译选集》一书的中文译文如非特别说明均为笔者所译。

Sanskrit is presented as part of his overall vision of the right way to study Buddhism: one learns Sanskrit in order to be able to read the Sanskrit sutras, in the hope of not "losing the source" and of coming closer to the teachings of Buddha. His delineation of the strengths and weaknesses of unhewn(zhì 質)as opposed to refined (wén 文)translation was conducted with the purpose of endorsing unhewn(zhì 質)translation as the model—the right way of translating, to be complemented by the Ten Guiding Principles. And the Eight Prerequisites constituted the formula—the right way—for making oneself worthy of the task of Buddhist sutra translation. Confident in tone, forthright in argument, scholarly in the deployment of material, detailed in the presentation of points, the treatise, though perhaps not recorded in its entirety, nevertheless occupied all important place in Chinese discourse on translation. It still does. The Eight Prerequisites, in particular, were regularly cited and marked the emergence of a theme that recurred in subsequent discussions on translation, namely the qualities a translator should possess. For Chinese scholars of the present era, Yan Cong's Eight Prerequisites single him out as the first in the history of Chinese discourse on translation to discuss, in a fairly systematic and focused manner, the notion of the subjectivity of the translator. (Cheung, Martha P. Y., 2006: 144)

他（彦琮）"辩正"了以下四正道：第一是学佛之

道（即为僧守戒之道），第二是学佛教之道，第三是成为佛典译者之道，第四是翻译之道。彦琮在论文中总结回顾了道安的"五失本三不易"，而学梵语的观点表现为整个学佛教之正道观的一部分，即学梵语是为了能读梵文佛典，而读梵典是希望能不"失本"，希望能更接近佛的教诲。彦琮还论述了与文译相反的质译之长短，其目的是提倡以质译为楷模，而这才是翻译之正道，此道又以"十条"为补充。而"八备"确立的是胜任佛典翻译任务的准则或者正道。《辩正论》文风笃定，说理一针见血，旁征博引，论证精密，虽说收录可能有删节，但在中国译论史上无论过去还是现在都占有极其重要的地位。特别是"八备"问世以来常被引用，成为了一个标志，由此出现一个后世译论反复讨论的题目，这就是译者应当具备的素质。今日中国学者以"八备"之独秀而推彦琮为中国译论史上系统专论译者主体性理论的第一人。

对于张佩瑶的这第二个观点，笔者提出的问题是：学佛与学佛教之道有什么异同？论文既然系统，那么论文的主题，也是这篇论文的灵魂是什么？本书的研究将更详细深入地回答这个问题。

张佩瑶的第三个观点是：

He followed the tradition of eulogizing the translations of the monks before his time, but he was also able to point out their shortcomings, and his criticisms were not based on subjective impressions but carried validity. His assessment of Dao An—especially his remark that Dao An, though knowledgeable, had

not rectified the situation whereby no distinctions were drawn between the *Fàn* (Sanskrit) sutras and the Hu-language sutras—was extremely pertinent, though it is presented in very gentle language and amidst paragraphs ringing with genuine praise and admiration for Dao An. In fact, Yan Cong's remark goes straight to the heart of what might be considered lacking in Dao An's study of Buddhist writings. Likewise, Yan Cong's criticism of his countrymen for not being interested in learning Sanskrit was sharp and incisive. But if one is *"hampered by the straightjacket of self and other and too proud to learn the other's language,* then the wonderful secrets of Buddhism may never come to our country"(my emphasis). In this day and age, when bilingualism and multilingualism are common and almost taken for granted, it is easy to overlook Yan Cong's progressive politics and his receptivity to an "alien" culture. These strengths of Yan Cong's emerge more clearly when we remember that China, in Yan Cong's time and before, showed a deep and entrenched suspicion of "alien" cultures (more specifically, Taoist priests did), a suspicion that was manifested in the policy of guarding the country with vigilance against foreign tribes, or in the tendency, noted by Yan Cong, to show contempt for Indian monks. (Cheung, Martha P. Y. , 2006：144-145)

　　他依照传统盛赞前辈僧人的佛典翻译，也恰如其分地指出了其缺点，其批评并非毫无根据的主观印象而是摆事实讲道理。他对道安的评价极为中肯，特别是他说："安虽远识，未变常语"，即有不辨梵典胡经的缺点，批评恰如其分，而其措词既温文尔雅又隐之于心悦诚服赞扬道安的几个段落之中。其实，彦琮单刀直入地批评了可谓是道安的佛典研究所存在的缺陷和要害。彦琮也尖锐地批评了中土同胞忽视学习梵文之病。但如果"或以内执人我、外小异言，那么枉令秘术旷隔神州"（笔者加着重号提醒读者）。在 21 世纪的今天，能熟练运用两门乃至三门以上语言大家习以为常且视为当然，容易忽视彦琮对待"异域"文化的进步策略和雍容大度。彦琮的这些优点尤其在我们回顾中国历史的时候更为显著。彦琮所在的隋朝和之前的各个朝代，中国对"异域"文化都表现出了根深蒂固的怀疑态度（具体点，道士们就是这样），这样的疑心要么表现在严夷夏之防的国策上，要么表现在彦琮所指出的藐视印度僧人的倾向上。

张佩瑶的第四个观点是：

As can be expected, Yan Cong's view that if everyone was willing to learn Sanskrit, then the "meaning of the sutras will be understood by all peoples, and we can be spared the laborious task of translation" attracted some attention. For Liang Qichao, Yan Cong was in effect saying that "Translation is pointless and of no benefit [wúyì 無益] to people". This is not entirely correct. To Yan Cong, the sutras were already at one remove from the Buddha's own words, and sutra translations were twice

removed. Given this situation, translation would be an inherently imperfect venture, carried out because there was no alternative. Translation would lose its rationale for existence if everyone were to learn Sanskrit. Then, and only then, would translation become redundant, "pointless and of no benefit to people". But Yan Cong also realized that the scenario he painted would not happen, and therefore he affirmed the importance of translation. Yan Cong's attitude towards translation, one might venture to say, is probably shared by many people of bilingual or multilingual competence, though the explicit way in which he made his views known might cause some unease to people in the translating profession. (Cheung, Martha P. Y. , 2006：145)

如果大家都肯学梵语，则"人人共解，省翻译之劳"，彦琮这个观点无论古今都有人赞同和重视。梁启超认为这是彦琮提出的"翻译无益论"。梁氏这个观点不完全正确，因为彦琮认为：佛经和佛陀的亲口言说隔了一层，而译典又隔了一层。鉴于此，翻译本身必定是不可靠、有缺陷的事业，乃不得已而为之。翻译失去存在的理由，此推理建立在人人都学梵文的假设前提上。在这个前提上，也只有在这个前提上，翻译才多余，"翻译无益论"才成立。而连彦琮也知道他虚设的那个情景绝不会发生，所以他反而坐实了翻译的重要性。我敢说，彦琮这个翻译观恐怕会引起许多能运用两门或者多门语言者的共鸣，只不过他把话说得太直白，很可能让以翻译为业的人感到紧张。

就这第四个观点，笔者要提醒读者，张佩瑶和 Diana Yue 英译"人人共解，省翻译之劳"的译文"meaning of the sutras will be understood by all peoples，and we can be spared the laborious task of translation"回译成中文是"天下之人都了解佛经的意思，我们即省翻译之劳"之意，这与原文的意思稍有出入，请详看后文笔者的研究。

张佩瑶的第五个观点着重在于翻译批评上的理论演绎，演绎的起点或基础是彦琮在《辩正论》"关于早期佛经翻译文献往往胡（鞑靼或蒙古）梵二术语混淆的评论"①。首先演绎出一个值得研究却很少有人提出的大问题：

> In what way and to what extent did such confusion affect the validity of the critical comments made by Buddhist monks about the quality of individual sutra translations up to Yan Cong's time? (Cheung，Martha P. Y.，2006：145)

> 这种胡梵混淆的情况到底在哪方面和多大程度上影响了僧人对直到彦琮时代的各部佛典翻译质量评价的正确性？

其次，再从上述起点，张佩瑶演绎出据说是中国古代佛典翻译批评史上形成的一个"惯例"（convention）：

> 已有人注意到，历史上常常倾向于一字一句地重复前人对翻译佛典的或者关于前代译典僧人之成就的评论（既有正面的又有负面的）。

---

① 其英文原文是："Yan Cong's observation that previous bibliographical works on Buddhist sutra translation often confused the term "*Hú*"　（胡，Tartar or Mongolian）with the term "*Fàn*"（梵，Sanskrit）. "（Cheung，Martha P. Y.，2006：145）

而形成这个"惯例"的原因是:

> **Perhaps**[①] the convention could be accounted for by (among other reasons) the Chinese monks' lack of competence in foreign languages on the one hand, and the impossibility of ascertaining the source language(s) of the source sutra(s) on the other. (Cheung, Martha P. Y., 2006:146)

> 也许形成这种惯例(的其中)两个原因在于中土僧人不甚懂外语,此其一,不能确定原典本身的语言,此其二。

请注意张佩瑶此处行文的英文用词"Perhaps",它表明此处的理论推导仅仅是可能的而不是确确实实的结论。而下面的推论也仅仅是推出的可能性而不是确定无疑的结论,请注意"If"(假如)一词和主句的虚拟语态:

> **If**[②] such an important piece of information was not available, what could the early scholars have done other than subscribe to the time-honored practice of repeating the words of the ancients and then add their own views regarding the type of translation that they preferred, or their views on how translation should properly be done? (Cheung, Martha P. Y., 2006: 146)

> 假如连这么重要的事实都不得而知,史上的先贤又能做什么呢?他们也只有要么心悦诚服于由来已久而让人肃然起敬的做法,重复古人说过的话,然后就其倾心

全注全译隋释彦琮《辩正论》

66

---

① Perhaps:笔者加粗提醒。
② If: 笔者加粗提醒。

的那种翻译再发表自己的看法，要么就怎样译才妥当提出自己的观点。

第三，再以上述彦琮评论的胡梵二语混淆不清为基础，推导出古代佛典翻译批评者实际上不太懂外语和不知道原典源语的可能性。这启发了张佩瑶，由此引入解构主义的播撒和延异的思想来研究翻译。

The situation, one could say, was a spectacular illustration of the deconstructionist notion of dissemination and difference: for every translation, there is a source (not necessarily in the form of a physical object) but no absolute origin, since things were already disseminated, and meaning cannot but be deferred and cannot but differ. (Cheung, Martha P. Y., 2006:146)

这样的情况可以说是解构主义播撒和延异思想的绝妙例证：无论什么翻译都有本源（不一定是物体的形式）但又没有绝对可靠的本源，因为事物早已播撒，而意义必然延异。

张佩瑶的第六个观点是：

But Yan Cong's proposal for replacing "*Hú*" with "*Fàn*" was, at best, an expedient measure. It was more of an over-correction than an effective way of dispelling the confusion about the source language(s) of the Buddhist sutras, from the Eastern Han Dynasty all the way up to the Sui Dynasty. (Cheung, Martha P. Y., 2006:146)

但彦琮提出以"梵"代"胡"至多不过是权宜之策

和矫枉过正之法，而不是根本消除从东汉直到隋朝混淆佛典源语乱象的有效方法。

张佩瑶研究《辩正论》的上述六个观点，其中第一和第二个指出了彦琮论文的结构和内容，尤其对整篇论文的结构线索的研究是《辩正论》研究史上的第一次。第三个观点指出彦琮对前代佛典翻译的批评表现出彦琮对外来文化的"进步策略和雍容大度"。第四个观点指出了梁启超用"翻译无益论"总结彦琮提倡普遍学梵语的观点所存在的缺陷，这也是《辩正论》研究史上的第一次，再次表明张佩瑶研究《辩正论》的理论新高度。第五个结论创下了《辩正论》研究理论史上的最新高度，其原因是引入了哲学解构主义的思想，而以往《辩正论》研究仅运用了哲学主体性的思想。第六个观点批评彦琮以梵代胡的主张。

张佩瑶研究《辩正论》兼顾了传统的焦点——"八备""十条"和"翻译无益论"，但有自己的理论重点和高度，即胡梵莫辨和以梵代胡，总共六个观点，其中两个涉及这个重点，占三分之一，这个比例不可谓不重。而问题也出现在这里，张佩瑶用了三分之一强的篇幅对《辩正论》关于辨胡梵的问题加以评析，而《辩正论》全文字数不过 2348 个字，辨胡梵用了 178 个汉字，只占 8％的比重。这说明辨胡梵并非《辩正论》的主干观点，其详情请看本书的研究。

另外，从张佩瑶该书的参考文献可以看出，该书的编者和译者确实利用了第一手资料以研究《辩正论》，使用了大藏经两个版本，一是 20 世纪 90 年代中国大陆出版的《中华大藏经》（汉文部分），二是学界使用最广泛的日本出版的《大正新修大藏经》，简称《大正藏》。

二、本书研究《辩正论》的课题和内容

《辩正论》的研究历史表明，隋释彦琮的《辩正论》在古代主要是佛教界内在研究，而从近代起，尤其是其中的"八备"引起了历史学家、文学研究家、翻译理论家、思想家、哲学家、文论家、翻译家、佛学家、作家等各界大家硕学的研究兴趣。20世纪80年代之后，翻译学者大量涌入，研究范围正在逐步扩展到整个《辩正论》。本课题研究即为整篇《辩正论》研究的代表。但是，迄今为止，各界的研究，包括译学研究《辩正论》偏重在其中的"八备"和"十条"，尤其重在前者，研究不甚全面，还没有专著形式的专门和全面研究，整体上没有海纳百川之广博，尤其在佛教专门知识上尚需精益求精，一些重大的理论问题依然悬而未决。

1. 课题

第一，最明显的问题是，《辩正论》既然是一篇专门系统研究佛典翻译的论文，作者论证的主题是什么，迄今的研究不够详细深入和系统全面。

第二，既然《辩正论》是系统的专论，论文应该有其结构，而各结构部分之间有什么关系？又如何支撑论文的中心思想？

第三，《辩正论》是学界公认的由当时高僧所做的佛典翻译专论，那么其中到底有什么佛教思想，而翻译思想与佛教思想又有什么关系？

第四，已有的研究认为《辩正论》只有四个方面的翻译理论，而笔者的研究证明《辩正论》不止包含这四个理论。

第五，迄今《辩正论》的注释过简，不足以让今天的读者充分领会其中的翻译和佛教思想理论。

第六，整个《辩正论》至今还没有在经过深入、细致和全面

的语义研究后而产生的语内翻译成果，即古译现代汉语的译文。

第七，由于存在以上问题，现有英译文有缺陷。

针对以上问题，笔者在本书的研究中将证明《辩正论》的主题是确立中土佛典翻译的法则，其中包括继承前贤释道安的翻译原则（"五失本三不易"）和方法（正文"十条"），批评总结了隋以前佛经翻译的经验和得失，提出了佛经翻译的标准——"宁贵朴而近理，不用巧而背源"。为了达到这个标准，作者提出了佛典翻译的译者理论（"八备"学说），其中包括原本佛典形成论、佛典翻译目的论、佛典翻译的三大要求论、佛典译者条件论（"八备"）和佛典译者生成论，共五个分支理论。最后原作者还以问答方式论证了中土学佛者（包括佛典译者）掌握梵语的重要性。论文虽短，只有约 2348 个汉字，但整体有大结构，各部分有小结构，各大小结构之间相互衔接和支持，是系统性很强的佛典翻译理论。本书研究《辩正论》，所发现的佛典翻译理论的内容和重要性将大大超过以往的研究。

2. 内容

本书研究包括以下六个方面的内容。第一，研究《辩正论》的基本情况，包括标题和作者、研究沿革、方法等问题、论文的语体和文体、论文的理论意义和历史局限。第二，研究论文的篇章结构及其译学理论分析，包括《辩正论》参照于《续高僧传》的结构，《隋东都上林园翻经馆沙门释彦琮传》的结构，《辩正论》本身的篇章逻辑线索和结构，论文各篇、部、段分析，论文结构示意图，"八备"学说和"八备"的结构。第三，为论文增加详尽的注释，基本扫清读懂论文的语言、文化和佛教术语及知识等方面的障碍，提供今译文与原文相对照，也推出笔者自己的英译文。第四，历代研究《辩正论》，"八备"是重点。笔者在本书将沿袭这一研究传统，并开辟《辩正论》研究新领域——佛典译者理论（"八备"学说），在理论上分清"八备"与"八备"学

说的相同和不同。第五，本书还要详细分析论文的译理、佛理和其他思想内容及其相互关系。第六，本书要研究《辩正论》的语内（古译现汉）和语际（汉译英）翻译之理论和实践，在笔者译文的基础上展开对《辩正论》现有译文的翻译批评。

三、笔者研究《辩正论》所依据的原始资料及运用

中国文化历来注重文传，孔子就说过："言之无文行之不远。"文章必然行诸有形之文本才神采飞扬。而隋释彦琮《辩正论》诞生于中古，属汉文佛典，此时的佛典必然是有形之文本，收录于大藏经并流传至今，经过了历代抄写刊刻、编辑校勘、断句标点。笔者在本节利用其他学者最新的有关大藏经的权威研究成果，择其要者且为研究《辩正论》所必需者而述之，以免在本书后面的章节再费笔墨。

1. 大藏经的写本时代

佛教自两汉传入中国后，外来佛典经过历代翻译，教内著述日渐增多，从南北朝至北宋以前其主要以抄本形式流传在各大寺院和佛教徒当中。据粗略统计，"自陈武帝下令写一切经十二藏起至唐高宗显庆时西明寺写一切经为止的一百余年间"（557—661），皇室和民间的写经就达八百多藏，二百余万卷（童玮，1997：8）。这期间，隋朝开始了真正意义上的汉文写本大藏经的书写和流传，而汉文佛教大藏经写本的真正形成是在唐朝（李富华、何梅，2003：61，64）。

2. 大藏经的刻本时代

北宋初年朝廷出资雕造我国第一部刻本大藏经《开宝藏》，标志着汉文佛教大藏经的发展进入了刻本时代。从宋朝到清朝有若干著名的刻本大藏经流传于世，如《辽藏》《开宝藏》覆刻藏的《金藏》和《高丽藏》《崇宁藏》《圆觉藏》，明朝的《初刻南

藏》《永乐南藏》《永乐北藏》和清朝的《龙藏》，等等（李富华、何梅，2003：16—17）。

3. 铅印和影印本时代

近代以来，先进的印刷术使汉文佛教大藏经跨入了铅印本和影印本的时代（李富华、何梅，2003：17）。这个时期较重要的有日本的《大正新修大藏经》和中国20世纪八九十年代完成的大陆和台湾版的《中华大藏经》（李富华、何梅，2003：18）。

《大正新修大藏经》，略称《大正藏》，是铅印本大藏经，在日本大正十一年至昭和九年（1922—1934）间，由日本著名佛教学者高楠顺次郎、渡边海旭主持编辑完成。《大正藏》自编印问世至今七十余年，几乎成为佛教学术界最通行的版本，其影响之大，利用率之高，是此前任何版本的大藏经都无法与之相比的（李富华、何梅，2003：612）。

《大正藏》正藏的主体部分以《高丽藏》为底本；《高丽藏》不录者则以日本收藏的其他大藏经版本作底本，使用率较高的是"明本"，即《嘉兴藏》本和"续藏"，即《大日本续藏经》本；此外用作底本的还有日本寺院和宗教院校的收藏本，常见的有"宗教大学本""大谷大学本""龙谷大学本""增上寺报恩藏本""东大寺本""药师寺本"等。

《大正藏》基本的校本有"宋""元""明"三种，"宋"即宋刻《资福藏》本，"元"即元刻《普宁藏》本，"明"即明刻《嘉兴藏》本。此外，《大正藏》还收集了日本各地收藏的有校勘价值的刊本和写本作校本。除上面已举出的校本外，还有"正仓院圣语藏本（天平写经）""宫内省图书寮本（旧宋本）""大德寺本""万德寺本""石山寺本""醍醐寺本""仁和寺藏本""中村不折氏藏本""久原文库本""森田清太郎氏藏本""东京帝室博物馆本""西福寺本""金刚藏本""高野版本""敦煌本"等，以及梵文、巴利文原本等。《大正藏》的校勘采用以底本与校本逐

字校对的办法，只勘出异同，而不作判断；校勘记以脚注的形式
附录于每页经文的下端。

《大正藏》之前的历代大藏经在编修过程中都经过了校勘程
序，但没有留下校勘成果。《大正藏》以现代学术思想为指导，
采用现代校勘学的基本方法，在搜尽古今藏本的基础上，对校了
同一种经籍的不同版本，留下了校勘的结果，这是破天荒的突出
贡献，为佛教学术研究提供了珍贵的资料（李富华、何梅，
2003：618－619）。

编者为了"有助于圣典之流广传布"，《大正藏》用小字铅排
印，从而使每册书的容量大大增加，并且编者下了很大功夫给经
文断句。这些都是《大正藏》的特色。《大正藏》虽只有100册，
但内容宏富。经文断句的意义重大，为绝大多数读者提供了阅读
经书的便利，也因此让《大正藏》成为世界上使用率最高的大藏
经版本。同时，《大正藏》也是最精细、内容宏富的大藏经版本，
是近代以来日本佛教界佛教学术研究的最大成果，在大藏经编纂
史上享有崇高地位（李富华、何梅，2003：621）。

《大正藏》以宋、元、明三种藏经版本为基本校本，并搜集
了包括梵文、巴利文本在内的可能收集到的一切刊本、写本作为
参校本，这是其在校勘上的优点。《大正藏》在校勘上的缺点是
没有利用许多汉文大藏经的重要版本，如日本保存的福州版《崇
宁藏》，现存较多的明刻《永乐南藏》《永乐北藏》、清《龙藏》，
以及《大正藏》编刊时尚没有公之于众的影印《碛砂藏》《赵城
金藏》《房山石经》等。这就使其校勘成果大为减色。

《大正藏》的编校人员中有矢吹庆辉、小野玄妙、宇井伯寿
这样的著名佛教学者，但多数是来自日本各佛教院校的师生。他
们不熟悉汉语，佛教知识欠缺，造成《大正藏》中经文断句不当
和排印差错，错误屡见不鲜。这是《大正藏》的又一个缺陷（李
富华、何梅，2003：626）。

4. 笔者研究所依据的大藏经版本

笔者之所以在上面详细介绍其他学者研究汉文佛教大藏经的最新成果，就是为了充分利用这些最新成果研究隋释彦琮的《辩正论》。《辩正论》的作者彦琮（557—610）恰恰生活在佛经写本繁荣和汉文佛教大藏经最初产生的时代（557－661），彦琮去世后50年，真正意义上的大藏经在唐朝形成了。从557年到661年这一百多年差不多也是《辩正论》最早最重要的编者唐释道宣（596－667）所处的年代。所以，今天我们研究《辩正论》，直接用大藏经的好处是可以尽量保证原始资料的可信度，这是人文科学研究的第一前提。只要涉及藏经资料，笔者都引自《大正藏》，具体研究中也充分利用其校勘的成果，非常重视和利用其校勘记。但是，《大正藏》如上所述依然有诸多缺陷，所以笔者又用《中华大藏经》加以对照补充。

根据李富华、何梅（2003：574）的研究，大陆版《中华大藏经》的优点也很明显，一是出版时间离今天最近，集历代大藏经之大成；二是其根据的底本也是《开宝藏》的覆刻藏《赵城金藏》，又以《高丽藏》和其他藏经作为补本，还充分利用了日本《大正藏》完成后在中国发现的最新藏经资料。《中华大藏经》也是最具学术研究价值的大藏经。所以笔者在研究中又用《中华大藏经》以及其他藏经与《大正藏》互证对照以弥补各自的不足。

四、研究《辩正论》的方法、文献资料和工具书

1. 研究方法

本书研究《辩正论》的基本思路是先要沉下去，即先真正搞懂隋朝高僧彦琮论文的话语，进行详细的阐释，然后再升起来，兼顾今天各个相关学科的视角，以翻译学为主导角度进行理论分析和阐发。就总体而言，传统研究、人文主义、科学主义和马克

思主义的方法都要采用。首先,《辩正论》是中国古代佛经译论,属于古汉语话语,传统研究的文字、训诂、校勘等方法肯定要用。其次,要用系统的思想研究《辩正论》,理清其历史发展的线索,还要认清其篇章结构和中心论点,强调系统的方法应该属于科学主义。一般的科学主义方法,如比较、归纳、实证等方法也要用。再者,本书的研究要融合佛学、文学、哲学、历史学、语言学等学科的方法、资料和成果,以跨学科交叉参照,以翻译学为主并主要以整篇《辩正论》为研究对象。

人文社会科学跨学科研究有三种模式(model):中心(centralist)、多元(pluralist)和整合(integrationist)。中心模式以某学科本身为知识领域的中心,并以该学科为基准确定自身与其他学科的关系。该学科自己的理论、方法和主要研究对象为学科核心,与其他学科的关系主要根据相互重合的研究对象来确定。多元模式视各学科为平等的合作伙伴,大家从不同的角度来研究同一问题,各学科依然保持自己的独立地位。整合模式依然与多元模式一样是把焦点对准同一个问题的研究,但认为任何一门学科都不可能单独圆满完成一个问题的研究,各学科相互依存来研究问题,都化成了研究具体问题的分析和阐释方法,失去了独立的身份(Leeuwen,2005:3−8)。这三种跨学科研究的模式各有自己的优缺点。

本书研究《辩正论》,笔者尽量在这三种模式之间扬长避短,以《辩正论》为研究的焦点,综合各个学科的研究成果,保持翻译学的身份。本书用汉语训诂学的方法进行语义研究,以翻译学的方法和视角进行理论分析,其成果在于详尽的注释,推出现代汉语和英译文。就篇幅而言,本书研究《辩正论》用了近 37 万字,注释、翻译及其理论和批评有一半以上的篇幅,是本书研究的重点,保持了翻译学的身份。而本书研究的难点至少有两个。第一,《辩正论》属于汉文佛典,而其难点首先就如任继愈所说,中国佛典浩繁，其文艰深，自古号称难治。但是，通过认真研习各位佛学大家的著作，仔细考察其研究成果，利用现有佛学工具书，这个困难也并非不能克服。第二，本书涉及历史学、文学、翻译学、哲学、佛学，各学科研究成果颇丰。本书以多学科参照，相互融会贯通，力争做到博众家之长而避各方之短，从翻译学的角度进行理论总结。翻译学是后起新兴学科，有融合各成熟的先行学科的理论和方法的经验，站在巨人的肩膀上也可以克服这个跨学科的困难。

笔者反对断章取义的研究方法，即不顾整篇文章的文脉和逻辑关系，东选一句，西取二句，再把这几句硬凑在一起，然后说原作者有某观点。梁启超研究《辩正论》的这种断章取义的方法对今天翻译学研究彦琮《辩正论》的影响很大。他只注意论文的只言片语而不管论文的语境语篇，得出片面的结论。也难怪今天有的翻译理论家总说中国古代佛经译论只言片语，不成系统。他们的研究方法见木不见林，其结论难免片面不公。

今天翻译学研究《辩正论》有理论泛化的倾向。其他学科如中国史、佛学和哲学等学科的大语境很明确，其主题和语境都在佛教以内。而翻译学引用其他学科研究《辩正论》的成果，如果脱离原语境，一上来就只说译者怎么样，翻译怎么样，给人的印象好像隋朝高僧彦琮似乎本来初衷就在研究今天的翻译理论。笔者以为，今天我们站在纯翻译学理论的立场研究《辩正论》当然无可厚非，但应首先让读者明白原作者本来说过什么，为什么这样说，然后再进行理论升华和提纯。换言之，必须先让读者明白原文和原意的本来面目，然后再抽象提纯翻译理论，这才是科学和实事求是的正确研究方法。本书的基本研究思路是以"前修未密，后出转精"的精神明确研究的目标，继续发扬前辈学者已有的斐然成就，当然并不过重复，重点在于澄清还不甚清楚的问题和努力填补研究空白。

2. 文献和工具书

在研究材料运用方面，本课题研究的参考文献就有一百多本，为的是尽量做到言必有据，论有所依。研究的原始资料都采用《大正藏》，并用《中华大藏经》和其他藏经版本弥补其缺陷。也尽量采用反映相关领域最新成果和具有最高水平的工具书，比如研究中使用频率最高的汉语、汉字工具书就是权威的《汉语大字典》（2010 年九卷本）和《汉语大词典》（1986－1994）。

第三节　语言风格

语言风格指语言在语体和文体两方面所表现出来的特点。语体（a register of language）是人们在各种社会活动领域，针对不同对象、环境使用语言进行交际时所形成的常用词汇、句式结构、修辞手段等一系列运用语言的特点。语体分为口头语体和书面语体两大类。文体指独立成篇的文本体裁、样式或体制，是文本构成的规格和模式，是独特的文化现象和历史内容长期积淀的产物。文体反映文本从内容到形式的整体特点，属形式范畴。确定《辩正论》的语言风格有助于更好地理解和翻译它。

一、语体

《辩正论》形成在隋唐时期，根据汉语史的分期，隋唐时期的汉语属于中古汉语（王力，2004：43）。而佛教流传及佛典译入和流通对中古汉语影响巨大（朱庆之，1992：2，54），《辩正论》属于汉文佛典。根据朱庆之的研究，汉文佛典总体上的语言特点有别于汉语传统的任何一种文献的语言，也不同于佛经原典语言，其语体既非纯粹口语又非一般文言，属于汉语的特殊语言变体，可称为佛教混合汉语（朱庆之，1992：8－15）。然而，

《辩正论》是阐述中土佛典翻译原则的论说文，且作者又是当时善造论文的高手，笔者研究认为，此论文的语体以中国古代盛行的书面语言——文言为主。

1. 句式特点

文言判断句最常见句式"……者，……也"在《辩正论》中屡见不鲜，如文中的"五失本三不易"的八条都是"者……也"的句式。此外，还有"是乃未所敢知也"，"称印手菩萨岂虚也哉"，"支谶世高，审得胡本，难继者也"，"罗叉支越，斸凿之巧者也"，"宣译之业未可加也"，八备的"其备一也"直到"其备八也"，"意者宁贵朴而近理，不用巧而背源"。另外，还有不靠虚词而成的判断句，如"此生死人平平若是"，依靠形容词的述谓作用成判断句；还有明显由名词起主要作用的判断句，如"胡本杂戎之胤，梵惟真圣之苗"。

以上这些句子要译成英文，必然用到 be 动词或其他系动词，而汉语可以不用任何动词，这些都是名句，或称之为主题句。汉语主题句的格局是"主题＋评论"，而功能在于对主题加以评论。

文言常见的关系句在《辩正论》中也比比皆是。所谓关系句，就是其主要功能是彰显前后逻辑关系的句子。比如："不善谙悉，多致雷同。""见有胡貌，即云梵种。""根既悬殊，理无相滥。""昔日仰对尊颜，瞻尚不等；亲承妙吼，听之犹别。""若令梵师独断，则微言罕革；笔人参制，则余辞必混。"以上列举的《辩正论》当中的一些关系句，或前段表原因，后段表结果；或前段让步，后段转折；或前为条件，后为结果。

古汉语常见的动句（施事句）在《辩正论》中相对较少，而此例比较典型："千圣同志，九旬共，集杂碎之条，寻讹本，诚水鹄之颂，俄舛昔经，一圣才亡，法门即减。"

古汉语常见的句型《辩正论》中都有，名句和关系句相对较多，而动句较少，毕竟这是一篇论说文。笔者关于《辩正论》句

式的以上分析，根据是申小龙的《汉语语法学——一种文化的结构分析》所总结的汉语句式规律（2001：151-372）。

2. 词汇特点

首先，文言常见虚词在《辩正论》中频频出现，如："之"出现了近50次，"乎"5次，"者"14次，"也"23次，"以"16次，"哉"2次，"乃"9次，"其"21次；文言表让转的"然"有3处，表反问或疑问的"岂"有4处，常见指示代词"兹"有4处，指示代词"是"5处，近指代词"此"9处，与之相对的"彼"5次。这样的出现频率对一篇约2300字的论文来说不能算低。

其次，有几个特有的汉语词虽说出现频率很低，但表现了论文的主要观点。中国道家之"道"是其重要的思想，原作者用"朴"（樸）这个词来表现。彦琮在《辩正论》中也借用这个词和概念的外壳来表达外来佛法之道，提出自己的佛典翻译标准"意者宁贵朴而近理，不用巧而背源"（参见本书第五章的分析）。《辩正论》在用词上表现出中外语言的奇妙混合，混合之奇妙在于语言内容和表达形式的自然。上面一句用纯粹中土道家概念的外壳"朴"来表达外来佛法之道为一典型的例子。另外，中国古代哲学"名"的概念和佛教术语"相"，也被作者巧妙用来说理。

第三，汉语词"本"字，在《辩正论》全篇出现了19次，在不同的上下文语境中有不同的意义，吃透这19个"本"字是理解和翻译这篇论文的关键之一。"失"字出现的频率不算高，但在不同的上下文语境中有不同的意义。确定各自的意义，有助于彻底了解论文的观点和思想。

第四，《辩正论》在用词上表现出中外语言奇妙混合的另一个例子是直接运用来自梵文的外来词，有的是意译，有的是音译，有的是音义合译。据笔者粗略统计和查证（参见本书第二章的注释），大约2300个汉字的现存《辩正论》从头到尾共有大约

50 个外来（梵文）词。其中有的是音译：阿罗汉（Arahat）、菩萨（Bodhi-sattva）、涅槃（Nirvàna）、悉昙（Siddânta）、阎浮（Jambu-dvipa）、比丘（Bhikṣu）；还有的是音义合译：震旦（cīna-sthāna）；最多的是从梵文意译而来的词：义说（gāthā）、智（Prajñpāramitā）、愚（Moha）、圣（Ārya）、人（指凡人，bāla）、三达（tri-vidya）、六通（ṣaḍ-abhijña）、僧宝（saṃgha-ratna）、三衣（tri-cīvara）、五欲（panca-kama）、正语（samyag-vāc）、三转法轮（triparivarta-dvādaśākāra-dharma-cakra）、妙音（ghoṣa）、舌根（jihvā-indriyam）、种性（gotra）、相（laksana）、慧解（praty-avagama）、空门（Śuṇyatā）、妙吼（siṃha-nāda）、净论（vi-vāda）、一味（eka-rasa）、法门（dharma-mukha）、大明（mahā-prabha）、法（dharma）、三藏（Tripiṭaka）、三业（tri-karman）、业风（karma-Vāyu）、一心（eka-citta）、四辩（pratisaṃvid）、一音（eka-svara）、四生（catvāro yoniayah）、大慈（mahā-maitri）、神力（ṛddhi，abhijñāna）、一向（śama-eka-ayana-mārga）、像法（saddharma-pratikṣepa）等。

上面这些外来词大多是佛教术语，文中还有其他佛、梵专有名词（人名或地名），如王舍城（Rājagrha）、善生（Sujàta）、净名（Vimalakirti）、康僧铠（梵名僧伽跋摩 saṃghavàrman）、竺法护（dharmakṣa）、文殊（Mañjuśrī）、菩提留之（Bodhiruci）、真谛（Paramartha）、无罗叉（Moksala）、支谶（Lokaksema）、竺法兰（Gobharana）等。

就词汇而言，《辩正论》从头至尾浸染了浓厚的外来佛教色彩，含大量外来语——梵语，足以证明《辩正论》的语体是佛教术语、梵语与中土文言相混合的佛教混合汉语。

全注全译隋释彦琮《辩正论》

二、文体及其特点

笔者虽然把讨论《辩正论》文体特点的这部分内容放在第一章，但真正信心十足地确定其文体是在所有章节的研究完成之后。而文体的确定又反过来促进了笔者对《辩正论》的理解和翻译。笔者深入细致、全面彻底地研究了《辩正论》之后，认定该论文的文体是骈文。骈文，也称"骈体文""骈俪文"或"骈偶文"，因常用四字、六字句，以四字、六字相间定句，故也称"四六文"或"骈四俪六"。骈文全篇以双句（俪句、偶句）为主，讲究对仗工整和声律铿锵。骈文萌芽于先秦，发端在秦汉，形成于魏晋，兴盛于南北朝，大行于隋朝乃至中唐，"魏晋至中唐时期，将近六百年内，处于中国文学正宗地位"。古人用骈文表达各方面的新内容，常见于政论、文论、移檄章表等类（熊永谦，1986：2-13，22，26-27）。

骈文为中国文学所独有，尤其能体现汉语以神统形的基本特点，意义的表达和形式美以字为本，基本上是字本位的，主要靠单个汉字的组织和表达，句子之间的逻辑关系表达少用关系词，不像西方语言的句子以限定动词为核心层层套叠的方式构造，而以流水句的形式出现。

骈文有以下四个特点。第一，句式上下对偶。全篇文章均主要由四字或六字的对偶句组成，偶尔也由五字、七字或八字，甚至九字、十字组成，间有散句，都可以分为上下联，字数、词性和结构几乎完全相同。第二，平仄对应。句子上下联的字声平对仄，仄对平，声调铿锵，错落有致。第三，征引典故，以古事论今事，使其文厚重典雅。第四，文采艳丽，行文流畅（熊永谦，1986：14-21）。现在笔者根据以上四条为标准，衡量《辩正论》是否具有上述特点。

1. 句式对偶

　　笔者在下面把隋释彦琮的《辩正论》全文（《大正藏》第 50 册第 438－439 页）凡上下对偶的句式用下划线和下加着重号标明，单下划线与单下划线，双下划线与双下划线的上下句式对偶。另外，骈文作者为了充分表达文义，在有些偶句前冠有统摄两句的名词、动词、副词或连词，也有在下句末带上助词的，这些词不计入对偶之内（熊永谦，1986：16－17）。判定《辩正论》的对偶句式也不计这些词。全文篇、部和段的划分以笔者在本书第三章《篇章结构及其译论分析》中所述为准。

第一篇

　　1.0.0　（然琮久参传译，妙体梵文；此土群师，皆宗鸟迹，至于音字诂训，罕得相符；乃著辩正论，以垂翻译之式。其词曰。）

第二篇

第一部

　　2.1.1　弥天释道安每称：译胡为秦，有五失本、三不易也。一者，胡言尽倒，而使从秦，一失本也。二者，胡经尚质，秦人好文，传可众心，非文不合，二失本也。三者，胡经委悉，至于叹咏，丁宁反复，或三或四，不嫌其繁，而今裁斥，三失本也。四者，胡有义说，正似乱词，寻检向语，文无以异，或一千，或五百，今并刈而不存，四失本也。五者，事以合成，将更旁及，反腾前词，已乃后说，而悉除此，五失本也。

　　2.1.2　然智经，三达之心，覆面所演，圣必因时，时俗有易。而删雅古，以适今时，一不易也。愚智天隔，圣人叵阶，乃欲以千载之上微言，传使合百王之下末俗，二不易也。阿难出经，去佛未久，尊大迦叶，令五百六通，迭察迭书。今虽千年，而以近意量截。彼阿罗汉乃兢兢若此，此生死人平平若是，岂将不以，知法者猛乎，斯三不易也。涉兹五失经、三不易，译胡为秦，讵可不慎乎。正当以不关异言，传令知会通耳，何复嫌于得失乎，是乃未所敢知也。

2.1.3　余观道安法师，独禀神慧，高振天才，领袖先贤，开通后学；修经录则法藏逾阐，理众仪则僧宝弥盛，称印手菩萨，岂虚也哉。详梵典难易，诠译人之得失，可谓洞入幽微，能究深隐。

第二部

2.2.1　至于天竺字体，悉昙声例，寻其雅论，亦似闲明。旧唤彼方，总名胡国。安虽远识，未变常语。

2.2.2　胡本杂戎之胤，梵惟真圣之苗，根既悬殊，理无相滥。不善谙悉，多致雷同。见有胡貌，即云梵种。实是梵人，漫云胡族。莫分真伪，良可哀哉！语梵虽讹，比胡犹别。改为梵学，知非胡者。

2.2.3　窃以佛典之兴，本来西域；译经之起，原自东京，历代转昌，迄兹无坠。久云流变稍疑亏，动竟逐浇波，鲜能回觉。讨其故事，失在昔人。

第三部

2.3.1　至如五欲顺情，信是难弃，三衣苦节，定非易忍。割遗体之爱，入道要门，舍天性之亲，出家恒务。俗有可反之致，忽然已反，梵有可学之理，何因不学。

2.3.2　又且，发蒙草创，伏膺章简，同鹦鹉之言，仿邯郸之步；经营一字，为力至多，历览数年，其道方博，乃能包括今古，网罗天地，业似山丘，文类渊海。彼之梵法，大圣规摹，略得章本，通知体式，研若有功，解便无滞。

2.3.3 匹于此域，固不为难。难尚须求，况其易也。或以内执人我，外惭咨问，枉令秘术，旷隔神州！静言思之，愍而流涕。

2.3.4 向使法兰归汉，僧会适吴，士行佛念之俦，智严宝云之末，缠去俗衣，寻教梵字，亦沾僧数，先披叶典，则应五天正语，充布阎浮，三转妙音，并流震旦，人人共解，省翻译之劳，代代咸明，除疑网之失。于是舌根恒净，心镜弥朗，藉此闻思，永为种性。

第四部

2.4.0 安之所述，大启玄门，其间曲细，犹或未尽。更凭正文，助光遗迹。粗开要例，则有十条：字声一，句韵二，问答三，名义四，经论五，歌颂六，呪功七，品题八，专业九，异本十，各踪其相，广文如论。

第三篇

第一部

3.1.1 安公又云：前人出经，支谶、世高，审得胡本，难继者也；罗叉、支越，断凿之巧者也。窃以得本开质，断巧由文，旧以为凿，今固非审。

3.1.2 握管之暇，试复论之。先觉诸贤，高名参圣，慧解深发，功业弘启，创发玄路，早入空门，辩不虚起，义应雅合。但佛教初流，方音尠会，以斯译彼，仍恐难明。无废后生，已承前哲。梵书渐播，真宗稍演，其所宣出，窃谓分明。

第二部

3.2.1 聊因此言，辄铨古译。汉纵守本，犹敢遥议，魏虽在昔，终欲悬讨；或繁或简，理容未适，时野时华，例颇不定。

3.2.2 晋、宋尚于谈说，争坏其淳！秦、凉重于文才，尤从其质。非无四五高德，缉之以道，八九大经，录之以正。

3.2.3 自兹以后，迭相祖述，旧典成法，且可宪章，展转同见，因循共写，莫问是非，谁穷始末。僧叠惟对面之物，乃作华叠，安禅本合掌之名，例为禅定，如斯等类，固亦众矣。留支洛邑，义少加新。真谛陈时，语多饰异。

第三部

3.3.0 若令梵师独断，则微言罕革，笔人参制，则余辞必混。意者宁贵朴而近理，不用巧而背源。傥见淳质，请勿嫌怪。

第四篇

第一部

4.1.1 昔日仰对尊颜，瞻尚不等，亲承妙吼，听之犹别。诤论起迷，豫晒涅盘之记。部党兴执，悬著文殊之典，虽二边之义，佛亦许可，而两间之道，比丘未允其致。

4.1.2 双林早潜，一味初损。千圣同志，九旬共，集杂碎之条，寻讹本，诚水鹄之颂，俄舛昔经，一圣才亡，法门即减。

第二部

4.2.1 千年已远，人心转伪，既乏泻水之闻，复寡悬河之说，欲求冥会，讵可得乎？且儒学古文，变犹纰缪，世人今语，传尚参差。况凡圣殊伦，东西隔域，难之又难，论莫能尽。

4.2.2 必殷懃于三覆，靡造次于一言。岁校则利有余，日计则功不足。开大明而布范，烛长夜而成务。

第三部

4.3.0　宣译之业，未可加也，经不容易，理藉名贤。常思品藻，终惭水镜。兼而取之，所备者八。

第四部

4.4.1　诚心爱法，志愿益人，不惮久时，其备一也。将践觉场，先牢戒足，不染讥恶，其备二也。筌晓三藏，义贯两乘，不苦暗滞，其备三也。旁涉坟史，工缀典词，不过鲁拙，其备四也。襟抱平恕，器量虚融，不好专执，其备五也。

4.4.2　沈于道术，澹于名利，不欲高衒，其备六也。要识梵言，乃闲正译，不坠彼学，其备七也。薄阅苍雅，粗谙篆隶，不昧此文，其备八也。八者备矣，方是得人。

第五部

4.5.1　三业必长，其风靡绝。若复精搜十步，应见香草。微收一用，时遇良材。虽往者而难俦，庶来者而能继。

4.5.2　法桥未断，夫复何言。则延铠之徒，不回隆于魏室，护显之辈，岂偏盛于晋朝。

第五篇

第一部

5.1.1　或曰："一音遥说，四生各解，普被大慈，咸蒙远悟。

5.1.2　至若开源白马，则语逐洛阳，发序赤乌，则言随建业。未应强移此韵，始符极旨。要工披读，乃究玄宗，遇本即依，真伪笃信。案常无改，世称仰述。诚在一心，非关四辩，必令存梵，讵是通方？"

86

第二部

5.2.1　对曰："谈而不经，旁惭博识；学而无友，退愧寡闻。独执管锥，未该穹壤。理绝名相，弥难穿凿。

5.2.2　在昔圆音之下，神力冥加，满字之间，利根回契。然今地殊王舍，人异金口，即令悬解，定知难会。经音若圆，雅怀应合，直餐梵响，何待译言。

5.2.3　本尚亏圆，译岂纯实；等非圆实，不无疏近。本固守音，译疑变意。一向能守，十例可明，缘情判义，诚所未敢。

5.2.4　若夫孝始孝终，治家治国，足宣至德，堪弘要道。况复净名之劝发心，善生之归妙觉。奚假落发翦须，苦违俗训，持衣捧盂，顿改世仪，坐受僧号，详谓是理。

5.2.5　遥学梵章，宁容非法。崇佛为主，羞讨佛字之源，绍释为宗，耻寻释语之趣。空觌经叶，弗兴敬仰，总见梵僧，例生侮慢，退本追末，吁可笑乎！像运将穷，斯法见续，用兹绍继，诚可悲夫。"

（文多不载。）

所以，从整体上而言，全文的句式有三三、四四、五五、六六、九九对偶，三五对三五，四六对四六，五四对五四，五五对五五，六四对六四，七四对七四，六六对偶，其中四四对偶的句式最多。论文第一篇是唐释道宣的手笔，对偶句式最少，但不是没有。第二篇第一和二段的"五失本三不易"直接引自道安，也不是彦琮所创，对偶句较少，而从第三段开始，大部分句式都上下对偶。著名的"八备"（论文第四篇第四部）每一"备"头两句成四四对偶句式，后半部分的四四句式与第二"备"的后半部分的四四句式成对偶句，以下依次类推，无例外。所以《辩正论》大部分的句式对偶，间以少数字数整齐的散句，从句式总体特点而论，该论文是骈文体。

需要特别说明的是，论文中有几个句式明显可以形成标准的对偶而没有对上，笔者认为这是历代抄写大藏经的讹误，要么有遗漏，要么有衍文。比如，论文第二篇第一部有：

> 详梵典（之）难易，诠译人之得失，

或上句应有"之"，或下句该去掉"之"。笔者把这两句算成偶对句。此例一。

论文第三篇第一部有：

> 支谶世高，审得胡本，难继（之×）者也；罗叉支越，（××××），斲凿之巧者也。

这句应为上下句式四四六偶对，或者四四四偶对，而现有句式没有对上，这不是作者能力问题，也非疏忽，恐怕是历史留下的讹误。再从该段下文"无废后生，已承前哲"来分析（见本书第二章）：从意思来看，这句的"后生"作为句子主语本应在谓语"无废"之前，但作者为了与下句对偶而后置，说明作者的上下句式对偶的创作意图十分强烈。"支谶世高，……者也"与"罗叉支越，……者也"都对得很好，而中间出了问题，笔者推测这仍属于历代传抄的问题。此例二。

第四篇第一部有：

> 虽二边之义，佛（陀）亦（与）许可，而两间之道，比丘未允其致。

这句其他字对仗很工整，只需加上括弧内的字就对仗完美。佛和比丘都从梵语翻译而来，佛不是唯一的音译，还有佛陀、浮屠等。所以，遗漏的字，笔者以为也是历代传抄的问题，且这个错误很容易改正。笔者把这两句算成偶对句。此例三。

与上同一段有：

> 千圣同志，九句共，集杂碎之条，寻讹本，诚水鹄
> 之颂。

这两句历来是断句和理解的难点。笔者自从确定了《辩正论》的文体后，根据对偶原则，认为上句的"共"字（动词，"共用"的意思）应在"九句"之前，且是动词（参见本书第二章），也许是历代传抄造成这样的错误，原文应是三五对三五的对偶句式。这样改动后才文从字顺。此例四。

论文第五篇第一段有：

> 要工披读，乃究玄宗，

笔者未确定文体之前理解开头的"要"字时颇为踌躇。先以为是"想，希望"，后理解为"求取，求得"，最后才确定为"须，应当"。上述三义都在《汉语大字典》同一页。此例显示，翻译确是译者经深思熟虑、多方权衡的选择，而不能照抄照搬工具书。根据句式对偶原则，前句的"要"应当与后句开头的"乃"字（虚词）词性一致。此例五。

论文第五篇第二部有：

> 本固守音，译疑变意。

这句也是确定文体后，笔者确定"固"是动词，应在"本"字之前，今译文为："只有牢固佛法之根本和奉行佛陀的教诲，才能解释疑难和判别佛的真义。"现存文本句子其他部分都是动宾对动宾结构，只有开头是主谓的结构，笔者认为这也是历代传抄造成的讹误。若认定头两字是主谓结构，笔者以前的译文是："只要宣译僧人的佛法根本牢固，就会奉行佛陀的教诲，才能解释疑难和判别佛的真义。"前后译文显然不同。此例六。

以上六例，仅根据现有文本和文体分析，文本差异大的，不

做改动而存疑，如第二例。仅需要改变词序的或做其他小改动的，如第一、三、四和六例，笔者做了改动。改动所需要的确凿证据，唯待后人探寻。

2. 平仄对应

平仄对应就是骈文句子上下联的字声平对仄，仄对平。中古字音根据《汉语大字典》的标注而定。论文每篇考察一段。论文第一篇为唐释道宣的手笔，第二篇第一部的第一和二段直接引自东晋释道安，所以忽略不计。平是平声，仄声包括上声、去声和入声（王力，2001：1242）。

论文第二篇第一部第三段（2.1.3）：

余观道安法师，独禀神慧 高振天才，领袖先贤，开通后学；
　　　　　　　仄仄平仄 平仄平平 仄仄平平 平平平仄

修经录则法藏逾阐，理众仪则僧宝弥盛，称印手菩萨，岂虚也哉。
平平仄仄 仄仄平仄 仄仄平仄平 仄平平仄

详梵典（之）难易，诠译人之得失，可谓洞入幽微，能究深隐。
平 仄仄 平 平仄 平仄平 平仄仄 仄仄平平 平平平仄

从以上可以看到，对偶句上下联不是每个字都平仄相反，但上下联的关键节奏点上平仄相反（上联的节奏点用方框，下句的节奏点用圆圈表示），关键节奏点上的字平仄严格遵守骈文平仄格律。

论文第三篇第一部第一和第二段（3.1.1和3.1.2）：

安公又云：前人出经，支谶、世高，审得胡本，难继者也；罗叉、支越，断凿之巧者也。窃以得本开质，断巧由文，旧以为凿，
　　　　　　　　　　　　　　　　　　　　　　　　　　　　　　仄仄 平仄

今固非审。握管之眼，试复论之。先觉诸贤，高名参圣。慧解深发，
平 仄平仄　　　　　　　　　　　　　　　　　　　　　　　　仄仄 平仄

功业弘启，创发玄路，早入空门，辩不虚起，义应雅合。
平仄平仄　　平仄平仄　　仄仄平平　　仄仄平仄　　仄平仄仄

但佛教初流，方音鲜会。以斯译彼，仍恐难明，无废后生，
仄仄平平　　平平仄仄　　　　　　　　　　　　　平仄仄平

已承前哲。梵书渐播，真宗稍演，其所宣出，穷谓分明。
仄平平仄　　仄平仄仄　　平平仄仄

从以上两段可以看到，对偶句上下联也不是每个字都严格遵守骈文平仄规律，不都是平仄相反，但上下联的关键节奏点上的字平仄相反（上联的节奏点用方框，下句的节奏点用圆圈表示），严格遵守骈文平仄格律。

论文第四篇第四部第一段（4.4.1）（著名的"八备"）：

诚心爱法，志愿益人，不惮久时，其备一也。
平平仄仄　　仄仄仄平　　仄仄仄平　　平仄仄仄

将践觉场，先牢戒足，不染讥恶，其备二也。
平仄仄平　　平仄仄仄　　仄仄仄仄　　平仄仄仄

筌晓三藏，义贯两乘，不苦暗滞，其备三也。
平仄平仄　　仄仄平平　　仄仄平平　　平仄平仄

旁涉坟史，工缀典词，不过鲁拙，其备四也。
平仄平仄　　平仄仄平　　仄仄仄仄　　平仄仄仄

襟抱平恕，器量虚融，不好专执，其备五也。
平仄平仄　　仄平平平　　仄仄平平　　平仄仄仄

沈于道术，澹于名利，不欲高衒，其备六也。
平平仄仄　　仄平平仄　　仄仄平仄　　平仄仄仄

要识梵言，乃闲正译，不坠彼学，其备七也。
仄仄仄平　　仄平仄仄　　仄仄仄仄　　平仄仄仄

薄阅苍雅，粗语篆隶，不昧此文，其备八也。
仄仄平仄　平平仄仄　仄仄平平　平仄仄仄
八者备矣，方是得人。

从以上可以看到，对偶句上下联也不是每个字都严格遵守骈文平仄规律，不都是平仄相反，但上下联的关键节奏点上的字平仄相反（上联的节奏点用方框，下句的节奏点用圆圈表示），严格遵守骈文平仄格律。

论文第五篇第一部第一段（5.1.1）：

或曰："一音遥说，四生各解；普被大慈，咸蒙远悟。
仄平平仄　仄平仄仄　仄仄仄平　平平仄仄
至若开源白马，则语逐洛阳，发序赤乌，则言随建业。未应强移此韵，
平平仄仄　仄仄仄平　仄仄仄平　仄平平仄　平平仄仄
始符极旨。要工披读，乃究玄宗。遇本即依，真伪笃信。
仄平仄仄　平平平仄　仄仄平平
案常无改，世称仰述。诚在一心，非关四辩。必令存梵，
仄平平仄　仄平仄仄　平仄仄平　平平仄仄　仄仄平仄
讵是通方？"
仄仄平平

这段的情况与上面四段差不多。由以上的分析可以看出，《辩正论》的平仄对应不太严格，对偶句上下联不是每个字都严格遵守骈文平仄规律，不都平仄相反，但上下联的关键节奏点上的字平仄相反，基本遵守骈文平仄格律。隋朝时骈文的平仄格律要求不如以前南北朝的徐陵和庾信严谨，更不如后代唐朝严格（于景祥，2002：17）。但平仄对应的声音效果还是大致符合骈文的特征。

3. 征引典故

运用典故，就是引用历史故事或古人诗文援古证今。《辩正

论》用典的情况笔者在本书第二章中有详细的说明。据笔者粗略统计，《辩正论》全文共有典故二十多个，多出自佛经，有几个出自老庄的著作，有几个出自中国古代史书，只有一个出自儒家著作，正如唐释道宣在彦琮的本传中所说：（彦琮）"述制书论，不叙丘坟[①]"（《大正藏》第 50 册第 439 页）。的确，笔者在《辩正论》中只读到出自儒家《孝经》的一个典故；除此之外，《辩正论》也没有其他中华古老入世学派，如墨家、法家、农家、纵横家等学派典籍的典故。尽管如此，《辩正论》用典情况符合骈文的特征。

4. 文采艳丽

笔者认为《辩正论》主要用佛教、老庄以及诸子之理阐述中土佛典翻译原则，是论说文，属于既非抒世俗之情又不形尘世之景的说理性论文。通篇有文采而不艳丽，有才情而超凡脱俗，具有佛教庄严肃穆、神妙莫测和中外混合的文采特色。

三、本节结论

从骈文句式对偶、平仄对应、征引典故和文采艳丽四个特征而论，《辩正论》中大部分句子是骈文对偶句。句式对偶如二马奔驰，是骈文最根本的存在方式，是区别于其他文体的最明显标志（于景祥，2002：1）。对偶句上下联在关键节奏点上的字符合骈文平仄格律的要求。典故的运用援古证今，多出自佛典。论文的文采表现在于用纯粹中华独有的骈文体，妙用佛典故事和佛教术语，透彻论证中土佛典翻译之理。《辩正论》的文体属于骈文。在语体上，以纯粹的汉语文言形式，运用典型的汉语文言句式，

---

① "丘坟"典出《左传·昭公十二年》，指三坟五典八索九丘，是中华文化最古老的典籍。

汉语固有词汇混之于外来之梵文佛教专门词汇。论文的语体和文体都表明《辩正论》的语言风格是以文言为主的中外混合汉语，具有佛教与世俗相混杂的风格。

章末结语

　　《辩正论》是讨论佛典翻译原则的翻译专论，成书时间大致是作者四十多岁时。作者彦琮既是隋朝高僧又是当朝的官员——学士。《辩正论》流传至今多亏了唐释道宣，他是《辩正论》最早的收录和编辑者。从唐朝至今，《辩正论》都有各学科的大家硕学在研究，积累了丰富的成果。今天翻译学研究《辩正论》必须以本学科的方法，博众家之长跨学科研究。

　　《辩正论》的文体属于骈文。在语体上，以纯粹的汉语文言形式，运用典型的汉语文言句式，汉语固有词汇混之于外来之梵文佛教专门词汇。论文的语体和文体都表明《辩正论》的语言风格是以汉语文言为基础的、佛教混合汉语的风格。

第二章 《辩正论》译注

　　《辩正论》原文不分段。笔者经过本书第三章《篇章结构及其译理分析》的研究之后，根据论文的思想脉络把全文分成篇、部、段，还给各段编号，并根据内容分别加上标题点明主旨。本章的译注也按照篇、部、段的划分有序进行。

　　笔者在本章首先根据《大正藏》列出原文，加上注解。凡笔者认为是理解和翻译的难点都有相应的注释。难点有的涉及古汉语字词句的训诂，有的是语法的解释，有的是关于佛教术语、历史人物和基本知识的解释。由于涉及汉译英，也有少量的英文注释。注释大多加在原文，也有些注释加在译文，这都是深度翻译（请参见本书第六章的论述）的具体表现。其次，笔者列出了相应原文的简体并加上现代标点、笔者的今译文，以及笔者的英译文。读者从本章注译的排列顺序可以看到笔者研究《辩正论》文本语义的过程，第一步是对原文的理解，其中存在字体由繁至简的转换和对应理解，第二步是古译现汉的语内翻译，第三步才是由现代汉语到英语的转换，即完成语际（汉英）翻译。

第一节　第一篇译注：提出全文的中心论点

（原文）（然^①琼久参^②傳譯。妙體^③梵文。此土群師皆宗^④鳥迹^⑤。至於^⑥音字詁訓。罕^⑦得^⑧相符^⑨。乃^⑩著辯正論以垂^⑪翻譯之式^⑫。其詞曰。）

（简体）（然琼久参传译，妙体梵文，此土群师皆宗鸟迹，至于音字诂训，罕得相符。乃著《辩正论》，以垂翻译之式。其词曰。）

---

① 然：此处为连词，表让步关系，相当于"虽然"。（汉语大字典编委会，2010：2373）

② 参：cān，加入；参与。（汉语大字典编委会，2010：422）

③ 妙體："妙达"和"妙解"都是精通的意思（汉语大词典编委会和编纂处1989b：300，301），都是"副词＋动词"的结构。那么此处的妙体也是这样的结构，妙的意思与前两个词当中"妙"的意思和词性相同；体，动词，体会，体察。（汉语大词典编委会和编纂处1993b：412）妙体二字连在一起有深知，彻底地了解的意思。

④ 宗：尊崇，取法。如《诗·大雅·公刘》：食之饮之，君之宗之。（汉语大字典编委会，2010：984）《仪礼·士昏礼》：宗尔父母之言。《说文》：宗，尊祖庙也。在此上下文语境里用作动词。

⑤ 鳥迹：此处指汉字。许慎在《说文解字》中说："黄帝之史仓颉见鸟兽蹄远之迹，知分理之可相别异也，初作书契。"（1978：314）刘勰在《文心雕龙》中也说："自鸟迹代绳，文字始炳。"（周振甫，1995：12）所以，道宣此处用"鸟迹"二字代指汉字，属于运用典故。

⑥ 至於：连词，表示另提一事。（汉语大词典编委会和编纂处，1991b：784）

⑦ 罕：少；稀少。（汉语大字典编委会，2010：333）

⑧ 得：可；能够。（汉语大字典编委会，2010：890）

⑨ 相符：相合；彼此一致。（汉语大词典编委会和编纂处，1991a：1152）

⑩ 乃：连词，表承接。于是。（汉语大词典编委会和编纂处，1986：627）

⑪ 垂：留传。（汉语大字典编委会，2010：464）

⑫ 式：准则，法度；规则；标准。（汉语大词典编委会和编纂处，1988：1582）

（今译）（尽管彦琮多年来参与佛经传译，精通梵文，可中土众多的法师都只推崇学汉字，况且汉梵字词的语音和意义很少一致。于是他作《辩正论》，为的是让佛经翻译的法则留传后世。他这样说。）

（英译）（Although Yan Cong had years of experience in the sutra translation and was versed in the *Fàn* language [Sanskrit], many a Buddhist master of this land only appreciated and learned Chinese; moreover sounds and meanings of [Sanskrit and Chinese] words could seldom match. Thus he wrote the treatise, *On Right Way*, so as to bequeath to the succeeding bhikshu generations the model for translating sutras. The following is what it says.)

第二节　第二篇译注：继承道安的翻译法则和方法（含四部）

第一部：道安的佛经翻译原则及其评价

2.1.1

（原文）彌天^①釋道安^②每^③稱。譯胡爲秦。有^④五失^⑤本三不易也。一者胡言盡^⑥倒而使從秦。一失本也。二者胡經尚質。秦人好文。傳可^⑦衆心非文不合。二失本也。三者胡經委悉^⑧。至於歎詠丁寧反覆^⑨。或三或四不嫌其繁。而今裁斥。三

---

① 彌天：道安法师在襄阳，习凿齿负才来谒云："'四海习凿齿'。安答曰：'弥天释道安'。"（释僧佑，1992：180）自此称为弥天释道安。

② 道安：道安（314—385），东晋僧人，本姓卫，常山扶柳（今河北冀县）人，师从佛图澄。佛教思想家，"本无宗"的主要代表。他对中国佛教的有以下主要成就：一编纂《综理众经目录》，开创了中国佛籍的目录学。二制定僧尼轨范、佛法宪章，规范内部生活和斋忏仪轨，统一僧尼姓氏为"释"，促进了独立的僧侣阶层形成。三确定了上依国主、下张徒众的佛教传播方式，后为佛教所依准。四确立了"五失本，三不易"的翻译原则，对中国的译经理论有深远的影响。今存其文十八篇，多为佛经序文（任继愈，2002：1211）。

③ 每：副词。经常；屡次。（汉语大字典编委会，2010：2548）

④ 有：存在。产生；发生。（汉语大字典编委会，2010：2189）

⑤ 失：变易。《淮南子·原道训》："今夫徙树者，失其阴阳之性，则莫不枯槁。"高诱注："失，犹易也。"（汉语大词典编委会和编纂处，1988：1477）另，《庄子·天地》："子贡卑陬失色，顼顼然不自得；行三十里而后愈。"《汉书》八三"朱博傅"："王卿得敕惶怖，亲属失色。"现代汉语还有"大惊失色"的成语，其中的失即变的意思。

⑥ 盡：副词。全部；都。（汉语大字典编委会，2010：2749）

⑦ 可：符合；适合。（汉语大词典编委会和编纂处，1989a：31）

⑧ 委悉：细说；详尽。（汉语大词典编委会和编纂处，1989b：328）

⑨ 覆：重复。（汉语大字典编委会，2010：3001）

失本也。四者胡有義說①。正似亂②詞。尋檢向③語文無以異。或一千或五百。今並刘而不存。四失本也。五者事以合成將更旁及。反騰前詞已乃後說而悉除。此五失本也。

（简体）弥天释道安每称：译胡为秦，有五失本、三不易也。一者，胡言尽倒，而使从秦，一失本也。二者，胡经尚质，秦人好文，传可众心，非文不合，二失本也。三者，胡经委悉，至于叹咏，丁宁反复，或三或四，不嫌其繁，而今裁斥，三失本也。四者，胡有义说，正似乱词，寻检向语，文无以异，或一千或五百，今并刘而不存，四失本也。五者，事以合成，将更旁及，反腾前词，已乃后说，而悉除此，五失本也。

（今译）著名高僧道安常说：胡文佛经译为秦言必定要发生五种变化并且存在着三大困难。第一，胡经语序完全颠倒，翻译后要使之符合秦言的顺序，这是首先要变的。第二，胡经崇尚质朴，而秦人喜好文采，传译后的佛经译文要让秦人称心如意，一定非有文采不可，这是第二变。第三，佛经原文论述十分详细，咏唱赞叹的时候更是再三反复，有时重复三四次不嫌其烦，翻译裁减冗赘和重复，这是第三变。第四，佛经原文有偈颂，相当于此间辞赋篇末"乱曰"那部分总括全篇要旨的话，与前文相对照意思没什么不同，有时有一千或者五百个词的偈颂，今天在译文中一并删去而不保留，这是第四变。第五，佛经原文从多方面讲完一事要更换话题，则要重复完前事的内容才更换，而译文把重

---

① 義說：就是"偈"，其梵文为 gāthā（荻原雲来，1979：424a），偈他的简称，华译为"颂"，即一种略似于诗的有韵文辞，通常以四句为一偈。（陈义孝，2002：234）

② 亂：辞赋篇末总括全篇要旨的话。《楚辞·离骚》："乱曰：已矣哉，国无人莫我知兮，又何怀乎故都！"王逸注："乱，理也，所以发理辞指，总撮其行要也。"（汉语大词典编委会和编纂处，1986：798）

③ 向：原来的；旧的；从前。（汉语大字典编委会，2010：628）向为身死而不受。《吕氏春秋·察今》：向其先表之时可导也。晋陶渊明《桃花源记》：寻向所志。

复部分全部删除，这是第五变。

（英译）The celebrated monk Dao An 道安 used to say: in translating the sutra from Hu-language into Chinese, there are five **changes** (*shībĕn* 失本) to make and three difficulties to overcome. The first is to change the Hu-language reversed word order into that of Chinese in the translations. The second is to change Hu-language sutras, **plain** (*zhì* 质) in style, into refined (*wén* 文) Chinese—as only **refined** (*wén* 文) sutra texts can please the Chinese, who like **refined** (wén 文) writing. The third is to tailor the Hu-language sutras, elaborate and detailed, or to remove the repetitive chants, considered **wordy** (*fán* 繁), in the Chinese translation. The fourth is to erase completely in the Chinese translation the 500- or 1000-word gāthā which the Hu version has, and whose meaning is the same at that of previous text; the gāthā is the equivalent to the last part of a Chinese verse, which recapitulates the meaning of the whole section. The fifth is to remove the repetitions in the Chinese translation; the original narrative, having completed a theme, repeats the completed one before it goes to another.

2.1.2

（原文）然智經^①三達^②之心。覆面^③所演^④。聖^⑤必因^⑥時時俗有易。而删^⑦雅^⑧古以適今時。一不易也。愚^⑨智^⑩天

---

① 智經：即《般若经》，释僧佑的《出三藏记集》此处是《般若经》。（2003：290）《般若经》是大乘般若类经典的丛书。"般若"为大乘佛教根本教理"六度"中最重要的一度，是一切大乘修行法门赖以滋生的本母。般若类经典因此在所有大乘经中成立年代最早。《般若经》各部分在魏晋南北朝时期先后译出，而较流行的译本有西晋无罗叉和竺叔兰译的《放光般若经》，支谶译的《道行般若经》，竺法护译的《光赞般若经》，支谦译的《大明度无极经》等。（任继愈，2002：1029）

② 三达：天眼、宿命、漏尽。天眼能知未来生死的因果，宿命能知过去的生死因果，漏尽是知道现在烦恼的根源而尽断之。不但知道而且明了叫作明，不但明了而且通达叫作达，因而以上三事在罗汉只叫作三明，在佛却叫作三达。（陈义孝，2002：64）三达的梵文：trividyā。（任继愈，2002：93）

③ 覆面：指佛所具有的三十二瑞相之一，舌广长，而且柔软红薄，能覆面至发际，《智度论》《涅槃经》和《中阿含经》皆有记载。（丁福保，1991：275）这舌长覆面的瑞相，尤其是上面的三达之心为佛陀特有，笔者以为，此二者的意思是作者强调佛亲自且以其特有的智慧演说《般若经》。

④ 演：推衍，阐发。（汉语大字典编委会，2010：1854）

⑤ 聖：指佛教的圣人，梵语阿离野 Arya，译言圣者圣人，与凡夫相对，指大小乘见道以上，断惑证理之人。（丁福保，1991：2295）此处指佛陀。

⑥ 因：顺随，顺着。（汉语大字典编委会，2010：766）

⑦ 删：裁定；节取，以有所取舍。（汉语大字典编委会，2010：362）

⑧ 雅：正，合乎规范的。（汉语大字典编委会，2010：4405）

⑨ 愚：指愚痴，佛教术语，三毒之一。梵曰慕何 Moha，译曰痴。心性暗昧，无通达事理之智明也。与无明同。（丁福保，1991：2330）

⑩ 智：指智慧，也是佛教术语，梵语若那 Jñāna，译曰智，于事理决断也。（丁福保，1991：2196）

隔聖人①叵②階③。乃欲以千載之上微言④。傳使合百王⑤之下末俗⑥。二不易也。阿難⑦出經去佛未久。尊⑧大迦葉令⑨五百六通⑩迭察迭書。今雖⑪千年而以近意量截⑫。彼阿羅漢⑬乃兢兢若

① 人：指凡夫，迷惑事理和流转生死的平常人。（陈义孝，2002：91）凡夫的梵语：bāla。（Akira Hirakawa［平川彰］，1997：178）

② 叵：不可。（汉语大字典编委会，2010：95）

③ 階：上达，达到。（汉语大字典编委会，2010：4458）

④ 微言：精深微妙的言辞。（汉语大词典编委会和编纂处，1989a：1053）

⑤ 百王：历代帝王。（汉语大词典编委会和编纂处，1991b：221）

⑥ 末俗：末世的习俗，低下的习俗。（汉语大词典编委会和编纂处，1989b：697）

⑦ 阿難：梵文 Ananda，全称"阿难陀"，亦名"庆喜""欢喜"等。他是释迦牟尼的堂弟，也是其十大弟子之一，出家随侍佛陀二十余年，擅记忆多闻。佛陀逝世后第一次结集，阿难背诵出经藏。（任继愈，2002：711）

⑧ 尊：指尊者，佛教术语，梵语阿梨耶（Arya），译作圣者、尊者，指智德具尊者，罗汉之尊称。（丁福保，1991：2214）

⑨ 令：使；让。（汉语大字典编委会，2010：143）

⑩ 六通：三乘圣者所得之六种神通，即天眼通、天耳通、他心通、宿命通、神足通、漏尽通，亦称六神通。法华经曰：如世所恭敬，如六通罗汉。（丁福保，1991：651）所以，六通此处指罗汉。"六通"的梵文 ṣaḍ-abhijña。（荻原雲来，1979：1364b）

⑪ 雖：《大正藏》第50册第438页页脚的校勘记指出：宋、元、明三本和旧宋本，雖＝離。笔者译文从之。

⑫ 截：《大正藏》第50册第438页页脚的校勘记指出：宋、元、明三本和旧宋本，截＝裁。笔者译文从之。

⑬ 阿羅漢：佛教术语，梵文 Arhat 的音译，亦译"阿罗诃"，略称"罗汉"。小乘佛教修行的最高果位。（1）"阿罗汉果"，也称"无极果""无学果"，是尽断三界见、修二惑所达到的果位，已至修学的顶端。有三义：① "杀贼"，意谓杀尽一切烦恼之贼；② "应供"，谓应受天人的供养；③ "不生"（或"无生"），谓永远进入涅槃，不再生死轮回（见《大毗婆沙论》卷九四）。（2）"阿罗汉向"，指达到"不还果"并继续向阿罗汉果位修行者。（任继愈，2002：704）

此。此生死人平平若是。豈^①將^②不以^③知法^④者猛^⑤乎。斯三不易也。涉^⑥茲五失經三不易。譯胡爲秦。詎可不愼乎。正當^⑦以不關^⑧異言^⑨傳^⑩令^⑪知^⑫會通^⑬耳^⑭。何復嫌^⑮於得失乎。是乃^⑯未所敢^⑰知也。

（简体）然《智经》三达之心，覆面所演，圣必因时，时俗有易，而删雅古，以适今时，一不易也。愚智天隔，圣人叵阶，乃欲以千载之上微言，传使合百王之下末俗，二不易也。阿难出经，去佛未久，尊大迦叶令五百六通迭察迭书，今离千年，而以

---

① 豈：表示反诘的副词，相当于"难道"。（汉语大字典编委会，2010：3802）
② 將：表示疑问，相当于"尚""还"。（汉语大字典编委会，2010：2543）
③ 以：认为，以为。（汉语大字典编委会，2010：137）
④ 法：指佛法，包括佛所说之法，即八万四千法门；佛所得之法，即无上之真理；佛所知之法，即世出世间之一切法。（丁福保，1991：1164）
⑤ 猛：严厉。（汉语大字典编委会，2010：1453）
⑥ 涉：经历。（汉语大字典编委会，2010：1738）
⑦ 當：连词，相当于"则"，表示承接。（汉语大字典编委会，2010：2728）
⑧ 關：通"贯"，贯通。（汉语大字典编委会，2010：4396）此处应是懂得的意思。此处的"'关'如'交关'之关，'通'也。"（钱钟书，1979：1263）
⑨ 異言：不同的语言；语言不同。（汉语大词典编委会和编纂处 1991a：1345）
⑩ 傳：此处的"'传'如'传命'之传，'达'也"（钱钟书，1979b：1263）。传命：传达命令。《礼记·聘义》："介绍而传命，君子于其所尊弗敢质，敬之至也。"《孟子·公孙丑上》："德之流行，速于置邮而传命。"所以，此语境下的"传"指传译。
⑪ 令：使；让。（汉语大字典编委会，2010：143）
⑫ 知：同"智"。（汉语大字典编委会，2010：2764）笔者认为在此语境指般若（prajñā）之智。
⑬ 會通：融会贯通。（汉语大词典编委会和编纂处，1990a：788）
⑭ 耳：语气词。表示限止，相当于"而已""罢了"。（汉语大字典编委会，2010：2974）
⑮ 嫌：疑惑。（汉语大字典编委会，2010：1148）
⑯ 乃：副词，表示转折，相当于"却"。（汉语大字典编委会，2010：56）
⑰ 敢：不敢。（汉语大字典编委会，2010：1568）加上前面的"未"双重否定成肯定。

近意量裁。彼阿罗汉乃兢兢若此，此生死人平平若是，岂将不以知法者猛乎？斯三不易也。涉兹五失经三不易，译胡为秦，讵可不慎乎？正当以不关异言，传令知会通耳，何复嫌于得失乎？是乃未所敢知也。

（今译）但《般若经》佛陀以其三达之智亲自阐发，佛陀当年也一定顺应他所在的时代和风俗随机施教，可时代和风俗古今变化很大，而今天中土佛典译者要裁定古正的圣典以适应当今时代的需要，这是传译佛经的第一大困难。愚痴和智慧有天壤之别，佛陀超越凡夫高不可攀，而今天的凡夫译者想要把佛陀上千年以前的精妙说法传译得符合历代帝王以后现世的陋俗，这是宣译佛经的第二大困难。当年阿难在第一次结集①出经时离释迦离世不久，佛的另一大弟子摩诃迦叶使五百罗汉反复会诵、审核、甄别经文，然后才系统固定下来。今天离那时有千年之遥，但如今翻译按凡人浅近之意衡量和裁择原典。当年有神通的阿罗汉出经那么小心谨慎，可如今凡夫宣译者如此稀松平常，难道还不明白真知佛法者要求很严格吗？这就是传译佛经的三大困难。经过这五大转变和三大困难，胡文佛经译成秦言岂能不慎重？则正因为此间人不懂外语，传译此经是为了让他们理解般若之智而已，又怎会疑虑于译文的得失？这得失却并非不可知。

（英译）Whereas Buddha himself expounded Prajñāpāramitā

---

① 结集，佛教名词，梵文 saṃgīti 的意译，意为合诵或会诵，即由佛教徒集会，对佛陀学说进行会诵，经过讨论、甄别、审核，最后确定下来，成为经典。这种会议称为结集。释迦牟尼生时随机说法，无文字记载。涅槃后，弟子们集会，各诵所闻，汇集成为法藏，称结集。相传现有佛经有四次结集：（1）佛灭后不久，以大迦叶为首的五百比丘在王舍城结集；（2）佛灭后百年，以耶舍为首的七百比丘在毘舍离结集；（3）阿育王时代，公元前 3 世纪顷，以目犍连子帝须为首的一千比丘在华氏城结集；（4）迦腻色迦王时代，公元 2 世纪顷，以胁比丘为首的五百比丘在迦湿弥罗结集。（汉语大词典编委会和编纂处，1992a：809）

(Wisdom) Sutras with his trividyā[①] wisdoms, adapting his teachings to his times and fashions, which have been changing since then. So today's Chinese mortal translator must modify and tailor in an appropriate way the ancient canonized sutras in the translations to meet the needs of present time. This is the first difficulty for a sutra translator to overcome. Between the enlightened and the unenlightened is an immense gap between heaven and earth while the Buddha is above an immortal's reach, and yet the ordinary unenlightened translator want to make the Buddha's subtle and profound words from a millennium ago suitable to our times and fashions. This is the second difficulty to overcome. When Ānanda(阿难)[②] recited the Sutra-Pitaka at

---

① Trividyā: the three kinds of wisdom the Buddha has among the six supernatural powers 六神通. (1)The power of divine vision 天眼通, wherein they can observe the full course of passage by sentient beings through the six destinies. (2)The power of the knowledge of previous lifetimes 宿命通, 宿住通, whereby they know the events of countless kalpas of previous lifetimes experienced by themselves, as well as all the beings in the six destinies. (3)The power of the extinction of contamination 漏尽通, whereby they completely extinguish all the afflictions of the three realms, and thus are no longer subject to rebirth in the three realms.

② Ānanda 阿难: The Buddha's cousin, the brother of Devadatta. One of the ten great disciples of the Buddha. Ananda accompanied the Buddha for more than twenty years and was the Master's favorite disciple. He attained enlightenment after the demise of the Buddha under the guidance of Mahakaśyapa. He was famed for his excellent memory and recited the Sutra-Pitaka(the sermons contained in the Tripitaka) at the First Buddhist Council. "He is said to have attained Arhatship only after the death of the Buddha, immediately before the First Council."(中华佛典宝库 [2013])

the first Council(第一结集)^① shortly after the Buddha's nirvana, Mahākāśyapa（大迦叶）let the five hundred arhats to check rigorously the recited sermons again and again before the sutras were finalized. Today it is more than a millennium away from the first Council, and the unenlightened sutra translators here weigh, select and delete the sutras by their shallow understanding. How cautious and conscientious the arhats were at the first Council, and how lax and common the mortal translators are today! Are the mortal translators not aware that those who truly know Buddhism are rigorous? This is the third difficulty to overcome. Such are the five changes to make and the three difficulties to overcome in translating Hu-language sutras into Chinese. How can a translator be reckless? It is just because the most Chinese Buddhists do not know the foreign language that the translation can let them understand the wisedom(prajñā) fully and thoroughly. How should I again be skeptically so worried about the success or failure of sutra translation? Yet it would not be impossible to know it.

① 第一结集 The First Council, convened at Rājagrha 王舍城 in Magadha 摩揭陀 subsequent to the passing away of Sākyamuni; also known as the Council of the Five Hundred(arhats)五百结集，五百集法，the Council of Rājagrha 王舍城结集，the Council of Kāsyapa 迦叶结集法藏，etc. The accounts of this council vary, but the most standardized version states that the council was convened by Mahākāsyapa, with the intent of establishing a defined written canon for the Buddha's teachings. The two leading monks who are said to have assisted in coordinating this compilation were Upāli 优婆离，who supervised the compilation of the vinaya collection, and ānanda 阿难，who compiled the sutra collection. (中华佛典宝库 [2013])

2.1.3

（原文）余觀^①道安法師。獨稟神慧高振^②天才。領袖^③先賢開通^④後學^⑤。修經錄則法藏逾闡。理^⑥衆儀則僧寶^⑦彌^⑧盛。稱^⑨印手菩薩^⑩豈虛也哉。詳^⑪梵典難易。詮^⑫譯人之得失。可謂洞^⑬入幽微能究深隱。

（简体）余观道安法师，独禀神慧，高振天才，领袖先贤，开通后学；修经录则法藏逾阐，理众仪则僧宝弥盛，称印手菩萨，岂虚也哉！详梵典难易，诠译人之得失，可谓洞入幽微，能究深隐。

（今译）我研究了道安法师，他特有超凡智慧的禀赋，充分

---

① 觀：观察，审查。（汉语大字典编委会，2010：3920）

② 振：扬起；显扬。（汉语大词典编委会和编纂处，1990b：598）

③ 领袖：为人仪则，为他人作表率。（汉语大词典编委会和编纂处，1993b：282）

④ 开通：开导；使不闭塞。（汉语大词典编委会和编纂处，1993b：54）

⑤ 後學：后进的学者。（汉语大词典编委会和编纂处，1989a：970）

⑥ 理：治理；料理。修整；整理。（汉语大字典编委会，2010：1194）

⑦ 僧寶：佛、法、僧是佛教徒所尊敬供养的三宝，又作三尊，此三者威德至高无上，永不变移，如世间之宝，故称三宝，僧为其中之一宝，指修学佛法之佛弟子集团，梵语sajgha。（慈怡，1988：701）

⑧ 彌：副词，表示程度加深。（汉语大字典编委会，2010：1072）

⑨ 稱：根据《大正藏》第50册第438页的校勘记，宋、元、明和旧宋本，"称"前有"世"字。笔者译文从之。

⑩ 印手菩薩：人名，晋道安之名号。《佛祖通载》七曰："安左臂有肉，方寸许，隆起如印，时号印手菩萨。"（丁福保，1991：1025－1026）另，菩萨，华译为"觉有情"，就是觉悟的和有情的意思，是上求佛果下化众生的大圣人。（陈义孝，2002：266）"菩薩"的梵文Bodhi-sattva。（荻原云来，1979：934a）

⑪ 詳：详细知道。（汉语大字典编委会，2010：4231）

⑫ 詮：《大正藏》第50册第438页的校勘记指出，宋、元、明三本和旧宋本的"詮＝銓"。銓：排列等第，评定高下。（汉语大字典编委会，2010：4521）

⑬ 洞：透彻；明晰。（汉语大字典编委会，2010：1722）

展现了自己的天才，为中土佛教先贤之表率，引领了后来的学佛者。他撰修经录使佛经之典藏更清晰，整理并修订僧尼轨范和佛法宪章使僧团日益壮大，世人尊称他为"印手菩萨"，他当之无愧。道安法师详细了解梵文佛经的难易之处，评价了传译者的得失，他的研究可以说深入细致、探讨了别人难以发现的问题。

（英译）My studies of Master Dao An have indicated his sole endowment with supernatural wisdom and great talent which was fully manifested; as the example of early outstanding Chinese Buddhist sages, he inspired and directed later believers in the right way. He compiled the bibliography—*A Comprehensive Catalogue of the Sutras* （综理众经目录, *Zōnglǐ zhòngjīng mùlù*）—providing more information on the Tripitaka; he sorted out and improved the rules, rituals and Buddhist charter for Chinese monks & nuns, whose entire community was being expanded. Indeed he deserved the title "bodhisattva with the seal-like mark on his arm" people called him. He knew precisely the difficulties in the *Fàn* (Sanskrit) sutras, and he evaluated the strengths and weaknesses of the sutra translators; his studies were thorough into the most minute and deeply-hidden parts.

第二部：道安乃至以往中土佛门胡梵混淆

2.2.1

（原文）至於天竺字體悉曇[①]聲例。尋[②]其雅論[③]亦似閑明[④]。舊[⑤]喚彼方[⑥]總[⑦]名胡國。安雖遠識[⑧]未變常語。

（简体）至于天竺字体，悉昙声例，寻其雅论，亦似闲明。旧唤彼方，总名胡国，安虽远识，未变常语。

（今译）至于天竺梵字字母悉昙之字体和发音，我研究了道安的高明而正确的论述后发现他也似乎很精通熟练。以前把天竺称为那个地方，笼统地冠名为胡国，虽道安被其师佛图澄赞为有"远识"，但他并没有改变这种习以为常的含混名称。

（英译）As for Siddhaṃ script and phonetic patterns in

---

①　悉昙：梵语 Siddhaṃ 或 siddhaṃ。又作悉旦、悉谈、肆昙、悉檀、七旦、七昙，意译作成就、成就吉祥。即指一种梵字字母，是记录梵语所用书体之一。7 世纪前悉昙文字已盛行于印度。南北朝时悉昙文字通过译经者传入中国，有人学习。在中国梵字的书体即字母称作悉昙，而称梵语文法、语句解释等为梵音或梵语，以此加以区别。(慈怡，1988：4564)

②　寻：探究；研究。(汉语大字典编委会，2010：553)

③　雅論：犹高论，雅正之论。亦用为敬语。(汉语大词典编委会和编纂处，1993a：828) 这里的"雅"训为正。

④　閑：通"娴"，熟练，熟悉。(汉语大字典编委会，2010：4363) 明：明白，清楚。(同上：1599)

⑤　舊：从前。(汉语大字典编委会，2010：3246)

⑥　方：地方；区域。(汉语大字典编委会，2010：2329)

⑦　總：表范围的副词，相当于"皆""一概"。(汉语大字典编委会，2010：3673)

⑧　遠識：这是道安的师父佛图澄赞扬道安的原话。《高僧传》卷五："澄曰：'此人远识非尔俦也。'"(《大正藏》第 50 册第 351 页) 意思是此人有远识，不是你们所能及。远识：高远的见识。(汉语大词典编委会和编纂处，1992b：1134) 这是用典的修辞手法。

Tianzhu (the Indian subcontinent), Dao An seemed also to know them well according to my studies of his brilliant and fair views. In the past, *Tianzhu* (the Indian subcontinent) was called "that land", being included in the general name "Hu countries". Though a man of "distinctive ideas and knowledge" had his teacher Fo Tucheng praised him as, Dao An did not rectify but retained the common usage.

2.2.2

（原文）胡①本雜戎②之胤③。梵④惟⑤眞聖之苗。根旣懸殊。理無相濫⑥。不善諳悉多致雷同⑦。見⑧有胡貌卽云梵種。

① 胡：古代对北方及西域各族的泛称，且按所居之方位概称东胡或西胡。秦汉时往往专指匈奴，把匈奴之东的各族称为东胡。唐时则常专指高鼻多须之西域人为西域胡，即新疆、中亚、西亚之伊朗语系各族。（中国历史大辞典编撰委员会，2000：2091）彦琮这里指的胡应与唐时的胡一致。

② 戎：古代泛指我国西部的少数民族。（汉语大字典编委会，2010：1500）

③ 胤：嗣；后代。（汉语大字典编委会，2010：45）

④ 梵：梵文为古印度书面语，故对印度等地的事物，常称梵或冠以梵字，以示与中华有别。又佛经原用梵语写成，故凡与佛家有关的事物，皆称梵。（汉语大字典编委会，2010：1296）在此语境指古印度人。

⑤ 惟：《大正藏》第50册第438页页脚的校勘记指出：元本、明本，惟＝唯。

⑥ 相：相貌、模样。（汉语大词典编委会和编纂处，1991a：1136）濫：失实。（汉语大字典编委会，2010：1893）

⑦ 雷同：雷发声，万物同时响应，泛指相同。（汉语大词典编委会和编纂处，1993a：678）

⑧ 见：此处作副词，相当于"每，每当"。（汉语大词典编委会和编纂处，1992b：311，312）

110

實是梵人漫①云②胡族。莫分眞僞良可哀哉。語③梵雖④訛比⑤胡猶別。改爲梵學⑥知非胡者。

（简体）胡本杂戎之胤，梵惟真圣之苗，根既悬殊，理无相滥，不善谙悉，多致雷同。见有胡貌，即云梵种；实是梵人，漫云胡族，莫分真伪，良可哀哉！语梵虽讹，比胡犹别。改为梵学，知非胡者。

（今译）胡本来指中夏以西各民族的子孙，而梵才是南亚次大陆佛陀的后辈，此胡梵两地的民族之根源截然不同，照理不应混同。但不知其中的原委，大多把二者混为一谈。每当有胡人模样的都说成是梵人；别人确实为梵人却乱称为胡人，真伪不辨可悲可叹！说别人是梵人本来也不对，与胡人相比又还有区别。今天胡学要改称为梵学，因为已知不属于胡。

（英译）The *Hu* are the descendants of the uncivilized peoples to or in the west border of China, whereas only the *Fàn* are the real posterity of the Buddha's compatriots. Since the two are of different origins, it is ungrounded to confuse them both. But those who can't tell the difference may take the two as the same, and they may call a man with a *Hu* face one of *Fàn* (Indian) breeding; they may also mistake a real native of the *Fàn* land(the Indian subcontinent)as a *Hu* man. How sad they

---

① 漫：随便地；胡乱地。（汉语大字典编委会，2010：1845）

② 云：说。（汉语大字典编委会，2010：418）

③ 語：告诉。（汉语大字典编委会，2010：4235）

④ 雖：通"須"，副词。本，本来。（汉语大词典编委会和编纂处，1993a：849）

⑤ 比：介词。和……相比。用来比较性状和程度的差别。（汉语大字典编委会，2010：1519）

⑥ 梵學：谓佛学也。《甘泽谣》曰："圆观者，大历末雒阳惠林寺僧。能事田园，富有粟帛，梵学之外，音律大通。"（丁福保，1991：1872）

第二章 《辩正论》译注

111

are to be unable to tell true from false! Their third mistake is to take a foreigner as either *Hu* or *Fàn*; in fact he is neither a *Fàn* nor a *Hu*. So we should correct the mistakes and call Buddhism as learning from the *Fàn* (Sanskrit) land, for we know it is not from the *Hu*.

2.2.3

（原文）竊以①佛典之興。本來②西域③。譯經之起。原自④東京。歷代轉⑤昌迄茲無墜。久云⑥流變稍⑦疑虧。動競逐澆波⑧。尠⑨能迴覺。討⑩其故事⑪。失在昔人。

（简体）窃以佛典之兴，本来西域；译经之起，原自东京，历代转昌，迄兹无坠。久之流变稍疑亏，动竟逐浇波，鲜能回觉。讨其故事，失在昔人。

---

① 以：认为，以为。（汉语大字典编委会，2010：137）

② 本来：这分别是两个词。本：副词。本来；原来。（汉语大字典编委会，2010：1234）来：由彼至此；由远到近。与"去""往"相对。《尔雅·释钴上》："广来，至也。"《玉篇·来部》："来，归也。"《论语·学而》："有朋自远方来。"（汉语大字典编辑委员会，2010：175）此处的"来"是动词。

③ 西域：西汉以后对中国玉门关、阳关以西地区的总称。狭义专指葱岭以东而言，广义则凡通过狭义西域所能到达的地区，包括今亚洲中西部、印度半岛、欧洲东部和非洲北部都在内。（史为乐，2005：939－940）作者此处应指广义的西域，采用以整体代局部的修辞手法指天竺，这样可以和后面的"东京"对偶。

④ 原自：分别是两个词。原：副词，本来。（汉语大字典编委会编，2010：85）自：开始。（汉语大词典编委会和编纂处，1991b：1306）

⑤ 轉：副詞。渐渐；更加。（汉语大字典编委会，2010：3790）

⑥ 云：《大正藏》第 50 册第 438 页校勘记指出：宋本、元本、明本和旧宋本的"云＝之"。笔者译文从之。

⑦ 稍：朝向。（汉语大字典编委会，2010：2790）

⑧ 澆波：指浮薄的社会风气。（汉语大词典编委会和编纂处，1990b：119）

⑨ 尠：同"鲜"。少。（汉语大字典编委会，2010：612）

⑩ 討：研究，探讨。（汉语大词典编委会，2010：4197）

⑪ 故事：旧事。（汉语大词典编委会和编纂处，1990a：432）

（今译）我认为佛典本来起源于天竺①，而中土佛典翻译原本最早从东汉都城洛阳开始，此后历代逐步兴盛直到今天。久而久之以讹传讹，佛典胡本与梵本的区别就分不清了，加之世风日益浅薄，世人舍本逐末，很少有人能醒悟知错。考察这段历史，胡梵混淆的错误（不在道安而）应归咎于其之前的人。

（英译）In my opinion the Buddhist sutras originated in *Fàn* land (the Indian subcontinent) and the sutra translation, beginning in the Eastern Han Dynasty in the Eastern capital (Luoyang), has been thriving for centuries without waning in China. In centuries of the Sutras' circulation the differences between *Hu* and *Fàn* (Sanskrit) versions had been blurred. And ordinary worldly people tended to chase the shallow fashions and few could wake up to their mistakes. Reviewing the past I can blame the confusion (not on Dao An but) on people in earlier ages.

① 根据今天我们所了解的佛典传播情况，佛教原典起源于印度，传入中国有陆路和海路两条线。陆路自西汉起就从印度西南部经天山南麓的南北二通道抵达中土。陆路传入的佛典有梵文和西域文（胡文）。海路自东汉起辗转斯里兰卡、苏门答腊和马来半岛到达中国的交趾和广州。海路传入的佛典有梵文和巴利文。总体而论，传入的原文佛典梵文居多。（陈士强，2000：181－183）彦琮此处在辨清胡梵之后极为简略地叙述佛典起源、在华传播和翻译的情况。

第三部：研究原典和通梵语的好处和必要

2.3.1

（原文）至如①五欲②順情。信③是④難棄。三衣⑤苦節⑥定非易忍。割遺體之愛⑦入道要門⑧。捨天性之親出家恒務。俗有可反⑨之致⑩忽然⑪已⑫反。梵有可學之理何因不學。

（简体）至如五欲顺情，信是难弃，三衣苦节，定非易忍，割遗体之爱入道要门，舍天性之亲出家恒务。俗有可反之致忽然已反，梵有可学之理何因不学？

（今译）再者，人有财、色、名、饮食和睡眠这五欲，当然顺乎世俗人情，虽确实难以舍弃，且作为僧人身披袈裟、苦守戒律，虽说这常人一定难以心甘情愿地坚持，但僧人还是上别父母

---

① 至如：连词，表另提一件事，也表让转。即便；即使。（汉语大词典编委会和编纂处，1991b：786）

② 五欲：教义名数，梵文 pañca-kāmāḥ 的意译：①指能引起众生情欲的色、声、香、味、触"五境"，即色、声、香、味、触五欲。②指财、色（婬）、名、饮食和睡眠欲。（任继愈，2002：256）

③ 信：确实；的确。（汉语大字典编委会，2010：200）

④ 是：表示加重或加强肯定语气。（汉语大字典编委会，2010：1606）

⑤ 三衣：即袈裟，是僧尼的"法衣"，其最基本、最正规的衣着。（丁福保，1991：299）；（祥云法师，1993：91—92，88）；白化文（1998）梵文：tri-cīvara.（荻原雲来，1979：555b）袈裟的梵文为 kaṣāya。（任继愈，2002：1140）

⑥ 苦節：坚守节操，矢志不渝。（汉语大词典编委会和编纂处，1992a：323）

⑦ 愛：亲爱；对人或事物怀有很深的感情。（汉语大字典编委会，2010：2487）

⑧ 要門：精要之门，指《观无量寿经》所说之定散二门。（慈怡，1988：3953）

⑨ 反：违背，违反。（汉语大字典编委会，2010：426）

⑩ 致：事理。（汉语大字典编委会，2010：3008）

⑪ 忽然：不经心，忽略。（汉语大词典编委会和编纂处，1991a：429）该词是虚词，与后面"何因"对偶。

⑫ 已：止；停止。（汉语大字典编委会，2010：1074）

下离妻子，舍天伦之情出家入佛门坚持求道。作为僧人，世俗人情一旦有背弃之理就出世而背离不顾，而天竺有可学之真理为什么不学呢？

（英译）Besides, a man has the **five desires**（五欲）[①] of wealth, sex, food, fame and sleep, being agreeable to human's worldly nature, and being certainly hard to abandon while a bhikshu has to wear kashaya[②] and to observe monastic disciplines, which are no small ordeal for him. Yet a bhikshu as a Buddhist ascetic has renounced his secular life, and concentrated on the Buddhist practices, leaving behind all kinds of worldly distractions and even deep love between families such as the spouse, children and parents. A bhikshu would turn his back against the old ways of his mundane life once he finds a reason. Why doesn't he learn Buddhist truths from the *Fàn* land (the Indian subcontinent)?

[①] 五欲 The five desires:(1)The cravings of the five organs. Five kinds of desire that arise from attachment to the objects of eyes, ears, nose, tongue, and body. The desires of regular people. (2)The five desires of wealth, sex, food, fame and sleep. (中华佛典宝库 [2013])

[②] kashaya: i. e. Kāsāya(Sanskrit), the traditional monastic robes of Buddhist monks and nuns. From Wikipedia, http: //en. wikipedia. org/wiki/Kashaya 2012－09－12.

2.3.2

（原文）又且。發蒙①草創②。伏膺③章簡④。同鸚鵡之言。傚邯鄲之步⑤。經營⑥一字爲力至多。曆覽數年其道方博。乃能包括今古網羅天地。業似山丘文⑦類淵海。彼之梵法大聖⑧規摹⑨。略⑩得章本⑪通⑫知體式⑬。研若有功解便無滯。

---

① 發蒙：开始学习识字读书。（汉语大词典编委会和编纂处，1991b：566）

② 草創：此二字同义，指写字撰文。草：创始；起稿。（汉语大字典编委会，2010：3414）创：撰写；创作。（汉语大字典编委会，2010：384）"草创"二字连用也有起稿的意思。（汉语大词典编委会和编纂处，1992a：373）

③ 伏膺：《大正藏》第50册第438页校勘记指出：元本、明本的"伏=服"。服膺：铭记在心；衷心信奉。（汉语大词典编委会和编纂处，1990b：1204）

④ 章簡：此二字分别为两个词。章：指诗歌或乐曲的段落，也指文章的段或篇。（汉语大词典编委会和编纂处，1991b：381）简：泛指书籍。（汉语大字典编委会2010：3216）

⑤ 邯鄲之步：此典出《庄子·秋水》："且子独不闻夫寿陵余子之学行于邯郸与？未得国能，又失其故行矣，直匍匐而归耳。"意思是：你难道没听说燕国寿陵的小孩到赵国都城邯郸去学习走路吗？没有学到邯郸人的走法，又忘了自己原先怎么走的，只有爬着回国。"邯郸学步"的成语即出于此。

⑥ 經營：本义是筹划营造。（汉语大词典编委会和编纂处，1992a：868）在此应是得心应手掌握的意思。

⑦ 文：《大正藏》第50册第438页校勘记指出：元本、明本的"文=志"。笔者译文从之。

⑧ 大聖：佛教术语，佛陀的尊号。（丁福保，1991：422）

⑨ 規摹：即"规模"，规划、筹谋、计划。（汉语大词典编委会和编纂处，1992b：329）另，《大正藏》第50册第438页校勘记指出：宋本、元本、明本和旧宋本的"摹=謨"。规谟：规划谋议。（汉语大词典编委会和编纂处，1992b：330）

⑩ 略：取、获得。（汉语大字典编委会编，2010：2721）

⑪ 章本：此处是佛经文本或典籍的意思。如，《续高僧传》卷9："释灵裕，俗姓赵。……年登六岁便知受戒。父母强之誓心无毁。寻授章本及以千文。不盈晦朔，书诵俱了。"（《大正藏》第50册第495页）《大唐内典录》卷十："故法兰创出章本，世高广译众经。"（《大正藏》第55册第338页）

⑫ 通：副词。全部、透彻。（汉语大字典编委会，2010：3846）

⑬ 體式：体裁格式、字体式样。（汉语大词典编委会和编纂处，1993b：413）

（简体）又且，发蒙草创，伏膺章简，同鹦鹉之言，仿邯郸之步；经营一字，为力至多，历览数年，其道方博，乃能包括今古，网罗天地，业似山丘，志类渊海。彼之梵法大圣规摹，略得章本，通知体式，研若有功，解便无滞。

（今译）况且，中土小儿发蒙识字作文，背诵诗文，虔心奉行经典的教导，如鹦鹉学舌人云亦云，似小儿学步亦步亦趋；如此这般要学好和掌握一个汉字都要付出很大的努力，积数年苦读之功才算学问广博，才能学贯古今、经天纬地，才能去干一番大事业，以图鸿鹄之志。那源自天竺的佛法乃大圣释迦牟尼所创，只要能取得其经本，也还是可以彻底了解其理论体系和表达样式；研习若有收获，理解就不会有障碍。

（英译）Furthermore, a Chinese child just old enough to receive initial schooling must learn how to recognize and to write Chinese characters and a composition, must recite the classics, and follow them word by word, like a parrot learning human speech and like a toddler learning how to walk. It is painful and laborious to master even a single character or word. It will take years of dedicated study to go through the classics, and to know all about the past and present as well as heaven and earth. Only then it is time for him to strive for a great cause and achieve his ambitions. Buddhism was created by Sakyamuni, the Buddha himself, in the *Fàn* land (the Indian subcontinent). With the sutra original texts in hand it will be possible to understand fully Buddhist theoretical systems and expressive forms; a successful study of Buddhist sutra texts will also result in unraveling the meaning without obstruction.

2.3.3

（原文）匹^①於此域固^②不爲難。難尚須求。況其易也。或以內^③執^④人我^⑤外慚諮問^⑥。枉^⑦令秘術^⑧曠隔^⑨神州。靜言思之愍^⑩而流涕^⑪。

（简体）匹于此域，固不为难。难尚须求，况其易也。或以内执人我，外惭咨问，枉令秘术，旷隔神州！静言思之愍而流涕。

（今译）有的佛门同道凡事顽固坚持以本土为中心，不去克服困难直接研究原典。可还是有些佛门同道迎难而上，再难也一定研究原典，更何况相对容易的梵文。还有的佛门同道内心执人我之相，耻于向他人学习，只可惜让世之稀有的佛法长期远离中土！沉思默想之，我真是痛哭流涕。

（英译）Some of our counterparts are too stubbornly homeland-centered to overcome the difficulties in studying directly the original sutras, and the other open-minded ones are

---

① 匹：此处是动词，比得上、相当的意思。（汉语大字典编委会，2010：94）

② 固：副词。一再；坚决地。（汉语大字典编委会，2010：772）

③ 內：心里，内心。（汉语大字典编委会，2010：111）

④ 執：固执；坚持己见。（汉语大字典编委会，2010：491）

⑤ 人我：术语。人固执主宰之我有实体为常，称我之相，人我之见，由此执见而生种种之过失。（丁福保，1991：269）

⑥ 諮問：咨询；请教。（汉语大词典编委会和编纂处，1993a：350）

⑦ 枉：徒然；白费。（汉语大字典编委员会，2010：1246）在此语境作者表示十分惋惜之情。

⑧ 秘術：此处指佛法。秘：稀奇。（汉语大字典编委会，2010：2785）術：学说、主张、道术。（汉语大字典编委会，2010：888）

⑨ 曠隔：远隔。（汉语大词典编委会和编纂处，1990a：846）

⑩ 愍：悲痛；忧伤。（汉语大字典编委会，2010：2489）

⑪ 此典出《汉书·贾谊传》："臣窃惟事势，可为痛哭者一，可为流涕者二，可为长太息者六。"

perseverant in doing so, however difficult they are, not to mention the much easier *Fàn* (Sanskrit) language. Or even some Chinese monks' attachment in their mind to the (mistaken) conception of self （人我执）[1] and their disgrace to learn from others have long made the rare and precious Buddhism remote and inaccessible to China. What a pity! My reflections on this in my moments of quiet reduce me to tears.

2.3.4

（原文）向使[2]法蘭[3]歸漢僧會[4]適[5]吳。士行[6]佛念[7]

① 人我执 Rénwǒzhí: The attachment to the belief in the existence of an inherently existent self, or person, also written as *renwojian* 人我见.（中华佛典宝库[2013]）

② 向使：连词，表假设。假令，假使。（汉语大词典编委会和编纂处，1989a：139）

③ 法蘭：竺法兰（梵文 Dharmarakṣa），相传为东汉明帝（58－75 年在位）时来华译经的印度僧人。据《高僧传》卷一载，本为中天竺人。自言诵经论数万章，曾与摄摩腾共游化，并相随来汉地。译有《十地断结》等五部佛经。六十多岁时卒于洛阳。其事南朝刘宋前未见记载，南朝齐王琰的《冥祥记》、梁僧佑的《出三藏记集》等也只提摄摩腾而未提及竺法兰，故难以确证。（任继愈，2002：777）

④ 僧會：康僧会，三国时期僧人，祖籍康居，世居天竺，其父因商贾移交趾。僧会少丧双亲，入道励行，深达三藏。吴孙权赤乌十年（247 年）至建业（今江苏南京）翻译佛经，因请得舍利而为孙权所叹服，为他立建初寺乃江南佛寺之始。（任继愈，2002：1118）

⑤ 適：往、至。（汉语大字典编委会，2010：4134）

⑥ 士行：朱士行，曹魏时僧人，汉土真正的第一位沙门，也是汉僧西行求法第一人。魏甘露五年（260 年），西行沙漠于于田得到《放光般若》的梵本，太康三年（282 年）才由其弟子送回洛阳。十年后，西晋元康元年（291 年）由无叉罗和竺叔兰译出。士行本人八十多岁在西域病故。他求得的《放光般若》虽译文不全，但对当时义学影响很大。（吕澂，1996b）

⑦ 佛念：竺佛念，东晋十六国的前后秦僧人，佛典翻译家，凉州（今甘肃武威）人。苻秦时在长安与外僧翻译佛典，任传译。姚秦时既与外僧共译又自译佛典。他为苻姚二代"译人之宗"。（任继愈，2002：776）

之儔①。智嚴②寶雲③之末④。纔⑤去俗衣尋⑥教梵字。亦⑦霑⑧僧數⑨先⑩披⑪葉典⑫。則應⑬五天⑭正語⑮

---

① 儔：同类，侪辈。（汉语大字典编委会，2010：270）

② 智嚴：智严（350—427），东晋译经僧人，西凉州（今甘肃）人，西行至罽宾入摩天陀罗精舍受禅法，后请禅师佛驮跋陀罗一同东归至后秦都城长安，住大寺。刘宋元嘉四年（427年）与宝云共译自西域的梵本。后又前往天竺取经，归国途径罽宾圆寂，世寿七十八。（慈怡，1988：5039）

③ 寶雲：宝云（376—449），东晋时西行求法译经僧人，凉州人。隆安初年西渡流沙至西域，翻雪岭经于阗游天竺等国，遍学梵书，精研音字训诂，后归长安师事佛驮跋陀罗。刘宋时与智严共译佛典。宝云华梵兼通，音字允正，翻译独步晋宋。（慈怡，1988：6756）

④ 末：终了、末尾、最后。（汉语大字典编委会，2010：1232）

⑤ 纔：后作"才"，表示时间，相当于"才""刚才""刚刚"。（汉语大字典编委会，2010：3700）

⑥ 尋：表示时间，相当于"经常""时常"。（汉语大字典编委会，2010：553）

⑦ 亦：副词，相当于"又"。（汉语大字典编委会，2010：310）

⑧ 霑：同"沾"。熏陶，感化。（汉语大字典编委会，2010：4334；1696）

⑨ 數：规律，法则，道理。（汉语大字典编委会，2010：1580）

⑩ 先：时间或次序在前的。（汉语大字典编委会，2010：292）此处作副词。

⑪ 披：翻开，翻阅。（汉语大字典编委会，2010：1969）

⑫ 葉典：指佛教原典。清代弘赞辑《兜率龟镜集》卷二："琮乃专寻叶典，日诵万言，故大品、法华、维摩、楞伽、摄论、十地等，皆亲传梵音，受持读诵。"（《卍续藏经》第149册，第558页）《兜率龟镜集》卷二："叶典者，天竺以贝多罗叶书写经卷，故曰叶典。"（《卍续藏经》第149册第558页）

⑬ 應：应验。（汉语大字典编委会，2010：2526）

⑭ 五天：地名。五天竺之略。（丁福保，1991：506）五天竺就是整个印度半岛东南西北中的总和。

⑮ 正語：正确的言语，亦即对人说真诚和善的话，为八正道之三。（陈义孝，2002：150）八正道，又名八圣道，即八条圣者的道法。一、正见，即正确的知见。二、正思惟，即正确的思考。三、正语，即正当的言语。四、正业，即正当的行为。五、正命，即正当的职业或生活。六、正精进，即正当的努力。七、正念，即正确的观念。八、正定，即正确的禅定。修此八正道，便可证得阿罗汉果。（同上：31）正语的梵文：samyag-vāc。（荻原雲来1979：1438b）

充布閻浮①。三轉②妙音③並④流震旦⑤。人人共⑥解。省⑦翻譯之勞。代代咸⑧明。除⑨疑網之失。於是舌根⑩

---

① 閻浮：又名阎浮提，阎浮是树名，华译为赡部，因为赡部洲的中心有阎浮树的森林，依此树的缘故，此洲称为赡部洲；赡部洲，梵文称阎浮提，就是我们现在所在的娑婆世界。（陈义孝，2002：304）阎浮提的梵文 Jambu-dvipa。（荻原云来，1979：5493a）

② 三轉：名数。三转法轮的略称。佛于鹿野苑对声闻乘人说苦集灭道之四谛有示劝证之三转：一、示转，此是苦也，此是集也，此是灭也，此是道也，此示四谛之四相。二、劝转，苦当知，集当断，灭当证，道当修，此劝谛之修行。三、证转，苦者我已知，集者我已断，灭者我已证，道者我已修，此佛自举己为证也。于此三转，上根者以第一之示转，中根者以第二之劝转，下根者以第三之证转，而各悟道。（丁福保，1991：360－361）三转法轮的梵文是 triparivarta-dvādaśākāra-dharma-cakra。（荻原云来 1979：5556b）

③ 妙音：指妙法音。"妙"（术语）有精微、奥妙、绝妙、不可思议等含义。"法音"：指传播佛法的声音。（陈义孝，2002：177，186）

④ 並：《大正藏》第50册第438页校勘记指出：宋本、元本、明本和旧宋本的"並＝普"，笔者译文从之。

⑤ 震旦：古印度称中国为震旦。（汉语大词典编委会和编纂处，1993a：691）梵文 cina-sthāna。（Akira Hirakawa［平川彰 编］，1997：1242）

⑥ 共：一同、皆。（汉语大字典编委会，2010：120）

⑦ 省：shěng，废去、去掉。（汉语大字典编委会，2010：2648）

⑧ 咸：表示范围，相当于"都""全"。（汉语大字典编委会，2010：1507）

⑨ 除：去掉、清除。（汉语大字典编委会，2010：4445）

⑩ 舌根：梵文 jihvā-indriyam。（荻原云来，1979：5229a）舌根是六根（眼、耳、鼻、舌、身、意）之一。眼、耳、鼻、舌、身、意分别是视、听、嗅、味、触、念虑之根。根者能生之义，如草木有根，能生枝干，识依根而生，有六根则能生六识，亦复如是。（陈义孝，2002：170；119）另，《灵枢·脉度篇》说："心气通于舌，心和则舌能知五味矣。"（张登本，2008：123）《素问·阴阳应象大论》说"心主舌"，又说"心主舌……在窍为舌"。（张登本，2008：31）这些都说明心与舌的密切关系，即舌的形态和功能的变化可反映心的状态。中医临症中也常通过观察舌体的胖瘦，舌色泽的浓淡以及舌运动的灵拙等来判断心的功能（主血脉和主神明）的情况。舌能反应"心"的功能活动状态，舌根清净，所以下文说心境明朗。

恒淨。心鏡①彌朗。藉②此聞思③永爲種性④。

（简体）向使法兰归汉，僧会适吴，士行佛念之俦，智严宝云之末，才去俗衣，寻教梵字，亦沾僧数，先披叶典，则应五天正语，充布阎浮，三转妙音，并流震旦；人人共解，省翻译之劳，代代咸明，除疑网之失。于是舌根恒净，心镜弥朗，藉此闻思，永为种性。

（今译）早期来中土译经的外僧其中有竺法兰，于东汉明帝（58—78年在位）时来朝，三国时又有外僧康僧会到吴都。远行西域甚至印度求法的中土僧人，最早有曹魏时代的朱士行，最晚有东晋至刘宋时期的智严和宝云两位佛典译家。竺佛念是苻姚二秦两代的佛典译家。假如上述各代中外高僧译家经常教那些刚脱去俗衣而入教的僧人既学梵字又习为僧之道，且先读佛教原典，那么今天就可能实现这样的理想：来自五印度的正语将传遍人世间，三转法轮、传播佛法的妙音将广泛回荡在我们东方震旦；佛的正语和佛法妙音将为每个僧人所理解，且为各代僧人都明白，解除了翻译的辛劳，避免失足落入迷惑之网。这样，其舌根作为六根之一，为知味发言之根本则永远清净，而其内心也就如明镜

---

① 心鏡：指心。众生之心犹如明镜，能映照万象，故称为心镜。（慈怡，1988：1410）笔者认为此心为生理之心与心理和思想的心之综合体。据禅宗著名的慧可求法的公案，慧可请求其师达摩："我心未宁，乞师与安！"摩曰："将心来，与汝安。"良久慧可曰："觅心了不可得。"摩曰："吾与汝安心竟。"佛教的心似有但拿不出来，似无又可安之，在有无之间其用不已。

② 藉：凭借；依靠。（汉语大字典编委会，2010：3528）

③ 聞思：三慧（闻思修）当中的二慧。三慧指：一、闻慧，依见闻经教而生之智慧。二、思慧，依思惟道理而生之智慧。三、修慧，依修禅定而生之智慧。前之二慧为散智，但为发修慧之缘，修慧为定智而正有断惑证理之用，见成实论二十。（丁福保，1991：2471，354）三慧：梵文 trividhā。（Akira Hirakawa［平川彰］，1997：17）

④ 種性：梵语 gotra，指佛、声闻、缘觉和菩萨等三乘人各具有可能证得菩提之本性。（慈怡，1988：5870）

般越发明朗；这闻思二慧的依托将永成其佛性。

（英译）Among the earliest foreign monk sutra translators were Gobharana（法兰）, who arrived in the Eastern Han Dynasty(between 58 and 78 CE), and Kang Senghui（康僧会）, who came to the Kingdom of Wu in 247 AD. Among the Chinese monks who travelled to the Western Regions or/and India to study Buddhism, Zhu Shixing（朱士行）from the Kingdom of Wei was the earliest, being succeeded by Zhi Yan（智严, 350 − 427 CE）and Bao Yun（宝云, 376 − 449 CE）, both sutra translators the latest to our time; Zhu Fonian（竺佛念）, was an eminent sutra translator in the Early and Late Qin dynasties. If the foreign and Chinese monk translators would teach Sanskrit to the Chinese monks who just shed their worldly garments and newly joined the order, and if they would teach them how to be a monk as well as how to read first the original Buddhist sutras in Sanskrit, then the following dreams would come true: the correct speech(正语)[1] from India would be spread all over the earth and the Buddha's melodious voice of turning Dharma wheels would be heard throughout China; the speech and voice would be understood by all bhikshus, who would be saved the toilsome task of translation; successive generations of bhikshus would all be illuminated without being lost in the net of doubts. Then their tongues, one of the six faculties and the basis of taste and speech consciousness, would ever become purified, and their

---

① 正语 Correct speech: Not lying, not rumoring, not speaking in a way that causes problems between others. This is the third item in the eightfold path 八正道.
（中华佛典宝库 [2013]）

hearts and minds cleansed increasingly clear as a mirror; then their reliance on the two kinds of wisdoms[1]: hearing and thinking the Buddha's teaching would always predispose them for Buddhahood.

第四部：道安的正文十条

2.4.0

（原文）安之所述大啓玄門[2]。其間曲細猶或未盡。更憑[3]正文助光遺跡。粗[4]開[5]要例[6]。則有十條字聲。一句韻。二問答。三名義。五[7]經論。五歌頌。六呪功。七品題。八專業。九異本。十[8]各疎[9]其相[10]。廣文如論。

（简体）安之所述，大启玄门，其间曲细，犹或未尽。更凭

---

① It refers to the first two of the Three kinds of wisdom（三慧, Sanskrit：śruta-cintā-bhāvanā）：闻思修 Hearing, thinking and practicing, i. e. hearing the buddha's teaching, giving it deep consideration and practicing it.［瑜伽论 T 1579.30.350a20］（中华佛典宝库［2013］）

② 玄門：玄妙的法门，指佛法。（陈义孝，2002：151）

③ 憑：依赖，依仗。（汉语大字典编委会，2010：2517）

④ 粗：微略。（汉语大字典编委会，2010：3352）

⑤ 開：解说，表达。（汉语大字典编委会，2010：4362）

⑥ 要：纲要，关键。（汉语大字典编委会，2010：2998）例：规程惯例。（汉语大字典编委会 2010：181）

⑦《大正藏》此处有误。笔者查阅《龙藏·此土著述（三）》第113册，此处"五"是"四"。

⑧《大正藏》此处对整个"十条"的句读不对，应该按照陈福康的标点才读得通（2000：26）。

⑨ 疎：同"疏"，分条记录或分条陈述。（汉语大字典编委会，2010：3952，3954，2942）

⑩ 相：梵语 lakṣaṇa，形象或状态。一切法有总相，有别相。（慈怡，1988：3898）此处指别相。

正文，助光遗迹。粗开要例，则有十条：字声一，句韵二，问答三，名义四，经论五，歌颂六，呪功七，品题八，专业九，异本十，各疏其相，广文如论。

（今译）道安法师的论述大开佛法玄妙之门，其中的曲折详细或有不尽之处。他还凭借正文法，更加光大了佛陀遗留的圣迹。摘其要者大致而论，则我以为正文法有十条：第一字声，第二句韵，第三问答，第四名义，第五经论，第六歌颂，第七呪功，第八品题，第九专业，第十异本，分门别类，加以陈述，其细节如其鸿文。

（英译）Dao An's above expositions have opened wide the gate to the dharma, even though some profound details therein remained perhaps to disclose. He also shed more light on the Buddha's precious legacy by the method of correcting sutra translations. Here I roughly listed his following ten main Guidelines and Methods for Correcting the sutra translations. The first is about the word sound. The second is about the sentence rhythm and tempo. The third is about the question-and-answer form. The fourth is about the name and meaning of terms. The fifth is about sutra commentaries. The sixth is about songs and gathas. The seventh is about the power of mantras. The eighth is about section titles. The ninth is about special areas, and the tenth is about variant translations. In this way the sutra translations are corrected item by item, and please refer to Dao An's writings for the details of the Ten Guidelines.

第三节　第三篇译注：评价中土以往的佛典翻译，提出自己的佛典翻译标准原则

第一部：道安评论东汉至晋的佛典译家，彦琮正面评价早期的佛典翻译

3.1.1

（原文）安公①又云。前人出經。支讖②世高③。審④

---

①　公：（宋）洪迈《容斋续笔卷五·公为尊称》："尊其道而师之曰公"，"年之长者曰公"，"凡人相与称呼者，贵之则曰公"。笔者认为此处作者彦琮称道安为"安公"应是第一种情况。

②　支讖：支娄迦谶（Lokakṣema），东汉僧人，简称支谶，本西域月氏人，大乘佛教典籍汉地翻译的创始人。东汉桓帝末年（167年）来洛阳。他通晓汉语，学问广博，其所译经文尽量保全原意，故多用音译。后人谓其译文特点是辞质多胡音。支敏度则称：凡所出经，类多深玄，贵尚实中，不存文饰。所译《道行般若经》对后来义学影响很大；《般舟三昧经》阐述大乘思想方法，对后世亦有影响。其弟子有月氏的支亮，再传支谦，继承和发扬其学风，世称天下博知，不出"三支"。（隆莲，2001）

③　世高：东汉末僧人，有史记载以来最早以汉文系统翻译佛经的著名译家。名清，本为安息国太子，故号"安侯"，让国予叔，出家为僧。博晓三藏，尤精阿毗昙学，诵持禅经。汉桓帝（147—167在位）初年来汉地从事译经。先后译出《安般守意经》《阴持入经》等三十九部。所传思想称为"禅数学"，多属说一切有部系统，影响远至东晋道安、慧远。（任继愈，2002：564）

④　审：真实、果真；信。（汉语大字典编委会，2010：1024）

得①胡本②。難繼③者也。羅叉④支越⑤。斲⑥鑿⑦之巧者也。竊以⑧得⑨本開⑩質斲巧由⑪文。舊⑫以爲鑿今固⑬非審⑭。

（简体）安公又云：前人出经，支谶、世高，审得胡本，难继者也；罗叉、支越，斲凿之巧者也。窃以得本开质，斲巧由文，旧以为凿，今固非审。

（今译）道安法师又说，前人如东汉桓帝建和元年（147年）至洛阳的安世高，又如桓帝末年（167年）至洛阳的支娄迦谶，翻译佛经确实符合原本，后世难以赓续；三国吴支谦和西晋西域

① 得：适合，投契。（汉语大字典编委会，2010：890）

② 胡本：《大正藏》第50册第439页的校勘记指出：宋本、元本、明本和旧宋本的"胡＝故"。

③ 繼：继续，延续。（汉语大字典编委会，2010：3695）

④ 羅叉，指无罗叉（梵文 Moksala），又名"无叉罗"，东晋僧人，本为于阗人，西晋惠帝元康元（291年）在陈留仓垣（今河南开封附近）与竺叔兰等译出由朱士行在于阗所得之《放光般若》。（任继愈，2002：210-211）无罗叉活动的年代比下文支谦的活动年代稍晚。

⑤ 支越，即支谦（约3世纪），名越，号恭明，其祖先是后汉灵帝时入中国籍的月支族后裔。他从小浸润于汉文化，精通汉文，后又兼学梵书，受业于同族学者支亮，通大乘佛教理论。汉献帝末年随族人避乱南渡到东吴。从吴黄武元年到建兴中约三十年间（223—252）搜集各种原本和译本，未译的补译，已译的订正。特别着重译支谶的重要译本，如《道行》《首楞严》等。同时他又助从印度来华的维祇难和竺将炎翻译。（吕澂，1996a：9-11）

⑥ 斲：本义是斧斤之类的木工工具，引申为砍、削的动作，也有雕饰的意思。（汉语大字典编委会，2010：2173）

⑦ 鑿：本义是挖槽、穿孔用的工具，引申为打孔，穿空的动作，也有更造，改的意思。（汉语大字典编委会，2010：4606-4607）

⑧ 以：以为，认为。参见本章第二篇第一部第二段（2.1.2）的注释。

⑨ 得：投合，投契。（汉语大字典编委会，2010：890）

⑩ 開：解说，表达。（汉语大字典编委会，2010：4362）

⑪ 由：欲；想要。（汉语大字典编委会，2010：2706）

⑫ 舊：从前。（汉语大字典编委会，2010：3246）

⑬ 固：副词。必然；一定。（汉语大字典编委会，2010：716）

⑭ 審：真实、果真；信。（汉语大字典编委会，2010：1024）

僧人无罗叉译经，译文雕巧删改。我以为，符合原本译文表达才质朴，译文雕巧删节为追求文采。以前认为删改过分的，今天看来不一定确切。

（英译）The Dharma Master Dao An also said that sutra translators in olden times, such as An Shigao（安世高）（who arrived at Luoyang in 147 CE), and Lokaksema（支谶）（who arrived in Luoyang in 167 CE,) indeed conformed their translations to the Hu-language source texts, which was difficult for the later translators to follow. Zhi Qian（支谦）the Sutra translator of Wu Kingdom and Mokṣala（无叉罗）**elaborately refined**(*qiǎo* 巧) and pruned the sutra translations. My opinion would be that only the translations conforming to the source are expressed plainly(*zhì* 质), and the **elaborately refined** (*qiǎo* 巧) and pruned ones are for **literary grace**(*wén* 文). What was at one time criticized as much pruned may now be regarded as not necessarily right.

3.1.2

（原文）握管①之暇試復論之。先覺諸賢高名參聖②。慧解③深發功業弘啓。創發玄路④早入空門⑤。

---

① 握管：执笔。谓书写或作文。(汉语大词典编委会和编纂处，1990b：781)

② 參聖：位跻圣人之列。(汉语大词典编委会和编纂处，1988：846)"参"：罗列，并立。(同上：838)

③ 慧解：(术语)指智慧之用，能解了诸法。(丁福保，1991：2538)梵文 pratyavagama。(Akira Hirakawa [平川彰]，1997：500)

④ 玄路：(术语)指玄妙之道路，真理。(丁福保，1991：878)

⑤ 空門：(术语)破常有之见，我空、法空、有为空、无为空等空相之法门也。又，四门之一。有空四句分别之论法，第一为有门，第二为空门，第三为亦有亦空门，第四为非有非空门。又，佛教之总名。以佛教主以空法为涅槃之门故也。(丁福保，1991：1273)此处应指佛教高境界。空门的梵文 śūnyatā。 (Akira Hirakawa [平川彰]，1997：908)

辯^①不虛起義應雅^②合。但佛教初流方音^③尠^④會^⑤。以斯譯彼仍恐難明。無廢^⑥後生^⑦已承前哲。梵書漸播眞宗^⑧稍^⑨演。其所宣出窮^⑩謂^⑪分明^⑫。

（简体）握管之暇，试复论之。先觉诸贤，高名参圣，慧解深发，功业弘启，创发玄路，早入空门，辩不虚起，义应雅合。但佛教初流，方音鲜会，以斯译彼，仍恐难明。无废后生，已承前哲。梵书渐播，真宗稍演，其所宣出，窃谓分明。

（今译）借此机会，再来讨论早期译经的情况。佛门先觉诸贤久负盛名，位跻佛教圣人之列，起智慧之用，发起了深厚的道功，走上了真理之路，早已进入佛教的高境界，多亏了他们巧说法义的辩才，译文义理总体而言正确而符合原典。但当时佛教毕竟是震旦初传，此间懂得原典语言的人很少，即便有懂行的人用

---

① 辯：慧，聪明。（汉语大字典编委会，2010：4310）此处应指"辩才"，即巧于辩述，单称辩，即善于巧说法义的才能。佛菩萨等于多劫中由口业庄严之功力而具足各种辩才，如四无碍辩、七辩、八辩、九辩。四无碍辩又称四无碍解，四无碍智，广义指辩才无碍自在之解智，特别以其中的第四辩无碍辩为无碍自在、正确辩说之智。（慈怡，1988：6873）看来，佛教把翻译才能归类于辩才，属于一种智。

② 雅：正，合乎规范的。雅，正也。（参见第112页本章2.1.2的注释）

③ 方音：本指方言。（汉语大词典编委会和编纂处，1990b：1563）笔者以为，此语境下"方音"的意思相当于外语的意思。

④ 尠：参见本章2.2.3段脚注。

⑤ 會：理解；领悟。（汉语大字典编委会，2010：1635）

⑥ 廢：停止，终止。（汉语大字典编委会，2010：969）

⑦ 後生：该词是主语，本应前置，即"后生无废"，但为了与下句对偶后置。

⑧ 眞宗：释道两教谓所持的真正宗旨；正宗。（汉语大词典编委会和编纂处，1988：144）

⑨ 稍：此处是时间副词。渐，逐渐。（汉语大字典编委会，2010：2790）。

⑩ 窮：《大正藏》第50册第439页页脚的校勘记指出：宋本、元本、明本和旧宋本的"穷＝窃"。笔者译文从之。

⑪ 謂：认为；以为。（汉语大字典编委会，2010：4259）

⑫ 分明：明确；清楚。（汉语大词典编委会和编纂处，1988：573）

中土语言翻译原典，恐怕依然有难以完全阐明佛法真义之处。可是，我佛门后继者并不放弃，继承前贤之佛经宣译事业。随着佛教梵文经书越来越多、愈来愈广地传入中土，佛教真正的宗旨逐渐阐发明确，后继者宣译出来的佛经我以为总体而言清楚明了。

（英译）Now let me take this chance to discuss again the sutra translation of the early period. The Chinese enlightened early pioneers in Buddhism were reputed and ranked as Buddhist saints; the functions of their wisdom became so powerful and deep that they achieved much by opening the road of profound truth and reaching the gateway to the emptiness[①] of self and dharma. Thanks to their wisdom in understanding and expression, the meaning of sutra translations generally may have matched that of the source. After all, that was the time when Buddhism first spread to China, and few Chinese knew the source languages; even though some people who knew the both SL and TL translated the sutras into Chinese, they probably still found the teachings of Buddhism difficult to express fully. Never giving up, our later generations of Buddhists carried forward the earlier pioneers' cause unremittingly. Along with more and more *Fàn* [Sanskrit] writings and sutras gradually spreading into

---

① Emptiness 空：The Sanskrit word is sūnya. One of the key concepts in Buddhism. Emptiness is an abstract idea representing impermanence, unreality, instability, transience and relativity in the nature of all existence. The doctrine states that all phenomena and the ego have no reality, but are composed of a certain number of Skandhas or elements, which disintegrate. The doctrine also states that everything is unstable, possessing no self-essence or self-nature, i . e ., its own existence dependent or caused by the conditions of others' existence. Emptiness is not nothing, but it is the condition of existence of everything. It permeates all phenomena making possible their evolution.（中华佛典宝库 [2013]）

China, the true doctrine was expounded more and more fully. Their translation and explanation of the sutras were, I would say, increasingly distinct and clear.

第二部：分期评价中土译经史，指出译经缺点和流弊

3.2.1

（原文）聊①因②此③言④輒⑤銓⑥古譯。漢縱⑦守本⑧猶敢⑨遙議。魏雖在昔⑩終欲懸⑪討⑫。或繁⑬或簡理容⑭未適⑮。時野⑯時華例頗⑰不定。

———————————

① 聊：表示动作行为的暂时和权宜性，相当于"姑且""暂且"。（汉语大字典编委会，2010：2979）

② 因：依靠，凭借。（汉语大字典编委会，2010：766）

③ 此："此"近指代词，吕叔湘说，可指人、物、地、时和事。（汉语大字典编委会，2010：1541）笔者以为在此处上下文语境中指现在。

④ 言：言论、见解、意见。先秦、西汉、三国的典籍都有此用法的例子。（汉语大字典编委会，2010：4193）

⑤ 輒：专擅，擅自。（汉语大字典编委会，2010：3767）

⑥ 銓：度，衡量。排列等第，评定高下。（汉语大字典编委会，2010：4521）

⑦ 縱：连词，表示转折关系，相当于"虽""虽然"。（汉语大字典编委会，2010：3675）

⑧ 本：事物的起始、根源。（汉语大字典编委会，2010：1234）

⑨ 敢：谦词，自言冒昧。（汉语大字典编委会，2010：1568）

⑩ 昔：《广雅·释诂一》："昔、本，始也。"（徐复，1992：1）

⑪ 懸：系联；关联。（汉语大字典编委会，2010：2535）

⑫ 討：研究，探讨。（见本章 2.3.1 的注释）

⑬ 繁：多；复杂。（汉语大字典编委会，2010：3672）

⑭ 容：通"裕"。（汉语大词典编委会和编纂处，1989a：1489）

⑮ 適：恰当。（汉语大字典编委会，2010：4135）

⑯ 野：质朴。（汉语大字典编委会，2010：3926）

⑰ 頗：偏。不正；不平；不全。（汉语大字典编委会，2010：4653）

（简体）聊因此言，辄铨古译。汉纵守本，犹敢遥议，魏虽在昔，终欲悬讨；或繁或简，理容未适，时野时华，例颇不定。

（今译）我姑且依照今天的见解，妄评我中土古时佛经翻译。汉和以曹魏为代表的三国虽说是佛经翻译之肇始，但鄙人还是不揣冒昧，在数百年之后的今天还是要把这两代联系起来探讨，议论其得失。这两代的佛经译文有的过繁，则佛理表达冗赘，有的过简，则佛理表达有亏；译文时而太质朴，因此体例有偏颇，时而太华丽，体例因此又不一致。

（英译）Now I tentatively and rashly review the earlier sutra translations in today's point of view. Although Han Dynasty and the following Three-kingdom period were regarded as the very beginning for the sutras translation in China, I venture to comment on the gain and loss in the translations of the both periods combined. Some of the translations were **wordy** (*fán* 繁) with redundant expressions, and others too **brief** (*jiǎn* 简) to be transferred adequately. At times they were so **coarse** (*yě* 野) (plain) that they were stylistically incomplete or so **flowery** (*huá* 华)(adorned) that their style was inconsistent.

3.2.2

（原文）晋宋①尙于談說②。爭③壞④其淳⑤。秦⑥梁⑦重于文才⑧。尤從⑨其質。非無四五⑩高德⑪緝⑫之以道。八九大經⑬錄⑭之以正。

---

① 宋：此处指南北朝南朝第一朝，史称刘宋（420—479），公元420年，宋武帝刘裕取代东晋政权而建立。国号宋，定都建康（今南京）。

② 談說：指玄谈或清谈，是流行于魏晋南北朝的思想风尚。当时名流由内（道儒）入外（佛）、由外入内，探讨形上的学问。名士名僧之间往来密切，中国玄学与外来佛教的般若学相互影响很大。

③ 爭：代词。表示指示、疑问或感叹，相当于"怎""怎么"。（汉语大字典编委会，2010：2178）此处应表感叹。

④ 壞：毁掉；折毁。（汉语大字典编委会，2010：537）

⑤ 淳：质朴，敦厚。纯粹。（汉语大词典编委会和编纂处，1990a：1408）

⑥ 秦：指中国历史上东晋时期十六国当中，位于中国北方的前（苻）秦国（351—394）和后（姚）秦国（386—417）。

⑦ 梁：《大正藏》第50册第439页页脚的校勘记指出：宋本、元本、明本和旧宋本的"梁=凉"。此"凉"指东晋十六国时期在今甘肃的河西走廊和青海湟水流域一带的"五凉"（301—420）国。鸠摩罗什（344—413）曾在后凉滞留十六七年后才到达姚秦都城长安。

⑧ 文才：文章或文学的写作才能。（汉语大词典编委会和编纂处，1990b：1514）注意此处"文才"指人写文章或文学写作才能。这里应指当时佛典翻译注重参加佛典翻译的译人之"文才"，即其文章和文学的表达能力。

⑨ 從：随行；跟随。（汉语大字典编委会，2010：891）

⑩ 四五：此处的"四五"与下句的"八九"，非确指，"五"或"九"是古汉语常见的虚数用法（顾久，1987：36—41），这里应是分别以"五"和"九"为核心的虚数用法。

⑪ 高德：指有崇高德行的人（汉语大词典编委会和编纂处，1993b：958），这样的人应该包括僧人和士大夫。

⑫ 緝：通"辑"，协调整理。（汉语大字典编委会，2010：3653）

⑬ 大經：此处"大经"与前一句的"高德"（高僧）相对应。佛教各派以本派最主要的经典为大经。如净土宗称《无量寿经》为大经，天台宗称《涅槃经》为大经。（汉语大词典编委会和编纂处，1988：1386—1387）

⑭ 錄：总领。（汉语大字典编委会，2010：4550）

（简体）晋、宋尚于谈说，争坏其淳！秦、凉重于文才，尤从其质。非无四五高德，缉之以道，八九大经，录之以正。

（今译）后来两晋与刘宋期间崇尚玄谈，怎么也败坏了佛典翻译的纯正之质！前后秦和五凉之间佛经翻译注重译者的文才，尤其依从原文之质。此间不时有高僧大德、各宗大经指导传译依循正道。

（英译）Between Jin Dynasties（265-420 CE）and the Liu Song Dynasty（420-479 CE）of the Southern Dynasties the vogue for mystical conversations ① polluted the purity of sutra translations anyhow. In the north of China, in the States of Early Qin（351-394）and Late Qin（386-417）and the States of Liang（301-420）, the translator's **literary talent**（*wéncái* 文才）was stressed, and the **original features**（*zhi* 质）of the source sutras were particularly followed, too. At times there were groups of eminent monks and virtuous scholars who kept the sutra translation in the right way of Buddhist dharma under the guidance of some chief sutras.

3.2.3

（原文）自兹以後迭相②祖述③。舊典成法且可憲

① Mystical conversations are mostly discussions of "Mystery of all mysteries" — three mystical books: *Lao Tzu*, *Chuang Tzu* and the *Yi Amplifications*, mixed with dialectical conversations of the logicians. Besides, some renowned Buddhist monks of the time joined in the mystical conversations, borrowing some Taoist concepts but focusing especially on their real knowledge, prajna.（Fung Yu-Lan, 1947:129—155）

② 迭相：相继；轮番。（汉语大词典编委会和编纂处，1992b：758）

③ 祖述：效法；仿效。（汉语大词典编委会和编纂处，1991a：847）

章①。展轉②同見③因循④共寫。莫問是非誰窮始末。僧鬘⑤惟對面之物。乃作華鬘⑥。安禪本合掌之名。例爲禪定。如斯等類固亦衆矣。留支⑦洛邑⑧義少⑨加新。眞諦⑩陳時語多飾⑪異⑫。

（简体）自兹以后，迭相祖述，旧典成法，且可宪章，辗转同见，因循共写，莫问是非，谁穷始末。僧鬘惟对面之物，乃作

---

① 憲章：效法。《礼记·中庸》："仲尼祖述尧舜，宪章文武。"（汉语大词典编委会和编纂处，1991a：729）

② 展轉："辗转"也作"展转"，本指卧不安席貌。（汉语大字典编委会，2010：3787）但在此处应是经过多人的手的意思。（汉语大词典编委会和编纂处，1992a：1313）

③ 見：读 xiàn，显示；显露；出现；实现。（汉语大字典编委会，2010：3905）

④ 因循：沿袭、承袭、守旧。（汉语大词典编委会和编纂处，1989a：606）

⑤ 僧鬘：译曰对面施。戒疏二上曰："僧鬘物者，此梵本音。据唐言之对面物也，即是现前对面之施耳。"（丁福保，1991：2488）

⑥ 華鬘：即花鬘。（汉语大词典编委会和编纂处，1992a：410）花鬘：古印度人用作身首饰物的花串。也有用各种宝物雕刻成花形，连缀而成的。（同上：306）

⑦ 留支：指菩提留支，北朝天竺僧人。他译《入楞伽经》。此经在刘宋时代求那跋陀罗曾译过一部略本（四卷），但求那的翻译相当晦涩难懂，留支特为重翻大本，"加译混文"，力求畅达；并还为人讲说，留下了《义疏》（今佚）。这一矫正，在义解上不免有偏差的地方。（吕澂，1996c：80）

⑧ 洛邑：一作雒邑。本商邑，在今河南洛阳市东北白马寺东。西周成王时由周公主持加以扩建，称成周城，迁殷人居此。战国时改成周名洛阳城（一作雒阳城）。三国魏改为洛阳。北魏时城东西二十里，南北十五里，内有街坊三百二十二，宅里二百二十。先后为东周、东汉、三国魏、西晋、北魏（孝文帝以后）都城。（魏嵩山，1995：850，851）

⑨ 少：程度副词。相当于"稍""微略"。（汉语大字典编委会，2010：608）

⑩ 眞諦：真谛（梵文 Paramārtha，499—569），南朝梁、陈时僧人，佛经翻译家。本为内天竺优禅尼国人，梁大同十二年（546年）受梁使臣之请赍经论达于南海（今广东广州）。太清二年（548年）闰八月，抵达京邑（今江苏南京）。他主要译介了无著、世亲的大乘瑜伽行派学说。后弘扬其所译《摄大乘论》和《俱舍论》的论师，形成摄论学和俱舍学，至隋代大盛，直接影响到初唐的法相宗，下接华严宗。（任继愈，2002：997）

⑪ 飾：表彰；表明。（汉语大字典编委会，2010：4737）

⑫ 異：不平常的；特别的；异于常。（汉语大字典编委会，2010：2720）

华鬘，安禅本合掌之名，例为禅定，如斯等类，固亦众矣。留支洛邑，义少加新。真谛陈时，语多饰异。

（今译）从此以后前代传译的旧典成法后世相沿承袭，译者不同却众口一词，译文雷同，书面上也都按老规矩成文，谁也不问是非，不寻根探究事情的真相。梵音"僧鬘"不过对面之物的意思，偏译成"华鬘"（其意为身首饰物的花串），"安禅"本来是合掌的梵称，都译成"禅定"，诸如此类陈规陋译确实很多。菩提留支，北印度人，北魏永平元年（508 年）来到洛阳，他翻译佛经在原意的基础上加入了些许自己的见解；真谛，西印度人，梁武帝太清二年（548 年）八月到建业翻译佛典，其翻译大多反映佛教某派学说特定时代、特定人物的思想。

（英译）From then on, later monk generations copied exactly the old-fashioned translation examples and rules of the earlier dynasties. As the result different sutra translators transferred some Sanskrit terms in the same old way regardless of concrete situations. None asked if there were any mistakes, and few bothered to probe into the real truth. For example, they translated "samaksha"[1], a Sanskrit word meaning "what is before one's eyes", into "*huāmán*"（花鬘）, which actually means "wreath"(on the head or body for decoration) in Chinese, and "*añjali*"[2] which is the Sanskrit term for placing one's palms together, all into "*chánding*"（禅定）, which actually refers to the practice of zen meditation. Other such poor translation examples are many. Bodhiruci(菩提留支), the sutra translator from Northern India, arrived in Luoyang in 508 when it was in

---

[1] Samaksha: being before the eyes or in sight. (Monier Williams, 1872:1067)

[2] 参见荻原云来《汉译对照梵和大辞典》上册第 17 页。

the reign of Northern Wei of Northern Dynasties, and he added something of his own to the translations. Paramartha(真谛), being from western India, the famous sutra translator in Chen Dynasty of the Southern Dynasties, with his translations was mostly **reflecting** (*shì* 饰)the certain saint's Buddhist ideas of the certain school in the given historical period.

第三部：总评中土佛典主流翻译，提出自己的佛经翻译标准

3.3.0

（原文）若令梵師獨斷①。則微言②罕③革④。筆人⑤參制⑥。則餘辭必混。意⑦者⑧寧⑨貴⑩撲⑪而近理。不用⑫巧而背

---

①　斷：裁決，決定。（汉语大字典编委会，2010：2175）

②　微言：隐微不显、委婉讽谏的言辞。（汉语大词典编委会和编纂处，1989a：1053）

③　罕：少，稀少。（参见本章1.0.0的注释）

④　革：更改；改换。（汉语大字典编委会，2010：4610）"微言罕革"直译是：不明确的话很少改变，那么就还是不明、模糊。

⑤　筆人：就是古代佛典译场的笔受，在译场受译主之言，笔之以汉言。

⑥　制：决断；裁决。（汉语大字典编委会，2010：367）

⑦　意：意见，见解。（汉语大字典编委会，2010：2488）指作者本人的意见和见解。

⑧　者：用在名词主语之后，表明语音停顿并引出下文，可不译出。（何乐士、敖镜浩等，1985：789）

⑨　寧：连词。表示选择。如：宁愿；宁可。（汉语大字典编委会，2010：1019）

⑩　貴：欲，想要。（汉语大字典编委会，2010：3872）

⑪　撲：《龍藏》（此土著述三）第113册，第205页："意者寧貴樸而近理不用巧而背源"，其中为"樸"字。《永乐北藏》第148册第407页此处是"樸"。笔者以为此处应从《龍藏》和《永乐北藏》，"撲"应为"樸"，而不是"撲"。"樸"典出《老子》。

⑫　用：采纳；采用。要；需要。（汉语大字典编委会，2010：112）

源。儻見淳質①請勿嫌②怪③。

（简体）若令梵师独断，则微言罕革，笔人参制，则余辞必混。意者宁贵朴而近理，不用巧而背源。傥见淳质，请勿嫌怪。

（今译）佛经传译若仅让译场梵僧译主独自裁定译文，那原文精深微妙的言辞在译文表达还是不甚充分，让本土笔受参与译文的裁决，译文又必定混杂多余的言辞。我的看法是佛典传译宁要本真而更接近佛法之理，不要华巧而违背佛法之源。倘若见到纯正本真的佛经译文，不要怀疑，也不要抱怨。

（英译）If the Translation Assembly's *Fàn* (Sanskrit) master translator was allowed solely to decide the meaning, he could not express so fully the implicit and delicate ST lines in the TT. However, if the Chinese **semi-translator**(*bǐrén* 笔人)④ took part in the master's decision-making, there would definitely be some confusing and redundant expressions. My opinion is that the translation **true to the original nature**(*pǔ* 朴) and closer to the Buddhist dharma is preferable to the **artfully adorned** (*qiǎo* 巧) one that goes against the origin of dharma. When we read a translation pure and **true to the source** (*chúnzhì* 淳质), we should not complain suspiciously.

全注全译隋释彦琮《辩正论》

---

① 淳質：敦厚质朴。（汉语大词典编委会和编纂处，1990a：1410）

② 嫌：疑惑。（汉语大字典编委会，2010：1148）

③ 怪：埋怨，责备。（汉语大字典编委会，2010：2450）

④ *bǐrén* 笔人：The Chinese man whose job is to listen to the Sanskrit Master and renders the ST into the TT in written form on the Translation Assembly line, is not a complete translator. Without the collaboration with the foreign master-translator and other elements he can not finish his job. So I call him a semi-translator.

第四节　第四篇译注：佛典译者理论
——"八备"学说

第一部　原本佛典形成论

4.1.1

（原文）昔日仰對尊顏瞻①尚不等。親承妙吼②聽③之猶別。諍論④起迷。豫⑤眪⑥涅槃⑦之記⑧。部黨興⑨執⑩。懸⑪

---

① 瞻：瞻仰，敬视。（汉语大字典编委会，2010：2696）

② 妙吼：笔者认为，此处"妙吼"指"狮子吼，佛教常用来比喻佛陀的说法，毫无怖畏，声震十方，群魔慴伏，好像狮子一叫，百兽降伏一样"。（陈义孝，2002：278）"狮子吼"的梵文为 sijha-nāda。（荻原雲来 1979：1468a）

③ 聽：听取；听信。（汉语大字典编委会，2010：2992）

④ 諍論：（术语）张我见而互诤也。（丁福保，1991：2651）诤论的梵文为 vivāda。（Akira Hirakawa［平川彰］，1997：1085）

⑤ 豫：预先；事先。（汉语大字典编委会，2010：3856）

⑥ 眪：同"炳"。明；明亮；明白。（汉语大字典编委会，2010：1607，2352）此处应是显现的意思。

⑦ 涅槃：（术语）Nirvāṇa，圆寂。灭者，灭生死因果之义也。（丁福保，1991：1790）笔者以为，此处的"涅槃"指《涅槃经》mahā-parinirvāṇa-sūtra（Akira Hirakawa，1997：726），即《大般涅槃经》的略称，属大乘《涅槃经》。（陈士强，2000：83－84）隋代译学高僧盛行讲述此经。（高观如，1996b：153）其卷三十二有著名的盲人摸象的故事，与本段头两句讲的情况类似。

⑧ 記：典籍。（汉语大字典编委会，2010：4200）

⑨ 興：兴起。（汉语大字典编委会，2010：131）

⑩ 執：固执；坚持己见。（汉语大字典编委会，2010：491）

⑪ 懸：凭空设想。（汉语大字典编委会，2010：2535）

著①文殊②之典。雖二邊③之義④佛⑤亦⑥許可。而兩間之道。比丘⑦未允其致⑧。

（简体）昔日仰对尊颜，瞻尚不等，亲承妙吼，听之犹别。诤论起迷，豫炳涅槃之记。部党兴执，悬著文殊之典，虽二边之义，佛亦许可，而两间之道，比丘未允其致。

（今译）昔日佛弟子满怀敬仰面对佛陀，聆听他亲口讲经说法，但各自看到和听到的都不一样。于是他们各执己见，争论不休，反而迷惑不定，这预示了《涅槃经》的意义。佛教派别兴起，各执己见，居然有派别这样毫无根据地记载"文殊经"，说什么即便二边（断常有无、有边无边）之义，佛陀也认可有道理。但实际上这两个极端就是一介比丘也绝对不允许落在任何一边。

全注全译隋释彦琮〈辩正论〉

---

① 著：记载。（汉语大字典编委会，2010：3441）

② 文殊：菩萨，Mañjuśri，文殊师利之略，此菩萨司智慧与普贤为一对，常侍释迦如来之左。（丁福保，1991：664）冠以"文殊"之名，且译在隋之前的佛经有五部，其中提到"二边"的有两部，梁扶南国三藏僧伽婆罗译《文殊师利问经》卷一（《大正藏》第14册第496页）和元魏天竺三藏菩提流支译《文殊师利菩萨问菩提经论》卷二（《大正藏》第26册第334页）。这里不知作者到底指哪一部。

③ 二邊：梵文 anta-dvaya（Akira Hirakawa［平川彰］，1997：85），指离中道的两个极端。《中论》卷四：二边指有、无或常、无常。《顺中论》卷下指常、断。（慈怡，1988：251）佛教认为所说道理不堕极端，脱离二边，即为中道，乃最高真理。（刘峰，2001）

④ 義：意义、道理。（汉语大词典编委会和编纂处，1992a：174）

⑤ 佛：根据骈文的文体要求，后应有"陀"字才能与后句的"比丘"相对，上下才成对偶句式。

⑥ 亦：根据骈文的文体要求，后应有"与"类似的动词，才能与后句的"未允"相对。

⑦ 比丘：佛教术语，梵文 Bhikṣu（Akira Hirakawa，1997：969），又名苾刍，熘刍，为出家受具足戒者之通称。男曰比丘，女曰比丘尼。（丁福保，1991：729）又，比丘含有三义：乞士、破恶和怖魔。（陈义孝，2002：95）

⑧ 致：达到。（汉语大字典编委会，2010：3007）

（英译）In those years early believers could look veneration up to the Buddha's face, but what they saw even then was different; hearing his wonderful voice with their own ears, they received different messages. Thus their arguments caused more doubts, which revealed in advance mahā-parinirvāna-sūtra. When different Buddhist sects rose, clinging obstinately to their own views, some sects even recorded the "Mañjuśrī Sutra" so unfoundedly that they said: Buddha accepted the correctness of two extremes (such as Being and Non-being). However, in fact even a Buddhist bhikshu does not allow any believer to fall on either of the opposite sides.

4.1.2

（原文）雙林①早潛一味②初③損④。千⑤聖⑥同志九旬⑦

---

① 雙林：即双树，指娑罗双树，是释迦牟尼入灭之处。《大般涅槃经》卷一："一时佛在拘施那城，力士生地，阿利罗跋提河边，娑罗双树间……二月十五日大觉世尊将欲涅槃。"（汉语大词典编委会和编纂处，1993a：856－857）本文双林代指佛陀。

② 一味：（术语）指如来之教法，譬如甘味，教法之理趣，唯一无二，故名一味。（丁福保，1991：28）一味的梵文是 eka-rasa（Akira Hirakawa［平川彰］，1997：14）

③ 初：相当于表时间的"才""刚刚"的意思。（汉语大字典编委会，2010：359）此处应是"不久"的意思。

④ 损：丧失，损失。（汉语大字典编委会，2010：2046）

⑤ 千：表示多。（汉语大字典编委会，2010：68）相关权威工具书都指出，参加佛教第一次结集的只有五百比丘。

⑥ 圣：此语境下指参加第一次结集的阿罗汉、比丘等。

⑦ 旬：十日为旬。（汉语大字典编委会，2010：1592）"九旬"就是 90 天，共三个月。

141

共①集②。雜③碎④之條。尋⑤訛本⑥誡⑦水鵠之頌⑧。俄⑨舛⑩昔經。一聖纔⑪亡法門⑫即⑬減。

（简体）双林早潜，一味初损。千圣同志，九旬共，集杂碎之条，寻讹本，诚水鹄之颂，俄舛昔经，一圣才亡，法门即减。

（今译）佛陀过早涅槃，不再亲自传法。此后不久，五百比丘在当年雨季利用三个月的安居时间结集⑭，把已变得紊乱失序和零星不完整的佛陀先后说法加以整理补齐，然后系统结集成经；他们找出了教内错误的根源，避免把"不解生灭法"背诵成"不见水鵠鸖"那样的诵经错误，杜绝这类似顷刻间对佛说法的歪曲，制止了佛教法门因释迦离世可能随之减少的危险。

全注全译隋释彦琮《辩正论》

---

　　① 共：共同具有或承受。（汉语大字典编委会，2010：120）此字应在"九旬"之前，才文从字顺，上下才成对偶句式。

　　② 集：成就，完成。（汉语大词典编委会和编纂处，1993a：798）

　　③ 雜：指紊乱失序。（汉语大字典编委会，2010：4417）

　　④ 碎：指破碎而零星不完整。（汉语大字典编委会，2010：2611）

　　⑤ 尋：探究，研究。（参见本章2.2.1的注释）

　　⑥ 訛本：错误虚假的根源。本：根源，本源。本句应在"本"后断句，即"寻讹本"。

　　⑦ 誡：戒备，警惕。也作"戒"。（汉语大字典编委会，2010：4233）

　　⑧ 頌：通"诵"。朗读。（汉语大字典编委会，2010：4650）笔者认为，此处"水鵠之颂"典出《阿育王传》卷四："尊者阿难在竹园中闻一比丘诵《法句偈》言：'若人生百岁不见水鵠鸖，不如生一日得见水鵠鸖。'尊者阿难在傍过已语言：'子佛不作是说。佛所说者：若人生百岁不解生灭法，不如生一日得解生灭法。'"（《大正藏》第50册第115页）

　　⑨ 俄：瞬间，极短暂的时间。（汉语大字典编委会，2010：197）

　　⑩ 舛：chuǎn，相违背；相矛盾。（汉语大字典编委会，2010：924）

　　⑪ 纔：副词，后作"才"，刚刚，刚才。（参见本章2.3.4的注释。）

　　⑫ 法门：指佛所说的法，因是众生超凡入圣的门户，故称"法门"。（陈义孝，2002：189）该词的梵文为dharma-mukha。（荻原雲来，1979：5635a）

　　⑬ 即：此处是时间副词，相当于"就""即刻"。（汉语大字典编委会，2010：345）

　　⑭ 这是佛法第一次结集。

（英译）Too early entering nirvana the Buddha no longer gave his teachings by himself. Soon afterwards in the first Buddhist sutra council the five hundred bhikshus codified the Buddha's doctrines in the period of 90 days' peaceful dwelling(安居)[①], by mending and connecting the fragmented and disjointed parts of the Buddha's sayings. They found out the root of mistakes within Buddhism so as to prevent them, like the one made by the monk who misrecited the Buddha's words "not perceive the Dharma of arising and ceasing" into "not see the duck flying and rising"[②]. Such an error soon distorted the Buddha's exact words. Anyway the 1st sutra council avoided the immediate reduction of Buddhist dharma-mukha (dharma-gates) though the Buddha passed away a few months ago.

[①] 安居 vārsika: Peaceful dwelling, a meditation retreat under samgha institutions, originally refers to the Indian rainy season of three months, from the 16th of the sixth month to the 15th of the 9th month, during which monks stay in their monasteries, concentrating on study and practice. (中华佛典宝库 [2013])

[②] According the Biography of Asoka, Ananda once pointed out the mistake in a monk's reciting Dharma-Phrase Verses. The monk recited: "A 100-year-old man who does not see the duck flying and rising is no better than the 1-day-old sees it." When Ananda heard this, he said the Buddha's exact words are: "A 100-year-old man who does not perceive the Dharma of arising and ceasing is no better than the 1-day-old perceives it."

第二部　佛典翻译目的论

4.2.1

（原文）千年已遠人心轉僞。既乏①寫②水之聞。復寡懸河③之說。欲求冥會④詎可得乎。且儒學古文變猶紕繆⑤。世人今語傳尚參差。況凡聖殊倫東西隔域。難之又難論莫能盡。

（简体）千年已远，人心转伪，既乏泻水之闻，复寡悬河之说，欲求冥会，诅可得乎？且儒学古文，变犹纰缪，世人今语，传尚参差。况凡圣殊伦，东西隔域，难之又难，论莫能尽。

（今译）佛亲自传法离今有一千多年之遥，当今人心虚伪，而佛陀辩才无碍、诲人不倦、毫无保留、口若悬河的讲经说法已没有了。那今天我中土学佛者想领会大道怎么可能呢？而且儒家经典在今天也变得有错误，今日之人用今语传达同样的意思今语都有差别。更何况我们与释迦具凡圣之别，中土和天竺又有东西地理的差异。所以我们在中土宣译佛经困难重重，难以言表。

（英译）Now the Buddha's own teachings are a millennium away from us, and the man's mind is increasingly infected with hypocrisy. Without the Buddha's own tireless, eloquent and all-out teachings, how can our Chinese believers attain

---

① 乏：无，没有。

② 寫：《大正藏》第50册第439页的校勘记指出，宋本、元本、明本和旧宋本的"寫＝瀉"。

③ 懸河：佛教指讲经说法口若悬河，一般用来指无碍辩才的人。上句的"瀉水"指如瓶泻水，意指毫无保留、诲人不倦地讲经说法。这里的"泻水之闻"和"悬河之说"相映衬，都指佛陀亲自说法。

④ 冥會：(1) 默契，暗合。(2) 心灵相通；内心领会。（汉语大词典编委会和编纂处，1988：454－455）

⑤ 紕繆：错误。（汉语大词典编委会和编纂处，1992a：756）

enlightenment today? Moreover, even Ruist classics do not avoid text errors; today we speak the same words but different messages are transmitted. Furthermore, the gap between the mortals and the Buddha is so immense, and China in the east and India in the west is geographically so far apart that the difficulties in our spreading and translating Buddhist Sutras are hard to tell.

4.2.2

（原文）必懇懃①於三②覆③。靡④造次⑤於一言⑥。歲校⑦則利有餘。日計則功不足。開大明⑧而布範⑨。燭長夜而成務⑩。

（简体）必懇勤于三覆，靡造次于一言。岁校则利有余，日

---

① 懇懃：亦作"懇勤"，情意恳切。（汉语大词典编委会和编纂处，1991a：671）

② 三：泛指多数或多次。（汉语大字典编委会，2010：4）此处应是多次的意思。

③ 覆：审察。（汉语大字典编委会，2010：3001）

④ 靡：文言表示否定的副词，相当于"没""不"。（汉语大字典编委会，2010：4355）

⑤ 造次：轻率；随便。（汉语大词典编委会和编纂处，1992b：901）

⑥ 言：(1)语言或文章中的字。(2)口语或文章中的句子。（汉语大字典编委会，2010：4193）

⑦ 校：考核，考究；计算，查点。（汉语大字典编委会，2010：1291）

⑧ 开大明：典出佛经。《杂阿含经》卷十三："唯有智慧者发矇开大明。"（《大正藏》第2册第88页）《大方等大集经》卷十六："世尊是舍依止护为世盲冥开大明。"（《大正藏》第13册第108页）所以，"开大明"就是自己觉悟。"大明"的梵语为mahā-prabha。（荻原雲来，1979：1016b）

⑨ 布範：广泛宣传和示范，如《广弘明集》卷二十五："令僧跪拜父母，斯则崇扬孝始，布范敬源。"（《大正藏》第52册第290页）此例"崇扬"与"布范"对举，二者相互说明。

⑩ 成務：成就事业（汉语大词典编委会和编纂处，1990a：201），即成就佛教事业。

计则功不足。开大明而布范，烛长夜而成务。

（今译）要克服上述困难，宣译者必须认真负责，反复校对、一字一句也不能马虎。这样一年辛劳之后译作还算可观，但一天的收获又太少。为了觉悟而广传佛法，宣译佛典只有夜以继日地辛勤劳动才对成就佛教事业有所裨益。

（英译）To overcome the difficulties we must be earnest and careful in repetitive checking of the translated texts and avert even the smallest error in every single word or sentence. We make a progress with years of work, but mere days are not enough. For our own enlightenment and extensive development of Buddhism we must work through long nights so as to fulfill the mission.

第三部　佛典翻译要求论

4.3.0

（原文）宣譯①之業②

---

① 宣譯：宣讲和翻译。如《出三藏记集》卷八："时手执胡文，口自宣译，道俗虔虔，一言三复。"（《大正藏》第55册第58页）《出三藏记集》卷十三："遂共名德法师道安集僧宣译，趺澄口诵经本，外国沙门昙摩难提笔受。"（《大正藏》第55册第99页）《高僧传》卷二："愿凡所宣译，传流后世，咸共弘通。"（《大正藏》第50册，第333页）《续高僧传》卷二："耶舍每于宣译之暇，时陈神呪。"（《大正藏》第50册第432页）《法苑珠林》卷四十二："宋初来游中国宣译至典甚众。"（《大正藏》第53册第616页）

② 業：学习的内容或过程。如：学业；毕业。《孟子·告子下》："愿留而受业于门。"（汉语大字典编委会，2010：1337）笔者以为，这里的"业"指佛典翻译的内容和过程。

未可加^①也。經不容易^②理藉^③名賢^④。常思^⑤品藻^⑥終^⑦慚^⑧水鏡^⑨。兼^⑩而取之。所備^⑪者八。

（简体）宣译之业，未可加也，经不容易，理藉名贤。常思品藻，终惭水镜。兼而取之，所备者八。

（今译）宣译佛经不能凭空添枝加叶，不允许改变原经，因为佛理的保存靠的是阿罗汉和其他佛门先贤当初结集的记录。我常为鉴定佛典翻译发愁，也常让内行明眼人感到惭愧。要把佛理完全宣译出来，佛典传译僧人要具备以下八个条件。

（英译）In the process of sutra publicity and translation a monk translator can add or change nothing of the sutra, because the sublime doctrine is kept in the words finalized by the early Buddhist arhats and saints. I often feel sad to appraise some

---

① 加：外加，把本来没有的添上去。（汉语大字典编委会，2010：399）

② 容易：此处的"容易"是两个词，"容"是动词，可以、允许的意思。从上古到现代"容"都有这个用法。（汉语大词典编委会和编纂处，1989a：1488）"易"在此处也是动词，改变的意思。（汉语大字典编委会，2010：1602）

③ 藉：jiè，凭借，依靠。（汉语大字典编委会，2010：3528）

④ 名贤：著名的贤人。（汉语大词典编委会和编纂处，1989a：176）贤：（术语），证真谓之圣，邻于圣谓之贤。玄义四下曰："邻圣曰贤。"（丁福保，1991：2540）此处的"贤"指第一次结集的阿罗汉和后来几次结集的比丘。

⑤ 思：相怜哀；悲伤。（汉语大字典编委会，2010：2441）

⑥ 品藻：品评；鉴定。典出《汉书·扬雄传下》："爰及名将尊卑之条，称述品藻。"（汉语大词典编委会和编纂处，1989a：326）

⑦ 終：表示时间的副词，相当于"常""久"。（汉语大字典编委会，2010：3607）

⑧ 慚：同"慙"。羞愧。（汉语大字典编委会，2010：2510，2507）

⑨ 水鏡：喻指明鉴之人。典出《三国志·蜀志·庞统传》："称统当为南州士之冠冕。"裴松之注引晋习凿齿《襄阳记》："诸葛孔明为卧龙，庞士元为凤雏，司马德操为水镜，皆庞德公语也。"（汉语大词典编委会和编纂处，1990a：889）

⑩ 兼：尽，即全部、整个、完全的意思。（汉语大字典编委会2010：127）

⑪ 备：齐备。备，具也。（汉语大字典编委会，2010：239）

translations, about which a good sutra translator with discerning eyes is guilty. In order to transfer the full truth in a translation, a sutra translator must have the following Eight Prerequisites.

第四部 佛典译者条件论（八备）

4.4.1

（原文）誠心①愛法②志願益人不憚久時③其備一也。將踐覺場④先牢⑤戒足⑥

---

① 誠心：真心诚意；诚恳的心意。（汉语大词典编委会和编纂处，1993a：163）诚：真心诚意；信也。（汉语大字典编委会，2010：4222）

② 愛法：术语，爱乐执着于法之心也。（丁福保，1991：2352）"爱法"的梵文：dharma-kama。（平川彰，1997：495）法：指佛法，梵文 dharma。（荻原雲来，1979：631a）

③ 不憚久時："憚"是畏难、畏惧（汉语大字典编委会，2010：2521）的意思。"久時"是长期、长时间，久时不光涉及帮助他人（行法），而应该指这之前提到的所有的事，即信法行法助人。

④ 覺場：指是快要成佛的关键阶段，具体指菩萨觉悟的第七个阶次，"践觉场"就是菩萨修行达到的第七个阶次。"在七住以前全是渐悟过程，第七住得了无声法忍才能彻悟。"（吕澂，1979：113）隋天竺三藏阇那崛多译《观察诸法行经》卷二："念无数劫持诸法体，寂灭诸恶清净诸疑，得空等智，顺到灭烦恼处，速践觉场，天龙当赞。"（《大正藏》第15册第732页）大隋南印度三藏达磨笈多译《菩提资粮论》卷一："诸菩萨等从初发心乃至觉场皆应供养。菩萨有七种：一初发心，二正修行，三得无生忍，四灌顶，五一生所系，六最后生，七诣觉场。此等菩萨于诸佛后次应供养，以身口意及外物等而供养之。初发心者未得地，正修行者乃至七地，得无生忍者住第八地，灌顶者住第十地，一生所系者方入兜率陀，最后生者兜率陀处住，诣觉场者欲受用一切智智。于七种菩萨中，初发心菩萨一切众生皆应礼敬，何况余者。"（《大正藏》第32册第518页）

⑤ 牢：使牢固；加固。（汉语大词典编委会和编纂处，1990b：240）

⑥ 戒足：这是个比喻："戒者进趣佛道之要具，故以譬足。行事钞上曰：'经云：若欲生天等必须护戒足。'《资持记》上一之三曰：'戒以足譬，颇符发趣之义。'"（丁福保，1991：1106）"牢戒足"直译就是严守佛教戒律是必要的基础。

不染譏①惡②。其備二也。筌③曉三藏④義⑤貫⑥兩乘⑦不苦⑧闇⑨

---

　　①　譏：笔者认为"譏"在此语境指佛教术语八风或八法，即利、衰、毁、誉、称、讥、苦、乐当中之一法。八法常为世人所爱憎，且能煽动人心，所以叫作八风。（陈义孝，2002：25）另，世间法：梵语 loka-dharma。指自惑业因缘所生之三界有情、非有情等一切此等诸法皆有漏无常。在所有世间法中，利、衰、毁、誉、称、讥、苦、乐特称为八世间法，又称八风。（慈怡，1988：1526）寒山子诗曰："寒山无漏岩，其岩甚济要。八风吹不动，万古人传妙。寂寂好安居，空空离讥诮。孤月夜长明，圆日常来照。虎丘兼虎溪，不用相呼召。"（钱学烈，1998：448）笔者认为，这首诗先说"八风"吹不动，后面"空空离讥诮"句的"讥"从上下文来看明显既以局部代整体，指整个"八风"，又有平常讥嘲的意思，只理解成平常的讥嘲，未免小看高僧寒山。彦琮此处的写作手法与寒山一样。

　　②　惡：（术语）梵语 pāpa，为三性之一，与"善""无记"相对，和"不善"（梵 akuśala）同义。指能招感苦果或可厌毁之不善法，及恶思之所作。其性质包括违理背法、违损自他、障害圣道、与贪嗔或其他烦恼相应等。恶是破坏人伦秩序之一切品格、心意行为。（慈怡，1988：4944）

　　③　筌：捕鱼的竹器。（汉语大字典编委会，2010：3165）

　　④　三藏：教义名数。梵文 Tripiṭaka 的意译，亦称"三法藏"，指三类佛教经典。一为经藏（梵文 Sūtra-piṭaka），又名"素怛缆藏""修多罗藏""契经藏"，指由弟子结集的释迦牟尼佛的教言。二为律藏（梵文 Vinaya-piṭaka），又名"毗奈耶藏""毗尼藏""调伏藏"，指释迦牟尼制定的各种戒律。三为论藏（梵文 Abhidharma-piṭaka），又名"阿毗达磨藏""阿毗昙藏""对法藏"，指释迦牟尼和后代佛教学者所著阐明佛教义理的著作。佛教三藏约形成于部派佛教时期。"三藏"有时亦泛指所有的佛教经典。（任继愈，2002：109）

　　⑤　義：意义，意思。（汉语大字典编委会，2010：3339）

　　⑥　貫：通，贯通。（汉语大字典编委会，2010：3868）

　　⑦　兩乘：指佛教的大乘和小乘。大乘，梵文 Mahayana 的意译，音译"摩诃衍那""摩诃衍"等，"大乘佛教"的简称，亦称"大乘教"。（任继愈，2002：138）小乘，梵文 Hinayana 的意译，音译"希那衍那"，"小乘佛教"的简称，亦称"小乘教"。亦称为"二乘"，即"声闻乘""缘觉乘"。其主要经典是后来在各部派中形成的经、律、论三藏。（任继愈，2002：184）

　　⑧　苦：困扰，困辱。（汉语大词典编委会和编纂处，1992a：316）

　　⑨　闇：愚昧；糊涂。不了解；不通晓。通"暗"。（汉语大字典编委会，2010：4386）此处指不通佛教经文教理。

滞①。其備三也。旁②涉③墳史④工⑤綴⑥典⑦詞不過魯⑧拙。其備四也。襟抱⑨平恕⑩器量⑪虛融⑫不好專執。其備五也。

（简体）诚心爱法，志愿益人，不惮久时，其备一也。将践觉场，先牢戒足，不染讥恶，其备二也。筌晓三藏，义贯两乘，不苦暗滞，其备三也。旁涉坟史，工缀典词，不过鲁拙，其备四也。襟抱平恕，器量虚融，不好专执，其备五也。

（今译）第一，僧人佛典译者要诚心爱佛法，心甘情愿以法助人，不要怕经久费时。第二，要成佛必先从严守佛门戒律起步，不染世俗八风和违教的恶行恶念。第三，佛教经律论三藏的经义理解要透彻，大小乘的道理要贯通，不要为不通经文教理和学无长进所困。第四，要广泛涉猎佛教以外的中土文化、历史典

---

①　滞：停止。（汉语大字典编委会，2010：1843）此处指学无长进。

②　旁：广泛；普遍。笔者以为这里的"旁"字除了有广博之意，还有旁及的引申义。（汉语大字典编委会，2010：2336）联系上一备来看，佛门中人通佛教经文晓教理乃其分内之事，广涉本土文化历史典籍，善于汉文学辞章是分外的事，因为佛门有内学（佛学）外学（教外之典籍及世间法）之分。

③　涉：泛泛阅读。（汉语大字典编委会，2010：1738）

④　墳史：指中土古代典籍和史书。（汉语大词典编委会和编纂处，1988：1212）

⑤　工：擅长；善于。精巧；精致。（汉语大字典编委会，2010：541）

⑥　綴：缀字联词，写作。（汉语大字典编委会，2010：3649）

⑦　典：典雅。（汉语大词典编委会和编纂处，1988：112）典词，即典雅之词。

⑧　鲁：迟钝，笨拙。（汉语大字典编委会，2010：4988）

⑨　襟抱："襟"指胸怀；心怀。（汉语大词典编委会和编纂处，1992a：141）"抱"引申指胸怀；心情。（汉语大词典编委会和编纂处，1990b：488）此处"襟抱"指心地、心气。

⑩　平恕：持平宽仁。（汉语大词典编委会和编纂处，1988：935）"平"指公平。恕，乃仁也（《说文》）。《孟子》："强恕而行，求仁莫近焉"；《礼记·中庸》："忠恕违道不远"；《论语·卫灵公》："子贡问曰：'有一言而可以终身行之者乎？'子曰：'其恕乎！己所不欲，勿施于人。'"所以，这个"恕"可译成善良。

⑪　器量：器局；才识；度量。（汉语大词典编委会和编纂处，1989a：524）

⑫　虛融：冲虚融和。（《汉语大词典》第八卷第831页）"虚"，《尔雅》："虚"者空也。"融"是通达、融合的意思。

籍，善于汉文辞章，不要腹中少文，下笔过于鲁钝。第五、做人要宽仁平和，虚怀若谷，通达圆活，不专断偏执。

（英译）First, a monk translator must devoutly love the Buddhist Dharma, by which he must be ready to help others, not being afraid of long-time efforts. Second, to attain the Buddhahood he should start with strict observance of the precepts and rules, being not infected with the worldly Eight Winds(八风＝讥)[1] and the wickedness(è 恶, the ideas and behaviors against Buddhism). Third, he must grasp thoroughly the Tripitaka, Mahayana and Hinayana Buddhism, not being bothered by his ignorance of the above-mentioned sutras and doctrines and by stagnancy in his studies of Buddhism. Fourth, in addition to Buddhist canons and knowledge, he must also read extensively and cursorily the Chinese classics and Chinese history and make himself well versed in letters to avoid clumsy and awkward translations. Fifth, he must be kindhearted, flexible, accommodating, peaceful- & open-minded, and must not be biased or self-willed.

4.4.2

（原文）沈[2]於道術[3]澹於名利不欲高衒[4]。其備六

---

① Yan Cong here used "scorn"(讥)to stand for the whole worldly Eight Winds, which are success(利), failure(衰), slander(毁), direct praise(誉), indirect praise(称), scorn(讥), pains(苦)and happiness(乐).

② 沈：《大正藏》第50册第439页的校勘记指出，宋本、元本、明本和旧宋本的"沈＝耽"。

③ 道術：（术语）指道法技术，通于内外世出世之法者。（丁福保，1991：2368）这里的道术指世出世间的方法技术，当然也包括了宣译佛经之方法技术。

④ 衒：炫耀。（汉语大字典编委会，2010：893）

也。要識梵言乃①閑②正譯不墜③彼學④。其備七也。薄⑤閱蒼雅⑥粗⑦諳篆隸不昧⑧此文。其備八也。八者備矣。方是得⑨人。

（简体）耽于道术，澹于名利，不欲高衒，其备六也。要识梵言，乃闲正译，不坠彼学，其备七也。薄阅苍雅，粗谙篆隶，不昧此文，其备八也。八者备矣，方是得人。

（今译）第六，要埋头钻研并掌握翻译佛典所需的内外方法技术，淡于名利，不要过分炫耀。第七，要通梵语且善于正确翻译，不要让与梵语相关的学问落后。第八，大致要了解《仓颉篇》《尔雅》这类汉语汉字工具书，基本能识别汉字篆隶这类古体，不要连本土语言文字都不通。具备这八个条件，这才算合格的传译僧人。

（英译）Sixth, the monk translator must also concentrate on all methods and skills needed by sutra translating, being indifferent to fame and riches, harboring no desire to show off. Seventh, he must know thoroughly the Fàn language (Sanskrit) and how to translate in a right way, never falling behind in the

① 乃：表示递进关系的连词，相当于"且"。（汉语大字典编委会，2010：56）
② 闲：通"娴"，熟练、熟悉的意思。（汉语大字典编委会，2010：4363）
③ 墜：落下。（汉语大字典编委会，2010：520）
④ 彼學：指印度那边相关的学问，与下面第八备"此文"相对。
⑤ 薄：数量少。（汉语大字典编委会，2010：3526）与后面的"粗"相对。
⑥ 蒼雅："苍"通"仓"（汉语大字典编委会，2010：3483），仓雅此处指《仓颉篇》，秦李斯著，教育学童识字的字书，秦始皇帝统一文字时又成为小篆书体的样板（参见《中国大百科全书》光盘1.2版）。"雅"指《尔雅》，是中国最早的一部词典。
⑦ 粗：微略。（汉语大字典编委会，2010：3352）
⑧ 昧：特指眼不明。《左传·僖公二十四年》："耳不听五声之和为聋，目不别五色之章为昧。"（汉语大字典编委会，2010：1605）在此语境应是认不得、不识的意思。
⑨ 得：适合、适当。（汉语大字典编委会，2010：890）

learning related with the Fàn language (Sanskrit). Eighth, he must skim over *Cāngjié Piān*（仓颉篇）, the Chinese character book in Qin Dynasty(245－206 BC), and *Ěryǎ*（尔雅）the first Chinese dictionary, and he can read the Chinese seal characters (*zhuàn* 篆)or official script(*Lì* 隶), never being ignorant of his native language. Only with all these eight prerequisites prepared, is a sutra translator qualified.

第五部　佛典译者生成论

4.5.1

（原文）三業①必長其風②靡③絕④。若復⑤精搜十步應見⑥香草⑦。微⑧收一用時⑨

---

① 三業：梵语 tri-karman（荻原雲来，1979：555a）的意译，教义名数，指身、口、意，即身之行动、口之言语和意识之活动。（任继愈，2002：83）典出《成实论·业相品》。

② 其風：指业风，梵语 karma-Vāyu。以风比喻业力，谓众生因善恶业力而漂流生死海中，犹如风吹枯叶或风吹船舶。（慈怡1988：5499）业：（术语）梵语羯磨 Karma，身口意善恶无记之所作也。其善性恶性，必感苦乐之果，故谓之业因。其在过去者，谓为宿业，现在者谓为现业。（丁福保，1991：2341）业力：（术语）善业有生乐果之力用。恶业有生恶果之力用。（丁福保，1991：2343）业力总是与因果报应和轮回说联系在一起。

③ 靡：参见本章第四篇 4.2.2 注，否定副词。

④ 絕：停止。（汉语大字典编委会，2010：3621）

⑤ 復：副词，表示重复或继续，相当于"再"，也可表示频度，相当于"又""也"。（汉语大字典编委会，2010：896）

⑥ 見：遇见。（汉语大字典编委会，2010：3905）

⑦ 香草：比喻忠贞之士。汉刘向《说苑·谈丛》："十步之泽，必有香草；十室之邑，必有忠士。"（汉语大词典编委会和编纂处，1993b：428）此处用典故来比喻"八备"的佛典传译人才。

⑧ 微：数量少。（汉语大字典编委会，2010：900）

⑨ 時：副词，相当于"常常""经常"。（汉语大字典编委会，2010：1614）

遇良材①。雖往者而難儔②。庶③來者而能繼。

（简体）三业必长，其风靡绝。若复精搜十步，应见香草。微收一用，时遇良材。虽往者而难俦，庶来者而能继。

（今译）人之身口意三业从无始以来必定在不断增长，业力如风势不可挡，一定促成宣译人才。要是反复在周围考察，还是可能遇见学有所成的具有上述八个条件的传译人才。只要先收用少数几个，后来还会遇到更多优秀人才。虽说我们现在不敢与过去相比，但将来一定人才济济，继往开来。

（英译）Somebody will always become a worthy Sutra translator under the overwhelming power of his karmic trio of thought, word and deed, which has been gaining its strength like non-stopping wind day by day since the beginningless. So if repeat searching around thoroughly, you can find such fine talent as with the above 8 prerequisites; employ a few of them first, and more of them may be found in the future. Although there are not so many good sutra translators as in the past, more and more practitioners to come will carry on our work.

---

① 良材：喻优秀的人才。（汉语大词典编委会和编纂处，1992a：261）
② 儔：动词，匹敌，伦比。（汉语大字典编委会，2010：270）
③ 庶：众多。（汉语大字典编委会，2010：951）

4.5.2

（原文）法橋①未斷夫復何言。則②延③鎧④之徒。不迴⑤隆于魏室。護⑥顯⑦之輩。豈偏⑧盛于晋朝。

（简体）法桥未断，夫复何言。则延铠之徒，不迴隆于魏室，护显之辈，岂偏盛于晋朝。

（今译）佛法之桥没断仍在渡人，这还有什么可说的呢。比如，沙门白延和康僧铠等外来僧人不又在曹魏时代于中土翻译佛经，弘扬佛法，成就非凡。之后各朝岂止晋朝有竺法护和法显等中外僧人宣译弘法，功载千秋。

（英译）It is no longer in doubt that the dharma bridge has still been in place to help people. For example, in the Wei

---

① 法橋：比喻。大法能使人渡生死之大河，譬如桥也。《长阿含经》二曰："佛为海船师，法桥渡河津。大乘道之举，一切渡天人。"《华严经》十三曰："众生无知不见本，迷惑痴狂险难中，佛哀愍彼建法桥。"《涅槃经》十九曰："法船欲沈，法桥欲坏。"（丁福保，1991：1413）此也属用典。

② 则：表示因果关系。（汉语大字典编委会，2010：373）

③ 延：白延，三国曹魏僧。龟兹国人。又称帛延。资性明敏，善晋、胡两语，博解群籍，兼综内外。曹魏废帝髦（254－260）时至洛阳，住白马寺。译有首楞严经、须赖经等。其生卒年代均不详。（慈怡，1988：2085）

④ 鎧：指康僧铠（人名），据《高僧传》《开元录》等载，原居康居国（一说印度）。曹魏嘉平年间（249－254）来洛阳，译出《郁伽长者经》《无量寿经》等四部（一说三部）佛经。（任继愈，2002：1118）

⑤ 迴：副词。相当于"再""又""复"。（汉语大词典编委会和编纂处，1992b：770）

⑥ 護：指竺法护，梵语 Dharmarakṣa，译曰竺昙摩罗刹，竺姓，名昙摩罗察，译曰法护。月氏国人，译正法华者。高僧传一曰："晋长安竺昙摩罗刹。"开元录二曰："沙门竺昙摩罗察。"（丁福保，1991：1300）

⑦ 顯：指法显（约337－约422），东晋僧人，平阳武阳（今山西襄垣）人，俗姓龚。隆安中，自长安西度流沙，历西域列国，后乘船远至师子国（今斯里兰卡）持经由海路归国，至京师，译出佛经多部。（任继愈，2002：840－841）

⑧ 偏：表示范围，相当于"只""单单"。（汉语大字典编委会，2010：234）

(220－265 CE) of the Three Kingdoms the foreign translators such as Bai Yan (白延) and Saṃghavarman (康僧铠) stayed yet in Luoyang for sutra translation and flourished. In the later dynasties it was not just in Jin Dynasties (265－420 CE) that there were such outstanding foreign and Chinese sutra translators as Dharmarakṣa (竺法护) and Fa Xian (法显) who flourished.

第五节　第五篇译注：中土学佛者通梵语的重要性

第一部：有人问，佛经翻译总有音译何以通佛理？

5.1.1

（原文）或①曰。一音②遍說四生③各④解。普⑤被⑥大

　　①　或：泛指人或事物的代词，相当于“有人”“有的”。（汉语大字典编委会，2010：1505）

　　②　一音：梵语 eka-svara（Akira Hirakawa［平川彰］，1997：15），佛教术语，指如来之说法而言。《维摩经·佛国品》曰：“佛以一音演说法，众生随类各得解。”《止观》七下曰：“一音殊唱，万听咸悦。”（丁福保，1991：32）

　　③　四生：梵文 catvāro yonayaḥ（Akira Hirakawa［平川彰］，1997：279），指胎生、卵生、湿生、化生。胎生是在母胎内成体之后才出生的生命，如人类；卵生是在卵壳内成体之后才出生的生命，如鸟类；湿生是依靠湿气而受形的生命，如虫类；化生是无所依托，只凭业力而忽然而生的生命，如诸天和地狱及劫初的人类。（陈义孝，2002：135）

　　④　各：副词，皆。（汉语大字典编委会，2010：631）

　　⑤　普：全面、遍及。（汉语大字典编委会，2010：1631）

　　⑥　被：覆盖。到达。施加。（汉语大字典编委会，2010：3288）

慈^①咸^②蒙^③遠^④悟。

（简体）或曰："一音遥说，四生各解，普被大慈，咸蒙远悟。

（今译）有人提问说："佛陀当年说法，胎生、卵生、湿生、化生，这四众生都能理解，佛陀普遍赐福于众生，广泛感化蒙昧、开悟迷惘。

（英译）Someone said: "When the Buddha pronounced the dharma in his own tongue more than a millennium ago in India, the viviparous, self-produced, those born from moisture or an egg could all understand the Buddha, who granted his blessings to all beings, widely converting and enlightening all the ignorant and unenlightened.

5.1.2

（原文）至若^⑤開源^⑥白馬^⑦。則語逐^⑧洛陽。

---

① 大慈：梵文 mahā-maitri（Akira Hirakawa［平川彰］，1997：329），佛菩萨给予富乐为大慈，拔出痛苦称大悲。为诸众生灭除一切无利益之事就是大慈。（慈怡，1988：3263）

② 咸：感知；感化。（汉语大字典编委会，2010：1507）

③ 蒙：愚昧；无知。（汉语大字典编委会，2010：3488）

④ 远：差距大（汉语大字典编委会，2010：4127），在此处上下文语境中应指离觉悟差距大的众生。此"远"是其后的动词"悟"的宾语提前。

⑤ 至若：连词，表示另提一事。（汉语大词典编委会和编纂处，1991b：787）

⑥ 開源：指开始出现河流的源头。（汉语大词典编委会和编纂处，1993b：61）

⑦ 白馬：指白马寺，位于河南省洛阳东。始建于东汉永平十一年（68 年）。永平七年，汉明帝遣郎中蔡愔、博士弟子秦景等赴天竺（今印度）求佛法。十年，同中天竺高僧摄摩腾、竺法兰赍佛经、佛像回洛阳，初居鸿胪寺。次年，诏令于雍门外别建住所，仍名为"寺"。东汉时绝大部分佛经都在洛阳翻译，而白马寺是最重要的译场，摄摩腾、竺法兰在此译出《四十二章经》，为现存中国第一部汉译佛典。（任继愈，2002：421）

⑧ 逐：随，跟随。（汉语大字典编委会，2010：4094）

發序赤烏①。則言隨建業。未應②強③移④此韻⑤始⑥符⑦極⑧旨⑨。要⑩工⑪披讀⑫乃究玄宗⑬。遇本⑭即依⑮眞爲⑯篤信。案⑰常⑱無改世⑲稱⑳仰㉑述㉒。誠㉓

全注全译隋释彦琮《辩正论》

---

① 唐代诗僧灵澈有诗云："经来白马寺，僧到赤乌年。"第二句说的就是康僧会的事迹。关于康僧会请参见本书第二章第二篇第三部第四段（2.3.4）的注释。

② 未應：犹不曾。（汉语大词典编委会和编纂处，1989b：692）

③ 强：勉强。（汉语大字典编委会 2010：1067）

④ 移：变易；改变。（汉语大字典编委会，2010：2788）

⑤ 韻：指汉语音节的韵母部分。（汉语大字典编委会，2010：4791）

⑥ 始：方才；然后。（汉语大字典编委会，2010：1115）

⑦ 符：相合。（汉语大字典编委会，2010：3155）

⑧ 極：最高的、最终的。（汉语大字典编委会，2010：1330）

⑨ 旨：主张、意见。（汉语大字典编委会，2010：1593）

⑩ 要：须、应当。（汉语大字典编委会，2010：2999）

⑪ 工：精巧；精致；擅长；善于。（汉语大字典编委会，2010：541）

⑫ 披讀：阅读。（汉语大词典编委会和编纂处，1990b：530）

⑬ 玄宗：玄妙之宗旨，佛教之通名。（丁福保，1991：873）

⑭ 本：版本，如刻本、古本、抄本、善本。（汉语大字典编委会，2010：1234）该语境中应指抄本。

⑮ 依：顺从；同意。遵循；按照。（汉语大字典编委会，2010：187）

⑯ 爲：《大正藏》第50册第439页校勘记指出：宋本、元本、明本和旧宋本的"爲＝僞"。

⑰ 案：表示承接关系的连词。相当于"于是""则"。（汉语大字典编委会，2010：1293）

⑱ 常：永久的；固定不变的。（汉语大字典编委会，2010：856）

⑲ 世：指世世代代。（汉语大字典编委会，2010：16）

⑳ 稱：颂扬。（汉语大字典编委会，2010：2804）

㉑ 仰：敬慕；企盼。（汉语大字典编委会，2010：157）

㉒ 述：遵循。（汉语大字典编委会，2010：4075）

㉓ 誠：副词。相当于"真正""确实"。（汉语大字典编委会，2010：4222）

在①一心②非關③四辯④。必令存梵詎⑤是通方⑥。

（简体）至若开源白马，则语逐洛阳；发序赤乌，则言随建业。未应强移此韵，始符极旨。要工披读，乃究玄宗，遇本即依，真伪笃信。案常无改，世称仰述。诚在一心，非关四辩，必令存梵，诅是通方？"

（今译）至于中土佛典翻译，始于东汉明帝时的洛阳白马寺，众信徒都依从洛阳的佛经宣译之言；三国吴主孙权在赤乌年为外僧在吴都建业立江南有史以来第一座佛寺，大家又信奉在建业的佛典宣译之语。这两代的佛经传译都不曾过分音译，方才符合佛法的宗旨。众信徒必善于精读译本，按图索骥以探佛教之究竟，可他们每逢佛经译本随即遵从，无论真伪，笃信无疑。于是，那时的译本就这样原封不动地流传到今天，世代颂扬和恭敬地遵从。当初宣译确实取决于专心一意，与四无碍智无涉，可一定要

① 在：取决于。（汉语大字典编委会，2010：449）

② 一心：（1）指真如的理体独一无二。（2）专心一意。（陈义孝，2002：2）其梵文为：eka-citta；dhyāna；ekāgra。（Akira Hirakawa，1997：12）又，一心：（术语）唯一之信心不为他心所夺，谓之一心。止观四下曰："一心者，修此法时，一心专志，更不余缘。"探玄记三曰："一心者，心无异念故。"教行信证文类三末曰："言一念者，信心无二心，故曰一念。是名一心，一心则清净报土真因也。"（丁福保，1991：11）笔者以为，在该语境中，一心就是专心一意的意思。

③ 關：关系；涉及。（汉语大字典编委会，2010：4395）

④ 四辯：即四无碍智。"法华玄赞二曰：'四辩者，即四无碍解。'"（丁福保1991：792）四无碍智：又名四无碍解，或四无碍辩，即法无碍智、义无碍智、词无碍智、乐说无碍。法无碍智是通达诸法的名字，分别无滞；义无碍智是了知一切法之理，通达无碍；词无碍智是通晓各种言语，能随意演说；乐说无碍是辩说法义，圆融无滞，为众生乐说自在。（陈义孝，2002：144）四辩的梵文：pratisaṃvid。（Akira Hirakawa，1997：623）

⑤ 詎：副词，表示反问，相当于"怎么""难道"。（汉语大字典编委会，2010：4202）

⑥ 通方：通晓道术。（汉语大词典编委会和编纂处，1992b：923）此处指完全通晓佛法之道。

第二章 《辩正论》译注

159

佛典译本保留梵音，这怎么透彻了解佛法呢？"

（英译）Besides, the sutra translation began at White Horse Monastery（白马寺）in the city of Luoyang during Emperor Ming's Reign（57－74 CE）of the Eastern Han Dynasty and the early believers did listen to the monk translators' words in Luoyang. And in his reign years of Chiwu（238－51 CE）, Sun Quan（孙权, r. 222－252 CE）, ruler of the Kingdom of Wu built the first Buddhist temple of the region in the city of Jianye（建业, the kingdom's capital, roughly present-day Nanjing）and the believers trusted the sutra translator's words there. In Han Dynasty and later Three Kingdom Period, the sutra translators did not overdo transliteration in the TTs, which was considered to conform to the ultimate aim of Buddhism, so that local Buddhists could read intensively the translated sutras before they probed into the very core of Buddhism. The believers followed whatever versions they obtained regardless to the true or fake. So the sutra translations of the early period have passed on intact till today, being praised and followed generation after generation. The early sutra translations depended indeed on the translators' wholehearted concentration on their work, but had nothing to do with the Four abilities of unhindered understanding and expression（四辩）[1]. Since the early translators must have

---

[1] 四无碍辩 Four abilities of unhindered understanding and expression（即四辩或四无碍解）:（1）*fawuai* 法无碍, No mistake in teaching;（2）*yiwuai* 义无碍, No lack in regard to understanding the internal meaning of the teaching;（3）*ciwuai* 辞无碍, unhindered speech, that is, the understanding of all languages;（4）yueshuowuai 乐说无碍, unhindered ease in explanation, which is the free use of the above three in the effort of saving all sentient beings.（中华佛典宝库 [2013]）

kept some Fàn (Sanskrit) sounds in the TTs, how can a local believer understand thoroughly the Dharma?"

第二部：我回答：学佛通梵语的道理

5.2.1

（原文）對①曰。談②而不經③旁④慚博識。學而無友退⑤愧寡聞。獨⑥執管錐⑦未該⑧穹壤⑨。理絕⑩名⑪想⑫彌⑬難穿鑿⑭。

（简体）对曰："谈而不经，旁惭博识；学而无友，退愧寡

---

① 對：回答；应答。（汉语大字典编委会，2010：554）

② 談：对话；谈论。（汉语大字典编委会，2010：4254）这里指嘴上空谈。

③ 經：经过，经历。（汉语大字典编委会，2010：3627）

④ 旁：边，侧。《释名，释道》："在边曰旁。"（汉语大字典编委会，2010：2336）此处应是实词虚用，在一边的意思。

⑤ 退：谦让。柔和貌。（汉语大字典编委会，2010：4089）

⑥ 獨：副词，表示范围，相当于"只""仅仅"。（汉语大字典编委会，2010：1472）

⑦ 管錐：典出《庄子·秋水》："子乃规规然而求之以察，索之以辩，是直用管窥天，用锥指地，不亦小乎！"

⑧ 該：包容；包括。（汉语大字典编委会，2010：4230）

⑨ 穹壤："穹"指天，"壤"指地。这句话直译是：只通过手握的管子看不到整个天空，仅用锥子刺不遍整个大地。

⑩ 絕：割断；切断。（汉语大字典编委会，2010：3621）这里是分离的意思。

⑪ 名：指名词、名称，或者概念，也就是中国先秦名家名实之辩的那个"名"。

⑫ 想："想"＝"相"（《大正藏》第50册第439页校勘记指出：宋本、元本、明本和旧宋本的"想＝相"）。"相"是佛教名词。对"性"而言。佛把一切事物外现的形象状态称之为相。（汉语大字典编委会，2010：2645）又，"相"即"相状"，如法相之相，对法性而得名。此相字，即相状之相，乃斥指色心诸行而名之也。故法相一词，略当通途所云现象。（熊十力，1996）所以，这个"相"就是现象的意思。

⑬ 彌：副词，表示程度加深。（汉语大字典编委会，2010：1072）在此为更加的意思。

⑭ 穿鑿：开凿；挖掘。（汉语大词典编委会和编纂处，1991b：436）比喻理解。

闻。独执管锥，未该穿壤。理绝名相，弥难穿凿。

（今译）我回答说："嘴上空谈而没有实际经历，会因为别人博学多识而自己在一旁惭愧；学佛而没有道友就会心服口服地自责孤陋寡闻。一个人顽固坚持自己狭隘的见解，看问题就有局限和不全面。抽象概念与具体的现象分离，道理就更加难以完全理解透彻。

（英译）The following is my answer(to the above question).

"One who just talks but without real experiences will be shamed aside by a much experienced and learned person; a Buddhist without Buddhist friends will sincerely blame himself for his limited knowledge and scanty information. A self-opinioned man is narrow-minded, who can not see the whole universe. It is all the more impossible to understand the truth for one to separate the name (abstract conception) and thing (concrete phenomenon).

5.2.2

（原文）在昔圆音①之下神力②冥③

① 圆音：（术语）圆妙之声音，谓佛语也。《楞严经》曰："愿佛哀愍，宣示圆音。"（丁福保，1991：2333）此外，据法华玄义释谶与唯识论（大乘起信论、释摩诃衍论卷一）载，此土之众生耳根较利，释尊遂依昔声，假立名、句、文等，而宣演大法，称为圆音一演；若于诸佛国土，则依光明妙香味等而为说法。（慈怡，1988：5403）笔者以为，此处的圆音与上文"一音"的意思一样，都指佛陀亲自传法。

② 神力：教义名词，神通力之略称。一般指证果之贤圣如阿罗汉、菩萨、佛等，所具有的种种神变和神异等超自然的能力，其表现和分类甚多。据经文总括如来有"十神力"。（任继愈，2002：967）神通力的梵文：ṛddhi, rddhi-bala。（Akira Hirakawa, 1997：895）

③ 冥：幽冥，指无法看见和听见。（慈怡，1988：4054）

加①。滿字②之間利根③迥④契⑤。然今地⑥殊⑦王舍⑧人異金口⑨。卽令⑩懸解⑪定知⑫難會⑬。

---

① 加：指加被，即诸佛如来以慈悲心加护众生。（慈怡，1988：1577）佛菩萨暗中添力、帮助、指导（加被），称为冥加。（慈怡，1988：4054）

② 满字：指梵字之摩多（母音）与体文（子音）相合而成之全字，以义理具足，故称满字。梵书之制文分为半字、满字。半字，以义未具足，故字体半偏；满字，以理既究竟，故字体圆满烦。《北本涅槃经》卷五以半字比喻小乘经，以满字比喻大乘经。（慈怡，1988：5831—5832）笔者以为，此处应指梵本大乘经。

③ 利根：很锐利的根器。（陈义孝 2002：177）根器是教义名词，指先天具有接受佛教之可能性。"根"喻先天的品性，"器"喻能接受佛教的容量。《大日经疏》卷九："应观众生，量其根器，而后与之。"（任继愈，2002：1002）利根的梵文 tīṣṇêndriya。（Akira Hirakawa，1997：191）

④ 迥："迥"同"迴"（汉语大字典编委会，2010：4084），独的意思。（2010：4077）

⑤ 契："契"，即契合、符合的意思。（汉语大词典编委会和编纂处，1988：1533）

⑥ 地：指作者彦琮自己所在的中土。

⑦ 殊：异；不同。（汉语大字典编委会，2010：1486）

⑧ 王舍：指王舍城（梵文 Rājagṛha），初期佛教的传教中心，古印度摩揭陀国都城，今印度比哈尔邦底赖雅附近，有新旧城之分。旧王舍城为摩揭陀国频婆娑罗王建都之地，四周有鞞婆罗跋恕山、萨多般那求呵山、因陀世界求呵山等五座山峰，佛经称为"灵山"。新王舍城系频婆娑罗之子阿阇世王所建，在灵山五峰之外，距鞞婆罗跋恕山约两公里，规模小于旧城。释迦牟尼生前经常在此进行传教活动和居住。释迦牟尼逝世后，弟子们曾在此举行第一次结集。（任继愈，2002：190—191）

⑨ 金口：即如来之口，称为金口，原因有二，其一如来的身相是黄金色，故其口叫作金口；其二如来的口舌如金刚一般坚固不坏，故称。（陈义孝，2002：205）

⑩ 卽令：即使。（汉语大词典编委会和编纂处，1988：530）

⑪ 悬解：解除束缚。（汉语大词典编委会和编纂处，1991a：781）在此语境是于尘世的烦恼有所解脱的意思。

⑫ 定知：即定智。"知"同"智"。（汉语大字典编委会，2010：2764）定智就是禅定和智慧。（陈义孝，2002：196）禅定的梵文：dhyāna（Akira Hirakawa，1997：898）；智慧的梵文：prajñā（Akira Hirakawa，1997：1626）。

⑬ 會：领悟；理解。如，体会；意会；心领神会。（汉语大字典编委会，2010：1635）在此处是理解到家的意思。

經音^①若圓^②雅懷^③應合。直餐^④梵響^⑤何待^⑥譯言^⑦。

（简体）5.2.2 在昔圆音之下，神力冥加；满字之间，利根迥契。然今地殊王舍，人异金口，即令悬解，定智难会。经音若圆，雅怀应合，直餐梵响，何待译言。

（今译）当初佛亲自说法，以其神通力暗中支持、帮助和指导其弟子；（佛不在）读梵本大乘佛经，特别有利于上根者契合佛法。而今天我辈佛门中人地处中土已不是佛陀当年常居住和说法的王舍城，讲经说法者亦非佛陀本身，今日中土信众即使有所解脱，也难以领会禅定和智慧。但原本佛经若本来音意圆满，应有正信之心与之契合，那么在此间假如可以直接读梵典领略佛陀以梵语的说法，何必需要翻译。

（英译）In his pronouncing the dharma in his own tongue the Buddha was secretly supporting, assisting and instructing the early disciples with his supernatural powers（神通）^⑧；（Without

---

① 音：《大正藏》第 50 册第 439 页校勘记指出：宋本、元本、明本和旧宋本的"音＝旨"。

② 圆：完整；丰满；周全。（汉语大字典编委会，2010：780）

③ 雅懷：高雅的胸怀。（汉语大词典编委会和编纂处，1993a：830）但笔者以为，此处的"雅怀"应指具有正信之心者。"雅"是正确、符合规范的意思，"怀"指人的内心。

④ 餐：听取，听。（汉语大字典编委会，2010：4745）

⑤ 梵響：念佛诵经之声。（汉语大词典编委会和编纂处，1989b：1032）笔者认为，"梵响"在此处应是佛的说法的意思。

⑥ 待：需要。（汉语大字典编委会，2010：879）

⑦ 譯言：指译者。（汉语大词典编委会和编纂处，1993a：446）

⑧ 神通 Supernatural abilities, spiritual powers: the powers of unimpeded existence, i.e., the five sagely powers or the six supernatural powers of an arhat. (rddhi, abhijñāna).（中华佛典宝库 [2013]）

the Buddha) particularly the sharp faculties (利根)① can tally with Buddhahood by reading Mahayana sutras. But now our Chinese bhikshus are not in the city of Rājagrha (王舍) where the early believers were able to hear the Buddha's teachings directly from his golden mouth. Today, even if the Chinese believers seem to have some freedom from afflictions, it will be hard for them to have dhyāna(禅定)② and prajñā(智慧)③. If the sutras in *Fàn* language (Sanskrit) were perfect in the sound and senses, the correct and sincere-minded would be able to correspond to them; if the Chinese believers can directly read the sutras in *Fàn*(Sanskrit), what need is there for a translator?

5.2.3

（原文）本尙虧圓譯豈純實。等④非圓實不無踈⑤

---

① 利根 Sharp faculties, which refers to people who possess an innate ability to readily apprehend profound religious truths and attain realization. Also called 上根, 锐利 and 顿根. Sentient beings are generally categorized into three groups 三根 of sharp, middling, and dull. (中华佛典宝库 [2013])

② 禅定(dhyāna, jana, śamatha, samādhi)meditation, concentration: This word is a combination of two characters where the first is used for transliteration, and the second is used for its meaning. (1)The mind in silent meditation or introspection. A general term for meditative concentration practices, both Buddhist and non-Buddhist. (2)The fifth of the six perfections. (中华佛典宝库 [2013])

③ 智慧(Skt. prajñā)wisdom: An important aspect of the correctly functioning (enlightened)mind that perceives things in their true nature, and therefore acts to sever delusion and harmful habituation. One of the "six perfections"(六波罗蜜). [同上]

④ 等：等同；同样。(汉语大字典编委会, 2010：3159)

⑤ 踈：同"疏"，疏远，不亲近。 (汉语大字典编委会, 2010：3952, 3954, 2941)

近。本固①守②音③譯④疑變⑤意。一向⑥能守⑦十例⑧可明。緣⑨情⑩判義誠所未敢⑪。

（简体）本尚亏圆，译岂纯实。等非圆实，不无疏近。本固守音，译疑变意。一向能守，十例可明。缘情判义，诚所未敢。

（今译）但假如宣译僧人的佛法之根本有亏，翻译佛典怎么能真实完美，而译本同样有缺失，与佛法就有出入。然而，只要牢固佛法之根本和奉行佛陀的教诲，就可解释疑难和判别佛的真义。传译僧人只要保持意向专一，无散乱之心，十例也可明白；

---

① 本固："本"是根本，本源的本，此处指佛法之本。"固"是牢固的意思，根据句式对偶原则，"固"应该在"本"之前。

② 守：指遵守。（汉语大字典编委会，2010：978）

③ 音：指上文 5.1.1 的"一音"，5.2.2 的"圆音"，即佛的声音，佛的亲口教导。

④ 譯：解释、阐述。（汉语大字典编委会，2010：4289）

⑤ 變：通"辨"。明辨。《商君书·禁使》："夫物至则目不得不见，言薄则耳不得不闻；故物至则变，言至则论。"（汉语大词典编委会和编纂处，1990a：526）

⑥ 一向：梵语 śama-eka-ayana-mārga，有二义，一是专心一意，二是全然彻底。（慈怡，1988：33-34）此典出自佛经。笔者以为，能守"一向"是对中土译经僧人在佛教修正功夫上的要求。

⑦ 守：保持；保持。（汉语大字典编委会，2010：978）

⑧ 十例：笔者以为，此十例指"声教十例"（超海，1996：386）。据唐京兆西崇福寺沙门法藏述《华严经旨归》卷一所载："次别现言声亦有十例。一如来语业圆音自说。二如来毛孔出声说法。三如来光明舒音演法。舍那品中，一切如来毛孔，及光明中说偈等。四令菩萨口业说法，如加普贤令说法等。五令菩萨毛孔亦出音声说法同如法界品云，于一毛孔出一切佛妙法雷音。又如密严经中，金刚藏菩萨遍身毛孔，出声说法。六令菩萨光明亦有音声说法。舍那品中，诸菩萨光明中说偈等。七令诸刹海出声说法。彼品云，诸宝罗网相扣磨，演佛音声常不绝。八令一切众生悉为说法。彼品云，以一切众生言音，入佛音声法门教化。九以三世音声说法。十以一切法中皆出声说法故。"（《大正藏》第45册第592页）

⑨ 緣：凭借；依据。（汉语大字典编委会，2010：3661）

⑩ 情：实情；情形。（汉语大字典编委会，2010：2476）

⑪ 敢：表示有胆量做某事。（汉语大字典编委会，2010：1568）

否则（不能守"一向"）宣译僧人确实不敢凭实情来判定佛之真义。

（英译）Indeed, if the Chinese monk translators are not firmly and perfectly rooted in the Dharma, how can they translate purely and truthfully? In such defective translations there are bound to be all kinds of departures and deviations from the Dharma. If only they grasp Dharma as firmly and deeply as a tree takes root and follow the Buddha's words, they will be able to explain the doubts and discern the Buddha's true meaning or intention. If the monk translators can keep their attention concentrated, they can even understand the ten cases of the Buddha's speaking dharma; otherwise they truly dare not to determine what the Buddha means on the basis of facts.

5.2.4

（原文）若夫^①孝始孝終^②治家治國^③。足^④宣^⑤

---

① 若夫：至于。用于句首或段落的开始，表示另提一事。（汉语大词典编委会和编纂处，1992a：329）

② 孝始孝終：这四字是《孝经》中几句话的化用，这也是用典，典型的中国文言的修辞手段。原文是："身体发肤，受之父母，不敢毁伤，孝之始也。立身行道，扬名于后世，以显父母，孝之终也。夫孝，始于事亲，中于事君，终于立身。"（胡平生，1999：1）侍奉双亲为孝之始，效忠和服务君王为孝之中，建功扬名和光宗耀祖为孝之终。（同上：3）孝从侍奉双亲出发，扩展为忠君，建功立业，光宗耀祖的孝道，是中国几千年传统社会的核心权威思想，也是伦理道德规范和礼仪律令的基础。应注意的是，此字面上虽只有孝，但忠也是其中非常重要的内容。

③ 治家治國：此处的"家"和"国"特指中国传统社会的家和国。"家"相当于英文的 clan（宗族），指供奉共同先祖，在一族长治理下，由若干同姓家庭组成的宗族。"国"不是现代民族国家的国，而是中国古代的封国，或封地，英译是 feud。

④ 足：可以；能够。（汉语大字典编委会，2010：3929）

⑤ 宣：表达；表白。（汉语大字典编委会，2010：991）

至德堪①弘要道。況復②淨名③之勸④發心⑤。善生⑥之歸⑦妙覺⑧。奚假⑨落髮翦須⑩苦⑪違⑫

---

①　堪：可；能。（汉语大字典编委会，2010：494）

②　況複：何况，况且。（汉语大词典编委会和编纂处，1990a：1084）

③　淨名：指净名居士，就是维摩诘，译为净名。（丁福保，1991：1979）维摩，（人名）Vimalakirti，略称维摩或维摩诘。旧译曰净名。新译曰无垢称。（1991：2513）维摩诘是在家的大乘佛教居士，著名的在家菩萨。据《维摩诘经》，维摩诘是古印度毗舍离地方的富翁，得圣果成就，称为菩萨，又号金粟如来。维摩诘才智出众，享尽人间富贵又善论佛法，深得佛祖尊重。《维摩诘经》后汉至唐朝都有译本，是中国流传甚广的大乘经典，与整个中国佛教和中国文化的关系最大、影响最深、历史最久的一部经典。

④　勸：劝说，劝告。（汉语大字典编委会，2010：416）

⑤　發心：发愿求取无上菩提的心。（陈义孝，2002：263）梵文：bodhicitta-samutpāda。（Akira Hirakawa，1997：859）

⑥　善生：（人名）梵音 Sujāta，王舍城长者之子。又云尸加罗越 Sigālo，佛对之说六方礼之法。见善生经。（丁福保，1991：2073）善生是在家青年男子，佛陀对他讲的经即为《善生经》，是佛陀对在家信徒讲的一部佛经。此经从后汉和东晋都有中文译本。

⑦　歸：归依。（汉语大字典编委会，2010：1550）梵文：śaraṇa。（Akira Hirakawa，1997：689）

⑧　妙覺：自觉觉他，觉行圆满，智德不可思议，称为"妙觉"，为佛果的无上正觉，证得此正觉的人，被称为"佛"。（陈义孝 2002：178）这句的意思：居士虔心向佛，善生是典范。

⑨　奚假：何止。（汉语大词典编委会和编纂处，1988：1545）

⑩　落髮：剃发出家。（汉语大词典编委会和编纂处，1992a：488）另，任继愈主编的《佛教大辞典》是这样解释"落发染衣"的："出家的别称。落发，即剃除须发；染衣，即将衣服改染颜色，意为换穿僧衣。"（2002：1157）由此看来，出家不光剪去头发，还要剃掉胡须，还要换掉俗衣，穿上专用的僧服。

⑪　苦：副词，表示程度，相当于"甚""很"。（汉语大字典编委会，2010：3396）

⑫　違：违背，违反。（汉语大字典编委会，2010：4125）

俗訓持衣捧盂①頓②改世儀。坐③受④僧號詳⑤謂⑥是理。

（简体）若夫孝始孝终，治家治国，足宣至德，堪弘要道。况复净名之劝发心，善生之归妙觉。奚假落发翦须，苦违俗训，持衣捧钵，顿改世仪，坐受僧号，详谓是理。

（今译）至于中土俗人终生持忠孝之道，齐家治国，光宗耀祖，能宣讲儒家圣德才能弘扬其圣道。况且，居士善劝人发愿求取无上菩提心者有维摩诘，虔心向佛者还有善生。故而僧人岂止剪发剔须、决然背离俗世之教养和规范，岂止身披袈裟、手持钵盂，顿然改变世俗的仪容，岂止徒然享有僧之名号，还必须周详地向他人讲解佛法之理。

（英译）As for a Chinese layman's conduct of filial piety, loyalty and bringing honor to his house so as to keep his clan and enfeoffed land affairs in order, he can carry forward Confucianism only if he can preach it in words. Moreover, among Indian Buddhist lay practitioners Vimalakīrti was good in his persuading others to arouse their thought, or sincere and earnest intention to attain enlightenment（发心）⑦; Susambhava, the

---

① 衣盂："盂"同"鉢"（汉语大字典编委会，2010：2741），所以衣盂即衣钵。衣指袈裟，钵是出家人用来盛放施主供养食物的应器，二者都是出家人重要的法物，并可作为师承的信证，衣钵的授受即代表心法的授受。（陈义孝，2002：171）《大正藏》第50册第439页校勘记指出：宋本、元本、明本和旧宋本的"盂＝鉢"。

② 顿：副词。表示情态，相当于"立刻""忽然"。（汉语大字典编委会，2010：4647）

③ 坐：副词，空；徒然。（汉语大字典编委会，2010：455－456）

④ 受：得到，得。（汉语大词典编委会和编纂处，1988：881）

⑤ 详：周遍；详细。（汉语大字典编委会，2010：4230）

⑥ 谓：告诉。说。（汉语大字典编委会，2010：4259）

⑦ 发心：The arousal of the thought, or sincere and earnest intention to attain enlightenment, especially for the sake of saving other sentient beings. An abbreviation of 发菩提心.［法华经 T 262.9.54a13］（中华佛典宝库［2013］）

young lay man's trust in and reliance（归依）① on buddhahood were absolute and complete. So a bhikshu must fully and precisely explain the dharma to others, more than having gone through the tonsuring ceremony and shaving the hair and beard, more than wearing kashayas② and holding begging-bowls in hands, rebelling greatly against the mundane education and code of conducts, more than abandoning or changing abruptly their worldly appearances and acts, more than receiving the title of a bhikshu in vain.

5.2.5

（原文）遙學梵章③寧④容非法。崇佛爲主。羞討佛字之源。紹⑤釋爲宗。恥尋釋語之趣⑥。空⑦覩⑧經葉⑨弗⑩興⑪敬仰

---

① 归依：To trust in absolutely; to rely upon without any trace of doubt. To have full and perfect trust in the Buddha's teaching. To "turn to and rely upon". (中华佛典宝库［2013］)

② Kashaya: please refer to the annotation of 2.3.1.

③ 梵章：指佛经。宋咸淳四明东湖沙门志磐撰《佛祖统纪》卷四十三："诏令高品、王文寿选惟净等十人引见便殿，诏送译经院受学。惟净者江南李煜之侄，口受梵章，即晓其义。岁余度为僧，升梵学笔受。"（《大正藏》第49册第398页）

④ 寧：副词，表示反诘，相当于"岂""难道"。（汉语大字典编委会，2010：1019）

⑤ 紹：继承；接续。（汉语大字典编委会，2010：3611）

⑥ 趣：旨意，旨趣。（汉语大字典编委会，2010：3722）

⑦ 空：此处是副词，徒然，白白地。（汉语大字典编委会，2010：2910）

⑧ 覩：同"睹"，懂得；明白。（汉语大字典编委会，2010：3912）

⑨ 葉：《大正藏》第50册第439页校勘记指出：宋本、元本、明本和旧宋本的"葉＝業"。經業：本指儒家经书的学业。（《汉语大词典》第九卷第866页）在此语境应指佛典的学业。

⑩ 弗：副词，表示否定，相当于"不"。（汉语大字典编委会，2010：1057）

⑪ 興：产生。（汉语大词典编委会和编纂处，1988：163）

總①見梵僧例②生侮慢③。退本追末吁④可笑乎。象運⑤將窮⑥斯法見⑦續。用茲⑧紹繼⑨，誠可悲夫。

（文多不載。）

（简体）遥学梵章，宁容非法。崇佛为主，羞讨佛字之源，绍释为宗，耻寻释语之趣。空睹经叶，弗兴敬仰，总见梵僧，例生侮慢，退本追末，吁可笑乎！像运将穷，斯法见续，用兹绍继，诚可悲夫。"

（文多不载。）

（今译）我们中土僧人学习古时流传下来的梵本佛经，岂能容忍非佛法的因素。尊佛陀为教主，怎会羞于探讨佛字之源，奉释迦牟尼为教宗，弘扬佛法，怎会耻于探索佛主话语的旨趣。若

---

① 總：同"縱"，纵然；即使。（汉语大字典编委会，2010：3674）

② 例：《大正藏》第 50 册第 439 页校勘记指出：宋本、元本、明本和旧宋本的"例＝倒"。倒：副词，表示转折关系，相当于"反而""却"。（汉语大字典编委会，2010：211）

③ 侮慢：亦作"侮嫚"。亦作"侮謾"。对人轻忽，态度傲慢，乃至冒犯无礼。（汉语大词典编委会和编纂处，1986：1402）

④ 吁：xū，表示惊叹的叹词。（汉语大字典编委会，2010：623）

⑤ 象運：《大正藏》第 50 册第 439 页校勘记指出：宋本、元本、明本和旧宋本的"象＝像"，所以象運即像运，就是像法之时运。佛灭后五百年为正法。正法后一千年为像法。像者似也。（丁福保，1991：2488）另，像法是正像末三时之一，像者相似，在佛入灭之后五百年为正法时代，其后一千年间所行之法，与正法相似而非正法，故名"像法时代"。（陈义孝，2002：286）像法的梵文：saddharma-pratikṣepa (Akira Hirakawa，1997：147) 佛灭于公元前五世纪（前 486 年）。从佛灭至公元元年已约有 500 年，佛教认为的正法时代已完结，而隋朝在 6 至 7 世纪（581－618），从公元元年至隋朝一千年已过半，所以作者认为他所处的时代是像法将要结束的时代。典出佛经。

⑥ 窮：尽，完结。（汉语大字典编委会，2010：2929）

⑦ 見：用在动词前表被动。（汉语大字典编委会，2010：3905）

⑧ 茲：指示代词，相当于"此""这个"。（汉语大字典编委会，2010：3424）

⑨ 紹繼：继承。（汉语大词典编委会和编纂处，1992a：800）

如此，懂得佛经也是徒劳，内心对之不起敬仰之情，倘若见到天竺僧人反而生起轻视和傲慢之心，如此本末倒置，真可笑啊！在这像法时代将要终结之时，这样本末倒置的现象更不会停止。这样来做佛弟子，真可悲啊！"

（如彦琮法师鸿文，不再转载。）……

（英译）Today（In Sui Dynasty）our（Chinese）bhikshus are studying the *Fàn*（Sanskrit）sutras which came from India in the olden times, how can we tolerate any non-dharma elements? How can we, who worship the Buddha as the founder of Buddhism, be too embarrassed to inquire into the origin of the name "Buddha"? How can we, whose mission is to carry forward Buddhism and who worship the Buddha as our greatest teacher, be ashamed to pursue the fascinating messages in Buddha's words? If so we would read the sutras in vain and without reverence in our hearts; upon seeing a *Fàn*（Indian）monk, we would yet feel contempt and arrogance. To put the cart before the horse, how laughable are we! With the Dharma Semblance Age coming to an end, none can stop such perversions. How lamentable it is to be a bhikshu in this way!"

（The remaining text is too long and has been omitted.）［said the writer（Dao Xuan）of this biography］...

章末结语

《辩正论》注解和翻译放在全书第二章的位置，是全书其他各章研究的基础和根据。本书总共有六百多个脚注，本章的注释就有五百多个，再加上今译文和英译文，无论为一般读者的欣赏和了解还是为各学科研究者的深入研究都基本扫清了语义障碍。

从笔者的注释，语内和语际（汉英）翻译实践可以看到笔者的翻译理论和方法的意向。

第三章　篇章结构及译理分析

　　讲究结构并非当代西方结构主义者的专利。中国古人作文讲究文章结构由来已久。古代几乎无人研究《辩正论》的篇章结构，近现代以来一、二浅尝者有之。笔者自认为本章对《辩正论》篇章结构的研究是迄今最深入和全面的。

　　本书研究和讨论《辩正论》，都根据本章的论文结构分析，用三个阿拉伯数字编号，第一个数字指第几篇，第二个数字指第几部，第三个数字指第几段。比如 1.0.0 指第一篇，3.2.1 指第三篇第二部第一段，以此类推。

第一节　《续高僧传》与《辩正论》

　　《续高僧传》① 也称《唐高僧传》，简称《唐传》《续传》，唐朝僧人道宣撰，30 卷，为继南朝梁慧皎《高僧传》而作。初稿完成于贞观十九年（645 年），自序称，正传 331 人，附见 160人。其后二十年间，又陆续增补，写成《后集续高僧传》10 卷。随后两书合并，而其所载实止于麟德二年（665 年），全书仍作

174

---

① 《大正藏》第 50 册史传部二，第 425—707 页。

30 卷，记载南北朝至唐麟德年间的高僧，实有正传 498 人，附见 229 人。分为以下十科：译经、义解、习禅、明律、护法、感通、遗身、读诵、兴福、杂科（苏晋仁，1989c：158－160）。译经科篇初至篇四就是《续高僧传》第一卷至第四卷，共记载从梁至唐 15 名译典僧人的本传，附见 35 人。彦琮的《辩正论》出自《续高僧传第二卷·译经篇二·隋东都上林园翻经馆沙门释彦琮传四》[1]。

《辩正论》[2] 共约 2300 个汉字，起始都有明显的标志，开头是"其词曰"，结尾是"文多不载"。《辩正论》在《隋东都上林园翻经馆沙门释彦琮传四》的位置如下图所示。

《辩正论》在《彦琮本传》的位置

隋东都上林园翻经馆沙门释彦琮传四

一、开头介绍彦琮的籍贯和门第
"释彦琮俗练李氏。赵群栢人人也。世号衣冠，门称甲族。"（27字）

二、一生的生平事迹
"少而聪敏才藻清新。……持纩属之言辞已绝。"（2476字）

三、彦琮的佛门师从、修行及其造诣
"且琮神慧夙成。……七日一遍用为常业。"（261字）

四、引用彦琮《辩正论》原文
"其词曰。……文多不载"（2300字）

五、彦琮平生佛教著述
"琮师尚宗据深究教源。……不因善友无人达也。"（188字）

六、彦琮的佛门传人（行矩）和学问传承
"门人行矩者。……具在余录。"（120字）

以上字数是由office word统计

① 《大正藏》第50册史传部二，第436－439页。
② 《大正藏》第50册史传部二，第438－439页。

用 Office Word 统计，《彦琮本传》总共逾 5300 个汉字，《辩正论》原文就有约 2300 个汉字，约占本传全文的 43%，可见其分量。《辩正论》处于整个本传的第四部分，上承讨论彦琮的佛门师从、修行及其造诣的第三部分，下接介绍罗列彦琮一生佛教著述的第五部分。本传第四部分直接引用《辩正论》，显示了彦琮的佛经翻译理论和实践修养，尤其是佛典翻译的理论水平，唐释道宣可以说在彦琮传记的结构安排上独具匠心。

第二节　《辩正论》全文的篇、部、段的划分

东晋高僧道安（312–385）治学严谨，佛学成就斐然。他曾用科判的方法把佛经的内容分成章段、标列清楚，这样容易抓住中心环节，再用"析疑""甄解"的方法，对每个名词或每种句义加以分析推详，自然就"文理会通，经义克明"（巨赞，1996：24）。笔者在本章也主要运用道安科判的方法，把《辩正论》分成篇、部、段，标列清楚，以便进一步研究。笔者将《辩正论》全文总共分为四篇，篇下分部，每部又分成若干段，段以下是句子。全文摘自《大正藏》第 50 册第 438–439 页。标点和分段参照《大正藏》的句读，罗新璋（1984：44–47），罗新璋、陈应年（2009：60–63），石俊、楼宇烈、方立天（1991：300–303），严可均（1999：386–389），以及朱志瑜、朱晓龙（2006：95–102）的分段和标点，再根据笔者的研究成果确定。

1. 论文篇、部、段的划分

第一篇：提出整个论文的中心论点——主题。

1.0.0（然琮久参传译，妙体梵文，此土群师，皆宗鸟迹，至于音字诂训，罕得相符。乃著《辩正论》，

以垂翻译之式。其词曰。)

第二篇：继承东晋释道安的翻译法则和方法（分四部）。
第一部：东晋释道安的佛经翻译原则及其评价（分三段）。
第一段：五失本。

2.1.1 弥天释道安每称：译胡为秦，有五失本、三不易也。一者，胡言尽倒，而使从秦，一失本也。二者，胡经尚质，秦人好文，传可众心，非文不合，二失本也。三者，胡经委悉，至于叹咏，丁宁反复，或三或四，不嫌其繁，而今裁斥，三失本也。四者，胡有义说，正似乱词，寻检向语，文无以异，或一千，或五百，今并刈而不存，四失本也。五者，事以合成，将更旁及，反腾前词，已乃后说，而悉除此，五失本也。

第二段：三不易。

2.1.2 然《智经》三达之心，覆面所演，圣必因时，时俗有易；而删雅古，以适今时，一不易也。愚智天隔，圣人巨阶；乃欲以千载之上微言，传使合百王之下末俗，二不易也。阿难出经，去佛未久，尊大迦叶令五百六通，迭察迭书；今离千年，而以近意量截。彼阿罗汉乃兢兢若此，此生死人平平若是，岂将不以知法者猛乎？斯三不易也。涉兹五失经三不易，译胡为秦，讵可不慎乎？正当以不关异言，传令知会通耳，何复嫌于得失乎？是乃未所敢知也。

第三段：肯定评价"五失本三不易"及道安的成就。

2.1.3 余观道安法师，独禀神慧，高振天才，领袖先贤，开通后学，修经录则法藏逾阐，理众仪则僧宝弥

盛，称印手菩萨岂虚也哉。详梵典难易，诠译人之得
失，可谓洞入幽微，能究深隐。

第二部：道安乃至以往中土佛教界胡梵混淆（分三段）。

第一段：道安不甚辨胡梵。

2.2.1 至于天竺字体，悉昙声例，寻其雅论，亦似
闲明。旧唤彼方，总名胡国，安虽远识，未变常语。

第二段：中土佛教界不辨胡梵，但作者能分清胡梵。

2.2.2 胡本杂戎之胤，梵惟真圣之苗，根既悬殊，
理无相滥。不善谙悉，多致雷同。见有胡貌，即云梵
种；实是梵人，漫云胡族，莫分真伪，良可哀哉！语梵
虽讹，比胡犹别。改为梵学，知非胡者。

第三段：胡梵莫辨的历史原因。

2.2.3 窃以佛典之兴，本来西域；译经之起，原自
东京，历代转昌，迄兹无坠。久之流变稍疑亏，动竞逐
浇波，鲜能回觉。讨其故事，失在昔人。

第三部：学佛要研究佛经原典以及通梵语的好处和必要性
（分四段）。

第一段：学习来自印度的佛教是僧人的本分。

2.3.1 至如五欲顺情，信是难弃，三衣苦段，定非
易忍，割遗体之爱入道要门，舍天性之亲出家恒务。俗
有可反之致忽然已反，梵有可学之理何因不学。

第二段：本土汉学很难都可以学好，只要有原典，外来佛学
也能学好。

2.3.2 又且，发蒙草创，伏膺章简，同鹦鹉之言，
仿邯郸之步；经营一字，为力至多，历览数年，其道方

博，乃能包括今古，网罗天地，业似山丘，文类渊海。彼之梵法大圣规摹，略得章本，通知体式，研若有功，解便无滞。

第三段：中土佛教界学佛的流弊。

2.3.3 匹于此域，固不为难。难尚须求，况其易也。或以内执人我，外惭咨问，枉令秘术，旷隔神州！静言思之愍而流涕。

第四段：以谈理想的形式（假言推理）说明中土僧人通梵语的好处。

2.3.4 向使法兰归汉，僧会适吴，士行佛念之俦，智严宝云之末，才去俗衣，寻教梵字，亦沾僧数，先披叶典，则应五天正语，充布阎浮，三转妙音，并流震旦；人人共解，省翻译之劳，代代咸明，除疑网之失。于是舌根恒净，心镜弥朗，藉此闻思，永为种性。

第四部：指出道安提出的十条之性质。

2.4.0 安之所述，大启玄门，其间曲细，犹或未尽。更凭正文，助光遗迹。粗开要例，则有十条：字声一，句韵二，问答三，名义四，经论五，歌颂六，呪功七，品题八，专业九，异本十，各跷其相，广文如论。

第三篇：正反评价中土佛典翻译，提出佛典翻译标准（分三部）。

第一部：转述道安对中土早期佛典译家的评价，引出自己正面评价早期佛典翻译（分两段）。

第一段：道安评价早期佛典翻译以及隋释彦琮对此的评价。

3.1.1 安公又云：前人出经，支谶、世高，审得胡

本，难继者也；罗叉、支越，斲凿之巧者也。窃以得本
开质，斲巧由文，旧以为凿今固非审。

第二段：彦琮正面总评早期的佛典翻译。

3.1.2 握管之暇，试复论之。先觉诸贤，高名参
圣，慧解深发，功业弘启，创发玄路，早入空门，辩不
虚起，义应雅合。但佛教初流，方音勘会，以斯译彼，
仍恐难明。无废后生，已承前哲。梵书渐播，真宗稍
演，其所宣出，窃谓分明。

第二部：分段评价中土译经史，指出秦凉后译经的缺点和流
弊（分两段）。

第一段：评价汉朝和三国时代的佛典翻译。

3.2.1 聊因此言，辄铨古译。汉纵守本，犹敢遥
议，魏虽在昔，终欲悬讨；或繁或简，理容未适，时野
时华，例颇不定。

第二段：评价晋和秦凉间的佛典翻译。

3.2.2 晋、宋尚于谈说，争坏其淳！秦、凉重于文
才，尤从其质。非无四五高德，缉之以道，八九大经，
录之以正。

第三段：评价南北朝及其两位佛典翻译家的佛典翻译。

3.2.3 自兹以后，迭相祖述，旧典成法，且可宪
章，展转同见，因循共写，莫问是非，谁穷始末。僧鬘
惟对面之物，乃作华鬘，安禅本合掌之名，例为禅定，
如斯等类，固亦众矣。留支洛邑，义少加新。真谛陈
时，语多饰异。

第三部　总评中土佛典主流翻译，提出佛经翻译标准。

3.3.0 若令梵师独断，则微言罕革，笔人参制，则余辞必混。意者宁贵朴而近理，不用巧而背源。傥见淳质，请勿嫌怪。

第四篇：佛典译者理论——八备学说（分五部）。

第一部：原本佛典形成论（分两段）。

第一段：佛陀当面说法，众弟子领会尚有差别；佛灭部派兴起，纷争四起。

4.1.1 昔日仰对尊颜，瞻尚不等，亲承妙吼，听之犹别。诤论起迷，豫眒涅盘之记；部党兴执，悬着文殊之典。虽二边之义，佛亦许可，而两间之道，比丘未允其致。

第二段：佛典形成的缘由和历史。

4.1.2 双林早潜，一味初损。千圣同志，九旬共，集杂碎之条，寻讹本，诚水鹄之颂，俄舛昔经，一圣才亡，法门即减。

第二部：佛典翻译目的论（分两段）。

第一段：作者所处中土及其时代学佛之难。

4.2.1 千年已远，人心转伪，既乏写水之闻，复寡悬河之说，欲求冥会，讵可得乎？且儒学古文，变犹纰缪，世人今语，传尚参差。况凡圣殊伦，东西隔域，难之又难，论莫能尽。

第二段：克服学佛和翻译佛典困难的方法及学佛译典的目的。

4.2.2 必慇勤于三覆，靡造次于一言。岁校则利有余，日计则功不足。开大明而布范，烛长夜而成务。

第三部：佛典翻译要求论：不可添枝加叶，要全面。

4.3.0 宣译之业，未可加也，经不容易，理藉名贤。常思品藻，终惭水镜。兼而取之，所备者八。

第四部：佛典译者条件论（分两段）。

第一段：品德和学问条件（学行）。

4.4.1 诚心爱法，志愿益人，不惮久时，其备一也。将践觉场，先牢戒足，不染讥恶，其备二也。筌晓三藏，义贯两乘，不苦暗滞，其备三也。旁涉坟史，工缀典词，不过鲁拙，其备四也。襟抱平恕，器量虚融，不好专执，其备五也。

第二段：技术条件（方法和技术）。

4.4.2 沈于道术，澹于名利，不欲高衒，其备六也。要识梵言，乃闲正译，不坠彼学，其备七也。薄阅苍雅，粗谙篆隶，不昧此文，其备八也。八者备矣，方是得人。

第五部：佛典译者的生成论（分两段）。

第一段：业力是佛典译者生成的动力。

4.5.1 三业必长，其风靡绝。若复精搜十步，应见香草。微收一用，时遇良材。虽往者而难俦，庶来者而能继。

第二段：曹魏时代和以后的两晋等朝佛典译者产生的例子。

4.5.2 法桥未断，夫复何言。则延铠之徒，不迥隆于魏室。护显之辈，岂偏盛于晋朝。

第五篇：中土学佛者（包含佛典译者）通梵语的重要性（分两部）。

第一部：有人问，佛经翻译总有音译何以通佛理？（分两段）。

第一段：佛亲自说法，众生都理解而开悟（不存在翻译问题）。

    5.1.1 或曰："一音遥说，四生各解，普被大慈，咸蒙远悟。

第二段：东汉和三国宣译佛经不强求音译，但译本必存梵音何以透彻了解佛法？

    5.1.2 至若开源白马，则语逐洛阳，发序赤乌，则言随建业。未应强移此韵，始符极旨。要工披读，乃究玄宗。遇本即依，真为笃信，案常无改，世称仰述。诚在一心，非关四辩，必令存梵，讵是通方？"

第二部：回答——学佛通梵语的道理（分五段）。

第一段：学佛要明白的大道理（眼界开阔、广结道友、名实合一）。

    5.2.1 对曰："谈而不经，旁惭博识，学而无友，退愧寡闻。独执管锥，未该穷壤，理绝名想，弥难穿凿。

第二段：学佛等级状态（除非佛驻世，学佛应懂梵语）。

    5.2.2 在昔圆音之下神力冥加。满字之间利根迥契。然今地殊王舍，人异金口，即令悬解，定智难会。经音若圆，雅怀应合，直餐梵响，何待译言。

第三段：中土宣译僧人要牢固佛法之根本。

5.2.3 本尚亏圆，译岂纯实，等非圆实，不无疏近。本固守音，译疑变意，一向能守，十例可明；缘情判义，诚所未敢。

第四段：俗人持忠孝之道能宣讲圣德才能弘扬圣道而僧人要求应更高（能宣讲佛理）。

5.2.4 若夫孝始孝终，治家治国，足宣至德，堪弘要道。况复净名之劝发心，善生之归妙觉。奚假落发翦须，苦违俗训，持衣捧盂，顿改世仪，坐受僧号，详谓是理。

第五段：僧人学佛弘法要寻佛字之源和佛主话语的旨趣（须懂梵文）。

5.2.5 遥学梵章，宁容非法？崇佛为主，羞讨佛字之源，绍释为宗，耻寻释语之趣。空觌经叶，弗兴敬仰，总见梵僧，例生侮慢。退本追末，吁可笑乎。象运将穷，斯法见续，用兹绍继，诚可悲夫。"

（文多不载。）

根据上述的文章逻辑线索和结构，可以把《辩正论》的篇章结构图示意如下。

2. 论文结构示意图

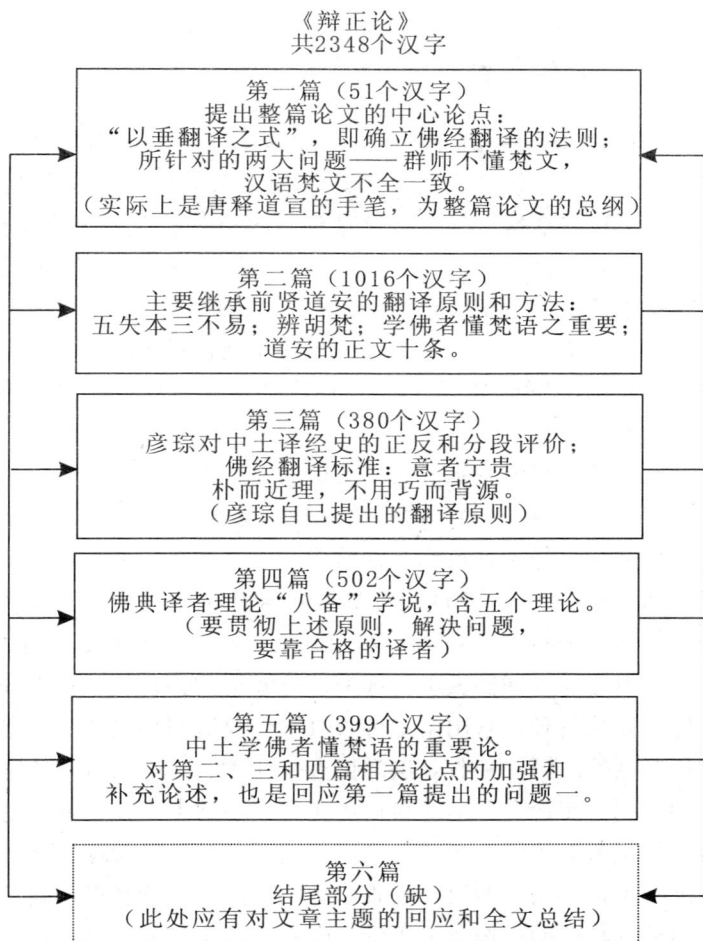

《辩正论》
共2348个汉字

第一篇（51个汉字）
提出整篇论文的中心论点：
"以垂翻译之式"，即确立佛经翻译的法则；
所针对的两大问题——群师不懂梵文，
汉语梵文不全一致。
（实际上是唐释道宣的手笔，为整篇论文的总纲）

第二篇（1016个汉字）
主要继承前贤道安的翻译原则和方法：
五失本三不易；辨胡梵；学佛者懂梵语之重要；
道安的正文十条。

第三篇（380个汉字）
彦琮对中土译经史的正反和分段评价；
佛经翻译标准：意者宁贵
朴而近理，不用巧而背源。
（彦琮自己提出的翻译原则）

第四篇（502个汉字）
佛典译者理论"八备"学说，含五个理论。
（要贯彻上述原则，解决问题，
要靠合格的译者）

第五篇（399个汉字）
中土学佛者懂梵语的重要论。
对第二、三和四篇相关论点的加强和
补充论述，也是回应第一篇提出的问题一。

第六篇
结尾部分（缺）
（此处应有对文章主题的回应和全文总结）

第三节　篇章结构、逻辑线索和翻译理论分析

1. 论文的第一篇（1.0.0）

　　《辩正论》作为一篇完整的论文，少不了"其词曰"之前作者道宣的几句话，作为论文的开头："然琮久参传译，妙体梵文。此土群师，皆宗鸟迹。至于音字诂训，罕得相符。乃著辩正论，以垂翻译之式。其词曰。"这样论文的结构才完整。我们今天知道彦琮这篇论文叫"辩正论"，其根据也在这里。论文开头不是隋释彦琮的亲笔，真正的开头今天无从知晓，不知为什么唐释道宣当时没有用，"其词曰"是文章由唐朝僧人道宣添加文首的明显标志和证据。

　　罗新璋的《翻译论集》收录彦琮的《辩正论》从"然琮久参传译"开始（1984：44），这是第一种收录法，而该论集经修订后，又从"弥天释道安每称"开始引录，这是第二种收录法（罗新璋、陈应年，2009：60）。清朝严可均辑的《全上古三代秦汉三国六朝文·全隋文》（严可均，1999：386）和石峻、楼宇烈、方立天等编的《中国佛教资料选编》（1991：300）从"弥天释道安每称"开始引录，采用第二种收录法。对这两种收录法，笔者以为各有利弊。第一种收录法的优点是让读者一开始就知道这篇论文的主题，使论文的结构显得更完整，但缺点是让读者容易误以为"然琮久参传译"至"其词曰"这部分好像是彦琮所著《辩正论》的真正开头。而第二种收录法的优点是让读者更明确意识到唐释道宣转载的彦琮《辩正论》的真正开头之处，而这样做的缺点是让论文结构不完整，读者要经过一番琢磨和比较其他文本后才能抓住论文的主题。

读者如亲自去读大藏经也很可能忽视唐释道宣写的"其词曰"这个明显的标志。所以,《辩正论》的首位编者道宣提醒读者:论文真正的开头没有如实转载,他三言两语引出了论文的主题。

还有第三种收录法。朱志瑜、朱晓农二位编著的《中国佛籍译论选辑评注》把道宣给《辩正论》提纲挈领的这一小段话用圆括弧括起来(2006:95)。这样做的好处是既让读者知道这段点题的话不是彦琮的手笔,又让整篇论文有个开头,使转引的论文结构显得完整。

老子曰:"言有宗,事有君。"后世宋代文人作经义之文都讲究"破题",而"'破题'一词唐代既已出现,也一直专用于科举程文"(蒋寅,2003:107)。这表明论文"破题"的这种格式为当时主流文人写作的习惯,而唐代距隋并不太远。元代倪士毅曰:"破题为一篇之纲领。至不可苟。……一篇主意。要尽见于二三句中。"(1985:432)隋释彦琮为当时撰写论文的高手,其论文肯定有个开头。

《辩正论》经唐道宣编写已非完璧,论文开头由他代笔,所幸的是道宣寥寥几笔弥补了论文开头的结构缺陷。道宣虽身处唐朝,但其完成《续高僧传》时距离彦琮离世也不过35年,按理可以读到《辩正论》真正开头部分,至少所能接触到的第一手资料比今天要多。遗憾的是他没有把原本的开头呈现给读者,今天的读者若无相关资料的考古或实物发现,恐怕对论文真正的开头将无缘一饱眼福。

《辩正论》全文划分为四篇。其第一篇,即论文的第一段(1.0.0),从"然琮久参传译"至"其词曰",内容是唐道宣代言为该论文引出全文的主题,即中心论点:"以垂翻译之式"(为了让佛典翻译原则留传于世)。这部分明确告诉读者:第一,隋释彦琮完全有资格和能力写这篇论文,因为他"久参传译"(此处

"参"的含义是参加)。第二,论文所针对的问题,一是"此土群师皆宗鸟迹",委婉地指出中土众多法师学佛却瞧不起梵文,也不懂梵文,只尊崇和学习汉语;二是梵汉语言之间语音和词义的差异。第三,点明《辩正论》的主题,或者说该论文的中心论点——确立推行佛经翻译的法则。这三点作为这篇论文的总纲,当然也是理解这篇论文的关键。值得注意的是,这整段点题的话不是论文作者隋释彦琮写的,而是出自转载者唐释道宣的手笔,最后的"其词曰"是非常明显的标志,表明这不是彦琮所写,而是唐释道宣提醒读者《辩正论》的开头由他代写。论文原来的开头他没有保留。

2. 论文的第二篇(2.1.1—2.4.0)

第二篇从"弥天释道安每称"到"广文如论",包含四部,每部有个小主题。第二篇的写法总体上是先转述道安的佛经翻译理论和原则,然后彦琮加以评论。彦琮在《辩正论》开头就推出前贤道安的翻译原则和理论,其意图是要告诉读者道安的译论既启发了他自己后面的译论又是自己译论的根基。

第二篇第一部(2.1.1-2.1.3)推出前贤释道安提出的佛经翻译原则("五失本三不易")并加以评价。东晋释道安的翻译原则就是"五失本三不易"。"五失本"是中国古代佛经翻译的指导原则,这已有学者论述(曹明伦,2006:51)。笔者认为,"五失本"原则的精髓在于变。此处的"失"是"变易"之义。这五条的第一条"胡语尽倒而使从秦"是必须要变的,其他四条变与不变,变到什么程度可以酌情通融。

"三不易"是当时中土佛经译者应该克服的三大困难。既然要克服困难,佛经译者应该具备什么素质和条件,应该做出什么样的努力,这些问题已成潜台词。所以这"三不易",可以说是朦胧的佛经译者主体论,正是彦琮下文要明确论述的重要观点。

道安完全站在佛教思想立场来阐述中土佛典译者所面临的困难，首先以佛用其三达之心亲自演说《般若经》为例来阐述第一大困难。阐述第二大困难时还是先强调凡圣之别，沿用阐述第一大困难的思路，但着重在克服时间上的困难。佛微言大义之说法相隔千年，凡夫译者如何把佛法传译得适合于当今的陋俗？（"乃欲以千载之上微言，传使合百王之下末俗。"）上面两大困难都以佛陀为标准。阐述第三大困难时把标准降了下来：就连当初第一次结集的阿罗汉都有六神通，他们出经时尚且那么小心谨慎，可今天的凡夫译者如此稀松平常，难道还不明白真正知道佛法者要求很严格吗？（"此生死人平平若是。岂将不以知法者猛乎。"）

第二篇第二部（2.2.1—2.2.3）委婉指出道安法师及以往中土佛教界有不辨胡梵的缺点及其历史原因，陈述了自己关于胡和梵在文化、地理、语言和译经源流方面存在差异的正确观点。自此，中华佛门开始分清了："胡本杂戎之胤，梵惟真圣之苗。"

后世的相关研究证明了彦琮这里说到的佛经翻译初期胡梵莫辨，后来才分清的情况。吕澂将中国古代佛经翻译历史分为三个阶段：汉末至西晋为第一期，东晋为第二期，六朝以来为第三期。第一和第二期传入的西域胡语译本居多，即便梵本也经胡人改动，掺杂胡音，到第三期原本才多从印度传来。西域传本与梵土传本不同（吕澂，1925：13—14）。就流传情况而言，中国初期传译的佛经大都从西域传入。佛教传入西域的时间比中原早。西域一般泛指玉门关以西的地区，其范围大小因时代而不同。汉、魏、晋时的西域是指天山之南、昆仑山之北的塔里木盆地。西域交通大秦（罗马）有两路，分别沿沙漠的南、北而行。印度就在西域之西南，很早就向后者输出佛教。佛教传入西域最迟不晚于公元1世纪，传入中原是在2世纪中叶，所以佛教传入中原之前还应当有段时期在西域流通。西域各国都有自己通行的语言文字。原本佛经译成西域文而成为"胡本"，最初传入内地的佛经即根据"胡本"翻译。这样的翻译转换当然有改动，再因学说师承不同译者又做过变动，西域佛学不能说与印度的完全一样（吕澂，1979：39—40）。

下列资料也表明，隋朝的彦琮确实能分清胡梵。彦琮本传说：

> 仁寿二年……寻又下勅，令撰《西域传》。素所暗练，周镜目前，分异讹错，深有征举。故京壤名达，多寻正焉。（《大正藏》第50册第437页）

隋文帝（杨坚）仁寿二年，公元602年，彦琮46岁，写成《西域传》。

又《续高僧传》卷二的达摩笈多本传记载：

> 有沙门彦琮，内外通照，华梵并闻，预参传译，偏承提诱。以笈多游履，具历名邦，见闻陈述，事逾前传，因著《大隋西国传》一部。凡十篇：本传一、方物二、时候三、居处四、国政五、学教六、礼仪七、饮食八、服章九、宝货十，盛列山河国邑人物。斯即五天之良史，亦乃三圣之宏图。故后汉西域传云灵圣之所降集，贤懿之所挺生者是也。词极纶综，广如所述。（《大正藏》第50册第435页）

彦琮本传还记录：

> 大业二年，……勅又令裴矩共琮修缵《天竺记》，文义详洽，条贯有仪。（《大正藏》第50册第437页）

隋炀帝（杨广）大业二年，公元606年，彦琮50岁时与裴矩编写《天竺记》。所以，彦琮编写过关于西域和天竺的专书，当然能分清胡梵之别。

彦琮在第二篇第二部委婉指出道安译论的缺点是不辨胡梵，

而辨清胡梵有两个意义，一是辨清佛教真正的起源，二是为下文指出学佛要懂梵语做铺垫；接着指出道安乃至以往中土佛教界胡梵混淆，之后说明学佛要研究佛经原典和通梵语的好处和必要，最后介绍道安翻译佛经订正译文的方法（"十条"）。

第二篇第三部（2.3.1－2.3.4）承接上部的思路，分清胡梵后，僧人必须学习来自天竺的正宗佛法，而中土之人学本土之道都从汉字和经典开始，所以中华佛教徒习原典（梵文佛经）必先通梵文。僧人学佛法要避免以自我为中心，要学佛理，必先通佛典，而正宗佛典是梵文的，所以出家人一定要懂得梵文。

彦琮在这部分提出一个假设，也可算是理想，就是在彦琮之前的高僧大德如东汉的竺法兰、三国吴的康僧会、曹魏时代的沙门朱士行、苻氏建元中的竺佛念、东晋的宝云和南北朝的智严，假设他们既翻译佛经又教授刚入佛门的僧徒学习梵文，这才"则应五天正语，充布阎浮，三转妙音，并流震旦；人人共解，省翻译之劳，代代咸明，除疑网之失"。关于"僧会适吴"，梁《高僧传》说（康僧会）"吴赤乌十年初达建邺"（释僧佑，1992：15），汤用彤注解说"吴赤乌十年"是公元 248 年（释僧佑，1992：15）。但根据《中国历史大辞典》"中国历史纪年表"（中国历史大辞典编撰委员会，2000：3316），吴孙权赤乌十年应为公元247 年。另外，东汉建安十七年（212 年）吴主孙权改秣陵县为建业县（治所在今江苏南京市），三国吴黄武元年定都于此。晋太康元年（280 年）灭吴后复称秣陵，太康三年秣陵淮水以北被分出另置建邺县，晋建兴元年（313 年）因避愍帝司马邺讳，方改名"建康"（魏嵩山，1995：729，731）。因此汤用彤注解的时间有误差，但地点正确。马祖毅说：康僧会于吴孙权赤乌十年（247 年）至建康，此时间正确，但地点有误（2006：74）。《佛学大辞典》称：（康僧会）"吴孙权赤乌四年至建康"（丁福保，1991：1869），此时间和地点皆误。

就这部分内容，博学大家都着重说释彦琮在这里提出了"翻译无益论""废译论"或"翻译消亡论"①，这似乎很正确，但他们均没有强调和具体论述彦琮在提出这个废亡翻译的观点之前有上述假设的梵语教育为前提——中土传译僧人不光翻译而且教授当时刚入佛门的弟子学习梵语和读梵经，然后才有可能实现上述理想。梁启超把这个重要的前提用省略号省去了（2001a：187）。其实，释彦琮的着眼点不在废亡翻译，实际上也根本废不了，历史也不容假设和虚拟，而在于阐明他的观点——学佛之人懂梵文的好处和必要。汤用彤把这个问题讲得很明白：

> 彦琮之《辩正论》且言及译事既甚困难，不如令人学梵语，故云："直餐梵响，何待译言；本尚亏圆，译岂纯实。"更极言学梵文之必要，云："研若有功，解便无滞，匹于此域，固不为难。……向使……才去俗衣，寻教梵字，……则人人共解，省翻译之劳。"如斯所言，实为探本之论。然彦琮以后，则似无有注意及此者。即如奘师，亦仅勤译，尽日穷年，于后进学梵文，少所致力。依今日中外通译经验言之，诚当时之失算也。（2000a：83）

第二篇第四部（2.4.0）介绍道安正文"十条"的佛典翻译方法，指出道安提出的"十条"之性质。本部从行文和文脉来看，隋释彦琮是在转述道安的"十条"这个正文之法。原文的"更"（"另外，还"的意思）字是明显的标志。此处所说的"正文"，应该是根据佛经原典订正当时汉译佛经文本之法，这是一种佛典翻译的方法。也许当时这个方法在佛教界众所周知，彦琮转载道安原文内容明显有删略，最后那句"广文如论"就是证

192

---

① 参见梁启超（2001a：187）和王宏印（2003：32）。

明，译成现代汉语就是：其中细节如其鸿文。笔者赞同陈复康的观点，认为"十条"不是彦琮提出的而是转述道安的观点（2002：26）。

道安这正文"十条"由于被隋释彦琮在其《辩证论》中引用，在后世佛教工具书里总跟随在彦琮的"八备"之后，二者都算在彦琮的名下，如五代的《义楚六帖》[①]（义楚，1990：163），又如北宋的《释氏要览》和南宋的《翻译名义集》。甚至 20 世纪 20 年代出版，1991 年影印的丁福保编写的《佛学大辞典》也直接引用《义楚六帖》，曰：

> 八备十条（名数）唐彦琮[②]法师就翻译立八备十条之法式。义楚六帖九曰："彦琮法师云：夫预翻译，有八备十条：一、诚心爱法，志愿益人。二、将践觉场，先牢戒足，不染讥恶。三、文诠三藏，学贯五乘，不苦暗滞。四、傍涉坟史，工缀典辞，不过鲁拙。五、襟抱平恒，器量虚融，不好专执。六、要识梵言。七、不坠彼学。八、博阅苍雅，类谙篆隶，不昧此文。十条者：一句韵、二问答、三名义、四经论、五歌颂、六咒功、七品题、八专业、九本部、十字番。"（丁福保，1991：144）

今天中国佛协权威杂志《法音》也是一提到隋释彦琮就是"八备十条"，1984 年第 6 期就有苑艺、容宽的一篇论文《释彦琮及其"八备""十条"》。佛教界从古至今在这个问题上出现的谬误可谓一以贯之。

193

---

① 也称《释氏六帖》，五代时后周义楚编撰，收录佛教掌故的类书性质的工具书。

② 注意，丁福保这个解释开头显然有误，把隋释彦琮说成了"唐彦琮法师"，与唐彦悰混淆了。参见本书第一章第一节之"7. 彦琮与彦悰"。

3. 论文的第三篇（3.1.1－3.3.0）

第三篇（从"安公又云"到"傥见淳质，请勿嫌怪"）先转述道安对以往佛典翻译的评论，引出自己的正反两方面评论后，再总评中土主流佛典翻译，提出自己的翻译法则（标准）："意者宁贵朴而近理，不用巧而背源。"本篇包括三部。

第三篇第一部（3.1.1－3.1.2）转述道安对东汉至晋译经的评论，引出自己正面评价中土佛典翻译。本部转述释道安对东汉、三国和西晋佛经翻译的评论，然后提出了作者自己的观点："窃以得本开质，斲巧由文，旧以为凿，今固非审。"符合原本译文才明朗质朴，译文雕琢精巧则为了顺从中土译文读者好文的习性；以前认为雕琢的，今天看来不一定确切。然后彦琮首先肯定中土早期佛门先觉诸贤久负盛名，位跻佛教圣人之列，起智慧之用，发起了深厚的道功，走上了真理之路，早已进入较高学佛境界，多亏了他们巧说法义的辩才，译文义理总体而言正确而符合原典。（先觉诸贤，高名参圣，慧解深发，功业弘启，创发玄路，早入空门，辩不虚起，义应雅合。）尽管有缺点（"但佛教初流，方音尠会"），还有本土语言人才缺乏造成的翻译困难（"以斯译彼，仍恐难明"），可还是翻得清楚明白（"其所宣出，窃谓分明"），以历史和发展的观点，肯定了中土佛经翻译的主流。本部着重于正面评论。

第三篇第二部（3.2.1－3.2.3）分历史阶段批评了中土佛典翻译，指出了各个时期的缺点和弊端。佛典翻译肇始阶段（汉代和以魏为代表的三国时代）乃"或繁或简，理容未适，时野时华，例颇不定"。这两代的佛经译文有时过繁，有时过简，过繁则佛理表达冗赘，过简则佛理表达有亏；译文时而过于质朴（野），时而过于华丽，过于质朴则体例有偏颇，过于华丽体例又不一定。从两晋到刘宋（南朝的第一朝）期间的佛典翻译是"晋宋尚于谈说，争坏其淳"。晋与刘宋之际，佛教界的风气是崇尚玄谈，破坏了佛典翻译的纯正朴实。彦琮指出秦凉间佛典翻译旧典陈法在南北朝形成的流弊是为了支撑自己所推崇的道安之翻译法则和自己提出的佛典翻译法则。彦琮指出南北朝时期菩提留支和真谛佛典翻译的缺点，前者加入了些许自己的见解，真谛有所偏向不全面，是为了后面第四篇第三部的佛典翻译要求论开道。

第三篇第三部（3.3.0）在评价了历史上主流佛典翻译之后推出自己的佛典翻译标准。本部是整个第三篇的总结和论理的高潮。上接第二部先着重反面评价东汉以来佛经翻译，总结翻译的得失，指出秦凉翻译制度的流弊和缺点，然后本部的结论是"梵师独断"和"译人参制"的译场翻译都有偏差，可以说让佛经翻译处在两难的位置。在绝境中，作者最后提出自己的佛经翻译原则和标准——"意者宁贵朴而近理，不用巧而背源"来超越这个两难的处境或者解脱困境。这个原则标准的关键字是"朴"与"理"，"巧"与"源"。"理"和"源"二者所指同一，就是佛法。佛经译本的意义，其表现风格要质朴不要巧凿，但都以"理"和"源"为准。由于秦凉以来佛经翻译有重文采的倾向，彦琮告诫大家：只要翻译纯正，不要排斥质朴的译文。

迄今为止，各家研究到此，都注意到彦琮提出的佛经翻译表现风格问题，就是贵朴弃巧，但似乎忽略了近理顺源，"理"和"源"没有选择的余地，都是佛经翻译理想的最高标准。

4. 论文的第四篇（4.1.1—4.5.2）

第四篇从"昔日仰对尊颜，瞻尚不等"到"岂偏盛于晋朝"为止，有五部。第一部（4.1.1—4.1.2）讨论中土佛典译者的工作对象（原本佛经形成论），第二部（4.2.1—4.2.2）论述中土佛典译者翻译之目的论，这两论是"八备学说"之缘起（起）。第三部（4.3.0）是佛典译者的翻译要求论，这是承接上文佛典翻译标准和佛典翻译史评价的叙述（承）。然后第四部（4.4.1－4.4.2）从正反两方面立论展开，论述了佛典译者应具备的八个条件——"八备"，这是转而立论（转）。最后第五部（4.5.1－4.5.2）以佛教业力说收尾，乃佛典译者的生成论，这是整个"八备"学说的总结合拢（合）。

　　整个第四篇是一套系统的佛典译者理论，或称之为"八备"学说，这是释彦琮关于中国古代佛经译论的最重要的理论。笔者在此强调，"八备"学说是整个《辩正论》的第四篇，承接前面三部分的文章逻辑线索。第一篇提出论文的中心论点——分析和确立佛经传译的法则，第二篇继承东晋道安的传译法则和正文法，第三篇主要从正反两方面评价作者之前的佛典翻译，提出了作者的佛经翻译标准原则。为了遵循上述道安的翻译原则和自己提出的佛典翻译标准，要依靠合格的佛典译者。

　　第四篇第一部（4.1.1－4.1.2）论述佛典译者工作的对象，提出原本佛经的形成论，简述了印度原始佛教和后来部派佛教的情况，阐述佛教为何出现各宗派，为何要形成经文和原本佛经产生的过程和原因。简单来说，佛经乃佛法的一部分和形式，是佛亲口说法的记录，后世无论口诵还是书写都不能违背佛法，产生佛经之目的就是为了更好更长久地弘扬佛法。本部为下面论述学佛和译经之难的观点埋下了伏笔。

　　第四篇第二部（4.2.1－4.2.2）论述佛典译者翻译之目的。第一、二部是"八备"学说之缘起（起），或者说中土为何要翻译佛典的缘起。本部先论述了作者所处时代和环境学佛和译经之难之辛苦，这明显与上面道安的译论相呼应，相互说明。但道安并没有指出克服困难的方法，而彦琮明确指出了克服佛经翻译困难的唯一方法，就是精进努力，而如此精进努力是为了达到信仰的目的——"开大明而布范"，这也是佛经翻译的目的。信仰的目的和佛经翻译的目的一致，因此再大再多的困难也要克服。

第四篇第三部（4.3.0）是佛典翻译要求论，提出佛经翻译的技术要求：

> 宣译之业，未可加也，经不容易，理藉名贤，常思品藻，终惭水镜。兼而取之。

其中的重点是："未可加"（不可添枝加叶），上述菩提留之翻译就加了，不好；"经不容易"（不允许改变原来的经义）和"兼而取之"（要把佛理完全宣译出来），如上述真谛的翻译着重翻译某流派特定时代和代表人物的学说，义理也有偏差，不全面。这与上述留之和真谛翻译的评价相呼应。这三大要求是历代研究者都忽略的部分。提出"宣译之业未可加也""经不容易""兼而取之"这佛经翻译的三大要求的原因在于经中的佛理靠的是当年五百大阿罗汉结集："理藉名贤"。

最早佛在世之时，佛教并无成文经典，全靠口耳相传。佛说教法结集成经，经历了佛入灭后的四次集结，前后有 500 年以上的岁月，才实现了从口语佛经到书面佛经的历史性转折（陈士强，2000：14－25）。彦琮这里只用"理藉名贤"四个字叙述原本佛经的形成情况，显然是极其简略、高度概括的说法，古汉语之简洁凝练可见一斑。这佛经翻译的三大要求，与上面彦琮提出的近理顺源的佛经翻译标准一致，可以说是其提出的佛典翻译标准在操作和技术层面的具体化。本部提出的对佛典译者翻译的技术要求承接上文佛典翻译标准和佛典翻译史评价的叙述（承）。

第四篇的第四部（4.4.1－4.4.2）从正反两方面立论展开，论述了佛典译者应具备的八个条件——"八备"，这是转而立论（转）。本部承接上面佛典翻译标准和要求的论述后推出佛经译者应该具备的条件。从"备一"到"备八"是"八备"的具体展开，每一备从前正后反两个方面立论，前八个字告诫要什么，后四个字申告不要什么，前者为主为肯定为前提，后者为辅为否定为推论，前后文气连贯，说的是同一件事。用现代汉语来表述就是"八备"的每一条（备）都是八要八不要的格式。

第四篇最后第五部（4.5.1－4.5.2）以佛教业力说为中土佛典译者生成论收尾，这是整个"八备"学说的结论和合拢（合）。本部是《辩正论》第四篇最后一部，是对"八备"学说的总结，提出业力是决定产生传译人才的根本力量，以业力说对"八备"说进行理论总结，佐证以中土传译人才的历史和实际情况：开始虽然本土没有，但先从国外而来，而后才由本土产生。至此，《辩正论》的佛典译者理论以业力说收尾。

第四篇包括上述五部，每部一个理论，构成整个佛典译者理论。而本篇第四部佛典译者条件论——"八备"的结构也十分谨严，不容挪动半分。第一是对宣译佛典的僧人在佛教浅层思想行为上的要求。第二要求宣译僧人严守佛门戒律，这是教内相对深层次的思想行为要求。这第一和第二条一浅一深形成意义对偶。第三要求宣译僧人通内学。第四要求宣译僧人通外学。这第三、第四条一内一外又形成意义的对偶。第五要求宣译僧人必须遵守做人的基本道德规范。这第一到第五条可以用一个"学"字来高度概括，当然，这个"学"包含了学识和学行（包含了学术和道德）的含义。"八备"后面第六、第七、第八三条可以用一个"术"字来总体概括。此处"术"指方法、技术和技艺。第六条学佛之人理应要通世出世间的所有方法技术。这是个总体和理想的要求。第七是对彼方外国语言文字和翻译术上的要求。第八是对本（中）土语言文字术的要求。第七、第八又是彼此的意义偶对。所以，"八备"的整个八条以"学""术"两个概念提纲挈领，其逻辑结构不仅严丝合缝，在意义上深浅内外、彼此互相说明，其中还有起承转合的节奏和衔接，不乏美学效果，也很有说服力。

5. 论文的第五篇（5.1.1－5.2.5）

第五篇从"或曰"起到"文多不载"止，是《辩正论》整篇的实际结尾，包括两部。作者在第五篇用一问一答的方式，补充第二和第四篇的论述，对论文几处已显现出的学佛者懂梵语之重要的观点以问答形式详细论述，这又回应了第一篇所针对的问题一。

第一部（5.1.1－5.1.2）从"或曰"到"必令存梵讵是通方"，引入某人提问：佛经译文总是存梵音何以让中土读者通佛理（"必令存梵，讵是通方"）？此人提问之前阐述了自己的观点。他一开头就认为："一音遥说，四生各解"（佛陀当年说法，胎生、卵生、湿生、化生四众生都能理解），佛教传入中国后，汉乃至三国时代的佛经翻译"未应强移此韵，始符极旨"（皆不曾强求精确的音译，这才符合佛法的宗旨），最后才提问。从此人的议论和提问还可以看出，佛典音译是隋释彦琮注意到的问题，也是中国佛典翻译史一开始就存在的大问题。

此人提问之前说了三层意思。第一，佛陀在世说法，众生（无论人或动物）都能理解而开悟，不存在翻译问题。第二，佛教东汉时传到中土，必需翻译，译经中心在洛阳，三国时翻译中心在吴建业，这两代宣译的佛经不追求精确的音译，信徒都虔信无疑。第三，这两个时代的佛典翻译并没有达到"四辩"的标准。最后提出的问题：佛典译本必定多少保留了梵音，这样读者岂能把佛法融会贯通？

此人在提问之前说的这一席话不算长篇大论，但言之有物。他从佛陀传教开始叙述，然后介绍佛教在东汉和三国初传到中土时佛经翻译的情形，他说这段时间的佛经翻译并不曾追求音译，这才符合佛法的宗旨，目的在于让本土信徒刻苦攻读译本佛经，按图索骥以探佛法之究竟。但当时的佛典宣译并没有达到四无碍

智的水平。此人面对当时国立佛经译馆的学士，负责佛经翻译的"中央领导"而侃侃而谈，且提出了值得彦琮回答的问题。可见此人定非当时佛教界的等闲之辈。他说的这个"四辩"当然是难以达到的、非常高的理想标准。前面彦琮提出的翻译标准无非"意者宁贵朴而近理，不用巧而背源"（近理不背源），道安也曾为后世佛经译者与当年的阿罗汉相比的凡圣之别而叹息。

四辩就是四无碍智，这四无碍智指佛、菩萨、圣众等所具有的四种自在无碍辩，乃大小乘之通目，用来显示佛、菩萨、圣众等所具有的无碍自在说法教化的德用。小乘经《大毗婆沙论》卷一八〇、《舍利弗阿毗昙论》卷九、《阿毗达摩品类足论》卷五等就此义有所广说。大乘经典如新译《华严经》卷三十八、《大方广大集经》卷五、南本《涅槃经》卷十五等就此有详细的解说。《大乘义章》卷十一分别七门论述大小乘所说的不同，《法界次第》卷下也有略说。这些大小乘经都说，凡夫没有四无碍智。按照道安"三不易"的观点，当时佛经翻译要达到四无碍当然是理想。另外，从此提问者的观点可以看出，佛经翻译属于佛教说法教化的德用范围，与第四篇第二部提到的佛经翻译之目的相呼应。由此可见，佛经翻译的标准与佛教说法教化的标准一致，尽管彦琮没这样说，但他通过该提问者之口说出来了。这样我们就可以理解为什么彦琮在第四篇第二部开头说"常思品藻，终惭水镜"了。

第五篇第二部（5.2.1—5.2.5）是彦琮对上述提问的回答，进而层层阐述自己的观点，有五层意思。第一层，学佛要眼界开阔，广结道友，事理不二，名实合一。第二层意思是对第一层意思的发挥。学佛若佛在，当然理所从佛。这时的佛法当然是名副其实的理想状态。佛不在时遵从梵文大乘佛经，言下之意就需要学梵语。此时已存在名实分离的情况。学者需要有利根，佛典应是大乘梵典。而作者所在之中土学佛大多读译典，与原典相比，应直接读原典，则应通晓梵语。第三层意思，中土宣译僧人要牢固佛法之根本（在原典），否则宣译无法落实佛的真意。而如何牢固佛法之本，第二层意思都说了，即要通梵语读原典。第四层意思，俗人持忠孝之道只有能宣讲圣德才能弘扬圣道，而僧人应向别人详解佛法之理，言下之意在中土读原典才能学到佛理，而读原典必先通梵文。最后第五层意思是，僧人学佛弘法要寻佛字之源和佛主话语的旨趣，也须懂梵文。

但是，梁启超（2001a：187）罔顾《辩正论》第五篇第二部的具体语境，单挑出"直餐梵响，何待译言"（那么在此间要是可以直接倾听佛陀以梵语的说法何必需要佛经译本）和"本尚亏圆，译岂纯实"（但假如宣译僧人的佛法之根本有亏，译典怎么能真实完美）两句。根据笔者研究，这两句分属上段（5.2.2）的最后一句和下段（5.2.3）的开头句，各自的语境不同。梁启超将两句硬扯在一起，与《辩正论》第二篇第三部第四段（2.3.4）的"三转妙音，并流震旦，人人共解，省翻译之劳"几句放在一起，说这是彦琮的"废译论""翻译无用论"。梁启超跳过不同语境连接句子而断章取义（2001a：187），这种研究方法对今天翻译学研究彦琮《辩正论》的影响很大[①]。这种研究方法见木不见林，完全忽视论文的篇章理路和系统性，东拉西扯，移花接木，把原作似有而无的东西硬塞给原作者。笔者认为，与其说隋释彦琮的《辩正论》提出和论述"废译论"或"翻译消亡论"，还不如说彦琮当年留下的词句启发了近代梁启超和今日学者自己的"废译论"或"翻译消亡论"。

"废译论"或"翻译消亡论"的逻辑推理似乎可以成立，但中国古代佛经翻译史表明它们从来没有被采纳。从翻译的现实而论，这也都是空头理论。笔者以为，隋释彦琮在本段提出的不是

201

---

① 参见马祖毅（2006：92）和王宏印（2003：31—32）。

"废译论"，而明显是在提倡学佛者学梵语读原典以更接近佛法。

最后，"文多不载"四个字至少表明唐释道宣在其《续高僧传》收入前代隋释彦琮写的《辩正论》，文章结尾有删节。这是省略的标志，再次证明彦琮这篇论文的结构和内容只是大致完整。历史给今人留下了宝贵的遗产，同时也留有深深的遗憾。

这最后部分的中心思想是，学佛要懂梵语，回应了论文开头"此土群师皆宗鸟迹"，对治中土佛法师们大多不懂梵语的问题。彦琮在这部分认为，佛陀、梵文原经和中土译经三者的关系，佛陀是标准，后两者距离这个标准是疏远和再疏远的状态，佛陀已不在了，而学佛为了离佛陀相对接近一些，还是要学梵语读梵经。他所证明的就是这个观点，与整篇论文第二篇第三部和第四篇第四部"八备"之备七的观点一致。

6. 论文应该有结尾

《辩正论》最后还应该有个结尾部分（第六篇），即对整篇文章的主题和内容进行总结和回应，其结构才稳当和完整。笔者认为，论文最后道宣写的"文多不载"四字就是省略了论文结尾部分的证据和标志，使论文结构有缺陷。

隋释彦琮学通内外，对为文之道当然不陌生，作为当时中华佛教界撰写论文的高手，他这篇论文应该有结尾才稳妥。古人论为文之道，距隋释彦琮远者有三国曹魏曹丕的《典论·论文》；再近一点有西晋陆机的《文赋》，其中已在讲究文章的谋篇布局，说："然后选义按部，考辞就班。"（陆机，2002：60）距离隋释彦琮最近的是中国古代文论的鸿篇巨制——《文心雕龙》，其作者刘勰的生活年代比隋释彦琮早九十多年，刘勰写成这本中国古代文论的顶峰之作在公元 496 至 497 年（周振甫，1996：1），约六十年后隋释彦琮就诞生了。

《文心雕龙》从不同的角度论述为文的结构条理、首尾相应

的理论和方法。如：

原道第一：雕琢情性，组织辞令（周振甫，1995：
12）；章表第二十二：敷表绛阙……肃恭节文，条理首
尾（今译：陈述章表于宫阙……要严肃恭敬地处理得
体，使从头到尾条理清晰）（同上：208）；镕裁第三十
二：裁则芜秽不生，熔则纲领昭畅（今译：能裁辞，文
句便不杂乱；能熔意，纲领便可分明）（同上：292）。
绳墨以外，美材既斫，故能首尾圆合，条贯统序。（今
译：木工根据绳墨来削凿良材，写文章也必须如此才能
写得首尾妥帖，条理清楚。）（同上：293）章句第三十
四：夫人之立言，因字而生句，积句而为章，积章而成
篇。（今译：人作文由字组句，再把句子组成章节，然
后由章节组成篇章。）（同上：306）寻诗人拟喻，虽断
章取义，然章句在篇，如茧之抽绪，原始要终，体必鳞
次。启行之辞，逆萌中篇之意，绝笔之言，追媵前句之
旨；故能外文绮交，内义脉注，踔萼相衔，首尾一体。
（今译：考查《诗经》的作者想要表达的内容，虽是分
章说明意义，但章节和句子在全诗中，和在蚕茧上抽丝
一样，从开始到结束，都联系紧密而丝毫不乱。开头说
的话，就考虑中篇的内容；结束时的话，则是继承前面
的旨意；因而能文采交织于外，脉络贯注于内，前后衔
接，首尾一体。）（同上：308）附会第四十三：何谓
"附会"？谓总文理，统首尾，定与夺，合涯际，弥纶一
篇，使杂而不越者也。（今译：什么叫做"附会"？就是
指综合全篇的条理，使文章首尾连贯，决定写进什么和
不写什么，把各部分都融合起来，组织成一个整体，做
到内容虽复杂，但层次还是很清楚。）（同上：373）凡
大体文章，类多枝派，整派者依源，理枝者循干，是以

附辞会义，务总纲领，驱万涂于同归，贞百虑于一致，使众理虽繁，而无倒置之乖，群言虽多，而无棼丝之乱，扶阳而出条，顺阴而藏迹，首尾周密，表里一体，此附会之术也。（<u>今译：大凡文章一般像树木有许多枝叶，江河也有支流；整理支流必依照江河的主流，整理枝叶必循树木的主干。所以，写作时整理作品的文辞和内容，也应该提纲挈领，把众多途径都会合成一条大道，把万分思绪统一起来；使内容丰富而不次序颠倒，文辞繁多而不纷如乱丝。文章中有些应该突出，像树木在阳光下枝条招展；有些应该略去，像树木在阴暗处枝叶收敛。总之，要使全篇自首至尾都完整周密，内容和形式紧紧结合成一个整体：这就是所谓"附会"的方法了。</u>）（同上：373）惟首尾相援，则附会之体，固亦无以加于此矣。（<u>今译：只有全篇首尾呼应，关于文辞和内容的安排，才可说是达到了最高的境界。</u>）（同上：376）

《文心雕龙》是中国古代文学创作的传统思想融合了印度佛学思想的产物①，对隋释彦琮应该是有影响的。再从佛教思想特点而言，来自印度的纯宗教的形而上学思想比中国的要玄妙精密（张东荪，1995：414）。既然精密，其行文自然有讲究，正如东晋道安"五失本"的第四和第五"失本"所言："四者，胡有义说，正似乱词，寻检向语，文无以异，或一千，或五百，今并刈而不存，四失本也。"（今译：第四，佛经原文有偈颂，相当于汉文里篇末"乱曰"那部分总括全篇要旨的话，与前文的意思相对

---

① 饶宗颐从征圣的态度、《文心雕龙》的命名、全书的体例、带数法的运用、论修辞术、论文章的音乐性等方面，证明了《文心雕龙》与印度佛教及其文化的关系（1996：170—177）。

照没有什么不同，有时有一千或者五百个词的偈颂，今天在译文中一并删去而不保留，这是第四变。）"五者，事以合成，将更旁及，反腾前词，已乃后说，而悉除此，五失本也。"（今译：第五，佛经原文讲完一件事，下面要改说另一件之前要重复前面说的，而译文把这重复部分全部删除，这是第五变。）

由此可见，佛经行文也不能缺少结尾部分，且结尾还很有讲究。所以，彦琮的佛经翻译专论结尾也不应该马虎。结尾应该有而没有，说明隋释彦琮的传记作者唐释道宣可能因不够不重视而省略，这样今人所见到的论文结构有很大的欠缺。没有结尾，论文整体结构不完整，虽遗憾，但并不影响论文表现其中心思想及其系统论述。

7. 不影响结构的文章内容省略

此外，论文还有一处明显的既不影响论文中心思想表达又不影响整个文章结构的省略，这就是论文第二篇粗略介绍道安正文"十条"的第四部（2.4.0），结尾时留下"广文如论"这个非常明显的文本省略的证据。这个"广文如论"从上下文来看应是彦琮的手笔，也许说明他当时在隋朝所掌握的关于道安提出的正文"十条"的资料很翔实，也许在当时佛典翻译界广为人知，这里就没有详述。到底为什么省略，要真正得到《辩正论》的彦琮原本，或者发掘到更翔实的相关史料才有可能知道真相。但是，该省略对《辩正论》的整个论文结构没有影响，对了解论文的中心思想也没有大碍。我们今天与彦琮生活的时代有 1500 余年之遥，历经唐武宗和后周世宗的灭佛以及多少次改朝换代的社会动乱，外敌入侵，隋释彦琮当年以为平常的佛典翻译理论和方法的资料，今天对于我们来说弥足珍贵。

笔者认为，《辩正论》确有删节造成了"说解欠详的情况"，仅两处，一是上述正文"十条"的"广文如论"，二是论文最后

的"文多不载"，尤其是第二处既说解欠详又有损文章结构。论文其他部分不存在王文颜所说的删节并造成文意不连贯的地方（1984：236—237）。

张佩瑶（Cheung, Martha P. Y.）所说的《辩正论》原文这两处缺行"Line Missing?"（2006：138，139），笔者以为从文章的线索和结构而言这两处并没有什么缺失，也如张佩瑶女士自己在注释所说：断定有这样的缺失并没有真凭实据①（同上：136）。比如，第138页上的"Line Missing?"（Cheung, 2006：138），根据笔者的分析这里并没有什么删节，也没有由此造成文意不连贯。这个"Line Missing?"之前一段的主题是辨胡梵，之后一段的主题是学佛者要懂梵语，意思很清楚。如说有删节，那删的是前一段还是后一段的内容呢？又如第139页上的"Line Missing?"（Cheung, 2006：139），根据笔者的分析，此处之前是在讲学佛者懂梵语的好处，之后转述道安的翻译方法——正文"十条"，也并无删节造成文意不连贯之处，而且彦琮已经用"广文如论"明确告诉读者此处有删节。

笔者认为，凭唐释道宣的才学和佛学修养，即便在编辑《辩正论》的过程中有所删节，但不会把它删改得结构凌乱和文意不连贯，如笔者所指出的上述道宣处理现存《辩正论》的开头就是证明。根据笔者自己的分析，现存《辩正论》没有结构凌乱和文意不连贯的地方，存疑处是古汉语正常的精炼表达和适当的跳跃性表述，而通过上下文的互文性可以弥补意义表达的跳跃性而无损前后意义的连贯。

---

① 其原话是："It is virtually impossible to find empirical evidence to support such a view."（Cheung, 2006：136）

章末结语

　　根据笔者的结构分析，唐释道宣记载的隋释彦琮的《辩正论》，开头为道宣所加，其后主要收录了论文主要论述部分（第二至第五篇），是隋释彦琮的手笔。笔者根据现存文本从理论上分析认为，《辩正论》应该有论文正常的结尾部分。从此角度而言，收入现有大藏经《续高僧传》隋释彦琮本传记里面的《辩正论》结构只是大致完整，开头虽经道宣之手带出结构不算缺失，但其结尾缺失是论文结构的最大遗憾。

　　当然，笔者这里只是提出明显的文本证据和理论上的证明，而最可靠的证明是实物和考古新发现的证据，但这可遇而不可求。虽然论文有结尾缺失造成的结构缺陷，但其对整篇论文中心思想的表达，论文整体结构稳固和逻辑线索伸展影响不大。

　　笔者用今天翻译学的理论术语，以今天的理论视野给《辩正论》划出篇、部和段。这样分析后的结果表明，论文本身结构基本完整，各部分相互说明，前后照应，条理清楚，层层推进，中心突出。

第四章 中土佛典译者条件论
与佛典译者理论

按照研究传统，从古至今谁也不能回避研究《辩正论》的中土佛典译者条件论（"八备"）。笔者在本章先研究佛典译者条件论（"八备"），后研究佛典译者理论（"八备"学说）。需要读者注意的是，历代研究《辩正论》都只注重"八备"，即中土佛典译者应该具备的八个条件，属于《辩正论》第四篇佛典译者理论——"八备"学说当中的第四部佛典译者条件论（"八备"），乃论文第四篇的五个子理论（五部）之一。虽然以往有的学者也提到"八备说"，但实际上都指的仅仅是"八备"，皆没有注意到《辩正论》所包含的关于佛典译者的系统理论。本章既研究"八备"又研究八备学说。

第一节 中土佛典译者条件论（"八备"）
研究的课题

《中国翻译通史》作为中国翻译学支柱之一，对释彦琮"八备"的研究，完全照搬范文澜的观点和现代汉语译文（马祖毅，2006：92—93）。颇有建树的《中国译学理论史稿》研究"八备"

基本上与本书第一章所述梁启超和罗根泽二位的观点一致，但其归类排列很整齐。作者认为："彦琮所论'八备'，其一、二、五、六各条是人格修养，三、四、七、八各条是学识修养，这两方面均是一个优秀的译者所不可缺少的。"（陈福康，2000：28-29）2004年面世的《中国20世纪翻译思想史》，其研究目标如其书名，中国古代翻译思想只是其背景，研究"八备"的观点与陈福康基本相同，白话翻译也直接援引上述范文澜的译文（王秉钦，2004：13）。2006年北京大学研究中国翻译学主体性问题的博士研究生学位论文《中国翻译学主体性问题研究》探讨彦琮的"八备"，似乎慑悍梁启超等前贤之威名而不敢擅越其相关思想（孟凡君，2006）。究其原因，该博士论文古今中外无所不包，固然博矣，但专攻并不在中国古代佛经译论，更不在"八备"，不匹前人也不为怪。2006年出版的王铁钧所著《中国佛典翻译史稿》重在按时代积累疏理相关史实，朱志瑜等编著的《中国佛籍译论选辑评注》（2006）着重在论文的注释。笔者认为，译学研究"八备"的课题应该从以下五个方面展开。

1. 跨学科交叉研究

研究"八备"要体现出当今中国翻译学的水平，首先应该做到跨学科交叉研究。这就需要全面仔细考察和总结近代以来其他学科对"八备"的研究成果和得失。翻译学作为新兴学科，横向借鉴和总结其他学科对同一个对象（"八备"）的研究为自身发展所必需。笔者在本书第一章的第二节进行了跨学科研究的尝试，并努力将此研究方法贯穿在整个研究之中。

2. 回答已提出的翻译理论问题

本课题应回答以前的翻译学者提出的理论问题。比如，早在

1994 年就有译论家在《中国翻译》杂志发表研究释彦琮《辩正论》的论文，认为"八备"是针对当时佛经译场的译者群体而不是单个佛经译者提出的条件（颜志强，1994：56－57）。回答悬而未决的理论问题才能体现研究的理论深度，也显示出翻译学作为新兴学科的朝气。此外，还要总结评价以往流行的观点。比如：用道德人格来给"八备"定性是比较流行的观点，梁启超、罗根泽、陈福康以及今天的翻译理论家都是如此。

笔者在此先探讨颜治强在 20 世纪 90 年代研究"八备"时提出的理论问题：

> "八备"是讨论译经人应具备的条件的。但有个问题值得探讨：彦琮在这里究竟指的是自然的个别的人呢，还是指译经群体的人格化？（颜治强，1994：56）

颜治强的答案是后者，但可能因文章篇幅所限造成证明其观点的材料不充分。第一，他只举证以两位佛经译家：西晋的竺法护和东晋的释法显，以为这两位是不具"八备"的佛典译者，因此"八备"仅指佛典翻译的群体——译场。梁启超把中国佛经翻译史分为三期：（1）东汉至西晋为外国人主译期；（2）东晋到隋朝为中外人共译期；（3）唐贞观至贞元为本国人主译期（2001a：173）（2001b：212，216，220，222）。而西晋的竺法护和东晋的释法显分别属于第一期和第二期的佛经宣译家。从第一期到第三期，中土僧人的佛教经律论、大小乘之学问，源语（SL）和文化知识修养的积累都经历了从无到有、从少至多、臻于完善的过程；外来高僧大德提高目标语（TL）——汉语的语言水平，积累汉文化知识，增强中土风土人情的修养，也都是这么个过程。从理论上说，在第三期之前，当然没有完全具备"八备"之德的佛经译家，即便其中的佼佼者——号称中国佛教四大译经家的鸠摩罗什也不免是："法师于秦语大格，唯译一往，方言殊好，

犹隔而未通。苟言不相喻，则情无由比。不比之情，则不可以托悟怀于文表。"（释僧佑，2003：387）罗什如此，何况竺法护，何况法显？颜治强生活在 20 世纪，只列举此第一、二期的佛典译家证明古代所有佛经译家都不全具"八备"之德，并不公平。难道第三期的玄奘、义净二位法师不算全具"八备"之德？他们论佛学有三藏法师①之名与实，论源语和目的语及其文化修养在当时也是一流，他们也是当时全国官办最大最优的佛经译场的译主。释彦琮恰恰处于中国古代佛经翻译由第二期向第三期过渡的阶段。他本人既在隋朝外国人主译的佛经译场担任过总勘，又亲自奉敕主持过隋朝国立上林园翻经馆。而中国古代佛经翻译"一人自译或二人对译之例甚少，多采集体翻译之方式，翻译之所泛称为译场"（曹仕邦，1981：187）。释彦琮的"八备"从其《辩正论》来看的确总结了以往的译经经验，但理论来源于实践也高于实践，完全可以预示和指导以后第三期的译场译经实践和完全符合"八备"条件的译经家的成长。这也符合释彦琮之后的唐朝佛经翻译的历史事实。

　　"八备"作为古代中土佛典译者的条件理论，从隋朝或之前的佛经翻译实践汲取营养，而理论产生之后不是仅仅机械地反映以往的佛经翻译实践，其作用可能超出作者的预期和意图，对以后佛典翻译实践——译场的组织和宣译者的成长和发展具有预测和指导作用。曹仕邦对古代佛经译场经过了深入研究后，认为中国古代译场翻经方式，大致以隋为界，隋以前主译在大众前行翻行讲，在场任何人皆可与主译辩论经义，甚似今日之演讲讨论会，属松懈的无形组织。但这样的宣译方法颇费时误事，隋以后改为集合专才，由主译领导，闭户研覆幽旨，分工合作，以定译

---

　　① 《宋高僧传》卷二译经篇第一之二唐洛京圣善寺善无畏传："夫三藏之义者，则内为戒、定、慧，外为经、律、论，以陀罗尼总摄之也。"（释赞宁，1987：18）

文，颇似近日之专家研究会，属紧密的有形组织（1981：267）。唐朝译场有了这种比以前更严密和有效率的宣译佛经的组织，加上"八备"皆具的译主，翻译佛经的质量和数量达到古代佛典翻译的高峰（马祖毅，2006：96）。试想，如果没有"八备"兼具的主译，如何统领当时国立佛典译场之高水平的佛典翻译专家？又如何产生历史最佳的佛典翻译效果？释彦琮的"八备"产生在隋朝可以说应运而生。

第二，颜治强在论述释彦琮的"八备"仅指当时译场时，引用"八备"的一些原话来描写当时佛经译场一些参与者的具体分工情况作为第二个理由，从而证明他的观点，似乎有循环定义的毛病。王宏印早已指出了这个推论存在的问题："这最后一点推论颇为费解。如果说作者已经知道各位高僧的特长，当然可以说明彦琮'八备'是集中了各位的长处的概括之言，否则，是无法从抽象说法推演出每一个人的具体特点来的。"（2003：39—40）除了上面的问题，作者引用的材料不足以证明其观点。比如，作者根据道安的《鞞婆沙序》说："昙无难提必'识梵言，乃闲正译，不坠彼学'。"（1994：57）《鞞婆沙序》的原文是：

> 会建元十九年，罽宾沙门僧伽跋澄讽诵此经，四十二处，是尸陀盘尼所撰者也。来至长安。赵郎饥虚在往，求令出焉。其国沙门昙无难提笔受为梵文，弗图罗刹译传，敏智笔受为此秦言，赵郎正义起尽。（释僧佑，2003：382）

其大意是《鞞婆沙》这本佛经由僧伽跋澄口授，昙无难提笔录成梵文，口译是弗图罗刹，根据弗氏口译敏智以秦言笔录。这里真正实施翻译本体行为（"译传"）的是弗图罗刹，这如何能证明作者对昙无难提"乃闲正译"的结论呢？

综上所述，"八备"仅指译场的观点理由不充分。笔者认为，

从"八备"的理论来源而言，它反映了佛经译场的实践，但也高于实践，对后来的实践有预测和指导作用。所以，"八备"既指译场也可以指释彦琮之后的佛经宣译者个人，即第三期的佛经译场的译主。

3. 反映最新研究成果的现代汉语译文

今天研究"八备"还应该用现代汉语翻译"八备"，形成内容不悖原文、形式优美的现代汉语译文。从《辩正论》中的"八备"本身行文来看，其文体是六朝以来盛行的、形式华美的骈体文，句法多成四字，字句多用对偶，佛教术语通过文学形式很自然嵌入其中，整个"八备"都是骈文体。比如，第一备的副词"诚心"对副词"志愿"，动宾结构"爱法"对动宾结构"益人"，每一备的句式都是四字结构。尤其是最后的第八备"薄阅苍雅，粗谙篆隶"对仗非常工整，而"不昧此文"，与第七备的"不坠彼学"也对得工整。整个"八备"不光句式讲究对仗工整，音韵读起来也铿锵爽朗、节奏明快，声调错落有致。当然我们今天用现代汉语翻译不会用骈文体，但至少要见贤思齐，避免用枯涩单调、白开水似的白话文去翻译。

此外，"八备"的今译文还应该完成跨文化的任务。就"八备"译成现代汉语而论，这当然是雅科布逊（Jakobson）说的语内翻译（Intralingual translation）[1]，而汉语语内翻译此处也存在两个维度的跨文化。笼统来说，一是时空维度，也就是要跨越中国古代的时空进入现代。古代汉语词语的表达形式在今天现代汉语读者看来不会那么顺眼，以至于其意义可能在现代失落变

---

[1] Intralingual translation or rewording is an interpretation of verbal signs by means of other signs of the same language. (Jakobson, Roman, 2004：114)（语内翻译或者换词是用相同语言的其他言语符号对言语符号的解释。——笔者译）

形，出现误差。今天的汉语语内译者要用妥帖的、有文学色彩的现代汉语准确地表达原义。比如，"暗滞、坟史、典词、道术和苍雅"需要跨越古今文化的时空。在隋释彦琮之前的东晋高僧道安早就说过："然般若经，三达之心，覆面所演，圣必因时，时俗有易，而删雅古以适今时，一不易也。"这句话当中就有翻译要跨越时空沟通古今文化之任务的思想。另一个维度是要跨越僧俗两界的文化。有些话是某高僧在自己的圈子内给自己人用佛教术语讲出来的，他们之间无须解释，很容易交流，但要给佛教界以外的人讲，就要费点口舌。比如，"八备"里面的"觉场、讥、恶、戒足、筌、三藏、两乘"，若想译好就要跨越僧俗文化。迄今为止，前三个术语都还没有解译好，其中两个词的翻译有"假朋友"（false friends or faux amis, Shuttleworth & Cowie, 2004：57-58）的困难，后四个词的翻译没有什么问题。

4. 八备的结构

"八备"是译者条件论，乃佛典译者理论（"八备"学说）的一部分，本身的逻辑结构非常严密，以往的研究者对此都有所忽略。如前述，"八备"一开始就表明了"八备"之所指，即佛经宣译的主体——佛教僧人。所以，整个"八备"都是对佛经宣译僧人的要求，而开头三条更为明显，是对佛教僧人的规范和要求。

第一条，要信仰佛法，耐心实行佛法，这是佛教比较浅的思想行为要求。第二条，要成佛（凡虔心学佛之人的理想和终极目标），必先严守佛门戒律，这是教内相对深层次的思想和行为要求。这第一和第二条一浅一深形成意义对偶。第三条，佛教徒还要通晓佛教的经义教理，这是通内学。第四条，身为中土僧人也应该博览汉文经典史籍，擅长文学辞章，这是晓外学。第三、第四条一内一外又形成意义的对偶。第五条，佛教徒成佛之前还是

普通人，所以必须遵守做人的道德规范。第一到第五条可以用一个"学"字来高度概括，当然，这个"学"包含了学识和学行的含义。"学行"指学问和品行，如，《后汉书·儒林传下·钟兴》："恭（丁恭）荐兴学行高明，光武召见，问以经义，应对甚明。"《陈书·姚察传》："闻姚察学行，当今无比。"明方孝孺《先府君行状》："曾大父讳重桂，乡贡进士，有学行，学者尊之曰介轩先生。"清薛福成《庸盦笔记·轶闻·学政总裁先后甄拔得人》："诸城窦东皋先生光鼐，学行深纯。"（汉语大词典编辑委员会和编纂处，1989b：243）以上列举的"学行"一词的四个实例说明其从南北朝直到清朝的用法和含义都一致。

"八备"后面三条（六、七、八）可以用一个"术"字来总体概括。此处"术"指方法、技术和技艺。第六条，学佛之人理应要通世出世间的所有方法技术。这是个总体和理想的要求。顺带说要淡名利，不炫耀，又带有道德要求，但主要是"道术"要求。第七条是对梵语文字和翻译术的要求。翻译术放在对方，笔者认为当时佛经翻译主要是从彼（SL 文化）到此（TL 中土文化），所以侧重在彼。第八条是对本土语言文字的要求。七、八又有彼此的意义偶对。最后两条是对佛经译者在源语（SL）和目的语（TL）及其相关文化知识技能方面的要求。大家研究"八备"，对这两条都看得很准。

所以，佛典译者条件论（"八备"）整个八条的逻辑结构不仅严丝合缝，而且是典型的中国传统文化的思维方式（二分法）、修辞和美学形式（对偶）。这种汉字汉语表达的偶值性，使"对仗单位之间相互指涉，互为能指所指"（孟华，2004：110－111），不仅在意义上互相说明，还有美学效果。这样的互文性（intertextuality）和美感也许就是古汉语读起来比现代白话读起来更有味道的原因之一。所以，今人研究"八备"不应该随便去打乱"八备"各条的顺序，否则既削弱了原义又失去了原作的形式美，还破坏了"八备"各条之间原来的有机构成。佛典译者条件论（"八备"）的结构图解如下。

佛典译者条件论（"八备"）

诚心爱法，志愿益人，不惮久时，其备一也。
　　——佛门思想行为要求：浅

将践觉场，先牢戒足，不染讥恶，其备二也。
　　——佛门思想行为要求：深

筌晓三藏，义贯两乘，不苦闇滞，其备三也。　学
　　——佛教经文教理要求：内学　　　　　行　　学

旁涉坟史，工缀典词，不过鲁拙，其备四也。
　　——本土典籍文辞要求：外学

襟抱平恕，器量虚融，不好专执，其备五也。
　　——做人的基本道德：底线

沈于道术，澹于名利，不欲高衒，其备六也。
　　——术的总体原则：总术

要识梵言，乃闲正译，不坠彼学，其备七也。　技
　　——外国语文、翻译术：彼术　　　　　术　　术

薄阅苍雅，粗谙篆隶，不昧此文，其备八也。
　　——本国语文之术：此术

　　佛典译者条件论（"八备"）也可以说是对中土佛经传译者在"学"与"术"两方面并重的条件要求，二者缺一不可：有学有术才算德才兼备，才是合格的佛经宣译者；有学无术，不能解原经（因为不通源语 SL 之术），也不能把意思妥当地用目的语（TL）表达出来；而有术无学，空有表达的工具（目标语 TL 之术）而无实在的内容表达，不可；无学无术当然更不行。若用梁启超的德才说来分析"八备"，第一、二、五条属于德的范畴，第三、四、六、七、八条归于才的范畴。这样分析当然没错，但打乱了原有的结构。

　　佛典译者条件论（"八备"）的每一备的小结构还有这样的特

点，即都是八要八不要的格局。这样的格局与《大般涅槃经》的"四依"的表现格局是一样的。"四依"指法四依：一、依法不依人；二、依了义经不依不了义经；三、依义不依语；四、依智不依识（陈义孝，2000：133）。"四依"出自《大般涅槃经》。东晋高僧法显翻译的《大般泥洹经》，或称《方等大般泥洹经》，内容相当于《大般涅槃经》的前五品，为现存此经的最早异译本。《大般泥洹经》这样表述四依："何等为四依，于法不依人，依决定说不依未定，依于智慧不依于识，依于义不依文字。"（《大正藏》第 12 册第 879 页）后经刘宋名僧慧严等大德润色修治《大般涅槃经》后，"四依"的表述与今天无二①。不计早期佚译本，后又有高僧大德得到其他原本留下多种译本。此经畅演大乘，议论宏辟，精义迭宣，从开始译出以来各代高僧注疏宣讲、信受奉行不断，在中国佛教界广泛传播，影响很大（高观如，1996b：145－146，152）。这种来自印度的佛经表达思想的方式想必也影响了后来彦琮表达佛典译者条件论（"八备"）的方式。

5. 理论定性

给译者条件论（"八备"）在理论上定性也应是翻译学研究的课题之一。以上的研究表明，用人格概念来给"八备"定性是比较流行的观点。近代的梁启超首先提出："其（一）（五）（六）之三事，特注重翻译家人格之修养，可谓深探本源；余则常谈耳。"（2001a：187）随后，罗根泽、陈福康、颜治强和王宏印诸都不同程度地用人格来给"八备"定性。研究"八备"不能回避人格这个理论问题。

笔者认为梁启超、罗根泽和陈福康三位在同一个意义上使用

---

① 见《大正藏》第 12 册第 642 页。

"人格"一词，都指的是道德人格，是个人尊严、价值和道德品质的总和，这就是伦理学意义上的人格①。而王宏印用的"人格"从上下文来看，其含义与人格主义哲学的"主体"② 差不多。那么这个"人格"可以包含在主体性当中。这与他上下文谈的主体性是一致的。颜治强的"人格"从上下文来看，似乎只是具体的个人之意，没有特别的理论意义。

伦理学意义上的人格，即道德只能给"八备"的第一、二、五条定性，无法涵盖整个"八备"。如笔者上文所说，若用梁启超的德才说来分析"八备"，第一、二、五条属于德的范畴，第三、四、六、七、八条归于才的范畴。王宏印在其著作中用译者主体性给"八备"理论定性，笔者认为这很恰当。虽然王宏印用的"人格"与"主体"意义相当，但似无以人格的概念来给"八备"定性的意图。主体性可以包含伦理学意义上的人格，而人格并不能包含主体性。所以，人格不能给整个"八备"定性，而译者主体性可以。

译者主体性是译者为实现翻译目的所表现的主观能动性，包括了译者目的性、自主性、主动性和创造性等（查明建、田雨，2003：21，22）。"八备"在"学"方面要求宣译佛经者信受奉行佛法，通晓教义经典，守戒遵德，在"术"上要求宣译佛经者博通广学，精于语言文字、翻译转换之术，哪一条也少不了佛经宣译者主观能动性的发挥，这当然是译者主体性。

用译者主体性来确定"八备"的译学理论性质本身就有规定性和主观性。然而，从理论上说，"主体的对象性活动作用于客

———————————

① 见上海辞书出版社 1999 年版《辞海》缩印本第 866 页第一个义项。

② 见上海辞书出版社 1999 年版《辞海》缩印本第 866 页第二个义项。在人格主义哲学中，人格指具有自我意识与自我控制能力，即具有感觉、情感、意志等机能的主体，是唯一真实的存在，是一切其他存在的基础。人格主义者将人归结为能进行各种精神活动的统一体，并认为"人""我"与"人格"是同义词。

体，必然要受到客体的制约和限制，同时能动性的发挥还受到客观环境和条件的制约，因此，主体性同时还包含着受动性。受动性是能动性的内在基础，是主体之所以要发挥主观能动性的客观依据"（查明建、田雨，2003：22）。换言之，译者主体性本身也含有客观描述性，"八备"同样如此。这样的客观描述性具体表现在"八备"的来源——之前的佛经译场的具体宣译实践。

根据曹仕邦的研究，隋之前选拔译场译主的条件是："主译之选，端视其人能否对众剖析所译经文的蕴义"，且通梵文，熟悉"梵书原本"（1981：190，191）。再看唐朝时译场助手的选拔条件不仅需"文笔知名"，且"预选沙门需通习经、律、论三藏之一，为必备之条件也"（1981：208）；笔受的选拔视"其人之文章，练梵与否、犹在其次……盖谓唐世笔受多通梵文耳"（1981：229）。曹仕邦在论及当时外僧与华僧的语言文化修养时说："则两种文化之交流，必基于相互间之倾慕，中土缁素既欲深解如来真言而读诵梵文，西方来客初亦以方便弘法而仿效汉言，进乃对汉人学术发生兴趣而研习之，遂更有助于译业，如鸠摩罗什之成就，盖与其汉学有关也。"（曹仕邦，1981：222）以上可以证明，隋释彦琮的"八备"的来源——佛经宣译的客观实践决定了其客观描述性的存在。所以，认为"八备"是只有"规定性而非描写性"的理论似有以偏概全的倾向。

古希腊罗马哲学史晚期的犹太－希腊哲学家斐洛（Philo Judaeus，公元前 15/10－公元 45/50）认为，《圣经》译者要得到上帝的感召（Robinson，D.，2006：13－14）。中世纪初期基督教哲学家、教父哲学的典型代表奥古斯丁（St. Augustine，354－430）也有类似的看法（同上：34）。这种对译者的条件要求仅从提出时间来看，比隋释彦琮的佛典译者主体性理论早四五百年，奥古斯丁提出该理论也比彦琮早一百多年。这两位西方哲学家的译论在西方古代翻译理论史上应属于西方圣经译者的神学条件论，而隋释彦琮的中土佛典译者条件论与前者相比较宗教色彩不那么浓厚，基本上是人本主义的译者条件论。

第二节　中土佛典译者理论（"八备"学说）

笔者遵照传统在本章第一节研究了"八备"，但"八备"只是中土佛典译者理论（"八备"学说，即《辩正论》的主要理论之一）的局部，所以笔者还要对整个"八备"学说展开研究。本书第三章指出，《辩正论》第四篇是隋释彦琮提出的佛典译者理论——"八备"学说。该理论的起承转合包含第一部讨论佛典译者的工作对象——佛经形成论和第二部佛典译者翻译之目的论，这两论是"八备"学说之缘起（起）；第三部提出了佛典译者的翻译要求论，这是承接上文佛典翻译标准和佛典翻译史评价的叙述（承）；然后第四部从正反两方面立论展开，论述了佛典译者应具备的八个条件——"八备"，这是转而立论（转）；最后第五部以佛教业力说收尾，乃佛典译者的生成论，这是整个"八备"学说的总结合拢（合）。

1. 中土佛典译者理论（"八备"学说）

整个中土佛典译者理论（"八备"学说）首先论述佛典译者的工作对象，其次论说佛典译者翻译之目的与学佛之目的一致，而在中土解经讲经弘法必须翻译佛经，翻译又有诸多技术要求，要达到这些要求，需要合格的译经僧人，而合格的佛经宣译一定要具备八个条件，最后下结论。这就是结构上的起承转合，也就是有逻辑、有体系的理论。笔者认为，有理论结构体系，加上具体内容，这才是释彦琮完整的佛典译者理论，即"八备"学说。若把整个"八备"学说比作一条龙，"起"是龙头，"承"是龙颈，"转"是龙身，"合"是龙尾。对《辩正论》的中土佛典译者理论的整体研究一直是古今研究的空白，大家只盯住佛典译者理论之中的译者条件论（"八备"），即龙身大做文章，都对此龙的其他部位视而不见，对整个"八备"学说皆无动于衷，这是见木不见林的片面研究观造成的。

2. 中土佛典译者理论（"八备"学说）的译学理论定位定性

（1）理论定位

站在当今译学理论高度可以确定中土佛典译者理论（"八备"学说）是翻译主体性理论，但佛典翻译不只涉及佛典译者主体，中土佛典译者的工作对象——原本的形成论就涉及佛典原本的作者主体（佛陀）、编者主体（阿罗汉），如果考虑译本的读者还有读者主体，涉及这几个主体，应是主体间性。所以中土佛典译者理论（八备学说）也属于翻译主体间性论，可以放入霍姆斯规划的译学框架结构（Holmes，1988：71-79）。如果强调主体间性研究的客观性，翻译主体间性理论可列入纯翻译学（Pure Translation Studies）之下描述翻译学（Descriptive Studies）中的主体间性描述研究（Subjectivity-Oriented）；如果是一般理论研究，也可放在纯翻译学之下的理论翻译学的专门翻译理论（Partial Studies）的特定主体性研究（Subjectivity-Restricted）。无论研究目标怎样侧重，翻译主体间性研究属于内向型本体翻译理论当中的纯翻译理论的范围（曹明伦，2007a：191-192）。

（2）理论定性

佛典译者条件论（"八备"）体现的是译者主体性，是译者为实现翻译目的所表现的主观能动性，包括了译者目的性、自主性、主动性和创造性等。"八备"在"学"方面要求宣译佛经者信受奉行佛法，通晓教义经典，守戒遵德，在"术"上博通广学，精于语言文字、翻译转换之术，每一条都少不了佛经宣译者主观能动性的发挥，这当然是译者主体性。这只是中土佛典译者理论（"八备"学说）的一部分。"八备"学说是主体间性，就还有大致相当于我们今天译学理论当中的原作（ST）者的问题，原作编者的问题、原作译作批评的问题，如"常思品藻"；翻译要求和条件论讨论的是译者翻译的技术要求和具备的条件问题，如"不可加也""经不容易""兼而取之"和"八备"。

我们再把眼光放宽至更大的《辩正论》的整个语篇，胡梵之辨讨论的是原作生成和流转的空间，论文还有对佛典原作者的探讨，如"然智经，三达之心，覆面所演，圣必因时，时俗有易"讲的就是原作者如何产生原作的情况，因为佛经多为佛说的经文，律为佛制定的戒律，佛就是这两种佛经的原作者。而"秦人好文，传可众心，非文不合"就涉及中土翻译佛典读者的情况。诸如此类的问题用译者主体性的理论显然说不清楚，无法涵盖，只有用翻译活动所涉及的各个主体之间的概念和理论——翻译主体间性论才能解释清楚。

用翻译主体间性来确定中土佛典译者理论（"八备"学说）的译学理论性质本身就有规定性、主观性。然而，从理论上说，"主体的对象性活动作用于客体，必然要受到客体的制约和限制，同时能动性的发挥还受到客观环境和条件的制约，因此，主体性同时还包含着受动性。受动性是能动性的内在基础，是主体之所以要发挥主观能动性的客观依据"（查明建、田雨，2003：22）。换言之，翻译主体性本身也含有客观描述性，"八备"学说也如此。另外，佛教的业力说本身包含今天西方哲学的主体性概念，但其宗教性质已超出哲学的范畴。

总之，用今天的翻译理论来分析"八备"学说，只能用翻译主体间性来分析，"八备"是译者主体论，前者包含后者，而二

者相互联系和影响。

3. 中土佛典译者理论（"八备"学说）的结构

中土佛典译者理论（"八备"学说）是《辩正论》的第四篇，从"昔日仰对尊颜"到"岂偏盛于晋朝"为止。第一部是佛经形成论，是译者工作的对象，第二部是佛典译者翻译之目的，第一、二部即"八备"学说之缘起（起），或者说是中土为何要翻译佛典的缘起；第三部指出了佛典译者翻译的要求，这是承接上文佛典翻译标准和佛典翻译史评价的叙述（承）；然后第四部从正反两方面立论展开，论述了佛典译者经应具备的八个条件——"八备"，这是转而立论（转）；最后第五部以佛教业力说收尾，乃佛典译者的生成论，这是整个"八备"学说的总结合拢（合）。作者释彦琮此处为文的起承转合之道的确是中国古人吟诗作文结构章法①运用之典范。

以下是中土佛典译者理论（"八备"学说）的结构图解。

---

① 为文起承转合的观念和做法可以上溯至宋朝，"破题"一词唐朝已出现（蒋寅，2003：104-107）。而隋离唐代并不算太遥远。

佛典译者理论：八备学说的结构图解

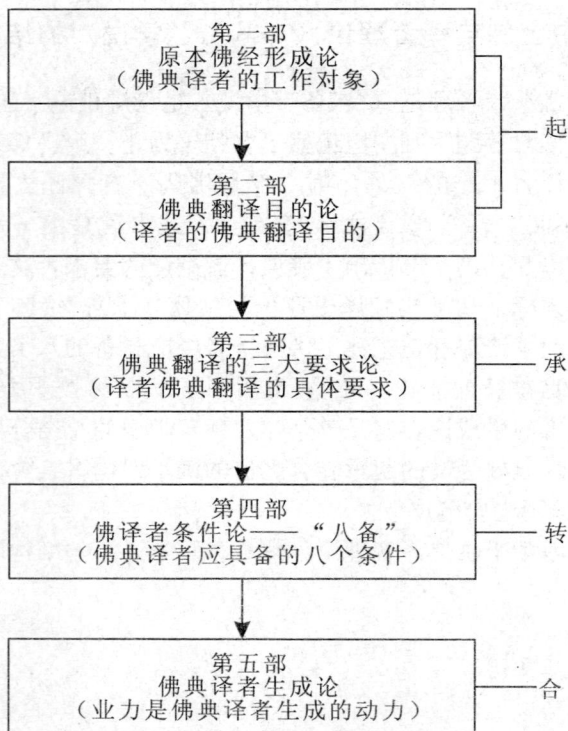

```
┌─────────────────────────────┐
│          第一部              │ ┐
│      原本佛经形成论          │ │
│   （佛典译者的工作对象）     │ ├── 起
└─────────────────────────────┘ │
            ↓                    │
┌─────────────────────────────┐ │
│          第二部              │ │
│      佛典翻译目的论          │ │
│   （译者的佛典翻译目的）     │ ┘
└─────────────────────────────┘
            ↓
┌─────────────────────────────┐
│          第三部              │
│    佛典翻译的三大要求论      │ ── 承
│ （译者佛典翻译的具体要求）   │
└─────────────────────────────┘
            ↓
┌─────────────────────────────┐
│          第四部              │
│   佛译者条件论——"八备"      │ ── 转
│ （佛典译者应具备的八个条件） │
└─────────────────────────────┘
            ↓
┌─────────────────────────────┐
│          第五部              │
│      佛典译者生成论          │ ── 合
│ （业力是佛典译者生成的动力） │
└─────────────────────────────┘
```

《辩正论》的佛典译者理论从古至今都是研究的空白，大家只盯住佛典译者理论之中的译者条件论"八备"，而对整个"八备学说"无动于衷，更不用说整篇论文。这种只见木不见林的狭隘研究横生出许多莫名其妙的问题，研究者不仅无视彦琮提出佛典译者理论"八备"学说，就是对其中的佛经译者条件论（"八备"）在理论上也有迷茫之感。比如，王文颜说："但他（指彦琮。——笔者）为何又提出八备的译经理论，文中并无说明……八备与译经理论似乎没有直接关连……"（1984：247，248）关

于这个问题，罗根泽在抗日战争前后写成的《中国文学批评史一》里说得很明白："然犹未进到理想的翻译，不是方法的问题，而是人的问题，所以彦琮又提出翻译者的条件。"（罗根泽，1984：268）彦琮是佛典翻译的理论和实践兼备的旷世奇才，深知佛典翻译的方法、理论、原则等要落到实处靠的是人，即合格的佛典翻译的主体——译者。

4. 佛典译者理论（"八备"学说）的理论作用及意义

佛典译者理论（"八备"学说）的作用就在于与佛典翻译实践相结合，而与实践的"结合方式包括：规范和指导实践、描写和阐释实践、启发和预测实践"（曹明伦，2007a：251）。这既有历史意义又有现实意义。其历史意义首先表现在"八备"学说是对以往佛经译场宣译实践的总结（上文已举例证明），这是描写阐释实践；其次，规范和指导后世唐朝的佛经译场的翻译实践；第三，启发和预测后来唐朝的译场发展乃至产生八德皆备译主的译场翻译实践（上文已有论证）。现实的作用和意义是我们今天的翻译学建构可以借鉴释彦琮的古代佛经翻译主体间性的理论，将之提炼为更为纯粹的翻译主体间性理论，去掉其中的佛经宣译的一些具体因素、宗教因素等与纯翻译理论无关的东西。但在抽象提纯理论前，一定要搞清"八备"学说的本来面目，不能古今不分，僧俗不辨，具体抽象无别。这样我们今天的译学理论建构才能立于更为坚实的基础之上。经过抽象提纯的"八备"学说在应用翻译学上可以作为个人译者或者翻译群体（机构）的理想标准，引导和改善我们今天的译者培养和翻译机构的组织机制。

早在 6 世纪末 7 世纪初，隋释彦琮就提出了如此系统的佛典译者理论，无论在中国古代翻译理论史、中国古代佛典译论史和西方古代译论史上都前无古人，在当时都独一无二。最早未必最好，佛典译者理论虽然内容全面，系统连贯，首尾呼应，但依然有论述不详的局限。

章末结语

具有如此重大意义的佛典译者理论自诞生以来竟然长期埋没。从一开始，历代研究者都只注意"八备十条"，近代以来重视"八备"和废译论。以往的研究焦点在"八备"，从翻译理论上说大多注意到译者主体性，没有注意整个系统的佛典译者理论——"八备"学说这条全龙，即忽略了翻译主体间性。只注意"八备"——佛经译者本身应具备的条件之内容和各条归类，而不注意"八备"的理论线索、说理方式、结构特点和整个《辩正论》的情况。"八备"是"八备"学说的主要内容之一，"八备"学说又是《辩正论》的主要和重要理论内容，不能互换，但要真正完全懂得"八备"，必须懂得"八备"学说乃至整篇论文。

第五章　译理　佛理　道理

从本书前面几章我们知道《辩正论》出自大藏经，属于汉文佛典，是其中的中国本土撰述之史传类著作，由隋朝高僧彦琮所作，是中国论述中土佛典翻译原则的最早的系统翻译专篇论文，言说对象是隋朝僧人，言说范围不出当时的佛教界。如果仅以翻译理论为视点，那么其翻译理论是佛教性质的翻译理论，文章多半用佛教思想在阐述翻译思想，但其中也有些许的中国儒道思想和传统文学批评的思想。多种思想水乳交融，珠联璧合，你中有我我中有你，二者关系密切。如今翻译学（西方称翻译研究 The Translation Studies）与其他学科分庭抗礼，门户已立，迄今为止翻译学者把研究焦点都只瞄准《辩正论》当中的翻译思想。笔者以为，彻底弄清楚其中的佛教、道家等各家的道理，从学理上厘清各家思想的内容、脉络和相互关系，更有助于研究其中的翻译思想。

第一节　东晋释道安的"五失本三不易"之思想分析

《辩正论》开门见山在文首第一篇亮出"以垂翻译之式"的中心论点之后，接着在论文第二部分推出东晋释道安提出和倡导

的佛经翻译原则——"五失本三不易"。

一、"五失本"的思想分析

"五失本"是指佛典原文（ST）与译本（TT）相对照之下译本所发生的五种变化。原本是译者，即翻译主体工作的对象，即客体，译本是译者工作的结果，即是翻译主体作用于原文客体产生的新客体。"五失本"从理论而言是翻译客体论，其精髓在于变。

"五失本"五条原则的第一条"胡语尽倒，而使从秦"是必须要变的。用今天翻译学的术语来说，就是源语（SL）的句法和语序在目的语（TL）必须变得符合目的语之句法和语序，适合目的语读者的语言习惯。第二条"胡经尚质，秦人好文，传可众心，非文不合"，胡经表现质朴，而秦人喜好文采，传译后的佛经译文要符合秦人的心意，一定非有文采不可，这是第二变。换言之，目的语之文体要变得符合目的语读者的习惯。第三至第五条原则是目的语文本行文尚精简与原文论述繁复相对照之下的简化和删减。第三至五条的变化还是为了顺从目的语读者的语文习惯。

整个"五失本"原则，从目的语的句法、文体到论述的繁简删裁都有服从目的语读者的倾向。那么，由翻译客体论即可推导出今天翻译学称之为归化翻译①的策略。所以，"五失本"是翻

全注全译隋释彦琮《辩正论》

---

① 19世纪德国神学家和哲学家施莱尔马赫（Friedrich Schleiermacher）于1813年指出：最常见的译者翻译方法就是归化和异化。他本人赞成用异化的翻译方法。简单地说，归化翻译就是在语言、文化等方面偏向目的语文化的翻译方法，而异化翻译就是偏向原语文化的方法。韦努蒂（Venuti）对此加以总结阐述后认为，归化和异化作为一种翻译学说和实践（a theory and practice of translation）在欧洲不同的国家和不同的历史时期有其特殊性。韦努蒂提倡用英语异化翻译（Foreignizing translation in English，Lawrence Venuti，2004：19—20）。

译客体论及其推导而出的归化翻译论。有客体必然有主体，所以接着是主体论。

二、"三不易"的思想分析

1. 佛教思想：佛陀与凡夫的差别

"五失本三不易"当中的"三不易"这样说：

> 然智经，三达之心，覆面所演，圣必因时，时俗有易；而删雅古以适今时，一不易也。愚智天隔，圣人叵阶，乃欲以千载之上微言，传使合百王之下末俗，二不易也。阿难出经，去佛未久，尊大迦叶令五百六通迭察迭书；今虽千年，而以近意量裁，彼阿罗汉，乃兢兢若此，此生死人，平平若是，岂将不以知法者猛乎？斯三不易也。

这"三不易"就是道安认为中土佛经宣译者应该克服的佛典翻译三大困难。道安完全站在佛教立场，首先以佛陀演说《般若经》为例来阐述中土佛经宣译者所面临的第一大困难。为什么以《般若经》为例呢，笔者认为应该有三个原因：第一，从东汉到两晋此经是汉译佛经中最流行的经典（任继愈，1993：111）；第二，道安一生用力最深者就是《般若经》（汤用彤，2011：136）；第三，如任继愈所说：

> 按照《般若经》的观点，菩萨的重要使命是"度脱众生"。既然众生执著名相，不以"俗谛"为假，从而不能摆脱生死苦恼，那么，菩萨应以般若指导下的"方便力"（"沤惒拘舍罗"，意译"智巧"）进入众生之中，利用众生熟悉的"俗谛"随机教化，即"以名相教授众生，欲令得解"。（任继愈，1993：125）

那么，佛陀以三达之心亲自演说《般若经》，"圣必因时，时俗有易"，此处的"圣"不是儒家圣人的"圣"，而是佛教术语"圣人"，专指佛陀。佛陀当时也一定随着时代和风俗不断变化而施教。佛是具三达之心的圣（觉）者，能以此"方便力"随机施教，而中土的佛经译者乃凡夫，即还没有断惑证理的平常人（丁福保，1991：456-457）。中土佛典传译的凡夫如何克服自己与佛陀的凡圣之别，怎样也来行此"方便力"裁变译典以适应今天的佛教教化呢？这就是凡夫译者要克服的第一大困难。

接着，阐述第二大困难之前还是先强调凡圣之别，"愚智天隔，圣人叵阶"，愚痴和智慧有天上地下之别，佛陀的高度凡夫不能企及。这里相沿了第一大困难的思路，但着重在克服时间上的困难，佛微言大义之说法与今天相隔千年，你凡夫译者如何把佛法传译得适合于当今的陋俗？（"乃欲以千载之上微言，传使合百王之下末俗。"）

以上两大困难都以佛陀为标准，第三大困难把标准降到了佛法的汇编者阿罗汉。可阿罗汉有六神通，也非凡夫，第一次佛法结集，他们都兢兢业业，一丝不苟，而当今的凡夫译者稀松平常，难道不知道真知佛法者要求很严格吗？（"此生死人平平若是，岂将不以知法者猛乎？"）这里还是延续了第一大困难的思路。

从以上分析可以看出道安的"三不易"完全以佛教的事理在讨论佛经翻译的理论问题，其核心思想就是凡人译者如何克服凡人与佛陀的差别，即凡圣之别。这是字面上非常明确的佛教思想，而其中的言外之意应该是在鼓励中土译典的凡夫僧人努力证果，即一般人所说的开悟或得道（陈义孝，2002：316）。证果之后起码可以缩小凡圣之间的差距。

2. 翻译思想：原作者中心论、朦胧的译者主体论、隐藏的翻译主体间性论

"三不易"是中土佛经传译者应该克服的三大困难，包含有三方面的翻译思想。首先，第一个困难是如何克服译者（translator）和原作者（ST author）之间的差距。有大翻译家曾说过，翻译莎士比亚，译者当然不可能成为莎士比亚，但要努力使自己的学识才情与原作者相当。这和道安所述的第一个困难在译理上是一个道理。第二个困难是译者如何克服过去与现在的时代隔阂，也就是时空差。第三个困难是译者如何克服自己与原作编者（compiler）之间的距离。可以说，克服这三个困难的方法就是佛典译者要尽量向佛陀和最早的编者阿罗汉靠拢，这是原作者或最早编者中心论。

其次，既然要克服困难，佛经传译者应该具备什么素质和条件，应该做出什么样的努力，这样的问题已成潜台词。所以这"三不易"，可以说也是朦胧的佛经译者主体论。

最后，根据今天译学翻译主体间性理论，当时的佛经翻译涉及三个主体：佛典原创者佛陀、编集者众阿罗汉和中土佛经译者。那么，译者当然要充分发挥其主体性，才能尽量克服与其他主体之间的差距，这里隐含有译者主体性，但是译者主体性无法包含另外两个主体，所以还隐藏有翻译主体间性论。

3. 本节结论

彦琮《辩正论》推崇道安"五失本三不易"的翻译原则。"五失本"有翻译客体论及其推导而出的归化翻译策略论；"三不易"以凡圣之别的佛教思想为核心，包含三方面的翻译思想：原作者中心论、朦胧的译者主体论，还隐藏有翻译主体间性论。本节分析了隋释彦琮所推崇的东晋释道安的译论之佛教和翻译思想，下面分析隋释彦琮自己的思想。

第二节　作者的佛典翻译史批评及其佛典翻译原则的思想分析

《辩正论》的作者在第三篇对隋代以前的中国佛经翻译史进行了分段评述，然后提出了自己的佛典翻译标准原则——"宁贵朴而近理，不用巧而背源"。以下笔者将分析作者的佛典翻译史批评和佛典翻译原则所包含的思想。

1. 佛典翻译的性质

作者彦琮在论文第三篇第二部按阶段批评中土佛典翻译之前，首先在第三篇第一部的 3.1.2 段肯定了中土早期佛门先贤的佛典翻译成就：

> 先觉诸贤，高名参圣，慧解深发，功业弘启，创发玄路，早入空门，辩不虚起，义应雅合。

先觉诸贤久负盛名，位跻身于佛教圣人之列，起智慧之用，发起了深厚的道功，走上了真理之路，早已进入较高学佛境界，多亏了他们巧说法义的辩才，译文义理总体而言正确而符合原典。

辩才就是巧于辩述，单称"辩"，即善于巧说法义的才能。佛菩萨等于多劫中由口业庄严之功力而具足各种辩才，如四无碍辩、七辩、八辩、九辩。四无碍辩又称四无碍解，四无碍智，广义上指辩才无碍自在之解智，特别以其中的第四辩无碍辩为无碍自在、正确辩说之智。由此看来，佛教翻译才能应归类于巧说法义的辩才，乃一种智。

因此，《辩正论》乃至佛教讨论的翻译概念与我们今天翻译学的翻译概念不同。我们今天的翻译概念应该是从各个领域如文

学、学术、商业、政治等具体翻译活动提纯抽象出来的概念，完全指语言符号的转换。而《辩正论》里提到的翻译常用"传译""宣译"，而中国古代佛典翻译活动与宣讲活动往往同时进行，具有十分浓烈的佛教色彩。所以"传"应该有传播佛经和把佛经一代一代传下去的意思，"宣"应有宣扬、宣传和传播佛经的意思。佛典翻译的性质完全被佛教思想所左右。

2. 作者佛经翻译史批评的思想分析

（1）中国古代佛典翻译的初期

中国佛典翻译的第一阶段是汉和曹魏时代，乃中土佛经翻译的肇始和起步期。在译经之初，即论文 3.2.1 段提到的"汉纵守本"，"魏虽在昔"，其中的"本"和"昔"都指开始。彦琮对这两代的佛经翻译的评价是：

> 或繁或简，理容未适，时野时华，例颇不定。

彦琮批评汉和三国两代佛典翻译，有时过繁，有时过简，过繁则佛理表达冗赘，过简则佛理表达有亏；译文时而过于质朴，时而过于华丽，过于质朴则体例有偏颇，过于华丽体例又不一定。

彦琮评价汉魏时代的佛典翻译主要用了两对二分（dichotomy）的概念——繁简和野华，都是中国古代哲学或文艺批评常用的概念。

如："目好色，而文章致繁，妇女莫众焉。"（《荀子·王霸》）"繁文滋礼以拿其质。"（《淮南子·道应训》）"文以辨洁为能，不以繁缛为巧。"（《文心雕龙·议对》）这三例的"繁"与彦琮用的"繁"相当。

又如："乾以易知，坤以简能。易则易知，简则易从。……易简，而天下矣之理矣。"（《易经·系辞上传》）"或简言以达旨，

或博文以该情。"(《文心雕龙·征圣》)"其取事也必核以辨,其摛文也必简而深,此其大要也。"(《文心雕龙·铭箴》)由此可见,中国古代哲学和文学皆尚简。

说到"野","子曰:质胜文则野,文胜质则史。文质彬彬,然后君子。"(《论语·雍也》)这句指出儒家理想的君子应具备的整体素质,"质"是人的先天本质,"文"是后天文化熏陶所形成的素质,先天本质超过了后天人文素质是"野",反过来则"史",即文绉绉也不好,孔子认为质与文二者要适当相称才是"文质彬彬"的君子。另外,庄子曰:"自吾闻子之言,一年而野,二年而从……九年而大妙。"(《庄子·寓言》)此"野"乃质朴之意。"观其结体散文,直而不野,婉转附物,怊怅切情,实五言之冠冕也。"(《文心雕龙·明诗》)此处的"野"乃粗野之意。

关于"华"(文采或华丽或形式),《文心雕龙》多处提到,如"必使繁约得正,华实相胜"(《文心雕龙·章表》),强调文章繁简适中,文采与内容相称。又如:"然则圣文之雅丽,固衔华而佩实者也。"(《文心雕龙·征圣》)"吐纳经范,华实相扶。"(《文心雕龙·才略》)这两句说,文章要有华有实,形式和内容相互促进才好。

(2)中国古代佛典翻译的第二阶段

第二阶段从两晋至刘宋(南朝第一个朝代即南北朝初期),是中国佛经翻译的发展期。此时"晋宋尚于谈说,争坏其淳"(《辩正论》3.2.2段)。两晋与刘宋之际盛行玄谈之风,也熏染了佛典翻译的纯正之质。这个时代中国流行玄学,文人士大夫时兴玄谈,名士名僧之间往来密切,中国玄学与外来佛教的般若学相互影响。再从中土佛教发展本身而言,当时的佛学研习分为"格义"和"六家"之说两派。前者与佛教本来的义理相违,后者亦不能契合本意。(吕澂,1979:43—45)所以,彦琮站在维护佛法纯洁性的立场上，认为这一时期的时代风尚、研习佛学的方法造成佛法和译经不纯。彦琮批评了这个时代佛典翻译不好的一面。

但好的一面是中国北方十六国时秦凉之间翻译形成了统一的风格："秦梁重于文才，尤从其质。"（《辩正论》3.2.2段）秦凉间佛经翻译重在文才，尤其依显原本的质朴。此间朝廷大力支持和开办了大规模的佛经译场，以此为中心聚会了一批佛教精英"四五高德"和集中了若干重要经典"八九大经"，因而才有正规的译经制度和法则的形成。

（3）中国古代佛典翻译的第三阶段（南北朝）

①秦凉佛典翻译制度和法则在南北朝时形成的弊端

当然，彦琮接下来着重论述的是秦凉间的翻译制度和法则在后来南北朝形成的流弊。"自兹以后，迭相祖述，旧典成法，且可宪章，辗转同见，因循共写，莫问是非，谁穷始末。僧鬘惟对面之物，乃作华鬘；安禅本合掌之名，例为禅定。如斯等类固亦众矣。"（《辩正论》3.2.3段）秦凉间的传译法则被后世（南北朝）相承袭，奉为圭臬，旧典成法相沿为习，形成刻板不变的制度。结果，无论发生什么变化，意见都一致，书面上也都按老规矩下笔成文，谁也不问是非，不深究事情的原委。梵音"僧鬘"是对面之物的意思，偏译成"华鬘"；"安禅"本来指合掌，按惯例却译成"禅定"。诸如此类陈规陋译还很多。

②南北朝两位佛典译家的缺点

接下来，彦琮还指名道姓批评了南北朝两位顶尖译家：菩提留支和真谛。彦琮评价菩提留支的佛典翻译是"留支洛邑，义少加新"（《辩正论》3.2.3段）。实际评价只有"义少加新"四个字。这里有必要参看今天佛学家的相关研究成果。吕澂研究菩提留支的翻译，说留支重翻《入楞伽经》的大本，"'加字混文'，力求畅达；并还为人讲说，留下了《义疏》（今佚）。这一矫正，在义解上不免有偏差的地方"（吕澂，1996c：80）。所以，"义少加新"应该是指留支的译经，在原意基础上掺入了些许自己的见解，那么也就偏离了佛法。笔者认为，这里的"少"表示程度，乃稍微或微略的意思。

彦琮批评陈朝高僧真谛的翻译也惜墨如金，"语多饰异"。关于真谛的翻译，我们还是看看佛学家的研究结论。"真谛的翻译，大都保存了原本的面目。文字虽然有些艰涩，或杂入他自己的解释，但从其师承来说，大体是正确的。"（游侠，1996a：88—90）另外，真谛所传瑜伽行派学说与菩提留支译传不同，也与后来唐朝玄奘译传的大有出入，因为印度该派学说前后经弥勒、无著、世亲等多位先贤的发展，而真谛传译的是世亲的旧说，玄奘传译的是后来的新说。这种传承上各异的情况，反映在翻译上形成了新旧译的不同（吕澂，1979：148—149）。所以，"语多饰异"就是其译本大多反映佛学某派学说特定时代、特定人物的思想。此处的"饰"不是修饰的饰，而是表彰、表明的意思。翻译偏向于彰显某派学说特定时代、特定代表人物的思想，义理并不全面，这仍然偏离了佛法。

由此看来，彦琮评价第三阶段的佛典翻译可以说点面结合，先举佛教术语翻译不当的例子具体说明南北朝因循秦凉翻译制度和法则所造成的流弊；之后，彦琮列举南北朝两位大译家翻译佛典的负面例子，指出佛教术语翻译的偏差、两位译家翻译的缺点和偏向，还是为了维护正统的佛法。

（4）总评中国古代佛典翻译主流（包括隋朝）

接下来彦琮站在自己所处的时代立场总评佛经翻译史上从秦凉至隋朝的主流翻译："若令梵师独断，则微言罕革。笔人参制，则余辞必混。"（《辩正论》3.3.0段）彦琮认为，译场传译实践表明，若仅让精通梵语的外僧译主独断译文，那原经读起来不甚明了的话语在译文表达还是显得模糊，让中土笔受参与译文的修

订，译文又必定混杂多余的言辞。中土自秦凉间有译场翻经以来，译场翻译质量皆优于以往的民间散译，这个总评显然针对的是秦凉以来译场的翻译情况。彦琮梵汉、内外学问和品行皆优，作为负责隋朝国立译场的领导——学士，当过外僧主译的译场校勘，自己也从事梵汉间的佛典翻译。他这个评价点中了当时佛典翻译的要害。自秦凉以来译场[①]翻译佛经靠的就是这两股主力，一是主持译场的外僧"梵师"，二是在译场助译的本土笔受等人。现在翻译两大主力都有问题，译场翻译有偏离佛法的倾向，那该怎么办呢？

3. 佛经翻译标准论的思想分析

研究和批评了上述中土各阶段佛典翻译后，彦琮才提出超越两难的佛经翻译标准："意者宁贵朴而近理，不用巧而背源，傥见淳质请勿嫌怪。"（《辩正论》3.3.0段）彦琮的看法是佛典传译宁要本真而更接近佛法之理，不要华巧而违背佛法之源。倘若见到纯正本真的佛经译文，不要怀疑，也不要抱怨。以往各家研究到此，都只注意到彦琮要求佛经译文的表现风格贵朴弃巧，而没有注意到关键的翻译标准——佛经译文的近"理"顺"源"。"朴"与"理"，"源"和"质"所指同一，就是佛法。佛法是佛经翻译不可动摇的原则，在理论上这个标准超越了上述两难境地。无论谁，不管怎么译，佛法原则必须遵循，但也要注意这里的用词，是"近理""不背源"，并没有要求完全相等，也就是说实现最高原则的方法并不僵硬和机械，而且还透露出灵活性。"意者宁贵朴而近理，不用巧而背源"是彦琮总结了他之前译经经验后所提倡的佛经翻译标准。

---

① 东汉至西晋中土佛典翻译主要是在民间私人散译，东晋十六国的二秦（苻秦和姚秦）间开始有官办临时译场翻译佛典。（马祖毅，2006：76，93）

彦琮此处所说的"朴"不光有朴素的意思。冯友兰说："'朴'是老子和道家的一个重要观念。　'道'就是'璞'(Uncarved Block，未凿的石料)，'璞'本身就是'朴'。没有比无名的'道'更'朴'的东西。"(1985：121－122)《老子》至少有五处提到"朴"，分别有真、淳朴、质朴、本质和未经雕饰(或未制成器)的原材料这些意思(陆元炽，1987：60－62)。笔者认为，精通外学的彦琮在此借用道家"朴"这个概念的外壳，除了有质朴之意，而更强调的是本真的道这个概念，但彦琮的道当然不是中国道家的道而是佛法之道。

"意者宁贵朴而近理，不用巧而背源，傥见淳质请勿嫌怪"，上句的"朴"与下句"淳质"概念一致。"淳"本来就是质朴的意思，上文提到孔子说"质"乃人本有的先天素质。而此处作者用"质"来形容佛典译文，那译文本来有的特点应该指偏向原文的特点。"质"用来形容翻译，不光指文体的质朴、朴素，也指偏向原文的特点，而佛典的之"理"和"源"指的是佛法。

在《辩正论》的最后部分，彦琮还提到一个出自某提问者之口的佛经翻译标准。此人在提问之前评价汉末和三国时代的佛经翻译时这样说："诚在一心，非关四辩。"(《辩正论》5.1.2 段)当初宣译确实取决于专心一意，与四无碍智无涉。"四辩"即四无碍智，又名四无碍解，或四无碍辩，分别指法、义、词无碍智和乐说无碍。法无碍智是通达诸法的名字，分别无滞；义无碍智是了知一切法之理，通达无碍；词无碍智是通晓各种言语，能随意演说；乐说无碍是辩说法义，圆融无滞，为众生乐说自在。相关大小乘经都说，凡夫没有四无碍智。所以，此人用的这个"四辩"标准当然是一般佛典译者难以达到的、非常高的标准。前面彦琮提出的佛经翻译标准无非近理不背源，道安的翻译原则也曾为后世佛经译者与当年阿罗汉相形之下的凡圣之别而叹息。彦琮《辩正论》中所述两个佛经翻译标准，前者是作者提倡和可操作

的现实标准，后者是佛教所要求的高标准。

"意者宁朴而近理，不用巧而背源"是彦琮提出的佛经翻译的最高原则和标准，而梁启超当年得出结论是"此旨要趋重直译也"（2001a：186－187）。他认为彦琮推崇译经贵朴近理、弃巧顺源就是倾向直译，但他在得出此结论之前后并没有具体地论述佛典翻译的直译到底是怎么样的，对直译也没有精确定义。

笔者以为，彦琮提出的佛典翻译标准"意者宁贵朴而近理，不用巧而背源"，不等于今天翻译学上的"直译"。根据《翻译学词典》，翻译学上的直译（literal translation）有以下几个要素：①词对词（word-for-word）的翻译；②词组对词组（group-group）或者从句对从句（clause-clause）的对等（equivalence）翻译；③既注重信息（message）的表现形式（form）又注重其内容（content）的翻译；④还包括借用（borrowing）、仿造（calque）、字面（literal）（Shuttleworth & Cowie，2004：95－97）。这些都属于在词汇、句法顺序方面不做变动的翻译方法。那么，梁启超说的直译到底指的是上面哪种情况无法确定。今天翻译学"直译"概念是西方学者研究西方语言之间的翻译现象而得出的结论和概念，比如其中的"借用"指西方语言之间翻译可以直接原封不动借用原词，如英译俄时直接借用俄语单词如perestroika（改革）和 glasnost（公开性、公开化）。梁启超之前的中国古代译论没有人在讨论翻译时使用直译、意译这两个术语和概念。整个中国古代佛经译论也不见用直译和意译这一互为相对的二元（dichotomy）范畴来讨论翻译，文与质的二元范畴才是关注的主要焦点。所以，彦琮时代佛经梵汉翻译的情形到底怎样，恐怕今天中国翻译学者还需要进一步深入研究具体的中外文本才能得出比较合理的结论。这是重大的研究课题，没有具体研究，我们不能人云亦云。

4. 本节结论

总之，彦琮佛经翻译史批评和佛典翻译标准论有中国古代哲学诸子的思想，如老子、孔子、庄子和文学批评的思想，还有维护正统和纯粹佛法的思想，最后固定在佛典翻译标准上，仍然是遵循佛法。

这部分的翻译思想就是在译文繁简的处理与风格质野的表现上如何把握翻译标准；译本如何维护原本学说的纯洁性，如何避免陈规陋习而更准确地翻译术语，如何避免原本思想掺入译者意见，原本思想的不同传承与翻译全面表现义理，外国主译与本土助译之间如何协调以更充分表达原义。

第三节 佛经译者理论（"八备"学说）的思想分析

彦琮的佛经译者理论（"八备"学说）是《辩正论》所论述的主要理论之一，它以佛典译者为中心，包括原本佛经形成、佛经翻译目的、佛经翻译要求、佛经译者条件和佛经译者生成，共五个理论。以下逐一分析其思想。

1. 原本佛经形成论的思想分析

原本佛经形成论就是佛法形成原典的原因："双林早潜，一味初损。千圣同志，九旬共，集杂碎之条，寻讹本，诚水鹄之颂，俄舛昔经，一圣才亡，法门即减。"（《辩正论》4.1.2 段）可惜佛陀过早在双林涅槃，此后这个世界不再有佛陀的亲自教法。佛陀离世后不久，以大迦叶为首的五百比丘在当年雨季于王舍城利用三个月的安居时间结集，把已变得紊乱失序和零星不完

整的佛陀先后说法加以整理补齐，然后系统结集成经；辨别教内错误之源，避免把不解生灭法背诵成"不见水鸲鹆"之类的诵经错误，因为这类错误顷刻间颠覆了佛当初的说法和教诲。总之，这次结集避免了释迦新逝可能造成的佛法衰落。

简单地说，佛经形成论的意思是：佛经乃佛法的一部分和形式，是佛亲口说法的记录，后世无论口诵还是书写都不能违背佛法，产生佛经之目的就是为了更好更长久地弘扬佛法。这就是原本佛典形成论的佛教思想。

2. 佛经翻译目的论的思想分析

该论先列举了中土僧人学佛和译典的重重困难："千年已远，人心转伪，既乏泻水之闻，复寡悬河之说。欲求冥会，讵可得乎？且儒学古文，变犹纰缪，世人今语，传尚参差。况凡圣殊伦，东西隔域，难之又难，论莫能尽。"（《辩正论》4.2.1段）这与上述道安的"三不易"相呼应，而克服困难的具体办法只有勤奋和谨慎："必愍勤于三覆，靡造次于一言。岁校则利有余，日计则功不足，烛长夜而成务。"（《辩正论》4.2.2段）而如此勤奋和谨慎的动力来自信仰之目的"开大明而布范"（《辩正论》4.2.2段）。"开大明"就是自己觉悟。此处的"布范"就是广泛宣传和示范佛法让他人觉悟。这里，佛典译者信佛之目的和佛经翻译之目的是一致的。自度而度人，这是大小乘佛教的精神。

3. 佛经翻译要求论的思想分析

该论提出了佛经翻译的三大要求：（1）"宣译之业未可加也"，宣译佛经不能凭空添枝加叶；（2）"经不容易"，不允许改变原来的经义；（3）"兼而取之"，即宣译佛经要把佛理完全宣译出来（《辩正论》4.3.0段）。这三大要求与上述佛经翻译标准是

一致的，而这个标准如前述根本上由佛法决定，这三大要求即把上述佛典翻译相对抽象的标准原则落实在可操作的技术层面。上述菩提留支的翻译就"加"了，真谛的翻译有偏向不算"兼"（尽或全面），义理不全面。所以这佛典翻译的三大要求与上文相呼应，其精神依然是遵循佛法的佛教思想。

4. 佛经译者条件论的思想分析

论文第四篇第四部论述应具备哪些条件才能成为合格的佛经译者。彦琮提出了八个条件："八备"。"备一"："诚心爱法，志愿益人，不惮久时"（《辩正论》4.4.1段），意思是佛典译者要信仰珍惜佛法，信法行法不要怕经久费时。这是佛经译者相对浅层的思想和行为上的条件。"备二"："将践觉场，先牢戒足，不染讥恶"（同上），意思是要成佛必先严守佛门戒律，不染世俗八风，不要有违背佛教佛理的思想和行为。这是佛经译者相对深层的思想和行为条件。这"备一"和"备二"形成意义一浅一深的偶对，是佛典译者在僧德方面应具备的两个条件，与构成佛教信徒的两个必备条件——皈依和受戒（印顺，2001：104－106）基本一致。从这两个首要条件可以看出彦琮根本没有想过让不信佛的人来翻译佛经。

"备二"中有几个佛教术语一定要弄清楚。首先，"觉场"是菩萨达到接近成佛的位置。其次，"牢戒足"是严守佛教戒律。最后，"讥""恶"也是佛教术语。"讥"指代整个八法，即利、衰、毁、誉、称、讥、苦、乐。八法常为世人所爱憎，且能煽动人心，所以又叫作八风。"讥"从上下文来看明显既以局部代整体，指整个"八风"，又有平常讥嘲的意思。若仅仅理解成世俗的讥嘲，未免太贬低了寒山这样的高僧。"恶"也是佛教术语，指不合佛教情理的思想行为。笔者断定这"备二"的"讥"和"恶"是佛教术语，根据在于对"八备"整个语篇语境的分析判断。"八备"的每一备从正反两个方面立论，前八个字说要什么，后四个字说不要什么，前者为主为前提，后者为辅为推论，前后文气连贯，说的是同一件事。整个"八备"是八要八不要的格局。联系到"备一"的要求，既然这"备二"开头八个字说要达到觉悟的较高层次非得严守佛教戒律，这绝对是佛门中人的专业范围，后面要求不要做什么怎么又会左顾而言他，转而说佛门以外的事情呢？古人行文，尤其是像彦琮这样的学通内外、擅佛经传译和佛教理论的高僧肯定不会这样写作。所以，"备二"仍然是对佛教徒思想和行为上的要求。

"备三"："筌晓三藏，义贯两乘，不苦暗滞"（《辩正论》4.4.1 段），意思是要懂得佛教大小乘的道理和通晓经律论三藏的经义，不要为不通经文教理和学无长进所困。这是内学条件。"备四"："旁涉坟史，工缀典词，不过鲁拙"（《辩正论》4.4.1段），就是要广泛涉猎佛教以外的本土文化历史典籍，善于汉文辞章，不要腹中少文，下笔过于鲁钝。这是外学条件。"备三"和"备四"一内一外又是对偶，"内"指内学又名内明，即佛学（陈义孝，2002：115），"外"是外学，指佛教以外的学问（丁福保，1991：937）。所以，这两条是中土佛典译者在佛学和本土学问两方面应具备的条件。

关于修习佛教以外的学问，佛陀也有规定。《根本说一切有部毗奈耶杂事六记》曰：

> 佛告诸苾刍，非一切处有舍利子，其相似者亦不可求，是故我听诸苾刍学卢迦耶等诸外俗论。时诸苾刍闻佛世尊许学书论，遂无简别，愚昧之类亦学外书。佛言：不应愚痴少慧不分明者令学外书，自知明慧多闻强识能摧外道者，方可学习。诸明慧者，镇学外典，善品不修。佛言：不应如是常习外典。佛言：当作三时，每于两时读佛经，一时习外典。苾刍遂于年月分作三时。

佛言：人命迅速刹那无定。不应年月分作三时，可于一日分为三分。苾刍朝习外典暮读佛经。佛言：于日初分及以中后可读佛经，待至晚时应披外典。(《大正藏》第24 册第 232 页)

《大宋僧史略卷上》曰：

祇洹寺中有四韦陀院院，外道以为宗极。又有书院，大千界内所有不同文书并集其中，佛俱许读之，为伏外道，而不许依其见也。(《大正藏》第 54 册第 240 页)

由上可知，佛陀在三个条件下允许比丘学外道，一是"自知明慧多闻强识能摧外道者"，二是一天分上午、下午、晚上三个时段，晚上是读外道书的时间，三是"为伏外道，而不许依其见也"。所以，"备四"对宣译僧人学习外学的条件规定与佛陀的教导并不相悖。

"备五"："襟抱平恕，气量虚融，不好专执"(《辩正论》4.4.1 段)，意思是做人要心地善良，心气平和，虚怀若谷，通达圆活，不要专断偏执。"备五"是当时佛典译者应该具备的一般道德条件。

从"备一"到"备五"可以用一个"学"字来高度概括，当然，这个"学"指学行，包括学问和品行。"八备"后面三条（备六、七、八）可以用一个"术"字来总体概括，此处"术"指方法、技术和技艺。这当然是相对于前面五条的"学"而言的，并非完全与道德学识无涉。

"备六"："沈于道术，澹于名利，不欲高衒"(《辩正论》4.4.2 段)，就是要埋头钻研掌握世出世间的方法技术，淡于名利，有点本事不要自以为是，炫耀卖弄。这是佛典译者在"术"上应具备的总条件。

"备七"："要识梵言，乃闲正译，不坠彼学"(《辩正论》

4.4.2段），意思是要通梵语且善于正确地翻译，与梵语相关的学问也不要落后。这是佛典译者具体在外国语言文字和翻译术上要具备的条件。翻译术放在"彼"，当时佛经翻译一般都是从彼印度（SL 文化）到此中土（TL 文化），所以侧重在彼。"备八"："薄阅苍雅，粗谙篆隶，不昧此文"（《辩正论》4.4.2段），意思是大致要了解《仓颉篇》《尔雅》这类汉语汉字工具书，基本能识别汉字篆隶这类古体，不要连本土母语文字都不通。这是在本土语言文字方面要具备的条件。"备七"和"备八"一彼一此，又是意义偶对。

所以，整个"八备"共八条是中土佛典译者在"学""术"两方面要具备的八个条件，其逻辑结构不仅严丝合缝，而且具有典型的中国古人看待世界的对偶性的思维方式，具有对偶修辞和行文对偶的美学特点。这种汉字汉语表达的偶值性，使"对仗单位之间相互指涉，互为能指所指"（孟华，2004：110－111），不仅在意义上互相说明，还有美学效果。这样的互文性（intertextuality）和美感互增也许就是古汉语读起来比现代白话读起来更有韵味的原因之一。所以，不应随便颠倒"八备"各条原来的顺序，否则既削弱原义又失去美，还破坏"八备"各条之间原来的有机构成。

由以上的分析可见，"八备"包含的佛教思想有皈依佛法、严守戒律、杜绝非佛教的思想和行为，通三藏、达两乘，懂内外之学术（包括梵译汉翻译术）。做人要仁善平和、虚融圆活是中国儒道的思想。至此"八备"学说下面还有一个不应忽略的结尾。

5. 佛经译者生成论的思想分析

佛经译者生成论就是佛教的业力说："三业必长，其风靡绝"（《辩正论》4.5.1段）。具备上述八个条件，这才算合格的宣译僧人。人之业力势不可挡，在业力作用下该来的宣译人才必定要来。后面列举前代"延铠""护显"的例子说明自己的观点。"业"指人的一切善恶思想行为，好的思想行为就是善业，恶的为恶业。业力指业的力量。业风是比喻，指业力如风，吹众生轮回三界（陈义孝，2002：276）。佛教业力说总是和因果报应及轮回说联系在一起。关于有情流转的业力说是佛教基本学说之一，彦琮寥寥几笔带过，兴许认为这是佛门中的常识就没有详论。印顺法师说，凡有情之身、口、意的活动都在造业。凡有情都被业的力量所左右而受果报，这是三世业感说。但业感说不是宿命论，因为业是自力创造非他力，业力面前有情机会平等，有情的前途光明而非绝望，业的善恶终有报而不要怀疑（印顺，2001：49-56）。

彦琮是用佛教的道理来讲早期译者的生成情况。若用非宗教的道理来说，笔者认为，朱庆之在他的《佛典与中古词汇研究》中讲得很有道理。他认为当时汉人不乏足以胜任助译的人才，而早期来华的西域僧人当中的佼佼者在中土传教和佛典宣译的实践中学会了翻译（1992：32）。至此，《辩正论》的佛典译者理论以业力说收尾。

佛典译者生成论以佛教业力学说为主要内容，这当然是纯粹的佛教思想。翻译思想是具体的业务和翻译实践造就翻译人才。

6. 本节结论

佛典译者理论的佛教思想首先是原典形成所依据的佛法不可违原则。其次，佛经翻译要求论与上面佛经翻译标准论相一致，其根本思想还是佛典翻译的技术要求不能违背佛法原则。第三，佛经翻译之目的与信佛之目的一致，都是自觉觉他的大小乘佛教的精神。第四，佛经译者的两个首要条件与佛教信徒必备的两个条件——皈依佛法、严守戒律基本一致。杜绝非佛教的思想和行

为，通三藏，达两乘，懂内外之学术（包括梵译汉翻译术），这些都是佛教思想。最后，佛经译者的产生由业力推动。所以，佛教思想贯穿了整个"八备"学说。只有做人要仁善平和、虚融圆活是中国儒家的思想，也颇有道家思想的味道。

整个佛典译者理论（"八备"学说）有十分系统的译学思想。原作（ST）是译者（translator）的工作对象，没有对象就不能制作译作（TT），所以"八备"说的原本佛典形成论先阐述译者所必依据的工作对象。有了对象，而翻译是人在翻译，所以接着是佛典译者翻译目的论，明确翻译之目的（"开大明而布范"）。之后佛典译者要求论提出译者应遵守的操作技术要求——译经三大要求。接着佛典译者条件论才详细和具体地列举了译者应该具备的八个"学术"（道德和技术）条件。最后译者生成论阐述译者生成的动力。由此看来，"八备"学说是以译者为论述中心，具有非常严密逻辑的佛典译者理论，并非只有干瘪而孤立的、板着面孔规范而无实际描述的八条（"八备"），为我们今天翻译学译者理论的楷模也当之无愧。

第四节　中土学佛者通梵语论的思想分析

1. 由两个主论引申出的梵语重要性的两个支论

彦琮在《辩正论》第二篇第二部批评东晋释道安所处时代中华佛教界胡梵莫辨，言下之意是作者本人当时已经辨清胡梵。接着在第三部就指出既然知道了正宗佛法来自印度，那读原典通梵语就非常重要。作者这部分论述了三点：（1）"梵有可学之理何因不学"（《辩正论》2.3.1段）；（2）"略得章本通知体式，研若有功解便无滞"（《辩正论》2.3.2段），认为只要努力求得其原典，也还是可以彻底了解其体制法度；（3）"向使法兰归汉，僧会适吴，士行佛念之俦，智严宝云之末，才去俗衣，寻教梵字，亦沾僧数，先披叶典，则应五天正语充布阎浮，三转妙音并流震旦；人人共解，省翻译之劳。"（《辩正论》2.3.4 段）作者认为，假如竺法兰、康僧会、朱士行、竺佛念、宝云和智严这几代高僧除了翻译佛教原典之外，教授那些刚入佛门的僧人经常学梵字，假如在让他们学习为僧之道时，也重视学习梵字和佛教原典，那么，今天早就应验了这样的理想：来自五印度的正语将传遍我们这个娑婆世界，佛三转法轮的妙音将广泛回荡在我们东方震旦。佛的正语和妙音为每个僧人所理解，为每代僧人所明白，这样就省去了翻译的辛劳。

从近代梁启超（2001a：187）开始，大家都注意到了这个假言推理当中的"废译论"（翻译无用论），但不怎么重视这个"废译"理想的两个假设，以及上述三点加在一起无非是在论述中土学佛者懂梵语的重要性，而不是翻译的重要性。但这里论述学梵语重要是在论述和评价道安译论和指出其不辨胡梵论点时延伸出来的，不是主论，这是论文出现的第一个关于梵语重要性的支论。后面第四篇第四部的佛经译者理论当中的佛经译者条件论又有"要识梵言，乃闲正译，不坠彼学，其备七也"（《辩正论》4.4.2 段）的论述，但这是列举佛典译者应具备的八个条件时显示出来的，也不是论述的重心，是关于梵语重要性的第二个支论。这两个支论已显示出中土学佛译典者通梵语的重要性。

2. 中土学佛者通梵语之重要论的思想分析

论文第五篇是《辩正论》的第四个理论，就论文中心论点"以垂翻译之式"而言，它与论文第二篇道安的翻译法则和方法，第三篇彦琮的中土佛典翻译批评以及作者自己的佛典翻译标准原则和第四篇佛典译者理论"八备"学说这三个理论相比，其重要

性相对要低一些，但依然是论文的一大理论。

在《辩正论》最后部分，作者彦琮用 5.1.1 段的"或曰"（一问）和 5.2.1 段的"对曰"（一答）的方式，针对上面已显现的中土学佛者懂梵语之重要的两个支论给予加强和正面论述。佛教经论常自设问答，彦琮这篇佛经翻译专论也使用了这个手法。

第五篇第一部某人提问之前说了三层意思。第一，佛陀在世说法，众生（无论人或动物）都能理解而开悟，不存在翻译问题。这样的佛教世界观非今天的科学和伦理学所能包容。就翻译学而言，这里无非指出佛说法时肯定不需要谁去翻译，不管佛说法的对象是人还是其他生物。这是佛教认为佛陀为天人师的思想。《大智度论》第二卷曰：

> 复名舍多提婆魔莬①舍喃。舍多秦言教师，提婆言天，魔莬舍喃言人，是名天人教师。云何名天人教师？佛示导是应作、是不应作，是善、是不善，是人随教行，不舍道法，得烦恼解脱报，是名天人师。问曰：佛能度龙神等堕余道中生者，何独言天人师？答曰：度余道中生者少，度天人中生者多。（《大正藏》第 25 册第 72 页）

由此可知，佛陀不光是六道（地狱、饿鬼、畜生、阿修罗、人、天）之人天二道之师，也是其余各道之师。佛陀为天人师其中的翻译思想、教育思想之宏大而深邃，非凡人可以理解。中国早已有孔夫子为教育家即为人师表的伟大思想，难怪佛教后来传入后在中国广泛传播并被吸收为中国文化的一部分。第二，佛教自东汉传到中土，必需翻译，译经中心在洛阳，三国时翻译中心在吴建业，这两代宣译的佛经不追求精确的音译，信徒都虔信无

249

---

① 此字应是上部"少"＋下部"兔"。

疑。由此可见音译在中国古代佛典翻译的初期就是个大问题。第三，这两个时代的佛典翻译并没有达到"四辩"（四无碍智）的标准。四无碍智又名四无碍解，或四无碍辩，就是法无碍智、义无碍智、词无碍智、乐说无碍。法无碍智是通达诸法的名字，分别无滞；义无碍智是了知一切法之理，通达无碍；词无碍智是通晓各种言语，能随意演说；乐说无碍是辩说法义，圆融无滞，为众生乐说自在。由此理想标准可知，佛经翻译属于佛教说法教化的德用范围，与第四篇第二部提到的佛经翻译之目的相呼应。由此可见，佛经翻译的标准与佛教说法教化的标准一致，尽管彦琮没这样说，但他通过该提问者之口说出来了。最后提出的问题："必令存梵，讵是通方"（《辩正论》5.1.2 段），意思是佛经译文肯定都保留了梵音，这样读者岂能把佛法融会贯通？

　　第五篇第二部是彦琮对上述提问的回答，层层阐述自己的观点，有五层意思。第一层，学佛要眼界开阔，博学广闻，广结道友，事理不二，名实合一。这一层是学佛或致力其他任何一门学问的通理。第二层意思是对第一层意思的发挥，用学佛三等级论阐述。学佛若佛在，当然理所从佛。这时的佛法当然是名副其实的第一等理想状态。佛不在时遵从梵文大乘佛经，言下之意这就需要中土学佛者通梵语。此时已存在名实分离的情况。学者需要有利根，佛典应是大乘梵典。这是学佛第二等级。作者所在之中土学佛大多读译典，这已是学佛的第三等级状态。译典与原典相比，应直接读原典，那应懂梵语。第三层意思，中土宣译僧人要牢固佛法之根本（在原典），否则宣译无法落实佛的真意。而牢固佛法之本，则应通梵语读梵文原经，还要守"一向"（专心致志）的修正功夫，传译才能"缘情判义"。第四层意思，中土俗人持忠孝之道能宣讲圣德才能弘扬圣道，而僧人要求应更高，言下之意是在中土读原典偏差更小，还是要通梵文。最后第五层意思是，僧人学佛弘法要寻佛字之源和佛主话语的旨趣，这也必须

懂梵文，才能尽量排除非佛法的因素。在论文的最后，彦琮认为自己所处的时代是"象运将穷"，指的是正法、像法、末法佛法三时期中像法时期的末尾。像法时期虽有教有行但多不能证果（慈怡，1988：2002）。这一是回应前面论述过的中土佛法的教化德用不如佛在世的观点。二是彦琮点明了论点，僧人学佛，非学梵文原典，要读懂原典一定要懂梵语。既然僧人连梵语都要学，译典里保留梵音还有什么可问的。这就雄辩地回答了上述提问者的问题，回答得很精彩。佛家的辩术可见一斑。彦琮的《辩正论》到此结束。

3. 本节结论

学佛者要通梵语论有以下佛教思想：①佛为天人师；②四辩；③学佛等级论；④守"一向"（专心致志）的佛教修正功夫，固佛法之本；⑤佛法的三期说；⑥维护正统佛法。此外还运用了学问的通理：眼界开阔，博学广闻，广结道友，事理不二，名实合一。

而这部分的译理并不复杂。音译是佛典翻译的大问题。佛陀为天人师的思想说明翻译是凡人的事业，佛亲自说法不需要翻译，凡人读原典才需要翻译。四辩的思想说明凡人以翻译行佛事之难。学佛三等级论说明中土学佛译典通梵语的重要性。巩固佛法之本还是要通梵语。佛法三期说之末法思想反证学习梵语的重要性。

提倡学梵语的翻译思想是：目的语文化所在的人（包括译者）要了解和传译源语（SL）文化必读源语原版著作，那就必须懂源语，因为源语原版著作与译作相比毕竟更接近于源语文化，这就是懂源语的重要性。

章末结语

一、《辩正论》列为佛典翻译原则之首的道安"五失本三不易"的翻译原则，其中的"五失本"有翻译客体论及其推导而出的归化翻译策略论；其"三不易"以凡圣之别的佛教思想为核心，包含三方面的翻译思想：原作者中心论，朦胧的译者主体论，还隐藏有翻译主体间性论。

二、论文的佛经翻译史批评和佛典翻译标准论有中国古代哲学诸子的思想，如老子、孔子、庄子、文学批评的思想，还有维护正统和纯粹佛法的思想，最后固定在佛典翻译标准上，仍然是遵循佛法的佛教思想。

这部分的翻译思想就是在译文繁简的处理与风格质野的表现上如何把握翻译标准；译本如何维护原本学说的纯洁性，如何避免翻译的陈规陋习而更准确地翻译术语，如何避免原本思想掺入译者意见，原本思想的不同传承与翻译全面表现义理，外国主译与本土助译之间如何协调以更充分表达原义。

三、论文的系统佛典译者理论（"八备"学说）的佛教思想首先是原典形成所依据的佛法不可违原则。其次，佛经翻译要求论与上面佛经翻译标准论相一致，其根本思想还是佛典翻译的技术要求不能违背佛法原则。第三，佛经翻译之目的与信佛之目的一致，都是自觉觉他的大小乘佛教的精神。第四，佛经译者的两个首要条件与佛教信徒必备的两个条件：皈依佛法、严守戒律基本一致。杜绝非佛教的思想和行为，通三藏，达两乘，懂内外之学术（包括梵译汉翻译术）。最后，佛经译者的产生由业力推动。这些都是佛教思想，贯穿了整个"八备"学说。只有做人要仁善平和、虚融圆活是中国儒家的思想，也有道家思想的味道。

整个"八备"学说有十分系统的译学思想。原作（ST）是译者（translator）的工作对象，没有对象就不能制作译作（TT），所以"八备"学说的原本佛典形成论先阐述译者所必依据的工作对象。有了对象，而翻译是人在翻译，所以接着是佛典译者翻译目的论明确翻译之目的（"开大明而布范"）。之后佛典译者要求论提出译者应遵守的操作技术要求——译经三大要求。接着佛典译者条件论才详细和具体地列举了译者应该具备的八个"学术"（包括德行）条件。最后，译者生成论指出具体的业务和翻译实践造就合格的译者。

四、论文最后部分阐述学佛者要通梵语的主题，运用了以下佛教思想：①佛为天人师；②四辩；③学佛三等级论；④固佛法之本，守"一向"（专心致志）的佛教修正功夫；⑤佛法的三期说之像法观念；⑥维护正统佛法。还运用了学问的通理：眼界开阔，博学广闻，广结道友，事理不二，名实合一。

而最后部分的译理并不复杂。音译是佛典翻译的大问题。佛陀为天人师的思想说明翻译是凡人的事业。四辩的思想说明凡人以翻译行佛事之难。学佛三等级论说明中土学佛译典通梵语之重要。固佛法之本还是要通梵语。佛法三期说之末法思想反证学梵语的重要性。

提倡学梵语论的翻译思想是：目的语文化所在的人（包括译者）要了解和传译源语（SL）文化必读源语原版著作，那就必须懂源语，因为源语原版著作与译作相比毕竟更接近于源语文化，这就是懂源语的重要性。

佛典翻译乃巧说法义的辩才，是一种智，属于佛教说法教化的德用范围。这样的佛教思想决定了佛典翻译的佛教性质。

第六章 《辩正论》翻译的理论与实践

译者可以没有系统周密的理论，却不可以没有切实可行的原则。译者必须对什么是好翻译有自信而坚定的看法，但不一定固执咬定世上只有一种好翻译，其余的都不好（郭宏安，2002：363）。本章的翻译理论方法之谈，翻译批评之论皆立足于《辩正论》译者之地。

第一节 翻译的理论和方法

一、翻译的概念、可译性和翻译过程

1. 什么是翻译？

翻译学从 20 世纪七八十年代兴起，还很年轻。西方翻译研究对其核心术语"翻译"的定义宽泛得令人难以置信，可以用多种方式去理解（Shuttleworth & Cowie，2004：181）。中国译论界关于翻译是科学还是艺术的争论在 20 世纪 90 年代刚偃旗息鼓，西方翻译研究文化学派的思潮就汹涌而至。翻译是改写，翻译是阐释，翻译是政治，翻译是文化转换……诸如此类关于翻译的命题直到今天还言犹在耳。西方学者从不同的角度，以不同的

学科为出发点研究翻译，对翻译提出了不同的命题。他们也早就用阐释学来研究翻译，认为翻译是一种阐释。斯坦纳（George Steiner）认为翻译过程就是译者阐释的四个动作（hermeneutic motions）：初信（initial trust）、侵入（aggression）、合并（incorporation）和补偿（compensation）（Steiner，2001：312—319）。

伽达默尔（Gadarmer）说："因此，一切翻译就已经是解释（Auslegung），我们甚至可以说，翻译始终是解释的过程，是翻译者对先给予他的词语所进行的解释过程。"（1999：490）他还说："翻译者的再创造任务同一切本文所提出的一般诠释学任务并不是在质上有什么区别，而只是在程度上有所不同。"（1999：494）笔者认为，正是这个"程度上有所不同"决定了虽说翻译相当于解释，但翻译毕竟不等于解释，解释只是翻译过程中的一个阶段，而且翻译与解释相比较而言更讲究目标语言的形式，相对而言解释不怎么计较篇幅和目标语言的形式，也不甚顾及读者的感受。翻译是译者全面研究原作之后自己的建构，是自己根据原作的创造，而这种创作是译者运用目标语的"最佳字句排最佳次序"（余光中 2000：34）。宋释宗晓在《金光明经照解》中说：

> 夫翻译者学佛之喉衿，释义之元首也。良以吾佛诞生迦维卫国，设教满于五天。五天语言书体皆本乎劫初光音梵天下生为人种时作，乃与此土苍颉所造之字不同故须梵僧持来一一易成华言方堪讲诵，流衍如昔。三朝僧史十科选佛并以翻译冠首亦此意耳。（1995：743—744）

学佛翻译最关键，解释意义的最佳途径是翻译。梵语与华言完全不同，所以印度传来的梵经需译成华言才能在中土讲诵、流行和传播。换言之，翻译是最好的解释，而解释是不成熟的翻译，这就是翻译不等于阐释而超过阐释的原因。

但笔者认为，翻译学研究的主要对象应该贯穿上述命题的基本和共同点，即在主体（人）支配和作用下语言符号的转换。这其中的要点如下：一是翻译活动的主体是人，具体而言就是译者；二是译者运用两套语言符号，先解读源语文本（source language text）获得所包含的内容（content），这当然属于对源语的运用及其文化的深刻领悟，源语文本即为译者的工作对象；三是要实现两套语言符号之间的转换（transfer），也就是把解读源语符号所获得的内容再用目标语（target language）表达出来，产生目标语文本（target language text），运用目标语产生转换活动的结果（product）。翻译的基本过程就是人解读源码和编排新码的解码及编码的过程，整个过程的关键是人，主体不同转换结果也不同。

2. 可译性

语际翻译的可行性或称可译性的基础是人类思维能力的一致性。人类因为肤色、血缘、地理、民族、政治等因素分为不同的文化群体。但只要是人，无论其文化群体之间有多么大的区别，各个群体的思维能力是一样的。由此又产生了另外一个翻译学的基本问题：既然思维能力都一样，为什么人类的文化群体之间还需要翻译呢？答案是：虽说思维能力一样，但人类文化群体之间的思维方式不一样，导致人类各文化群体之间的思维外壳或者工具系统——语言的不同，由此造成文化群体间沟通交流的困难。那么，思维方式不同的人之间要克服沟通的困难有两个途径：一是自己努力直接熟悉和了解对方群体的思维方式，二是通过熟悉两种思维方式的人作为中介进行语言转换。语言转换意义上的翻译从古至今是中西方学者所关注和研究的焦点，也应该是翻译学研究的焦点。

语内翻译或者换词是用相同语言的其他言语符号对言语符号

的解释。(Intralingual translation or rewording is an interpretation of verbal signs by means of other signs of the same language. — Jakobson, 2004: 114) 汉语语内翻译就是把古汉语符号转换成现代汉语符号,其可译性首先在于两者处于同一文化的大背景下,中华文化的古今精神和思维方式是一脉相承的。第二,在同语言、同文字的条件下,汉语句法的"意合"总体精神古今一致。这种汉语句法的"意合"总体精神也就是汉语构成句子的总规则:有定指引无定,已知信息统御未知信息;前字管后字的组配选择,上句启示下句的语义范围和陈述走向(徐通锵,2005:208-209)。第三,汉语语法古今具有相当的稳定性,几千年来基本没有变化,尤其表现在词序上,就是主语在谓语前,修饰语在被修饰语前,动词在宾语前面。汉语语法的稳定性还表现在有些汉语虚词是古今通用,如"之""于""以""与""而"等等;也表现在各地方言语法的古今一致和不变性。(王力,2004:246,247)第四,汉字的字体(笔画姿态)虽然古今变化很大,但都一脉相承,有章可循,而汉语的字式(结构方式)具有相对的稳定性,几千年前的字式大多数保留到现在,特别是唐以后字式基本上稳定了一千多年。(王力,2004:48-53)

当然,汉语语法的稳定性和一贯性是古今一般和总体的规律,但是也有例外。比如:《辩正论》第二篇第三部最后一段(2.3.4)这句:

> 向使法兰归汉,僧会适吴,士行佛念之俦,智严宝云之末,才去俗衣,寻教梵字,亦沾僧数,先披叶典,则应五天正语充布阎浮,三转妙音并流震旦;人人共解,省翻译之劳,代代咸明,除疑网之失。

其中的"才去俗衣,寻教梵字",意思是经常教那些才脱下俗衣(即刚入佛门)的僧人学习梵字。"才去俗衣(之新僧)"是

"教"的宾语，放在动词"教"的前面。而像"教"这样的动词带宾语的正常用法有很多。如，《左传·襄公三十一年》："教其不知，而恤其不足。"《论衡·遣诰》："太伯教吴冠带，孰与随从其俗与之俱倮也。"《玉台新咏·古诗〈为焦仲卿妻作〉》："十三教汝织，十四能裁衣。"上述三例动词"教"的宾语都在其后。

有译者没有看出《辩正论》2.3.4 段这句的宾语前置的例外用法，而把"才去俗衣"理解成从汉到南北朝来华译经的若干高僧作为主语后带的谓语和宾语，结果造成其译文乖谬，前言不搭后语。既然都是高僧了，他为什么又才脱下俗衣？他们穿俗衣干什么？这脱俗衣与下文的"寻教梵字，亦沾僧数，先披叶典"又有什么关系呢？

3. 翻译过程

笔者翻译《辩正论》在理论上的顺序是先读藏经原文，用训诂的方法扫除语义障碍，形成有现代标点的汉语简体文本，然后完成汉语语内翻译（Intralingual translation），最后完成汉英语际翻译（Interlingual translation）。语际翻译建立在充分、全面和可靠的语内翻译基础上。而翻译的实际过程是在这个总流程的基础上，各分流程之间相互影响，常常是在后面的流程中得到灵感又返回到前面的流程修正改进。笔者认为，就本专著研究《辩正论》而言，主要学术研究在语内翻译过程就完成了，翻译难点主要在于语内翻译，之后的语际（汉英）翻译主要是英语表达问题。

二、翻译《辩正论》的必要环节

为了翻译好《辩正论》，笔者首先仔细考察了其作者和第一位编者的生平，回顾了从古至今的研究情况，梳理了近代以来各学科的相关研究，经过了语内和语际的语义研究。以下择其要者

而论之。

1. 确定原作的性质

汪榕培说：翻译汉语典籍首先必须进行总体审度，切不可率尔操觚（2009：8）。笔者拙见，这个处于翻译过程之首的整体审度就是宏观的文化定位，即确定原作的性质。《辩正论》属于汉文佛典当中本土撰述的史传类著作，出自真实记录汉地佛教发展历史上著名佛教人物的传记。这是《辩正论》的本来面目，后来随着文化的发展，研究中国文论的学者发现了其珍贵的文学价值，在其文论著作中认真研究过《辩正论》，如罗根泽的《中国文学批评史一》。随着翻译学的兴起，《辩正论》作为中国历史上首篇系统译论在翻译学上具有无比珍贵的价值，引起了翻译学研究的重视。实际上，内容异常丰富的汉文佛典是当时印度和中国文化的百宝箱，除了佛教内容，在佛教宣传的形式下还包含有哲学、历史、法律、文学、语言、科技等内容（朱庆之，1992：4-8）。后世学者从各个学科的角度对其进行了研究。这是后起的翻译学研究《辩正论》可以博众家之长的基础。

原作性质确定后定位《辩正论》产生的历史背景，包括两方面的内容：一是《辩正论》的作者隋释彦琮生平事迹研究和作品的最初编辑及记录者唐释道宣的研究，二是作者生活时代佛教发展的特点。

2. 了解原作者和最早的编者，确定作者的意图

关于作者的生平，笔者研究的结论是：《辩正论》的作者彦琮不仅是隋朝的佛教高僧，且是当时官办译场翻译佛典的积极参与者和管理者，还身兼朝廷官职。《辩正论》的第一位编撰者唐朝僧人道宣既是颇有建树的高僧又是当时佛典翻译译场的参与者。他为隋释彦琮作传，编辑《辩正论》的时间与彦琮去世的时间相距不远，仅三十余年。笔者研究原作者和最初的编者，其目

的在于试图追寻作者的意图。明确作者的意图是确定文本意义和最后翻译行文非常重要的因素。彦琮早已不在这个世界上，不能开口说明他的文本意图。我们针对一个"不在场"的历史人物，只有根据其留下的文本、生平和其他所能得到的相关资料确定其话语的意图，然后才能恰当地表现原作。

根据彦琮的生平事迹资料，结合《辩正论》的整体思想分析，可以确定彦琮写《辩正论》的意图并不是为了建立普通翻译理论，而是为了他的佛教信仰和壮大佛教事业。将作者意图明确后，笔者语内翻译"以垂翻译之式"就定译为"来确立和推行佛典翻译的准则"，其中的"佛典"二字就绝不会缺失。这二字原文字面无，而从论文的上下文、彦琮的生平资料，以及作者的意图而论是应该有的。

再比如，《辩正论》第一句道宣说："然琮久参传译"，根据《汉语大字典》，其中的"参"字有"研究"的意义，最早用例出自《韩非子》；"参"字还有"参与"的意义，最早用例出自《三国志》。"参"字的这两个用法都在隋朝之前，均出自当时中国文人士大夫耳熟能详的经典，并且用在《辩正论》这个具体的语境中都说得通。笔者翻译"参"这个字取"参与"之意，根据之一在于彦琮本传有若干关于彦琮参加隋朝佛典翻译的生平事迹；根据之二是具体的语境，此处道宣意在说明彦琮写《辩正论》的资历，以显示这篇确立佛典翻译原则的论文之权威性。

然而，唐道宣在此处的真正意图到底是什么？道宣也早已作古，留下的只有我们现在看到的文字，而这些文字给我们留下了并非唯一的阐释空间。19 世纪英国著名诗人和文学评论家阿诺德（Mathew Arnold）在评论《荷马史诗》的翻译时曾说：只有既懂希腊文又会鉴赏诗歌的学者才能判定《荷马史诗》的译作对自己产生了多少与原作相同的效果（Arnold，2006：251）。那么此处的"参"字要翻译得尽量接近原作者的本意，也只有懂相

关学术，懂得现代和古汉语的学者经过研究才知道，但谁的意见也不是定论。因此笔者又回到本章开头的观点，翻译是主体的建构，不同的人有不同的建构。换言之，原作者的创作意图的追寻归根结底是译者的建构。就此意义而言，翻译是青春永驻的事业，译文本身会随着时代变化而显出其龙钟老态，重译总不可避免。

3. 了解原作者及其原作的时代背景

（1）基本的佛教知识

《辩正论》属于汉文佛典，有 40 个以上佛教术语，还有引自佛经的典故。要读懂论文还要不时查阅大藏经。所以，具备基本的佛教知识是译好《辩正论》的必要前提。佛教术语的解读和翻译是现有《辩正论》翻译的短板，笔者力图提高这块短板的高度。

（2）中国佛教和佛典翻译史的历史知识

《辩正论》属于汉文佛典的性质决定了笔者应着重考察作者所处时代中国佛教发展的特点。原作者彦琮生活的时代处于中国南北朝末期和隋朝的大部分时期。南北朝是佛教在中国的发展和巩固期，而"隋唐两代是中国佛学的构成时期"（吕澂，1979：159）。之后佛教完成中国化，形成自己特有的宗派（天台、三论、慈恩、贤首和禅宗）。隋朝之后的唐代是中国佛教发展的高潮期。所以，彦琮生活于中国佛教的发展期，也可以说是中国佛教的兴盛前期。

再从中土佛经译场的发展情况来看，东汉至西晋中土佛典翻译主要是民间私人散译，东晋十六国的二秦（苻秦和姚秦）间开始有官办临时译场翻译佛典。隋朝以前的国立佛经译场制度有待完善，本土助译庞杂，素质有待提高，且译场临时组建居多；而从隋朝起国立佛经译场制度完善，分工精细，本土助译素质很高，处在从外国人主译向中国人主译的过渡期。

不了解这些中国佛教和佛典翻译史的历史事实，就译不好《辩正论》3.3.0 段这句"若令梵师独断，则微言罕革。笔人参制，则余辞必混"，因为这是彦琮总评中国古代从秦凉至隋朝（包括隋朝）的译场翻译。又如，彦琮在第三篇第二部分期和点面结合评价中土佛典翻译，如果没有相应的中国历史和中国佛典翻译史背景知识，要译好这段很难。再如，翻译第四篇第一部的原本佛典形成论，如不具备印度佛教的基本知识，翻译结果难以想象。

有学者研究《辩正论》时说："彦琮是五代和隋朝初年的一位高僧。"（傅惠生，2011：19）五代是"五代十国"的简称，指公元 907 年自唐朝灭亡开始至宋朝统一中国为止这段历史。这是中国史的常识。五代怎么会跑到隋朝之前？再者，人云亦云，称彦琮为隋初的僧人，笔者也认为不对，请参见本书第一章第一节的相关研究。

总之，掌握关于《辩正论》、其作者和第一位编者的相关背景知识是译好论文的基础。这方面的细节请读者尤其注意本书第一、第二、第三和第六章的相关内容。

三、翻译方法

笔者翻译《辩正论》之目的是让不懂原文的读者，或者懂原文但不愿意费时费力细读精研原作的读者，通过笔者的译文了解原作的思想内容和表现形式，欣赏原作的艺术美。要达到这个翻译目的，语内翻译要完成以下任务，一是跨越中国古今文化，二要跨越僧俗文化。《辩正论》原文是古汉语，现代汉语译文应该是内容与原文一致、形式优美的译文。当然今天用现代汉语翻译不用那么讲究，亦步亦趋用骈文体，但至少要见贤思齐，避免用枯涩单调、白开水似的白话文去翻译。汉英语际翻译要完成汉语与英语文化之间的跨越。要圆满完成在上述文化之间的跨越，必

定要综合运用若干翻译方法。

1. 语内翻译的方法

（1）语内翻译的起点

汉语古文献的语内翻译从标点和汉字字体的转换就开始了。汉文藏经上的句读已是前贤解释经文的文本初步体现，比如《大正藏》是有句读的，而《永乐北藏》（2000 年版北京线装书局）就没有句读，1991 年上海古籍出版社印行的《高僧传合集·续高僧传》（119 页）也没有句读，读起来就费事多了，用现代标点断句并按章节分段后我们今天的读者读起来才更顺眼顺手。笔者翻译《辩正论》，主要参考了《大正藏》的相关经文（第 50 册，第 432－439 页），参考了中华书局 1991 年出版的《中国佛教资料选编》第二卷第三册的引文（第 302－303 页），也参考了商务印书馆 1999 年出版的《全上古三代秦汉三国六朝文·全隋文》（第 386－389 页），其现代标点很到位。凡本书第一章概论第二节所提到的前辈学者的相关研究，笔者都有所借鉴，从中受益匪浅。标点断句后，才可以逐句逐字逐词地突破，以句为单位在具体的语境中寻求语义，完成翻译。

比如：罗新璋、陈应年对《辩正论》第二篇第二部第三段（2.2.3）这句"久之流变，稍疑亏动，竞逐浇波，鲜能回觉"（2009：61）标点断句与笔者的不同，"久之流变稍疑亏，动竞逐浇波，鲜能回觉"（笔者）。标点不同，解释和翻译当然就不同。笔者在本书第一章和第二章对此处标点断句有解释。

（2）训诂的方法

汉语语内翻译不能回避传统的训诂。"诂"就是用当时的今语解释因时而异的古语，用当时的标准语（雅言）解释因地而异的方言；"训"乃解释古文献句、段和篇的含义。（陆宗达，2002：3－4）而训诂的方法是根据汉字的字形、字声寻求字义，或核证以文献，或考察以社会，这些都是行之有效的寻求语义的

科学方法。（陆宗达，2002：170）解释字或词义的正确途径是先推求字词的本义，即尽量推溯最原始和核心的意义，然后沿着词义发展的线索找出其引申义。（陆宗达，2002：4-5）解释古文献的句、段和篇，必然要研究原文的语法和语言风格。古汉语的虚词具有语法功能，这是训诂的常识。如果《辩正论》的语内翻译不顾虚词的含义，实词不讲本义和引申义的规律，或者不讲究语法和语言风格，可断为不讲训诂。中国的训诂从秦汉的《尔雅》起，专著层出不穷。然而，笔者认为，历代训诂研究的精髓和汉语字词的层累性的语义都收录在当今最优秀的字词典里。勤查相关字词典是语内译者的必修功，而取舍字词的意义乃由译者的相关学问水平而定。若有语内译者翻译某字或词其义超出最权威的字词典收录的范围，或超出了词义发展的时代界限，前者是臆译，后者是不合时宜，正如让隋朝人说出了后世宋元的话，都可断为不讲训诂。

（3）"假朋友"的问题

西方翻译研究（the Translation Studies）学者发现和提出"假朋友"（false friends 或 faux amis）的翻译问题，其根据在于西方语言之间的语际翻译研究。他们发现，"假朋友"存在于亲缘关系相近的语言之间，表现在源语（SL）和目标语（TL）词项都有形式完全相同或者极为相似但意义完全不同的词语，从而造成翻译的困难。（Shuttleworth & Cowie，2004：57-58）比如：英语动词 assist（援助，帮助）恰恰不能译成法语动词 assister（参加，出席），尽管这两个词词形相似、词性相同；英语的 sensible（可察觉的，意识到的）也不能用法语的 sensible（敏感的）和德语的 sensibel（小心眼的、敏感的）来翻译。这些词之间的意义差别非常大。（同上：58）

笔者认为，汉语语内翻译同样有假朋友的问题。比如，《辩正论》第四篇第四部 4.4.1 段"备二"的"讥"，其常用义是

"当面被人讥讽"，在此意义上古今同义，词形词源相同，但释彦琮在此处使用了佛教术语的部分内涵代表整个术语的内涵，即八风。八风，也称八法，包含利、衰、毁、誉、称，讥、苦、乐八法。作者用其中之一法的"讥"代替全部八法。作者此处运用了以部分代表整体的修辞手法，这在汉语的修辞里屡见不鲜。（陈望道，1982）由此造成僧俗两界、古今隔代使用相同的字词但含义不一样。这句的"讥"就是汉语语内翻译的"假朋友"现象，僧俗古今虽用同样的字，但具体含义不一样。

断定这"备二"的"讥"是佛教术语，其理由首先可验之以佛教专业工具书。其次可验之以"八备"学说的整个语篇语境。"八备"的每一备从前正后反两个方面立论，前八个字说要什么，后四个字说不要什么，前者为主为前提，后者为辅为推论，前后文气连贯，说的是同一件事。整个"八备"是八要八不要的格局。联系到"备一"佛教浅层的思想和行为要求，既然这"备二"开头八个字说要达到觉悟的较高层次非得严守佛教戒律，这的确是佛门中人的较高层次的思想和行为的专业要求，后面要求不要做什么怎么又会顾左而言他，转而说佛门以外的事情呢？古人行文，尤其是像彦琮这样的学通内外、擅佛经宣译和理论著述的高僧肯定不会这样写作。第三，上文提到汉语的意合精神和汉语构成句子的总规则：有定指引无定，已知信息统御未知信息；前字管后字的组配选择，上句启示下句的语义范围和陈述走向。这样的组句原则也决定了这句的"讥"是佛教术语的用法，而不是平常的用法。所以，"备二"仍然是对佛教徒的思想和行为上的要求，且用佛教术语来表达。这"讥"不是古代或现代汉语的平常用法，直接译成"讥嘲"，即受"假朋友"的蒙骗。

2. 语内和语际翻译通用的方法

（1）直译和意译法

直译或字面翻译（literal translation）就是词对应词（word for word），词组对应词组（group-group）或者从句对应从句（clause-clause），包括借用（borrowing）等转换方式的翻译方法。（Shuttleworth & Cowie，2004：95—96）意译就是意对意（sense-for-sense translation），更注重转换源文本的意义或"精神"而非精确再现原文措辞的翻译方法。（同上：151）

（2）深译（thick translation）法

深译（thick translation）也是《辩正论》语内和语际翻译通用的方法。深译是文学翻译，也是学术翻译，即以评注或附注的方式力图把译文置于丰富的语言和文化背景中的翻译。（Appiah，2004：427）加纳－英裔美籍哲学家、文化学家和小说家阿皮亚（Appiah）在 20 世纪 90 年代提出这个概念，21 世纪后在中国译论界开始产生反响。谭载喜把"thick translation"汉译成"增量翻译"，理论提出者"Appiah"汉译成阿皮尔。（沙特沃思、考伊，2005：232）自此国内译者和译论者时有研究深译的论文发表，或出版著作在翻译实践中运用和研究深译。

中国的训诂萌芽于先秦，发展至今仍然可见《诗经今注》《论语译注》等这样的古籍注释书。现当代中国出版的外国哲学、社会科学和外国文学名著的译著可谓汗牛充栋，要从中找几本没有译文加注再冠以序言的还真不容易。埋头实践了这么多年的语内和语际深译，但没有一个中国学者用类似概念来归纳总结，使之提炼为概念。而西方学者一提出概念，我们就奉为至宝，拜成理论。

深译的概念本身就包含了实施深译的方法。正所谓世上有其事必有其理，有理必有其法。文学翻译就意味着译文应该体现原文的文学形式和意蕴，根据实际情况字斟句酌，讲究辞藻。最简单的例子就是翻译诗歌译文也应该是诗，有诗的意蕴和形式；学术翻译的译文就应该体现原文所包含的某专门知识和学问，不说外行话。举个最简单的例子，有学者英译中国古代佛典译论，将僧人穿的袈裟（Kashaya）英译成"三件礼袍"（three robes），这就体现不出佛学的专门知识。笔者以为以上文学和学术的方法既针对译文本又针对其注释。深译之深不光有译文本身和评注治以文学和学术的方法，还有如上述从阐释人类学借用过来的特别注重细节、语境和阐释的方法，以"文化持有者的内部眼光"描写，为了把译文置于丰富的源语言和源文化语境之中而在页边和行间为译文加注的翻译方法。译文本身的空间有限，为了最大限度保持译文的可读性，译者对源语文化背景等方面的学术阐释更多在注释里进行。深译其实质是增量翻译，所增加的源语和源文化的信息主要放在译文注释部分。

另外，赫尔曼斯指出了实施深译的两种方法：一是西方翻译史上 16 世纪荷兰文艺复兴人文主义者伊拉斯谟（Erasmus）翻译《新约》的方法，那"堆积如山的评注让现存译文相形见绌"（The towering annotations dwarfed the actual translation）；二是斯蒂文·马尤（Steven Mailloux）称之为修辞阐释学的一种形式。（Hermans，2003：388）

再者，中国香港学者张佩瑶也指出，语境化（contextualization）是实现深译的关键，通过"学术翻译"的标准方法——注释和评注即可实现深译。此外，她还指出了在中国古代翻译话语的汉英实践中如何实现深译在四个方面的考虑。（Cheung，2006：3）

当代中国翻译家曹明伦还提出了为英译汉的汉译文加注释的六条原则："1. 当注必注，不偷懒懈怠；2. 点到为止，不画蛇添足；3. 准确精当，不误导读者；4. 客观合理，不为注而注；5. 随文注释，方便读者；6. 标记清楚，体例统一。"（曹明伦，

2007b：88）他逐条解释，举例示范为译文加注的方法，明确各个方法的要领和注意事项。他把给译文加注的方法落实到具体操作的层面，指出了加注的尺度。同时也论述了这六条方法原则的翻译理论基础，即"译者的注释意识取决于译者对翻译目的之认识，译文的注释原则取决于对译文读者之认知语境和认知能力的正确判断"（曹明伦，2007b：86）。笔者认为，这六条尽管是为英译汉的汉译文加注释的方法和原则且来自于作者长期的英汉翻译实践，但也可作为具体实施深译时为译文和原文加注之良法。曹明伦为译文加注释这六条原则的思路与阿皮亚一样，都是译者为了达到翻译目的在译文内增厚增加源语及其文化的氛围，深入其文化内涵，尽可能让源文化的信息、色彩和程度增量。看来谭载喜把"thick translation"汉译成"增量翻译"也不无道理。

另外，曹明伦还认为，深度翻译有显性和隐性之分。显性深度翻译就是对译文加评注和附注的方法，而隐性深度翻译就是"在不变原意的情况下增加原文所无之词语，从而使译文更接近原文"（曹明伦，2013：118）。换言之，深译不仅可以行之以译文加注释的方法，还可以施于译文本身。就笔者翻译《辩正论》而言，深译法既在译文中运用又行之以译文加评注和附注的方法，而大量的注释加在原文，这也是深译的常法。

尽管阿皮亚对如何实现深译只有一个总体方法原则，上述中外翻译学者根据自己的翻译实践丰富了深译的方法论，今后日益发展的翻译实践也必将使之更为丰富。

直译、意译和深译是今译和英译《辩正论》通用的常用方法。比如，5.2.2段有这么一句："然今地殊王舍，人异金口，即令悬解，定知难会。"笔者的译文如下：

今译：而今天我辈佛门中人地处中土已不是佛陀当年常居住和说法的王舍城，讲经说法者亦非佛陀本身，今日中土信众即使有所解脱，但难以领会禅定和智慧。

英译：But now our Chinese bhikshus are not in the city of Rajagrha 王舍 where the early believers were able to hear the Buddha's teachings directly from his golden mouth. Today, even if the Chinese believers seem to have some freedom from afflictions, it will be hard for them to have dhyana and prajba.

这句有一暗一明两个地名，暗的是"地"，明的是"王舍"；"地"今译"我辈佛门中人地处中土"，是意译和深译，英译"our Chinese bhikshus"也是意译，地名化在"Chinese"当中。"王舍"今译"王舍城"是直译加意译，也是深译，英译Rajagrha直接借用梵文词，是直译当中的借词法。笔者还给这句的两个地名加注，尤其对原文"王舍"加了详尽的注释。这些都是深译的典型例子。此例地名的语内和语际（汉英）翻译通用直译、意译和深译三种方法。

第二节　翻译关键评析

所谓翻译关键就是对《辩正论》原文的语义辨析，对其文化背景的分析和专业知识的阐释，对其翻译结果都具有决定作用的字、词、句等因素。本书讨论的翻译是把《辩正论》从古代汉语转换成现代汉语，然后再从现代汉语转换成英语。《辩正论》属于汉文佛典，出自大藏经中国本土撰述的史传类著作，即唐朝僧人道宣所作《续高僧传》卷二之中的"隋东都上林园翻经馆沙门释彦琮传四"，是为前代隋朝僧人兼学士彦琮所作的传记。笔者已在本书第三章分析了《辩正论》的篇章结构，本章的翻译关键分析是在第三章结论的基础上进行的。

不同译者的译文对照是翻译关键分析及其批评的必要步骤。

笔者的译文请参见本书第二章或附录。傅惠生的今译文虽然不全，但已是笔者所能找到的现有对《辩正论》转换最多的现代汉语译文，可惜没有英译文，发表在《中国翻译》杂志 2011 年第 1 期，且称之为"译释"。笔者在下文将傅惠生的"译释"简称"傅译"。难能可贵的是，两位中国香港学者（Diana Yue，Cheung Martha P. Y.）有《辩正论》英译的全文，可惜没有现代汉语译文，刊载在《中国翻译话语英译选集（上册）：从最早期到佛典翻译》（*An Anthology of Chinese Discourse on Translation-Volume One: From Earliest Times to the Buddhist Project*）。该书 2006 年首先在英国圣杰罗姆出版社出版，之后 2010 年又由上海外语教育出版社出版，为该社"国外翻译研究丛书之三十一"。这两位香港学者姓氏的头字母分别是 Y、C，笔者为了行文方便，以下把这两位香港学者的英译简称为"YC 英译"。笔者在全面深入研究《辩正论》之后有了自己的今译文和英译文，必然发出翻译批评的声音。这严格遵循了翻译批评的两大基本原则：一是批评者必须精通相关两门语言，二是批评者必须有自认满意的译文。（Reiss，2004：2-3，5）

一、第一篇

本篇只有 1.0.0 这一段，提出整篇论文的中心论点——主题。翻译时应该注意的是这段不是作者彦琮的亲笔，而是彦琮本传的作者唐释道宣所写。此外还应注意原文"至于"这个词在此语境中的意义和作用。

◇译文对照（笔者的今英译文，请参照第二章或附录）

1.0.0

　　[原文简体]（然琮久参传译，妙体梵文，此土群师，皆宗鸟迹，至于音字诂训，罕得相符。乃著《辩正论》，以垂翻译之式。其词曰。）

　　[译释] 彦琮我长期参与佛经翻译工作，能够体会梵文的精妙；国内参与佛经翻译的佛师们只懂中文，外文基本不能对应一致；所以我要写这篇《辩正论》，建立一个能够正确理解翻译的范式。（傅惠生，2011：19）

　　[英译]... Yan Cong studied the sutra translations for a long time and knew the *Fàn* language [Sanskrit] well, whereas the masters of this land are all trained in the Chinese script. Fully aware that the sounds and meanings of words [of Sanskrit and Chinese] seldom match, he wrote a treatise, *On the Right Way*, to establish a model for translating. This is what it says:（Yue and Cheung, 2006:137）

　　◇翻译关键分析

　　这部分的"参""宗""至于""垂"很不好译。"久参传译"的"参"笔者取"参与"之意，YC 译成研究（study），属不同译者的仁智之见。"皆宗鸟迹"的"宗"傅译为"懂"，没有训诂的根据，可说是意译。但是，原文的"至于"是虚词，起上下逻辑连接作用，其义为另提一件事，应译成"再者"或"此外"，英译应是 besides，moreover 等类似的意思。这样上下文的逻辑才连贯通顺。"以垂翻译之式"的"垂"应是留传之意，译成建立（establish）差强人意。

　　另外，笔者要提醒读者，这段虽然是《辩正论》非常重要的第一部分，却是彦琮传的作者唐释道宣写的，本书第三章已有论述。有学者纵横译史，讨论《辩正论》的写作目的一开口就说这段是彦琮写的。（傅惠生，2011：19）如不仔细阅读和研究《辩正论》乃至整个彦琮本传，很可能忽略这个细节。因而傅惠生把《辩正论》第一句"琮久参传译"译成"彦琮我长期参与佛经翻译工作"（同上）。即便不承认论文开头这段是唐释道宣的手笔，把这个"琮"当成自称也不能把隋朝高僧彦琮的自称译成"彦琮我"。"汉传佛教称谓众多，或译音，或译义，或同名异义，或同义异称，内涵十分丰富，……因此汉传佛教称谓实为多种文化作用下的产物。"（陈星桥，1999：33）如果按照今天佛教界的规矩，"若是自称，僧人可称贫道、拙僧、弟子、晚学等"（1999：34），并没有人名加上我的自称法。笔者遍翻藏经也不见中土僧人有这样的自称。余光中说，如何翻译好人名、地名和书名是鉴别洋学者高下的试金石。（2000：25-26）。他虽举的都是西洋文学作品当中人、地和书名的翻译，但此处翻译汉文佛典当中的人名及其对自己称呼，我们也不能马虎。他还说，今天的译者如只能停留在表皮，"只会翻字典，连单字"（余光中，2000：26），那还要译者干什么？

其实，像彦琮这样有身份的高僧在隋朝写论文该怎么称呼自己，在《辩正论》中已给出了答案。只要认真读过《辩正论》，可以看到文中有两种原作者的自称。第一种自称出现过两次，一处"窃以佛典之兴。本来西域"，另一处"窃以得本开质斳巧由文"。"窃"是典型的文言自谦词，可做第一人称，代表自己，也可以做副词，"私自"的意思。还有第二种，即"余观道安法师"当中的"余"。这样的自称法再次说明了《辩正论》虽是汉文佛典的性质，属于佛教中外混合文体，但文言成分相当多。所以，这段语内翻译，"琮"绝对不能译成"彦琮我"，只能译成彦琮。YC译和笔者的英译文都是"Yan Cong"，都没有译成"Yan Cong I"。

二、第二篇

作者在本篇主要介绍道安的佛典翻译原则，并加以评论。本篇共有四部，每部又分为若干段。

第一部

作者彦琮在本部介绍道安的"五失本三不易"的翻译原则，最后是作者的评论，共有三段：2.1.1、2.1.2、2.1.3。

2.1.1

本段介绍道安的"五失本"原则。应注意其中"失"字的训诂，在本段到底其意义是丢失还是变化。

◇译文对比

[原文简体] 弥天释道安每称：译胡为秦，有五失本、三不易也。一者，胡言尽倒，而使从秦，一失本也。二者，胡经尚质，秦人好文，传可众心，非文不合，二失本也。三者，胡经委悉，至于叹咏，丁宁反复，或三或四，不嫌其繁，而今裁斥，三失本也。四者，胡有义说，正似乱词，寻检向语，文无以异，或一千或五百，今并刈而不存，四失本也。五者，事以合成，将更旁及，反腾前词，已乃后说，而悉除此，五失本也。

[英译] The eminent Dao An 道安 frequently said：

"In translating Hu-language into Chinese, there are five instances of losing the source[*shīběn* 失本]. The first is when the Hu-language word order is reversed to conform to that of Chinese. The second is when Hu-language sutras, **unhewn** [*zhì* 質] in style, are converted into **refined** [*wén* 文] Chinese-as only refined [*wén* 文] texts can please the Chinese, who like **refined** [*wén* 文] writing. The third is when the Hu-language sutras, elaborate and detailed, are tailored and the repetitive chants, considered **wordy** [*fán* 煩], are shortened or excised in the Chinese translation. The fourth is when the Chinese translation completely erases the repetitions and gathas [ranging from five hundred to a thousand words], which recapitulate in verse the meaning of a prose section. The fifth is when the narrative, having completed a theme, makes a digression and then goes back to it, but the digression is removed in the Chinese translation. (Yue and Cheung, 2006: 137)

◇翻译关键分析

作者彦琮把东晋高僧道安的"五失本三不易"列为中土"翻译之式"之首，这的确是道安提出的中土佛典翻译原则。"五失本"用现代汉语翻译时用"要、必须"这类表情态的动词，用英文翻译用情态动词 be to 的句型①。原文以意统形，"译胡为秦，有五失本三不易也"句，形式上没有显示主语，译者心里应明白逻辑主语是中土佛典译者。

这里的"失"不是现代汉语常用的"失去"或"丢失"的意思，在这个上下文语境中是"变化""变动（change）"的意思。译成"丢失"或者"失去（lose）"，就不是佛典翻译要遵循的原则而成了翻译批评，与道安原意不符。正确理解道安的"五失本三不易"翻译原则，笔者以为还要了解道安说的翻译不是我们今天翻译学的纯翻译概念，道安的翻译还有"传"和"宣"的佛教因素。大藏经里面"传译""宣译""出经"很常见。

---

① Be 作为助动词后接动词不定式可表示职责、义务等。(*Webster's Third New International Dictionary Unabridged CD*，2000)

翻译这部分，"失"是关键，其他都是不同译者的仁智之见。

2.1.1 傅惠生没有译文。

2.1.2

作者彦琮在本段介绍道安"三不易"的翻译原则。翻译本段应注意佛教术语和知识的解释及其关键字词的训诂。

◇译文对比

[原文简体] 然《智经》三达之心，覆面所演，圣必因时，时俗有易，而删雅古，以适今时，一不易也。愚智天隔，圣人巨阶，乃欲以千载之上微言，传使合百王之下末俗，二不易也。阿难出经，去佛未久，尊大迦叶令五百六通迭察迭书，今离千年，而以近意量裁。彼阿罗汉乃兢兢若此，此生死人平平若是，岂将不以知法者猛乎？斯三不易也。涉兹五失经三不易，译胡为秦，讵可不慎乎？正当以不关异言，传令知会通耳，何复嫌于得失乎？是乃未所敢知也。

[英译] Let us look at the prajñāpāramitā [Perfection of Wisdom] sutras. The Buddha's wisdom is expounded in the sutras, and its true revelation always goes along with the times. As times and fashions change, the antiquated **elegant** [yǎ 雅] features have to be removed and adjusted to the present time. This is the first difficulty. The enlightened and the unenlightened are separated by an immense gap, and yet [the translator] must seek to make the subtle and profound words from a millennium ago understandable to the common people. This is the second difficulty. When Ānanda 阿難 [d. 463 BCE] put the sutras together for the first time shortly after the death of Buddha, Mahākāśyapa 大迦葉 [dates unknown] asked the five hundred arhats to check the texts rigorously; but now, after a millennium, present-day notions are adopted unthinkingly when the texts are edited. How cautious the arhats were, and how reckless we ordinary mortals are! Could it be that those who know little about the sublime law are braver? This is the third difficulty.

Five instances of losing the source [*shīběn* 失本]; three difficulties. When translating Hu-language into Chinese, shouldn't a translator be careful? The proper thing to do is not to be distracted by dissenting words, and to transmit all that is relevant, for this is the best way to facilitate a comprehensive study of the material and hence a mastery of the subject. If that were done, then perhaps there would be no need to criticize the masters. But then it is hard to say. (Yue and Cheung, 2006:137)

◇翻译关键分析

翻译本段要搞清楚其中的佛教术语、名数和其他佛教知识，讲究文言训诂是翻译关键。否则译文意思不连贯，前言不搭后语，不通顺。

翻译第一句讲述中土佛典翻译第一个困难的内容时要搞懂"三达"与"覆面"。YC 把第一句英译成"Let us look at the prajñāpāramitā [Perfection of Wisdom] sutras"。回译成中文：让我们来看看智经。这样英译，"三达"与"覆面"被扔掉不译，导致英译与原文意思差距太大。后面一句"圣必因时，时俗有易"。"圣"指佛陀，原文明明是主语，译成英文时成了定语。"因"是动词，顺应的意思，作句子的谓语。

此外，下面一句"而删雅古以适今时"当中的"雅"应训成"正、正确、规范化"，英文应译为"canonized"（经典化的），而不训成优美、优雅中的"雅"。如训成"优美"，不符合彦琮在

《辩正论》中提倡的中土传译佛经应该"宁贵朴而近理，不用巧而背源"的佛典翻译原则。仔细研究道安的佛典翻译主张，也没有说第一次结集的佛典很优美，所以，此处"雅"应该是"神圣的、绝对正确的经典"之意。

第二句讲的是中土佛典翻译的第二个困难，"愚智天隔圣人叵阶"，其中的"愚""智""圣""人"都是佛教术语，把"愚"和"人"译成 unenlightened（不觉悟者），"智"和"圣"译成 enlightened（觉悟者），虽然很好，但是个无奈的选择。佛教的这类术语及其概念乃西方文化所无。Enlighten 这个动词，《韦氏第三新国际足本词典》（*Webster's Third New International Dictionary*, *Unabridged*）的解释是 to supply with spiritual insight or light，其中用到了 spirit（精神），insight（洞察力）和 light（光）三个关键概念。而佛教的觉悟、般若（智慧）是无相的。就精神而言，西方的精神分析至多到达弗洛伊德研究的潜意识。而佛教的唯识学说认为：

> 有情的心识可分为眼识、耳识、鼻识、舌识、身识、意识、末那识与阿赖耶识，合称"八识"。前五识能了别外界色、声、香、味、触诸对象，相当于感觉；意识统率前五识的活动，相当于想象、推理、判断等心理作用和思维活动。末那识联接意识与阿赖耶识，并经常执持着阿赖耶识以为"自我"。阿赖耶识则是世界万有的精神本源，内藏各种名言种子和业种子，变现出世界万物。由于心外无境，故普通人所谓的认识外界事物，实际上只不过是由识分成认识的主体"见分"及认识的客体"相分"，然后由见分去认识相分，这种认识实际是在心识内部进行，而不是在认识器官与外界事物之间进行。（任继愈，2002：1106）

可见，当今西方和佛教双方对人精神的认识在各方面都不一致。所以，笔者认为用 enlightened 和 unenlightened 翻译此语境下佛教的"智"与"愚"是个折衷之法。笔者翻译也跟用这两个词，此处提出问题以待来者。

第三句讲的是中土佛典翻译的第三个困难，要了解佛教用语"结集"，指"集体合诵（或会诵）、编纂佛教经典"。释迦在世之时，只有口头传诵的"说法"，并无文字记载的经书。释迦逝世后，其弟子集会以会诵、甄别、审定口述佛经，然后系统地确定下来，即名"结集"。据佛教史料记载，先后共有四次结集。第一次在释迦逝世的当年，在王舍城附近的七叶窟举行，由迦叶召集、主持，有阿难等五百比丘参加，诵出经、律二藏。（任继愈，2002：974-975）了解"结集"这个概念之后，第三个困难其中的"阿难出经"，笔者译成"阿难在第一次结集背诵出（recite）经藏"，"迭察迭书"译成"反复会诵、审核、甄别经文，然后才系统固定下来"。道安作为东晋高僧对当时的佛教界说"五失经三不易"，言简意赅，今天翻译一是要解释佛教术语，二是要解释史料，非用深译法不可。

翻译第三个困难还要训好其中的字义。请参见本书第二章中2.1.2的注释。

2.1.2 最后三句（"涉兹五失经三不易，译胡为秦，讵可不慎乎？正当以不关异言，传令知会通耳，何复嫌于得失乎？是乃未所敢知也。"）的翻译，也请读者参见本书第二章中2.1.2的注释。"涉""关""传""会通""耳""嫌""敢"的训诂，代词"是"指代何物都是翻译的关键。YC英译这三句过于离谱。

2.1.2 傅惠生没有译文。

2.1.3

本段是作者对道安翻译原则的评论，应注意其中"振""理""诠"及"僧宝"的训诂。

◇译文对比

　　[原文简体] 余观道安法师，独禀神慧，高振天才，领袖先贤，开通后学；修经录则法藏逾阐，理众仪则僧宝弥盛，称印手菩萨，岂虚也哉！详梵典难易，诠译人之得失，可谓洞入幽微，能究深隐。

　　[傅译] 我认为道安法师有天才和超人的智慧，是佛经译界的先辈，引领了后来的学者。他纂修所译佛经的目录，使得佛经佛法得以传播，他整理佛教的仪轨，助力僧团的发展繁盛。世人称他为印手菩萨，真是名不虚传啊！他详细论说理解梵文佛典的难易程度，评价译者的得失好坏，真是深刻、细致，能够将深奥隐藏的意义表达出来。（傅惠生，2011：20）

　　[英译] To me, the eminent Dao An was a man bestowed with sublime wisdom and great talent; as the champion of early sages, he inspired many later scholars. His studies on the sutras threw further light on the doctrines. The bibliography he compiled—*A Comprehensive Catalogue of the Sutras* 綜理衆經目錄 [*Zongli zhongjing mulu*]—provided valuable information on the Tripi-taka, and the rules and rituals he established for the Buddhist order contributed to the healthy growth and development of Buddhism. Indeed it was not for nothing that the world called him the "bodhisattva with the seal-like mark on his arm". He knew exactly what difficulties lay in the study of the *Fàn* [Sanskrit] sutra classics, and commented on the strengths and weaknesses of the sutra translators; his work showed a thorough understanding of the most minute and deeply-hidden meanings. (Yue and Cheung, 2006:137−138)

◇翻译关键分析

"振""理""诠"是这部分翻译的难点。"高振天才"的"振"是显扬的意思,今译应为"展示",英译应是 manifest,demonstrate,reveal 之类的词。"综理众经目录"的"理"不应超出"治理、料理、修整、整理"的意思,没有"建立"或"创立(establish)"之意。有关佛教僧尼轨范和佛法宪章,佛陀早有规定,道安加以整理修订以适应中土佛教的实际情况才合乎情理。"铨译人之得失"的"铨",是"排列等第"或"评定高下"的意思,今译应为"评价",英译是 evaluate。

"僧宝弥盛"指僧为佛教三宝之一,故为僧宝,指修学佛法之佛弟子集团,梵语 saṃgha,英文译成 community of monks and nuns,傅译"僧团"很正确。

第二部

这部分作者彦琮委婉批评道安乃至以往中土佛教界胡梵混淆,共分为三段:2.2.1、2.2.2、2.2.3。

2.2.1

本段作者彦琮委婉批评道安不甚辨胡梵。翻译时应注意"至于""雅论""闲明"和"远识"的训诂。

◇译文对比

[原文简体] 至于天竺字体,悉昙声例,寻其雅论,亦似闲明。旧唤彼方,总名胡国,安虽远识,未变常语。

[傅译] 从梵文经典文本和声韵角度看道安的论述,似乎都很有道理。问题在于,过去我们讲佛经传播的对方总称为"胡国",道安虽然见识广博,在其论述中一直使用同样的称呼。(傅惠生,2011:20)

[英译] The eminent Dao An, judging from his writing,

seemed also to be aware of the complexity of the language of *Tianzhu* [the Indian subcontinent], which has its own script and phonetic patterns. In the past, it [the Indian subcontinent] was referred to as "those parts" and was included in the collective name "*Hu* countries". Dao An, though knowledgeable, did not rectify this situation and just retained the common usage. (Yue and Cheung, 2006:138)

◇翻译关键分析

第一句"至于天竺字体，悉昙声例"中的"至于"在汉语里有四种用法。第一，表示另提一事。第二，提出突出事例，表示达到某种程度。犹竟至于，甚至于。第三，承接上文，表示下文是上文引出的结果。犹以致于。第四，犹即使是，即便是。这些用法在《汉语大词典》中都有古籍佐证。(汉语大词典编辑委员会和编纂处，1991b：784) 笔者以为，此处的"至于"属于第一种用法，而傅译把这个"至于"释译成"从……的角度"，不知有什么学理根据。且"雅论"(高明公正之论)的"雅"(高明正确的)没有译，"闲明"译成了"很有道理"，不通训诂。

"寻其雅论亦似闲明"，前四字的主语是作者彦琮，后四字的主语是道安，最后两字"闲明"(熟练明白)是动词，其宾语指前面的"天竺字体，悉昙声例"。

第二句中的"远识"是道安的师傅佛图澄当初赞扬道安的原话(参见本书第二章2.2.1的注释)，此处是用典的修辞手法。巨赞说，道安与其老朋友僧光相比较，道安既坚持原则又思想进取，这应该就是其师称道的"远识"。(1996：20－21) 所以，"远识"直译成现代汉语就是"高远的见识"，也就是"独到的见解和知识"，英文就是 distinctive ideas and knowledge。古人用典本意在言简意赅，但今人不习经典，难以理解作者的深意，笔者因而把这个典故翻译挑明。不挑明而随文直叙也算翻译的一种

选择。

笔者提醒读者，傅译"过去我们讲佛经传播的对方总称为'胡国'"这句不通，大概其中的"讲"应是"将"字。

上文推出道安的"五失本三不易"并加以赞扬，而此处另外指出道安不辨胡梵的缺点，以先赞扬道安"天竺字体，悉昙声例，寻其雅论，亦似闲明"引出其缺点。此处先扬后抑，读者应体会作者彦琮运用为贤者讳的圣人笔法。

2.2.2

作者彦琮在本段指出中土佛教界不辨胡梵和作者能分清胡梵。翻译时应注意"胡""梵""本"和"梵学"的训诂及语义的辨析，译文句子应补出主语。

◇译文对照

[原文简体] 胡本杂戎之胤，梵惟真圣之苗，根既悬殊，理无相滥。不善谙悉，多致雷同，见有胡貌，即云梵种；实是梵人，漫云胡族，莫分真伪，良可哀哉！语梵虽讹，比胡犹别。改为梵学，知非胡者。

[傅译] 所谓佛经的胡语译本如同混血杂种，而只有梵文原文才是真正的圣人苗裔。根种悬殊很大，就没有理由相混淆。因为没有弄清楚，多数情形下将两者混为一谈。看到有胡人的样子，就说是天竺人，而实际是天竺人，又笼统地称为胡人。不分真假，实在是可悲。笼统地说佛经语言为梵文本身也是不确切的，但比起一概称为胡语，还是有很大的差别。改称为梵学就是要使之区分于胡语文本。（傅惠生，2011：20）

[英译] But the *Hu* tribes are descendants of vulgar barbarians, whereas the people who speak the *Fàn* language [Sanskrit] are the offspring of true divinity. As the two came from different roots, there is no reason to confuse them.

However, people who are poor in discernment may think that the two are the same, and upon seeing the face of a *Hu* tribesman may say he is of *Fàn* [Indian] breeding; or upon seeing a native of the *Fàn* land [the Indian subcontinent], they may say he is a *Hu* tribesman. How sad it is that they are unable to tell true from false! It would of course also be wrong to say that *Fàn* [Sanskrit] is the language of all sutras, but this at least would have the advantage of distinguishing it from Hu-language. This being the case, if there was uniform deployment of the term *Fàn* [Sanskrit], people would no longer confuse it with Hu-language. (Yue and Cheung, 2011:138)

第一句"胡本杂戎之胤,梵惟真圣之苗"中的"胡"指胡人,"梵"指在印度次大陆与佛陀同一民族且是后辈的人,古称天竺人。"戎"指中夏以西的各民族,具体到隋朝包括相当于今天新疆和中亚的各族。前半句第二个"本"字是副词,与后半句第二个"惟"字副词相对仗,都是原先、本来的意思。如,《列子·汤问》:"本在冀州之南。"诸葛亮《出师表》:"臣本布衣。"再者,这句前后段对仗工整,相互说明,第一个字是名词,第二个字都是副词,其余类推。傅译就把这个"本"译成"文本"的"本",在此处说不通。

中土胡梵不清有三种情况,一是把长得像胡人的都当成是梵人,二是把真正的梵人称为胡人,三是把外国人看成要么是胡人,要么是梵人,其实胡梵二者都不是。

最后一句"改为梵学,知非胡者"是作者在上文把胡梵两地及其人民分清后,最后总结的一句,但其中最关键是这句的主语是什么?笔者认为,主语应是"胡学"。彦琮这里说的胡梵不清,最后导致当时许多人错把佛教的起源地认定在胡地,误称佛教为"胡学",而笔者查《大正藏》的"宋高僧传",其中的校勘记指出，宋本和宫本（＝旧宋本），梵学就等于胡学。所以，彦琮这里说，胡学（指佛教）应改为梵学，因为他已经知道梵学不属于胡。古书上的梵学①就指佛教。中土佛教徒辨胡梵的根本在于分清佛教的根源，在梵而不在胡。无论是语内还是语际翻译，只要把上述意思表达清楚，就达到了这段翻译之目的。本段辨清胡梵是下文展开学佛必须懂梵语的逻辑前提。

2.2.3

作者彦琮在本段指出中土胡梵莫辨的原因。翻译时，应注意"本""西域""原""流变""疑亏""失"这些词的训诂，辨析对偶句式对翻译大有裨益。

◇译文对比

[原文简体] 窃以佛典之兴，本来西域；译经之起，原自东京，历代转昌，迄兹无坠。久之流变稍疑亏，动竞逐浇波，鲜能回觉。讨其故事，失在昔人。

[傅译] 我认为佛学经典产生于天竺，而译经开始于东京洛阳。从那时起，一代代人到现在没有停顿。随着时间的流逝变化，语言文字的理解也稍稍发生了变动，人们便跟随潮流，很少有人会去追根寻源。究其原因，是前人的过失。（傅惠生，2011：20）

[英译] My humble account of the situation is as follows: The rise of Buddhism took place in the Western Regions, and sutra translation began in the Eastern capital[Luoyang] and

---

① 《汉语大词典》列举有唐、宋、元的例子。（汉语大词典编委会和编纂处，1989b：1032）另，《高僧传》卷一："承远有子道真，亦善梵学。"（僧佑，24）《大唐内典录》卷五："矩即彦琮之犹子也，然以家风梵学，故之此任。后召翻经。"（《大正藏》第55册第280页）《宋高僧传》卷二十："释圆观，不知何许人也，居于洛宅，率性疏简或勤梵学。"（《大正藏》第50册第839页）下划线为笔者所加。

flourished for many centuries without waning. However, changes came with the passing of time, and gradually mistakes occurred; fashionable worldly trends were followed, but few people reflected on that situation. Looking back, the responsibility could be traced to people in an earlier age. (Yue and Cheung, 2006:138)

◇翻译关键分析

第一句的"本"和"原"是副词,意思一样,都是"原来、原本"的意思。"西域"指天竺,采用以整体代局部的修辞手法,为的是与后句的"东京"对偶整齐。此外,原文是"佛典之兴,本来西域",不知为什么YC英译为"The rise of Buddhism took place in the Western Regions(佛教兴于西域)"。

第二句是对偶句式,动词"流变稍"对"动竟逐",名词"疑亏"对"浇波"。"流变"和"疑亏"都指上文的胡梵莫辨。

第三句的"失"也指中土胡梵莫辨的错误,翻译时应挑明,不然译而未译,读者依然读不懂具体是什么过失,是零翻译。

第三部

第二部分清胡梵之后,作者彦琮在本部论证学佛要研究佛经原典和通梵语的好处和必要。本部分四段:2.3.1、2.3.2、2.3.3、2.3.4。

2.3.1

作者在本段论述学习来自印度的佛教是僧人的本分。翻译时需注意"五欲""三衣""遗体""爱""俗""梵""反"和"致"的训诂和语义辨析。

◇译文对比

[原文简体]至如五欲顺情,信是难弃,三衣苦节,定非易忍,割遗体之爱入道要门,舍天性之亲出家恒

务。俗有可反之致忽然已反，梵有可学之理何因不学？

[傅译] 俗世的种种欲望的确是很难以放弃的，佛教的清规戒律肯定也不是容易能够忍受的。离别亲人，抛弃亲情，走入佛门，以敬佛为务。这是对人伦最大的背弃了，佛徒都毅然地弃绝了，那么佛经有可学的真理，为什么我们不去学呢？（傅惠生2011：20）

[英译] As for the five desires, they are part of human nature and are certainly hard to abandon, and it is definitely not easy to follow the ascetic practice of having only three robes to be worn throughout the year. Likewise, it is no small ordeal to be subject to monastic discipline. A believer must sever his love for the body; and upon joining the order, a layman must treat the body given to him by his parents as forever cut off from all emotional ties. If, in spite of this, one can turn one's back on the ways of the world and join the order swiftly and decisively, as if the act required no inner debate, then one has no excuse not to learn the *Fàn* language [Sanskrit]. (Yue and Cheung, 2006: 138)

◇翻译关键分析

第一句讲到的五欲是佛教术语，指色、声、香、味、触五欲或财、色（淫）、名、饮食和睡眠欲，傅译成"俗世的种种欲望"似乎不专业，而"三衣"也是佛教术语，指僧人穿的袈裟，丢掉不译或者译成"三件礼袍"（three robes）也不专业。"遗体"不是现代汉语尸体的意思，而是血或姻亲关系的意思。比如以男子本人为参照，自己是父母的"遗体"，而儿女是自己的"遗体"，于妻自己当然也是"遗体"。这个说法即便在今天不可谓不科学。"爱"指对亲人怀有很深的亲情之爱。所以，"割遗体之爱"不是

YC英译的割舍对身体的爱（sever his love for the body），而是上别父母，下离妻子（妻子和儿女），割舍亲情的意思。作者彦琮是隋朝高僧，《辩正论》属于汉文佛典，整篇文章佛教术语比比皆是，译文不充分表现，应是翻译不充分或欠翻译之病。傅译说僧人"走入佛门，以敬佛为务"，这些都不是原文的意思，僧人岂止是以敬佛为务，不懂佛教才有这样的说法。"走入佛门"没有佛教色彩，常见的说法应是遁入空门。

翻译第二句要把握好几个词在此语境中的含义。"反"指违反；"致"是事理；"梵"与上句的"俗"（俗世）相对偶，既然前句的"俗"是俗世，下句的"梵"应是梵间，即天竺的意思，而不是傅译的"佛经"。YC英译这句也偏离了原意。

2.3.2

作者彦琮在本段论述虽本土汉学很难，但都能学好，只要获得佛经原本外来佛学也能学好。翻译时注意"又且""发蒙""伏膺""章本"等词语的训诂，注意隐含的"此"与显露的"彼"的所指，还应注意要翻译好这段的典故。

◇译文对比

[原文简体] 又且，发蒙草创，伏膺章简，同鹦鹉之言，仿邯郸之步；经营一字，为力至多，历览数年，其道方博，乃能包括今古，网罗天地，业似山丘，志类渊海。彼之梵法大圣规摹，略得章本，通知体式，研若有功，解便无滞。

[傅译] 佛经翻译草创的时候，循规蹈矩，如同鹦鹉学舌、邯郸学步，简单地模仿，艰难地前行，一名之立，需耗费许多的精力。经历了一段历史时期之后，事业便逐渐有了今日的昌盛，能够包容一切。虽然翻译的事业如山，但是人的意志坚定，如渊如海。佛法深奥、规模宏大，如果我们基本读懂原文，并能够了

解其文体范式，如果我们下功夫深入研究，理解就不会有困难。将其译为华文，也就不会有障碍。（傅惠生，2011：20—21）

[英译] True, the process of learning is painful and laborious. One has to start from the beginning, like a child receiving basic schooling; one has to study diligently, like a parrot learning human speech; and one has to make awkward mistakes, like the man who clumsily tried to imitate the gait of people from another region and ending up forgetting how to walk. The use of a single word is hard work, and understanding the doctrines requires years of dedicated study. But eventually, one will know all about the past and present as well as heaven and earth; one will achieve good works as high as a mountain and develop vision and courage as deep as the sea.

The doctrines contained in the *Fàn* [Sanskrit] texts have been passed down from the highest order, yet believers who work hard can grasp the basic principles and the different forms of writing, and will eventually be able to unravel the meaning without obstruction. (Yue and Cheung, 2006:138—139)

◇翻译关键分析

第一句开头的"又且"是联系上下文表递进关系的连词，应译成"况且"，英文是"furthermore"。根据《汉语大词典》，"发蒙"有四个意思：1. 启发蒙昧。2. 谓开始学习识字读书。3. 揭开蒙盖物。喻轻而易举。4. 糊涂；弄不清楚。该语境中应该是第二个意思，而"发蒙"的这个意思从五代到现代的典籍都有案可查。五代王定保《唐摭言·海叙不遇》："〔段维〕年及强仕，殊不知书；一旦自悟其非，闻中条山书生渊薮，因往请益。众以年长犹未发蒙，不与授经。"宋周辉《清波杂志》卷五："或谓童稚发蒙之师，不必妙选，然先入者为之主，亦岂宜阔略世

故。"邹韬奋《经历》附录："我六岁的时候，由父亲自己为我'发蒙'，读的是《三字经》。"郭沫若《我的童年》第一篇："我在发蒙两三年以后，先生便要教我作对子。"中国历史上谈论翻译莫过于佛经翻译，资料都在大藏经。但笔者遍阅大藏经，"发蒙"这个词用的地方很多，但都不见"发蒙"有翻译的意思。可傅译把这里的"发蒙"译释成了"佛经翻译"。这样译，还不如YC英译为"One has to start from the beginning, like a child receiving basic schooling"，这显然讲究训诂，没有凭空乱译。笔者认为"发蒙草创，伏膺章简"前后句对仗整齐，"发蒙"是动词，"草创"指写字作文；后段"服膺"也是动词，"铭记""信奉"的意思，这个用法也有古籍可以证明，"章简"指诗文和书籍。

"同鹦鹉之言，仿邯郸之步"笔者译成"如鹦鹉学舌，如小儿学步"，尤其是后一个"仿邯郸之步"典故，意思与上句重复，原作者为了其骈文体的需要不可省略，但翻译可以简化。这句YC英译为："like a parrot learning human speech; and one has to make awkward mistakes, like the man who clumsily tried to imitate the gait of people from another region and ending up forgetting how to walk."（如鹦鹉学舌；且拙笨的错误不可避免，像有人拙劣模仿其他地方之人的步法，结果忘了自己该怎么走路。）如此译过于累赘。原文不过四个汉字，译文无论今译还是英译一定要在达意条件下尽量简洁。原作者无非在说中土蒙童起初识字作文很艰难，"同鹦鹉之言，仿邯郸之步"笔者译成"如鹦鹉学舌，像小儿学步"，尤其是后一个"仿邯郸之步"与上面的"同鹦鹉之言"意思重复，原作者为了顺应其文体的需要不可避免这样的重复，笔者翻译时根据实际的语境简化了该典故源出语境的意义。

翻译这段的关键点之一就是"彼之梵法大圣规摹"一句中的

"彼"，在文言作指示代词"那"的意思，与"此"相对，意味着前句在说"此"的情况，第一句虽然没有出现这个字，但上下文很明显，指前句讲中土的情况。这就是汉语的以神统形。这段共两句。第一句较长，无非说中土之人从发蒙识字到学有所成都要经历千辛万苦。第二句说中土僧人学佛只要取得原本佛典文本，还是可以学好。这为下面中土僧人学佛要从学梵文开始，也要经过千辛万苦作铺垫和类比。傅译整段译文在说翻译佛典怎么样；YC 译文在说为了翻译佛典从小应怎么样，用词又怎么样，应该掌握佛教基本原理等。其实"章本"就是佛典文本的意思。笔者的译文与上述两位译者的译文都不一样，请读者明鉴。

2.3.3

作者彦琮在本段指出当时中土佛教界学佛的两个流弊。翻译时注意"匹""难""易""人我""惭""枉""旷隔"的训诂和语义辨析，补出句子的主语。

◇译文对比

[原文简体] 匹于此域，固不为难。难尚须求，况其易也。或以内执人我，外惭咨问，枉令秘术，旷隔神州！静言思之慇而流涕。

[傅译] 将其译为华文，也就不会有障碍。困难的事情需要不断地探索解决的办法，何况相对比较容易的事呢？（傅惠生 2011：21）

[英译] Indeed it would not be too difficult to become good at it here in this land. In any case, since all who have joined the order would pursue the Buddha truth no matter how difficult the quest for enlightenment is, and since learning the language is, by comparison, a lot easier, then we should be all the more ready to learn it. But if we are hampered by the straightjacket of self and

other, and too proud to learn the other's language, then the wonderful secrets of Buddhism may never come to our country. When I reflect on this in my moments of quiet, I weep. (Yue and Cheung, 2006:139)

◇翻译关键分析

第一句"匹于此域，固不为难"的"匹"是比得上的意思。下面的"此域"指中土，《辩正论》的"此"都指中国，"彼"指天竺。"固"是副词，执意或坚持的意思，最后一个字"难"的所指很重要，指的就是上文研究佛教原典文本的意思。整句的直译就是"有的佛门同道凡事都要看能否比得上我们中华，所以就很固执，不去克服困难研究佛教原典"。看什么问题都要看比不比得上自己，就是以自己为中心，而放在此处语境中就是以中土为中心。这句最后译成：有的佛门同道凡事坚持以本土为中心，不去克服困难直接研究原典。傅译这句跑题了。

将 YC 此句的英译"Indeed it would not be too difficult to become good at it here in this land."回译成中文：要在此土此域不是不精通佛理确实不很难。这样英译，"匹"没有译；英文 be good at（精通）不知从原文何处得来，没有训诂的依据；英译文 too... to 的不定式已经包含否定，谓语再带 not 表示否定，这样双重否定反而使这句的意思更浑浊不清。

第二句"难尚须求，况其易也"的"难尚须求"的意思是：有的佛门同道迎难而上一定要研究原典；"况其易也"相对好译，但难点是其中的"易"到底指什么？"难"就是困难，指研究佛教原典的困难。上文用了相当的篇幅说中土之人干大事业从发蒙认汉字开始，实际上就是为下文这里说明学佛之人要有成就和要研究原典，也要从认（梵）字开始做铺垫。所以，这里的"易"就是指学习梵文。与研究佛教梵文原典相比，学梵文相对容易。这个难点一解开，这两句就该译成：有的佛门同道凡事坚持以华夏为中心，不去克服困难直接研究原典。可还是有些佛门同道迎难而上，再难也一定研究原典，更何况相对容易的梵文。

傅译"困难的事情需要不断地探索解决的办法，何况相对比较容易的事呢"将其中的翻译难点全绕过去，没有解释字意，更没有训诂，也不联系上下文。而 YC 英译将此处的"易"译为 learning the language。YC 这句英译是："In any case, since all who have joined the order would pursue the Buddha truth no matter how difficult the quest for enlightenment is, and since learning the language is, by comparison, a lot easier, then we should be all the more ready to learn it." 回译是：无论如何，既然僧人不论追求觉悟有多大的困难，都要追求佛理，既然学梵语相对更容易，那么我们更应该积极学习梵语。这样译，相对原文显得过于冗长，道理讲得勉强，究其原因在于对原文的理解不透彻。

第三句"或以内执人我，外惭咨问，枉令秘术，旷隔神州"的第一个字"或"是这段的文眼。这部分总共五句，前四句的主语都是这个"或"，只有最后一句的主语是作者。"或"是代词，意为"有人"或"有的"，可指人或物，这是文言常识。但在此处应该是"有的佛门同道"的意思，所以这句和上两句的主语笔者都译成了"有的佛门同道"。前两句貌似没有主语，到这里就交代出来了。这也是汉语尤其是古汉语以神统形的例证。古汉语这种以点带面的写法，凡断章取义、蜻蜓点水读古文的都读不出研不透，最后肯定译不好。

这句还有个佛教术语"人我"。这里原作者说得很专业，还可意译成自以为是、目空一切，但为了忠实原文，笔者在译文中依然保留原文的佛教色彩。应注意这句的"内""外"，内指内心，外指他人。这句的"枉"表示惋惜之情，也应该译出来。

YC 英译："But if we are hampered by the straightjacket of

self and other, and too proud to learn the other's language, then the wonderful secrets of Buddhism may never come to our country." 回译是：但如果我们受到人我的束缚，且傲慢得不学习对方的语言，那么奇妙的佛教之秘密可能永远不会来到我国。"惭"译成 proud（傲慢）， "谘问"译成 to learn the other's language（学习对方的语言）， "枉"没有译， "旷隔"译 may never come to our country（可能永远不会来到我国），这些都没有训诂的依据。

上面四句的难点解开后，最后第五句"静言思之慨而流涕"就容易译了，主语当然是原作者自己，翻译时应补出。

第三和第四句傅惠生没有译文。

2.3.4

作者彦琮在本段以谈理想的形式（假言推理）说明中土僧人通晓梵语的好处和必要。这段翻译除了字词训诂和词义的辨析外，应注意佛教术语和行话的翻译，了解所提到的中国古代佛典翻译史上几位著名的译典僧人，妥善处理长句的翻译，应用深译法。

◇译文对比

　　[原文简体] 向使法兰归汉，僧会适吴，士行佛念之俦，智严宝云之末，才去俗衣，寻教梵字，亦沾僧数，先披叶典，则应五天正语，充布阎浮，三转妙音，并流震旦；人人共解，省翻译之劳，代代咸明，除疑网之失。于是舌根恒净，心镜弥朗，藉此闻思，永为种性。

[英译] In the old days, Gobharana 法蘭 [fl. first century CE]—who arrived in the Han Dynasty—and Kang Senghui 康僧會 who went to the Kingdom of Wu, and the likes of Zhu

Shixing 朱士行 [203－282 CE] and Zhu Fonian 竺佛念[fl. 365－416 CE], as well as Zhi Yan 智嚴 [350－427 CE] and Bao Yun 寶雲 [376－449 CE] all shed their worldly garments and pursued the study of *Fàn* [Sanskrit] writing. If we follow their example and make ourselves worthy among the faithful, then the formal classical language of the five regions of the Indian subcontinent [Sanskrit] will spread to the farthest reaches of the world inhabited by humans, and the melodious chanting of the sutras will be heard all over our land. The meaning of the sutras will be understood by all peoples, and we can be spared the laborious task of translation; successive generations will attain the same clear understanding, and doubts will be eliminated. Their tongues will become purified, and their minds cleansed; then they can concentrate on learning and meditation, and this will become their inherent nature ever after. (Yue and Cheung, 2006: 139)

◇翻译关键分析

这段原文第一句是长句，句型是"向使……则"，译成现代汉语是"如果（假如）……（那么）就"的句型。从逻辑上说，本段是假言推理，前段是假设和虚拟，后段根据前段的假设和虚构推导出来虚拟结果。其中还有若干翻译难点，一是训诂，二是佛教术语，三是中国佛教史和佛典翻译史上一些著名人物事迹，四是长句处理方法，以下笔者将分别阐述。

首先，训诂的难点有"向使、适、俦、才、寻、沾、数、披、应、五天、震旦"。其次，佛教术语的难点有"叶典、正语、阎浮、三转、妙音"。笔者在本书第二章2.3.4的注释都有交代。

第三，这里提到中国佛教史和佛典翻译史上隋之前的六位著名高僧和佛典译家：竺法兰、康僧会、朱士行、竺佛念、智严和宝云。这些人物事迹及其活动时间和地点查相关书籍即可得到。在翻译时要把相关隐含的基本信息显明。这些人名的翻译也至关重要，翻译时应把隐含的相关基本信息显明，以方便读者的阅读。亦步亦趋步原文后尘，只罗列其名，当今的中外读者就会对这句话的意思理解得模模糊糊，似懂非懂，译者就达不到翻译的目的。翻译上述六个人名不能仅名从主人，而应深译。笔者认为，深译从本质上说是一种信息增量或增厚的翻译，除了在原文及其注释，在译文本身也可以适当加深和增量信息，其目的是为了使读者以最低的认知成本获得最多的信息。

笔者起初翻译这句时有个问题一直萦绕于心：为什么作者彦琮在此语境只提这六位中国佛教史和佛典翻译史上的著名人物？作者必有深意。当笔者读完上述六位人物的生平资料后，认为得到了问题的答案。

竺法兰和康僧会代表中国佛典翻译史上最早从外国来中土翻译佛典的外国僧人。竺法兰是中天竺人，而康僧会祖籍西域康居，世居天竺。所以笔者在翻译"法兰归汉，僧会适吴"时加上"早期来中土译经的外僧其中有"这 11 个字，英译是"Among the earliest foreign monk sutra translators"。

笔者接着读完朱士行、竺佛念、智严和宝云这四位的生平资料，发现朱士行是西行（至西域）求法的第一位（即最早）中土僧人，但没有翻译佛典；智严和宝云既远行西域和天竺求法又是当时中土的佛典译家，离作者彦琮的时代最近，所以原文说"之末"。朱士行、智严和宝云三位僧人应为具有共同特点的一组（"之俦"）。竺佛念只是苻姚二秦两代的著名优秀佛典译家，没有西行求法的经历，应单列。所以笔者在翻译"士行佛念之俦，智严宝云之末"时，译文既挑明这几位僧人的活动年代和地点，把朱士行、智严和宝云三僧放在一起为一句，加上"远行西域甚至天竺求法的中土僧人"，智严和宝云后加上"两位佛典译家"这样的信息，英译是："Among the Chinese monks who travelled to the Western Regions or/and India to study Buddhism"，"Zhi Yan and Bao Yun，the both sutra translators"。竺佛念的翻译单列为一句。

原作者在此为了追求骈对的文学形式，一是行文过简，二是为了按时间先后顺序排列上述六位僧人，与他说的"士行佛念之俦"就有矛盾，因为朱士行与智严和宝云才是同类型的僧人。笔者的翻译化解了这个矛盾，但又打乱了原文排列的时间先后顺序。这就是翻译的遗憾，面面俱到是理想，顾此失彼是常态。

第四，第一句长句今译处理的具体办法是，翻译竺法兰和康僧会用一句，朱士行、智严和宝云再用一句，竺佛念也用一句。然后把那个"向使……则"的假言推理句型译成一句。这样译文总共用了四句来翻译原文这个长句。笔者英译这句的句式处理与现代汉语翻译处理一样。这句里面的"才去俗衣，寻教梵字"，YC 英译为"all shed their worldly garments and pursued the study of Fan［Sanskrit］writing"。回译成中文：（指上述各代五位译典的高僧）都脱掉了其俗衣，从事梵字研究。但原文不是这个意思，YC 译文中原文的"才"（刚刚）和"寻"（经常）两个表示时间的词都没有英译出来，还把其中的动词"教"译成了 study（研究/学习），这不讲训诂。从句式上说，这两句是倒装句，"才去俗衣"是后句"寻教"的宾语，"梵字"是第二宾语。应译为：（上述各代六位译典的中外高僧）常教那些刚脱掉俗衣而入教的僧人学习梵字。"亦沾僧数，先披叶典"YC 英译为"if we follow their example and make ourselves worthy among the faithful"。回译成中文：如果我们以他们为榜样，让我们不愧为忠实的信徒。这样译也不对。"亦"是又的意思，"沾"是熏陶、感化，"数"是道理，"僧数"就是为僧的道理，"先"是副词，表示时间或次序在前，"披"是阅读，连起来直译：上述各代五

位译典的高僧既教他们（指刚入佛门的僧人）学为僧之道又教他们先读原典。前面假言推理的假设部分是翻译的难点，后面推理的结果部分主要翻译难点是佛教术语，上文已有说明。

第二句"于是舌根恒净，心镜弥朗，藉此闻思永为种性"是在第一句假言推理结果为真的前提下再推理。"舌根、心镜、闻思、种性"都是佛教术语，不搞清楚肯定译不好全句，整个这句是作者彦琮作为高僧说的一句行话。请读者细读笔者的今译文。再把笔者的英译文与 YC 的英译文相比较，二者的区别显而易见。正如本章第一节所说，翻译是主体的建构，不同译者的译文绝不会一模一样。

这部分笔者的英译文当然比 YC 英译这句长。笔者将原文长句一分为四，并适当深译。这都是着眼于方便中外读者，为了达到翻译目的。本段傅惠生没有译文。

第四部

本部只有 2.4.0 一段。作者彦琮在本部指出道安提出的"十条"之性质，但没有详论，所以本部只有一段。翻译时应注意"玄门""更""疏""相"的训诂和词义辨析，补出句子主语。历代只转述"十条"，没有更多的资料，翻译时凭空发挥恐弄巧成拙。

◇译文对比

2.4.0

　　[原文简体] 安之所述，大启玄门，其间曲细，犹或未尽。更凭正文，助光遗迹。粗开要例，则有十条：字声一，句韵二，问答三，名义四，经论五，歌颂六，呪功七，品题八，专业九，异本十，各疏其相，广文如论。

[傅译] 道安的论述，真正开启了分析理解佛经的大门。细

细品味辨析，他的话似乎没有说周全。依据佛经原文，我们可以作一些补充。大略地说来，原文文本理解有十个方面的文字音韵问题：一是句式和音韵，二是问答的区分，三是名称与意义的关系，四是经文与论文的区别，五是歌颂的体式，六是咒语的熟练，七是经论分类及标题，八是佛教的专业，九是不同的版本，十是各种不同的注疏本，还有各种各样的文章论说。（傅惠生，2011：21）

[英译] Dao An's expositions have opened wide the gate to the profound Buddhist truth, even though some intriguing details therein were perhaps not explained. To help shed light on his precious legacy, the best thing to do will be to refer back to his writing. Roughly speaking, Ten Guiding Principles can be established. The first is about the sound of the words. The second is about the rhythm and tempo of the sentences. The third is about question-and-answer form. The fourth is about the meaning of terms. The fifth is about sutra commentaries. The sixth is about songs and gathas. The seventh is about mantras. The eighth is about section titles. The ninth is about special areas, and the tenth is about variant translations. These principles could be further commented on and explained. (Yue and Cheung, 2006：139)

◇翻译关键分析

第一句的"安之所述"指的是作者原文上面提到的道安所述，笔者今译成"上述论断"，英文就是 above expositions。玄门指佛法，英译应是 the dharma。

第二句"更凭正文助光遗迹"句首的"更"字是副词，表示动作行为的重复，相当于"再""复""又""还"。这个"更"字是个非常明显的信号，显示道安除了有上面的翻译原则和功绩以外，还有一个方法，就是下文说的"正文"之法。这句后半句指出道安的正文法的作用在于光大了佛陀的遗迹，也就是让佛教在中土发扬光大。所以第二句的主语还是道安，翻译时应补出。

第三句"粗开要例，则有十条"的"开"是解说、表达的意思，笔者今译用一个"论"字，英译是 list，并补出主语"我"（指作者彦琮）。对这句的翻译，笔者与傅译和 YC 英译略有不同。

正文十条"字声一、句韵二、问答三、名义五、经论六、歌颂六、咒功七、品题八、专业九、异本十"，笔者已指出了《大正藏》此处的句读误断和错别字，正确的标点应是"字声一，句韵二，问答三，名义四、经论五，歌颂六，咒功七、品题八、专业九、异本十"。这十条正文之法，由于缺少详细资料，历来没有详论。翻译也只有从字面翻译，毫无根据地发挥恐弄巧成拙。

"各疏其相，广文如论。"该句第二个字"疏"是梳理、解释的意思，此处作动词，所以笔者译成：逐条分别订正，其中细节如其鸿文。傅译把"各疏"译成"各种不同的注疏本"，算成第十条，那"其相"又怎么解呢？"广文如论"傅译是"还有各种各样的文章论说"，在此处语境不通。

三、第三篇

作者彦琮在本篇正反评价中土佛典翻译，提出了自己的佛典翻译标准。本篇共分三部。

第一部

作者彦琮在本部先转述道安对中土早期佛典译家的评价，然后引出自己正面评价早期佛典翻译。本部分成二段：3.1.1 和 3.1.2。

3.1.1

作者彦琮转述道安对中土早期佛典翻译的评价以及自己对此评价的再批评。翻译时应注意"审""得""斮凿""巧""开""质""文"这些字词的训诂和语义辨析。

◇译文对比

[原文简体] 安公又云：前人出经，支谶、世高，审得胡本，难继者也；罗叉、支越，斮凿之巧者也。窃以得本开质，斮巧由文，旧以为凿，今固非审。

[傅译] 道安大师又说：前辈翻译佛经，支谶和世高因为懂原文，能够继承他们的人很少。后来叉罗和支越的译文就有些背离原文而注重译文语言技巧了。我认为译文质量是关键的，所谓的"斮巧"，是关于文采的。旧时的观点，我们并没有重新审视。（傅惠生，2011：21）

[英译] The eminent Dao An also expressed the following views: translators of the olden days, such as Lokaksema 支谶 and An Shigao 安世高, exercised great caution and captured the theme of the Hu-language source, and it was difficult for those who came later to emulate them. Moksala 無叉羅 [fl. 290−306 CE] and Zhi Qian 支謙 were particularly **skilful** [*qiǎo* 巧] in pruning and reshaping [the source]. In my humble opinion, **unhewn** [zhì 質] translation is the key to capturing the source [*déběn* 得本], while deletion and **contrivance** [*qiǎo* 巧] were the results of **refined** [wén 文] translation. What had at one time been considered pruning may now be regarded as insufficient understanding of the sutra. Let me explain. (Yue and Cheung, 2006：140)

◇翻译关键分析

第一句作者先引出道安对东汉末两位外来译经僧人佛典翻译的评价。安世高来华和生活年代比支谶早约 100 年，笔者以为，原文之所以把支谶放在世高之前仅因为从"支谶世高"和"罗叉支越"人名对应而言，"支谶"放在"世高"之前避免与下联"支越"的"支"重复，这是文言为文必要的修辞手段。但笔者今译还是按时间先后顺序，把安世高放在支谶的前面。"审"是确实的意思，"得"是契合之意。"审得胡本"就是"确实符合原本"。道安评价安世高和支谶的译经情况之后，又评价了之后的支谦和无罗叉，大藏经记载的前者活动年代稍早于后者。原作者把"支越"放在"罗叉"之后也是为了避免与前面的"支谦"太近，显得重复字或音太多。笔者翻译处理同上。说他们两位翻译佛典"斲凿之巧"，就是译文雕巧删改，为了追求文采而删改过分。

第二句是彦琮根据道安的评价，提出自己的观点。"窃"是指自己的谦辞，明显标志着从此之后是笔者彦琮自己的观点。"开"是明朗的意思，彦琮说：安世高和支谶的译文符合原本，所以明朗质朴，而支谦和无罗叉的译文雕琢删改，其原因在于中土之人有爱好文采的性情。最后一段的"旧"是从前的意思，"固"是原来，连起来译为：从前以为雕琢删改过分的译文今天发现原来并不确切。这是彦琮对道安翻译批评的再批评。

3.1.2

作者彦琮在本段正面总评中土早期的佛典翻译。翻译时注意本段的字词训诂、佛教术语的语义辨析，搞清"斯"与"彼"各自所指，厘清句子之间的逻辑关系。

◇译文对比

    ［原文简体］握管之暇，试复论之。先觉诸贤，高

名参圣，慧解深发，功业弘启，创发玄路，早入空门，辩不虚起，义应雅合。但佛教初流，方音鲜会，以斯译彼，仍恐难明。无废后生，已承前哲。梵书渐播，真宗稍演，其所宣出，窃谓分明。

［傅译］所以在我译经之余，对译文的发展，重新来梳理一下。

佛、菩萨及其先辈圣人，他们用高度的智慧创立和发展了佛教事业。佛学的创立，使佛学早早得以成型。关于佛理的辩论，并不是无中生有，从意义上讲与佛经应该是吻合的。但是佛教开始流传的时候，很少有人懂得梵文。将其文本译成汉文，恐怕仍然使人难以明白。而后辈的人奋发有为，已经继承了他们的事业。

梵文经书逐渐传播开来，佛理开始普及。当时的佛理教化，我认为是明晰的。（傅惠生 2011：21）

［英译］Let me explain.

Wise men of earlier times delved into the sublime truth and achieved much by exploring the profound depths and reaching the gateway to the essence of non-being and non-becoming. The debates they conducted to resolve doubts were never unfounded, and such a meeting of minds enabled the scholars to put their learning into practice. However, when Buddhism first spread [to China], it was found that since the languages of these two lands had seldom come into contact with one another, even though translation was used, people probably still found the teachings of Buddhism difficult to understand.

Later generations continued the work of the pioneers unremittingly; hence *Fàn* [Sanskrit] writing gradually spread, and the true doctrine gradually came into its own. What was proclaimed and brought forth [*chū* 出] was, I would say, distinct and clear. (Yue and Cheung, 2006:140)

◇翻译关键分析

第一句"握管之暇，试复论之"，其中"管"指毛笔，"暇"字义从"日"，声从"叚"，《说文》训为"闲"。这个"闲"与"间"字相同，可训为"间隔"。这里当然指时间的间隔。总之，"暇"在此处强调其时间意义而不是悠闲的意义。这句前四个字直译：我手握毛笔的时候。笔者认为作者彦琮此处所指并非他翻译之余。笔者在本书第一章探讨过彦琮的生平，他一生既是高僧又是朝廷官员，既翻译佛典也给译好的佛典作序，同时还撰写佛教论文，不然我们今天怎么看得到这篇《辩正论》。在此处语境中"他手握毛笔的时候"是指作者紧接上文道安评论中土前贤的翻译佛典加上作者彦琮自己评论的时候。这是第一层意思。后面四个字中的"复"（再）是个明显的信号，表明上文评论了前贤的翻译，接着还要继续臧否佛门前贤的佛典翻译情况。这是第二层意思。当然翻译是译者的建构，不同的译者根据不同的研究建构就不同。傅译就是"在我译经之余"。YC 译是 Let me explain（让我来解释），这样译失去了上述一、二层意思的衔接和交换。

第二句较长，"先觉诸贤，高名参圣，慧解深发，功业弘启，创发玄路，早入空门，辩不虚起，义应雅合"说的是中华佛门先贤的情况。这句的主语"先觉诸贤"不是傅译的"佛、菩萨及其先辈圣人"。"先觉诸贤"就是指中土佛教的"先觉诸贤"，YC 英译成 "Wise men of earlier times" 要好些，可佛教的"觉"用 wise man 来译似乎不足以表达原意。

这句当中的"参圣""慧解""玄路""空门"和"辩"是翻译的难点。"参圣"是位跻圣人之列的意思，"高名"就是名高。"高名"不应译为"用高度的智慧"，"参圣"也不应译为"创立和发展了佛教事业"。

"慧解"是佛教术语，指智慧之用，能了解诸法，是个外来词，译自梵文 praty-avagama。"玄路"也是佛教术语，指玄妙之道路，真理。"空门"还是佛教术语，指我空、法空、有为空、无为空等为破常有之见的空相之法门，又指这四法门之一，也指佛教本身。空门也是外来词，梵文 śūnyatā。这是典型负载大量佛教专业知识的所谓文化负载词。但在此处，笔者认为这些词应指佛教修行的较高境界。这一连串的术语、概念和命题译为"佛学的创立，使佛学早早得以成型"并不妥当？再者，作者彦琮是隋代高僧，所以绝对不会说佛教是"佛学"。简单地说，佛教是其信徒信奉的宗教，而佛学是把佛教及其思想当成一门学问来研究的学问。所以，佛门中人对学佛和佛学是分得很清楚的。傅译把原文"辩不虚起，义应雅合"转换成"关于佛理的辩论，并不是无中生有，从意义上讲与佛经应该是吻合的"。这句是本段的文眼，傅译歪曲了原文的含义，与下文难以衔接，破坏了整段表达的完整性。文言"辩"字训为"聪明、智慧"，译成"关于佛理的辩论"与此处上下文毫不相干，也不讲训诂。

YC 英译 "delved into the sublime truth and achieved much by exploring the profound depths and reaching the gateway to the essence of non-being and non-becoming" 转换了原文 "创发玄路早入空门"，而 "高明参圣" "慧解深发" 并没译出来。

YC 英译 "The debates they conducted to resolve doubts" 与傅译 "关于佛理的辩论" 今译的错误相同。"不虚起" 是 "很值得，多亏了" 的意思，傅译 "并不是无中生有" 和 YC 英译 were never unfounded（绝非毫无根据）真有点 "无中生有"。

第三句第一个字 "但" 引出这个转折句，表明前一句与这句是让步转折的关系，都在说中土的佛门的事情。尤其是其中 "以斯译彼" 四字，"斯" 意为 "此"，这是文言常识，指中土语言；"彼" 是文言代词，与 "此" 相对。这证明第一句的 "先觉诸贤"

是斯先觉诸贤而非彼，而且这些"先觉诸贤"都是在中土善译佛典的。

"方音鲜会，以斯译彼，仍恐难明"，YC英译是"since the languages of these two lands had seldom come into contact with one another，even though translation was used，people probably still found the teachings of Buddhism difficult to understand"。回译：由于华梵两地语言很少相互接触，即便翻译，人们也许仍然觉得佛教意旨难以领会。这样译对原文的理解尚欠火候。这里的"会"意为理解、领悟，不是会合。

第二部

作者彦琮在本部分段评价中土译经史，指出秦凉后译经缺点和流弊。本部分为三段：3.2.1、3.2.2 和 3.2.3。

3.2.1

作者在本段评价汉和三国时代的佛典翻译。翻译时应注意"聊""因""此""言""纵""虽""本""悬""容""适"的训诂和语义辨析。

◇译文对比

[原文简体] 聊因此言，辄铨古译。汉纵守本，犹敢遥议，魏虽在昔，终欲悬讨；或繁或简，理容未适，时野时华，例颇不定。

[傅译] 根据这样的历史状况，我们考察古代的译本。汉代的译本虽然基本依据原文，似乎还是敢于发表一些不相关的议论。魏朝时期，译文与原文意思相隔比较大，或是过于繁缛，或是过于简洁，佛理并没有很好地融入译文中。译文的语言表达有时粗鄙，有时华丽，风格也不一致。（傅惠生，2011：20—21）

[英译] With this in mind, let us look at the earlier

translations. Although the translations produced in the Han Dynasty [206 BCE — 220 CE] stayed close to the source [*shǒuběn* 守本], people still dared to comment on them from a distance. Although the translations produced in the Wei Dynasty [220 — 265 CE] had existed long ago, people still wished to discuss them across the long span of time. These translations varied greatly in length; some were **elaborate** [*fán* 繁] and others too **simple** [*jiǎn* 简]. Also, they did not always expound the meaning appropriately. As they were written in language that was sometimes **coarse** [*yě* 野] and sometimes **flowery** [*huá* 華], the translating approach was not very consistent. (Yue and Cheung, 2006: 140)

◇翻译关键分析

第一句的"聊"是副词，意为姑且、暂且，表示动作行为的权宜性。"因"介词，表示依据，相当于依照、根据和随着。"此"近指代词，可指人、物、地、时和事，笔者认为在这个语境中指当下的时间。"言"指见解、意见。"辄"指专擅、擅自。傅译扔掉了"聊"，只译"因"为"根据"。"聊因此言，辄铨"YC英译为"With this in mind, let us look at"有疏漏。第一句的主语是作者彦琮本人，YC英译成 people 不准确。

第二句"汉纵守本，犹敢遥议，魏虽在昔，终欲悬讨"前后对仗工整，相互说明，所谓互文见义，乃古汉语常用的修辞手法。"纵"是表示让转关系的连词，与后面的"虽"二者相互照应，"昔"和"本"指事物的起始、根源，在此语境指中土佛经翻译的最初和起始阶段。"敢"是谦辞，有冒昧之意。"遥"既可指空间远又可指时间长，此处意为后者，傅译"不相关的"似乎并不准确。"魏"指三国时代的曹魏，三国中最强大的一国，也是三国的终结者，作者应该是以局部代整体指整个三国时代。范

文澜、蔡美彪在其《中国通史》第二册第二编中说："三国、十六国分裂，是东汉、西晋两朝末年割据战争的继续。它们立国不能和一个朝代相比，因之，三国附于东汉，十六国附于西晋。若干小朝廷组成的南北朝，事同割据……"（范文澜、蔡美彪，1994：2）隋释彦琮学通内外，在这篇为骈文体的论文中用曹魏代表三国附于东汉是恰当的。况且下面的"昔"字也是本、开始的意思，与前面的"本"相互说明。"悬"指系联、关联，此处是联系在一起的意思。"讨"意为研究、探讨。傅译把"昔""悬讨"连在一起转换成"相隔比较大"既没有训诂的根据又不符合语境，更没有修辞。这句整个应译为：汉代和之后三国虽说是中土佛经翻译之肇始阶段，但鄙人还是不揣冒昧，在数百年之后的今天还是要把这两代联系起来探讨，议论其得失。联系第一句的"辄铨"（妄评），下句的"犹敢"（还是不揣冒昧），这节下面的评论负面多于正面。

　　读过中国佛教史和佛典翻译史的读者都知道，关于佛教流传和佛典翻译的资料汉代留下的东西相对较少，三国相对多一些，把这两代捆绑到一起讨论也是没办法的事。这句的"本"应译成"原文""原本"，英译为 source，也算不同译者的不同建构。但古书上版本、文本或演出的底本的"本"前面都有一字限定，如刻本、抄本、古本、善本、话本、剧本和唱本。《辩正论》用"本"指文本的词语，有"章本""异本"和"胡本"，"本"的前面都有定语。凡单独用"本"大都指根本、起源和本源。《辩正论》有几例单独的"本"指源本的文本，是根本、起源和本源的"本"的引申义，如"五失本"的"本"，"遇本即依"。"本"字单独直指文本，古籍无先例；独一"本"字古书上仅可指书册（汉语大字典编辑委员会编，2010：1152），但也没有文本之意。但汉代有多少书册，尤其是佛经翻译的初期阶段，这是个问题。在佛经翻译的初期和第二期除了传本，外僧用胡语"口授"原典

（马祖毅，2006：65），然后笔录下来，笔受译为汉言，书面成文。（汤用彤，2011：36，39）我们今天都知道初期佛典原本这样的情形，难道隋朝的彦琮却不知道，如果这个"本"笼统指文本，那么这个"本"到底是哪个本，是口授的口本还是笔受成文的本？所以，综合以上各个因素，笔者以为这个"本"不是文本的"本"，而是本源的"本"，与后段的"昔"同义。

第三句"或繁或简，理容未适，时野时华，例颇不定"的主语承前，指汉代和三国时代的佛典翻译。这两代的佛经翻译时繁时简。"理容"的"容"是充分的意思，承前四字头二字的意思，繁则佛理表达得充分。后段"未适"的"适"是恰当的意思，承前四字后二字的文意，过简则佛理表达有亏（不恰当）。后面八个字"时野时华，例颇不定"也是前后四字结构一样，前后对仗相互说明。译文表达时而过质（野）、时而华丽，表达过质则体例有偏颇，而表达华丽体例又不确定。"例"是体例，"颇"是偏、不正的意思。整个连起来，笔者的译文是：这两代的佛经翻译有时繁复、有时简洁，繁复则佛理表达得充分，简洁则佛理表达有亏；译文表达时而过质、时而华丽，表达过质则体例有偏颇，而表达华丽体例又不确定。在前一篇（第三篇第一部3.1.2段）作者已经赞扬过中国佛典翻译初期的情况，算是"得"，而在这里明显是在探讨佛典翻译初期的缺点，就是"失"。

3.2.2

作者彦琮在本段评价晋和秦凉间以及南北朝的两位佛典翻译家的佛典翻译。翻译时应注意"谈说""文才""质""高德""大经"的训诂和语义辨析。还应注意历史地名的翻译，历史事实与本段内容的协调。

◇译文对比

［原文简体］晋、宋尚于谈说，争坏其淳！秦、凉

重于文才，尤从其质。非无四五高德，缉之以道，八九
大经，录之以正。

[傅译] 晋宋时期的人们崇尚清谈，佛经译文因此也质量比
较糟糕。秦凉时期重视文才，同时也特别注重翻译内容的质量。
出现了四五位高僧大德，齐心合力翻译佛经。其中至少有八九部
大经，译文质量很高。（傅惠生，2011：22）

[英译] The translations produced in the Jin Dynasty [265—
420 CE] and the Liu Song Dynasty [420 — 479 CE] of the
Northern and Southern Dynasties Period were done in a poetic
style popular at the time, and it was a style that destroyed
simplicity. In the north, in the State of Later Qin and the State
of Western Liang, while **literary** [*wén* 文] grace was much
stressed, the emphasis was on the **substance** [zhì 質] of the
sutras. And there have been a number of fine scholars who have
compiled and edited the texts properly and corrected the writings
appropriately. There have also been a number of eminent monks
who have edited and brought forth the sutras in the right way.
(Yue and Cheung, 2006：140)

◇翻译关键分析

第一句的"尚"意为崇尚，"谈说"指当时时兴的玄谈。两
晋和刘宋时代中国时兴玄谈。玄谈就是清谈或玄学，也就是"三
玄（《老子》《庄子》和《易传》）与名辩之综合复古"。这是流行
于中国 3 世纪初至 7 世纪初长达四百多年，横跨魏晋南北朝的思
想风尚。（侯外庐、赵纪彬，1980：26）当时名流由内（佛）入
外（道）、由外入内，探讨形而上的学问。名士名僧之间往来密
切，中国玄学与外来佛教的般若学相互影响很大。郭朋的《中国
佛教思想史》有专章介绍"玄学化的名僧"，达五位以上。

（1994：319）佛教界在解释佛典经义时用"格义"的方法，即用中国固有经典里的类似概念来固定佛学概念（吕澂，1979：44－45）。休斯（Hughes，E. R.）早在 20 世纪 40 年代末就把"玄谈"英译为"mystical conversations"（Fung Yu-Lan，1947：130），而 YC 英译"晋宋尚于谈说"为"The translations produced in the Jin Dynasty［265－420 CE］and the Liu Song Dynasty［420－479 CE］of the Northern and Southern Dynasties Period were done in a poetic style popular at the time, and it was a style that destroyed simplicity."回译成汉语是：晋宋时代的佛典译文形成于当时流行的诗风之中，正是一种破坏淳朴的风尚。"谈说"译为流行的诗风，这样译不知训诂与历史的根据何在？"争"在此语境表示感叹，相当于"怎""怎么"。"淳"是质朴、敦厚和纯粹的意思。"争坏其淳"，傅译是"佛经译文因此也质量比较糟糕"，也不知学理的根据何在。

第二句"秦凉重于文才，尤从其质"的"秦"应指前秦和后秦。仅鸠摩罗什的活动就涉及这两国。建元十八年（382 年），前秦苻坚遣吕光等出兵西域，嘱吕光攻下龟兹时速送罗什入关。建元二十年（384 年），吕光陷龟兹得罗什。次年（385 年）苻坚被杀，吕光割据凉州，自立为凉主。罗什相随至凉州，遂滞留在凉州。后秦姚苌继苻坚称帝于长安，慕罗什高名，也曾虚心邀请，而吕光父子忌他智计多能，不放他东行。罗什滞留后凉 17年。到了姚兴嗣位，于后秦弘始三年（401 年）出兵西击凉州灭后凉，罗什才入关。（游侠，1996b：37－45）所以，鸠摩罗什的活动也涉及后凉国、前秦和后秦。《辩正论》2.3.4 提到的佛典

译家竺佛念也是凉州①（今甘肃武威）人，是前后秦的优秀佛典译家。所以，这句的"秦"笔者今译为前秦和后秦。

此句的"凉"在中国历史上指（前后南北西）"五凉"，其地盘就是凉州一带。（魏嵩山，1995：129）"五凉"是东晋时十六国当中的五个凉国，根据《中国历史大辞典》，分别是前凉（301－376），从张轨起历 76 年；后凉（386－403），为吕光所建，历 18 年；南凉（397－414）为鲜卑族人所建，历 18 年；北凉（399－439），为卢水胡沮渠氏所建，历 39 年；西凉（400－420）为汉人李暠所建，合称"五凉"。

再者，东晋简文帝宁康元年（374 年），龟兹国王子帛延与支施仑，曾于凉州共译出首楞严、须赖、上金光首、如幻三昧等经。（慈怡，1988：2085）中天竺人昙无谶大约在北凉玄始十年（421 年）由河西王沮渠蒙逊迎到姑臧，请他翻译《大涅槃经》。（李安，1996：55－58）《辩正论》2.3.4 提到的佛典译家智严、宝云也是凉州人，智严在后秦活动过。自东晋起凉州一带是中土出入西域的门户，佛教和佛典翻译活动频繁。所以，此处笔者把"凉"英译成 the states of Liang（301－420），这样比较保险。YC 英译 the State of Western Liang（西凉）仅是其中一国。

笔者认为，这句当中的"文才"指参与佛典翻译者的文章或文学的写作才能或文笔，"才"指才能，是人的能力（ability），不是指文章本身的优美，所以笔者英译文是 translator's literary talent。"其质"指的是原典的特点，笔者的英译文是 original features。"质"YC 英译为 substance，西方哲学的味道太重。傅译把此处的"质"译成质量。须知"质"这个汉字的"质量"义

---

① 凉州：古凉州辖境从东汉至晋包括今甘肃、宁夏、青海湟水流域，陕西定边、吴旗、凤县、略阳和内蒙古额济纳旗一带。（中国历史大辞典编撰委员会，2000：2548）

项——"产品或工作优劣程度"（汉语大字典编辑委员会，2010：3649）是现代才出现的义项，举用例都出自现代。《汉语大词典》对"质"之下的"质量"义项给出的也是现代用例。（汉语大词典编辑委员会和编纂处，1992b：266）看来若古译现汉不讲训诂，很容易出现错误。

第三句的"非无"之前的否定词"非"把后字"无"否定，意思就是"有"；后面16字前8字"四五高德缉之以道"与后8字"八九大经录之以正"对仗工整，相互说明。"高德"指高僧大德，大德应指很有道德而且精通佛法的人。（陈义孝，2002：84）"大经"指佛教各门派的主要经典。"四五"和"八九"不是确指，应该是泛指，古汉语数字常有这样的用法，所指数量不应很多，YC英译 a number of（许多）显得数量过多，且 YC 英译文没有译"大经"。"缉之以道"的"缉"是协调和整理之意；"录之以正"的"录"是总领的意思。"道"和"正"都指佛法。傅译前句说质量好，后句又讲好质量，可古人撰文不会这么啰嗦。

3.2.3

作者彦琮在本段评价南北朝的陈规陋译和两位佛典翻译家的翻译。翻译本段要注意"兹""祖述""宪章""辗转""因循""少""饰异"等词语的训诂和语义辨析。其中的人名要译出来，梵语词与华译词的意思要译明确。

> ［原文简体］自兹以后，迭相祖述，旧典成法，且可宪章，辗转同见，因循共写，莫问是非，谁穷始末。僧叡惟对面之物，乃作华鬘，安禅本合掌之名，例为禅定，如斯等类，固亦众矣。留支洛邑，义少加新。真谛陈时，语多饰异。

> ［傅译］从此以后，后人对此不断传诵。后来这些译本成为

规范，也就成为了楷模。

后来的翻译用语，便相互抄袭，照样传写。不问对错，也不研究其出处来源。"僧鬘"译作"华鬘"，"安禅"译作"禅定"，显然语义上有溢出部分，类似这样的例子很多。佛经用洛阳方言翻译后，意义上很少再有变化。而阐释佛理时，又多出许多不相关的意义。（傅惠生，2011：22）

[英译] From then on, each generation passed on the ancient translations; old texts were regarded as the most correct versions, and they were established as the [Buddhist] canon. Gradually people became unified in their views and copied the texts without making changes. None asked if there were any mistakes, and few bothered to probe the hows and whys. For example, "*samakṣa*", a Sanskrit word meaning "what is before one's eyes", is rendered into "*huāmán*" 花鬘, which means "trellis", and "*añjali*", which is the Sanskrit term for placing one's palms together, is translated as "*chánding*" 禪定, which actually refers to the practice of zen meditation. Other such bad translation examples abound.

Bodhiruci 菩提流支 [d. 527 CE], who settled and translated many works in Luoyang, rarely added any new meaning to his translations. Paramārtha 真谛 [entry 58], who lived in the time of the Chen Dynasty [557 - 589 CE], often **embellished** [*shi* 飾] his translations with strange terms. (Yue and Cheung, 2006：140-141)

第一句"自兹以后"的"兹"指上文东晋十六国中的秦凉，之后就是南北朝。这句的主语是当时佛教界的几代僧人，"迭相祖述"的"迭相"是副词，相继的意思，"祖述"是效法之意；"宪章"也是效法的意思。"旧典成法"是"祖述"和"宪章"的

宾语。傅译只把"旧典陈法"的前两字译为"译本",漏掉"陈法","旧典"转换成"译本"还说得过去,但"成法"就说不通。YC英译"旧典陈法"是translations(译本)和old texts(旧文本);YC英译"迭相祖述,旧典成法,且可宪章"显得比原文复杂。

接下来"辗转"对"因循","同现"对"共写","辗转"的意思是经过多人的手,"见"意为显示、显露,动词,"同见"指翻译经过多人之手,但显示出来的结果是相同的。这句与其他句子相比较最好译,原因有两个,一是没有佛教术语,二是字词的意义和用法与现代汉语距离不大。

第二句是上7+4字与下7+4字对仗工整的对偶句式,历来好译。YC英译很到位,傅惠生的译释太减省。但是,《汉语大词典》说:"华鬘",即花鬘,古印度人用作身首饰物的花串,也有用各种宝物雕刻成花形,连缀而成。笔者英译按这个意思译,没有译成"trellis"(花棚或花架),而译成"wreath"(花环)。

第三句"留支洛邑,义少加新;真谛陈时,语多饰异"又是前八字与后八字的工整对仗,前"留支"指北魏高僧和佛典翻译家菩提流支,这是人名,对应后南朝的陈朝高僧和翻译家"真谛"的人名,傅译"留支"成了"翻译",不知有什么根据,"真谛"译释成"佛理",连南北朝两位外来佛典翻译家之大名都没有译出,说明译者对中国古代佛典翻译史很陌生。"洛邑"对"陈时"时空对应,"义少加新"是主题加说明的主位宾格型的被动主题句[1]对应主题加说明的主位宾格型的被动主题句"语多饰异",前后相互说明。原文行文显然简略至极,今译和英译如不用深译法,今译和英语读者读起来理解困难很大。所以笔者译"义少加新"和"语多饰异"运用深译法,与傅译和YC英译都

---

① 参见申小龙《汉语语法学——一种文化的结构分析》(2001:200—201)。

不同。

"义少加新"的"少"表示程度小，而"语多饰异"的"饰"是表明、彰显的意思。这里原文也极其简略，因而要参考佛学家吕澂和游侠对菩提留支和真谛翻译的研究（参见第二章3.2.3的注释）。根据上述两位佛学家的研究，笔者以为"义少加新"的意思是菩提流支的佛典翻译稍微加入了自己的见解，批评其翻译"有加"，而"语多饰异"的意思是真谛的翻译大多反映佛学某派学说特定时代、特定人物的思想，批评其翻译有偏向，这就是原文所谓的"异"（形容词，不同的意思），绝对不是傅译的"不相关"，YC英译成奇异（strange）算是不同的建构。

第三部

本部只有3.3.0一段。作者彦琮在本段总评中土佛典主流翻译（译场翻译），提出佛经翻译标准。翻译时，应注意"微言""革""笔人""制""理"和"源"的训诂和语义辨析。

◇译文对比

3.3.0

［原文简体］若令梵师独断，则微言罕革，笔人参制，则余辞必混。意者宁贵朴而近理，不用巧而背源。傥见淳质，请勿嫌怪。

［傅译］如果让天竺的僧人独自阐释佛经，即便是细微的地方也少与原文相异的。而翻译时因为做记录的人参与表达过程，就一定会混入多余的文辞。我的意思是翻译是宁可文字朴实而清楚表达佛理，少用华丽的语言形式造成背离佛理的译文。如果读者见到朴质说理的言辞，请不要嫌烦。（傅惠生，2011：22）

［英译］If the *Fàn* [Sanskrit] masters alone were allowed to decide the meaning, then the lines containing important precepts would rarely be changed. However, if Chinese monks took part

in editing, there would definitely be expressions that are misleading. In my opinion, we should value a **plain** [*pǔ* 樸] style that keeps close to the doctrine, rather than a **felicitous** [*qiǎo* 巧] translation that goes against the original. When we see a translation that is unsophisticated and **unhewn** [*zhì* 質], we should not dismiss it for being **tedious** [*fán* 煩]. (Yue and Cheung, 2006:141)

◇翻译关键分析

作者在本段先总评中土佛典主流翻译，即译场翻译。根据曹世邦对中国古代佛典译场的研究，他认为，古代翻译佛典多采取集体翻译方式，翻译的场所泛称为译场。（曹世邦，1981：187）第一句的"梵师"指佛典译场的梵僧译主。所以，笔者在梵僧译主前一定要显示定语"译场的"（the translation assembly's）。"断"意为裁决、决定，"微言"指隐微不显、委婉讽谏的言辞，"罕"意为很少，"革"意为更改。傅译"革"为"与原文相异的"不讲训诂。YC英译"罕革"为"rarely be changed（很少改变）"很到位，但将"微言"英译成"the lines containing important precepts（含重要教规之言）"没注意该词的训诂。"笔人"应指古代佛典译场的笔受，傅译为"做记录的人"，不太准确。曹世邦认为，译文"言义兼了"后由笔受写定译文是早期（汉至晋）的翻译方式，而后来（秦）改成"随出随书"的方式，即译出每一单句皆需记录，不仅笔受而且译场听众皆"随出随书"。笔受写定译文时还要汇总听众和自己的笔记综合分析、对比归纳主译所述，然后运用训诂学知识，用最适当之华字转译原文。（曹世邦，1981：199－200）由此看来，笔受只做记录是早期译场的情形，自二秦起笔受的工作范围扩大了，担当了记录员和翻译表达的重任。笔者认为，此处的"笔人"是后期的可以"参制"译文的"笔人"，所以英译为 semi-translator（半译者），其意为此后期译场的"笔人"必须与译场其他人员如外来译主、传言、度语等一起，才能圆满完成佛典传译任务，所以是不完全的半译者。

YC英译"笔人"为 Chinese monks（中土和尚）不太准确，历史上在译场做过笔受的也有不是僧人的。如，《出三藏记集》卷七有释道安作《合放光光赞略解序第四》曰："光赞，护公执胡本，聂承远笔受，言准天竺，事不加饰。"（释僧祐，2003：266）根据《出三藏记集》，聂承远只是位佛教优婆塞或信士（同上：43，304，519），不是僧人。"制"指译文的决断、裁决，傅译为"表达"，YC英译为 editing（编辑），应注意该字的训诂。

第二句彦琮提出了自己的佛典翻译标准。"理"和"源"都指佛法，"朴而近理"傅译为"文字朴实而清楚表达佛理"，与原意不符。

第三句"嫌"意为疑惑，"怪"意为埋怨、责备。

四、第四篇

本篇是作者彦琮所提出的佛典译者理论——"八备"学说，分五部。

第一部

本部是佛典译者理论所包含的第一个理论：原本佛典形成论，分两段：4.1.1 和 4.1.2。

4.1.1

作者彦琮指出当初佛陀当面说法，众弟子领会尚有差别，佛灭后部派兴起，纷争不断。翻译时要注意"妙吼""豫""炳""记""兴""悬""二边""允""致"等词语的训诂和语义辨析。

◇译文对比

　　［原文简体］昔日仰对尊颜，瞻尚不等，亲承妙吼，

听之犹别。诤论起迷,豫炳涅槃之记。部党兴执,悬著
文殊之典,虽二边之义,佛亦许可,而两间之道,比丘
未允其致。

[傅译] 当时僧众面对释迦牟尼时,所见到他的形态是不相同的。亲耳聆听他的教诲,各个人的感受也是有区别的。争论产生了疑问,也预示着对于涅槃理解不同的记载;因为不同派别之间的各执己见,才会有文殊的著作问世。佛在世之时,对于不同的理解是表示许可的;但是两个不同派别的比丘们则没有统一思想。(傅惠生,2011:22)

[英译] Early believers could look into the Buddha's face, but even then they saw different expressions; they heard his noble voice with their own ears, but even then they received different messages. Honest debate can clarify doubt and cast light on the meaning of nirvana; arguments between different sects can manifest the writings on the Mañjuśrī Bodhisattva. But while Buddha accepted polar opposites [such as Being and Non-being], many monks did not appreciate paradoxes. (Yue and Cheung, 2006:141)

◇翻译关键分析

第一句的"妙吼"指佛陀说法,"诤论"是佛教术语,"张我见而互诤也","涅槃之记"与下文的"文殊之典"相对仗,所以此处的"记"还是经典的意思。整个这句的意思是:佛驻世时,佛弟子们听佛的当面说法,看到和听到都不同。北凉天竺三藏昙无谶译《大般涅槃经》卷三十二曰:

> 譬如有王告一大臣,"汝牵一象以示盲者。"尔时大
> 臣受王勅已,多集众盲以象示之。时彼众盲各以手触。
> 大臣即还而白王言:"臣已示竟"。尔时大王即唤众盲,

各各问言："汝见象耶?"众盲各言："我已得见。"王言："象为何类?"其触牙者即言象形如芦菔根。其触耳者言象如箕。其触头者言象如石。其触鼻者言象如杵。其触脚者言象如木臼。其触脊者言象如床。其触腹者言象如瓮。其触尾者言象如绳。(《大正藏》第 12 册第 556 页)

这个盲人摸象的故事很有名,寓意与这句的意思相似。

第二句的"豫"意为预先、事先,"炳"意为显现,傅译释为"理解",没有训诂的根据。YC 英译为"clarify doubt and cast light on(消疑启明)"还可以,但没有翻译"豫";把"诤论"英译为 honest debates(正当的辩论)不妥,其中的"起迷"没有译;"记"英译为 meaning(意)没有训诂的根据。

第三句的"兴"意为兴起,"执"意为坚持己见,是两个动词,分别作主语"部党"的谓语。佛教分部派是释迦逝世百年以后,即公元前 370 年开始的。(吕澂,2005:23)所以,这句是佛离世后的情况。傅译只译"执"(各执己见),没有译"兴";YC 英译"arguments between different sects(不同派别的争执)"也没有译"兴"。"悬"意为凭空设想,"著"意为记载。"文殊之典"很难考证到底是哪部佛经。笔者在《大正藏》查到冠以"文殊"之名的,且译在隋之前的佛经有五部佛经,其中提到"二边"的有两部。(请参见本书第二章 4.1.1 的注释)所以,笔者把"文殊之典"暂译为"文殊经"以待方家斧正。"悬著文殊之典"就是胡乱、没有根据地记载"文殊经",而傅译"悬著文殊之典"是"才会有文殊的著作的问世","悬著"译成"问世"没有训诂的根据。YC 英译"悬著"为 manifest(证明、表明)还是没有注意训诂。"著"在汉语字词典上确有"表明"的意思,但"悬"是什么意思,YC 英译没有译"悬"。

"虽二边之义佛亦许可"指上文乱记"文殊经"的具体表现,

应该译成：说什么即便是二边，佛也认为有道理。"二边之义"的"义"是有道理之意。傅译"二边之义"为"不同的理解"，也不知道根据什么学理。

"二边"是佛典常用术语，译自梵文。（请参见本书第二章4.1.1的注释）笔者查阅《大正藏》，发现隋之前译的几部佛经是这样提到"二边"的。如，东晋天竺三藏佛驮跋陀罗译《大方广佛华严经》卷五："离断常二边，见法实不转……"（《大正藏》第09册第423页）后秦龟兹国三藏鸠摩罗什译《摩诃般若波罗蜜经》卷三："佛告舍利弗：'色受想行识无所有，内空乃至无法有法空故。四念处乃至十八不共法无所有，内空乃至无法有法空故。是中凡夫以无明力渴爱故，妄见分别，说是无明。是凡夫为二边所缚，是人不知不见诸法无所有，而忆想分别，着色乃至十八不共法。'"（《大正藏》第08册第238-239页）北凉天竺三藏昙无谶译马鸣菩萨造《佛所行赞》卷三："我已离二边，心存于中道。"（《大正藏》第04册第29页）《佛所行赞》卷四："若彼有我者，或常或无常，生死二边见，其过最尤甚。"（《大正藏》第04册第32页）萧齐天竺三藏求那毗地译尊者僧伽斯那撰《百喻经》卷三："诸佛说法不著二边，亦不著断亦不著常，如似八正道说法。"（《大正藏》第4册第552页）从上面的例子还可以看到，对于"二边"必须"离""不著"，要么说"二边""缚""凡夫""过最尤甚"。

所以下半句"而两间之道，比丘未允其致"的"两间之道"就是指二边，"致"是到达的意思。整个这句的意思是：这二边就是一介比丘也绝对不允许落在任何一边。傅译为"但是两个不同派别的比丘们则没有统一思想"，如果把"未"译成"没有"倒是可以，但"允"在这里明显是个动词，又怎么解释和翻译？"其致"译成"统一的思想"，怎么去训诂呢？而 YC 为译成"many monks did not appreciate paradoxes（众比丘没有意识到

悖谬)"，其问题是没有翻译"允"和"其致"，"允"没有认识或意识到的意思，"致"在汉语里也没有悖谬（paradox）的意思，总之没有训诂的根据。

4.1.2

作者彦琮在本段说明原本佛典形成的缘由和历史。翻译时，要注意字词训诂，分清句式，弄清楚佛教术语的含义，深挖其中典故的确切意义。

◇译文对比

　　［原文简体］双林早潜，一味初损。千圣同志，九旬共，集杂碎之条，寻诡本，诚水鹄之颂，俄舛昔经，一圣才亡，法门即减。

［傅译］对于佛的演讲，从一开始理解就有了差异。后来众多的高僧大德，长时间地集结佛典。在繁杂和细碎的语言集结中，细心剔除错误本身就是一桩谨慎的事情，就连阿难本人偶然在忆经时也犯错误。一部经典消亡了，其所说的佛理也就消失了。（傅惠生，2011：22）

［英译］After the Buddha had entered nirvana, the sublime doctrine was codified for the first time. Then, over the next ninety years, innumerable saintly followers, by one common will, compiled the Buddha's sayings into collections. However, as the records were fragmented and disjointed, the original rules and commandments were soon distorted. Moreover, memory was not reliable. Take Ānanda [known for his memory] as an example. In his old age, the crane image from one of Buddha's parables came to his mind in a haze; he forgot that it stood for the fleeting glimpse of truth and confused the flight of the bird with the transience of mortal existence. With the loss of the great enlightened one, the truth was immediately reduced; (Yue and Cheung, 2006:141)

◇翻译关键分析

第一句的"双林"（参见本书第二章4.1.2的注释）指佛陀，"早潜"是佛陀过早涅槃的委婉措辞，"一味"是佛教术语，梵语 eka-rasa，指佛的教法。整个这句的意思是惋惜释迦过早离世，佛陀不再亲自传法。傅译为：对于佛的演讲，从一开始理解就有了差异。这样译表明该译者的主体性没有发挥到位。YC 英译"双林早潜"（the Buddha had entered nirvana）很好，但没有译"一味初损"。

第二句经过笔者研究，尤其是文体研究（参见本书第一章第三节之二）后认为"共九旬，集杂碎之条，寻讹本，诚水鹄之颂"这样才是正确的词序和标点。这句历来是标点断句的难点。这里的"千"表示多，如千方百计、成千上万和千里之行等，不是确指。笔者手上的工具书，如任继愈主编的《佛教大辞典》、陈士强著《中国佛教百科全书·经典卷》、《中国大百科全书》、陈义孝编《佛学常见辞汇》上都说参加佛教第一次结集的有五百比丘。所以这里的"千"不应译为"许多"。"圣"指当时参加结集的比丘，"同志"与"千圣"是同位语，都是这句的主语。"九旬"是 90 天，一旬为 10 天，九旬就是 90 天，也就是三个月。虽说汉字"旬"也有年岁的意思，但是佛教僧制规定，印度雨季三个月（6月至9月）期间，僧人应定居一处，坐禅修学，禁止外出云游，以免伤害滋长的草木和小虫，此为"夏安居"，又称安居、坐夏、坐腊。释迦离世后，弟子们大都悲痛万分，但有少数懈怠比丘感到快慰，说：佛陀在世的时候，经常说该怎样做，不该怎样做，如今摆脱了约束，从此可任意而为了。听到这种议论，迦叶十分生气，因此萌发结集佛陀遗教并以此为据治理僧团的念头。其想法得到众多佛弟子的赞同，众人商议在释迦离世当

年即将到来的夏安居期间，在七叶窟前举行结集大会。参加结集的是以释迦牟尼的大弟子迦叶为首的五百比丘。在迦叶的主持下，从 6 月下旬开始至 9 月下旬结束，历时三个月。（陈士强，2000：16－17）所以，这里的"九旬"傅译为"长时间"不妥，YC 英译"ninety years"（90 年）也不恰当。"共"在这里是动词，共用、共同具有的意思。"集"是成就、完成的意思，"杂碎之条"是这句的宾语，指佛先后随机的说法，"杂"指紊乱失序，"碎"指零星不完整，连在一起就是"把那些已变得紊乱失序和零星不完整的佛陀说法加以整理补齐，然后才系统结集成经"。"寻讹本"是找到错误的根源，"诫"是戒备、防止和避免的意思，"水鹄之颂"是动词"诫"的第一个宾语。

　　要译好这句，还要注意正确的标点。"集"和后面的"杂碎之条"是动宾关系，前后之间不应有标点，所以《大正藏》第 50 册此处的句读（第 439 页）不对，应去掉句号。

　　另外，要翻译好这句还必须搞清楚这句的句式。这句是典型的古汉语六段同节律（同是动宾结构）施事句（申小龙，2001：306）。句子主语是"千圣同志"，后面第一段是"共九旬"，动词是"共"，第二段是"集杂碎之条"，动词是"集"，第三段是"寻讹本"，动词是"寻"，第四段是"诫水鹄之颂"，动词是"诫"（避免，防止和制止），第五段宾语是"俄舛昔经"，第六段宾语是"一圣才亡，法门即减"。从第四段到第六段动词都是"诫"。

　　傅译这句为"后来众多的高僧大德，长时间的集结佛典。在繁杂和细碎的语言集结中，细心剔除错误本身就是一桩谨慎的事情，就连阿难本人偶然在忆经时也犯错误"，译得不好的其中一个重要原因就是对原句的句式没有弄清楚，所以其逻辑与原句的逻辑大相径庭。YC 英译这句的毛病与傅译相同。且他们的翻译还有明显的硬伤，都没有搞清楚"水鹄之颂"这个典故（参见本

书第二章 4.1.2 的注释）。此"水鹄之颂"典出《大正藏》第 50
册第 115 页西晋安息三藏安法钦译《阿育王传》卷四：

> 尊者阿难在竹园中闻一比丘诵《法句偈》言："若
> 人生百岁不见水鹄鹤，不如生一日得见水鹄鹤。"尊者
> 阿难在傍边过已语言："子佛不作是说。佛所说者：若
> 人生百岁不解生灭法，不如生一日得解生灭法。"

为译好这个典故，笔者颇费周折。笔者先根据丁福保《佛学
大辞典》：

> 水老鹤（动物），又作水白鹭，水白鹤，难见之贵
> 重鸟也。毗奈耶杂事四十曰："阿难陀与诸苾刍在竹林
> 园，有一苾刍而说颂曰：'若人寿百岁，不见水白鹤，
> 不如一日生，得见水白鹤。'时阿难陀闻已，告彼苾刍
> 曰：'汝所诵者，大师不作是语。'然佛世尊作如是语：
> '若人寿百岁，不了于生灭，不如一日生，得了于生
> 灭。'阿育王传四曰：'水老鹤。'阿育王经七曰：'水白
> 鹭。'"（1991：691）

又查《大正藏》第 50 册第 154 页梁扶南三藏僧伽婆罗译《阿育
王经》卷七：

> 尔时长老阿难住于竹林。是时有一比丘诵斯伽陀：
> "若人百年生，不见水白鹭，若人一日生，能见水白鹭，
> 是人有智慧，名胜彼百年。"是时阿难将其游行，闻其
> 所说而语言："汝诵此偈非佛所说，当言：'若百年生，
> 不见生灭，若一日生，能见生灭。是人有智，胜彼
> 百年。'"

再查《大正藏》第 24 册第 409—410 页唐三藏法师义净奉制译
《根本说一切有部毗奈耶杂事》卷四十：

时阿难陀与诸苾刍在竹林园。有一苾刍而说颂曰：
"若人寿百岁，不见水白鹤，不如一日生，得见水白
鹤。"时阿难陀闻已告彼苾刍曰："汝所诵者大师不作是
语，然佛世尊作如是说：若人寿百岁，不了于生灭，不
如一日生，得了于生灭。"

《大正藏》第 49 册第 171 页宋景定四明东湖沙门志盘撰《佛
祖统纪》卷五：

阿难游行宣化几二十年，尝至竹林中（即王舍城外
竹林寺）闻比丘诵偈："若人生百岁，不见水老鹤，不
如生一日，而得觌见之。"阿难惨然曰："此非佛偈，当
云：'若人生百岁，不解生灭法，不如生一日，而得解
了之。'"

《大正藏》第 51 册第 720 页宋藤州东山沙门释契嵩编修《传
法正宗记》卷二：

一日尊者至一竹林之间，初闻比丘有误诵偈曰：
"若人生百岁，不见水老鹤，不如生一日，而得觌见
之。"尊者因之叹息曰："如来乃世正法之眼何速寂灭，
使此群生失所依止，而迷谬圣教。乃语其人曰：'是非
佛意，不可依之。'汝应听我演正偈云：'若人生百岁，
不解生灭法，不如生一日，而得解了之。'"

综合以上资料，笔者认为，尊者阿难曾听到一比丘背诵佛陀
当初说的偈子，听出比丘背诵中的错误并加以纠正。这个事实，
从东晋至赵宋这些朝代翻译的佛经或佛教史著作所记载的都差不
多，差别最大的是其中提到水鸟的翻译，东晋安法钦译成"水鹄
鹳"，之后南朝的梁代又译为"水白鹭"，唐朝译成"水白鹤"，
宋朝译为"水老鹤"。

"水白鹭"所对应的梵文是 jala-valākā（Akira Hirakawa，1997：702），"鹤"对应的梵文是 krauñca, krobca, balākā, sārasa（同上：1294），这两种鸟都是涉禽，白色，梵语单词都是 a 的构成音居多且以此结尾；"生灭法"所对应的梵文是 udaya-vyaya-dharmin, udaya-vyaya-dharmitva, utpāda-nirodha-dharma（同上：838），也是 a 音构成多且多半以此结尾。佛经口传有很长的历史，口诵出错，二者混淆，结果以讹传讹不足为奇。

"不解生灭法"错误地背诵成"不见水鹄鹤"，笔者今译基本从原文照搬，只有"解"和"见"听起来有点相像，而英译文可以译得使二者听起来相似要容易些。英译"不见水鹄鹤"为 "not see the duck flying and rising"，译"不解生灭法"为 "not perceive the Dharma of arising and ceasing"。"水白鹭"的准确英译应该是 egret 或者 heron，"鹤"的准确英译是 crane，但为了有和下文听起来似是而非的声音效果，笔者这里英译成 duck，乃不得已而为之。"诫水鹄之颂"就是避免了这类似"水鹄之颂"的错误。

动词"诫"的第二个宾语是"俄舛昔经"，"俄"是很快的意思，"舛"意为违背或颠倒。整句连起来译为：避免了顷刻间对佛当初说法的歪曲。上述阿难发现的某比丘"水鹄之颂"就是这样的歪曲。

动词"诫"的第三个宾语是"一圣才亡，法门即减"，"一圣"的"圣"指佛教的"圣人"，也是佛教术语，梵语阿离野 ārya，译言圣者圣人，相对于凡夫之称。谓大小乘见道以上，断惑证理之人（参见第二章 2.1.2 的注释），这里指释迦。"法门"也是佛教术语，佛所说的法，因是众生超凡入圣的门户，故称"法门"（参见本书第二章 4.1.2 的注释），该词的梵文是 dharma-mukha。这句连起来译为：避免了释迦离世可能造成的

佛教法门随之减少的危险。

整个这段的翻译要注意对佛教术语和典故的正确理解，古汉语长句句式的解析，还要注意某些汉字的训诂，如"集""杂碎""诚"等等。

第二部

本部是作者彦琮的佛典翻译目的论，分成两段：4.2.1、4.2.2。

4.2.1

本段论述作者所处中土及其时代学佛之难。翻译时要运用深译法，显示句子主语，分析句法层次。

◇译文对比

> ［原文简体］千年已远，人心转伪，既乏泻水之闻，复寡悬河之说，欲求冥会，讵可得乎？且儒学古文，变犹纰缪，世人今语，传尚参差。况凡圣殊伦，东西隔域，难之又难，论莫能尽。

［傅译］何况时隔千年，人的思想已经大不一样了。既听不到侃侃而谈之论，又看不见有滔滔不绝的演说才能者。如果想要能够完全领会佛理，如何能够做得到呢？譬如儒学经典古文，不同时期的理解变化会产生错误。今天的人们说话，语言传递过程中也会产生理解的差异。更何况普通人与佛之间差距如此之大，而且是不同的国度。要能够懂得佛经真是难之又难，说不清楚啊。（傅惠生 2011：22）

［英译］and now, after a millennium, men's hearts are infested with impurities. As people have no chance to listen to the Buddha's all-embracing and eloquent teachings, how can they-despite their earnest seeking-attain enlightenment? Even Ruist scholars make errors when they study ancient writings;

and distortions and discrepancies still occur even when men speak the language of today. What is more, saints and uninitiated mortals are divided by a gulf of mental-spiritual knowledge, and east and west are regions far apart. So, if you added up the difficulties [in translating], the list would be endless. (Yue and Cheung, 2006:141)

◇翻译关键分析

第一句着重讲的是"今天"的情况，也就是作者释彦琮所在的隋朝学佛的情形；"乏"指没有，"复寡"指还是没有，"泻水之闻"和"悬河之说"比喻释迦说法像从瓶子里面一下倒水出来般毫无保留，也如河水流淌不息，好比他诲人不倦；"欲求"的主语应是"我们"，应该深译，把主语显示出来，"冥会"意为默契、暗合，或指心灵相通、内心领会。

笔者以为，翻译第一句的关键是要把"千年已远"这句谁都懂的大白话的言下之意用增量翻译法翻译出来，谁都知道千年已远离我们而去，但作者具体是说什么已离我们有千年之遥，那就是佛陀亲自传法已离我们（身在中土隋朝的彦琮等）今天有千年之遥。若不译出来，这句原本包含的今昔对比的效果在译文中就大打折扣。傅译"千年已远，人心转伪"为"何况时隔千年，人的思想已经大不一样了"。读者读到这里就会费劲地猜，究竟具体是什么时隔千年呢？上文"一圣才亡，法门即减"时隔千年，还是下文"既乏泻水之闻，复寡悬河之说"时隔千年？而笔者认为这里恰恰是说下文的情形时隔千年。所以，不如挑明以免读者费劲去猜。"人的思想已经大不一样了"与原文"人心转伪"显然意义不符。YC英译为"and now, after a millennium, men's hearts are infested with impurities"（而在千年以后的今天人心驳杂不纯），比较到位。

第二句的翻译关键是要把"欲求冥会讵可得乎"的主语显示

出来，这个主语就是包括彦琮在内的佛门中人，这里用"我们"。傅译"如果想要能够完全领会佛理，如何能够做得到呢？"并没有完成译者的任务，没有向读者挑明该句的主语。YC 英译"As people have no chance to listen to the Buddha's all-embracing and eloquent teachings，how can they-despite their earnest seeking-attain enlightenment？"其主语是 people，表明不同译者对彦琮《辩正论》的言说对象的认识有差异。笔者认为，《辩正论》的言说对象是当时（隋朝）包括彦琮在内的佛门中人，而这句的 people 可以指任何人。

第三句开头"且儒学古文，变犹纰缪，世人今语，传尚参差"，前面两个四字句对后面两个四字句，形成四四对四四的对偶句式。这句先以儒家经典为例，说儒家经典文本慢慢都变得有瑕疵，言下之意佛典文本肯定也如此，克服自家瑕疵也困难重重，表面在说儒家经典，实际上也在委婉批评佛家的经典。接着说中土之人现在用同样的言语表达思想，结果表达后的言语都有差别。言下之意，佛典是佛陀说法的记录，今天我辈在中土翻译佛典，其表达与佛说也肯定有差异。傅译"变"为"不同时期的理解变化"，在此语境加入了太多自己的想象。

第四句"难之又难，论莫能尽"中"难之又难"的所指也就是主语，即宣译佛经。这是第三句翻译的关键点之一，又是整个这段的关键——文眼。弄错了就跑题，也就搞不清楚这段的主旨或者中心思想。傅译"要能够懂得佛经真是难之又难，说不清楚啊"就跑题了。

4.2.2

作者在本段指出克服学佛和翻译佛典困难的方法，提出学佛译典的目的。翻译时要注意"愍勤""开大明""布范""成务"等词语的训诂和语义辨析。

◇译文对比

[原文简体] 必愍勤于三覆，靡造次于一言。岁校则利有余，日计则功不足。开大明而布范，烛长夜而成务。

[英译] This being the case, we must work unfalteringly over every single word and guard against even the smallest error. Progress can be made if we put in years of work, but mere days are not enough. We must reveal the great glory, seek to be exemplary, and work through long nights in order to fulfil our mission. (Yue and Cheung, 2006:141−142)

◇翻译关键分析

第一句的"愍勤"是情意恳切的意思，笔者今译为"认真负责"，YC英译为 earnest and careful；"三覆"意反复审查和核对，这里的"三"表示多，不是确指；"靡"是表示否定的副词，相当于"不"；"造次"是轻率、随便的意思；接着的"言"指字或者句子。整句连起来的意思就是：为了克服困难，宣译者必须认真负责，反复审查核对，一字一句都不能马虎。

第二句意思是：以年计宣译之功还可观，以天算则收获太少。

第三句的"开大明"经笔者考证应指佛教的觉悟（参见本书第二章 4.2.2 的注释），YC英译是"must reveal the great glory"（必须示现伟大光荣）。"布范"经笔者考证是广泛宣传和示范的意思（参见本书第二章 4.2.2 的注释），那么其宾语应该是佛法或者佛教；YC英译是"seek to be exemplary"（努力示范），算是不同译者的不同建构。佛门中人只有两大任务，一是自己觉悟，二是让别人觉悟，所谓自觉觉人。要让别人觉悟，必须宣扬佛教。"成务"指成就佛教事业，也就是 fulfil the mission。

　　该段指出作为中土佛典凡夫译者只能用专心致志和勤奋努力的方法克服宣译的重重困难，而宣译佛典的目的就是自己觉悟和让别人觉悟。

　　第三部

　　本部是佛典翻译要求论，要求翻译不可添枝加叶，要全面。此部只有 4.3.0 一段。翻译时，要注意"加""容""易""品藻""水镜"等词语的训诂和语义辨析。

◇译文对比

4.3.0

　　　[原文简体] 宣译之业，未可加也，经不容易，理藉名贤。常思品藻，终惭水镜。兼而取之，所备者八。

[英译] The importance of translation cannot be overstated. The sutras should not be treated lightly, and the sublime doctrine has to be expounded by the finest scholars. Too heavy a preoccupation with stylistic flair and fine turns of phrases will result in the rendering of the illusory rather than the true meaning. Taking everything into consideration, there are Eight Prerequisites for Translators.（Yue and Cheung, 2006：142）

◇翻译关键分析

　　第一句的"宣译"除了有翻译还有宣扬的意思；"之业"的"业"是佛典翻译的内容和过程；"加"指把本来没有的添上去；"未可加"指不能凭空添加内容；"容易"是两个词，"容"是动词，指可以、允许，"易"是动词，改变的意思；"理"指佛理；"藉"意为凭借和依靠；"名贤"指著名的贤人，即当初结集的阿罗汉和佛教圣贤。连起来整句的意思是：宣译佛经的过程中不能凭空添枝加叶，不允许改变原经，因为佛理是阿罗汉和其他佛门先贤当初结集的记录。

YC 对这句的英译为 "The importance of translation cannot be overstated. The sutras should not be treated lightly, and the sublime doctrine has to be expounded by the finest scholars." 回译成中文：不可夸大翻译的重要性，切莫怠慢佛经，且神圣的佛理必须由最优秀的专家阐释出来。这样译已经跑题了。先不论仁智之见，这段英译文明显有以下两个缺点：一是如果讲究汉语训诂学，importance（重要性）和 expound（解释、阐明）这两个英译的重要概念，这句原文任何一个字或者词都训诂不出来，这是凭空添加概念；二是无故减少原文的概念，比如，"业"没有译，"藉"也没有译。

再论仁智之见，这句前部最重要的动词"加"笔者取"外加，把本来没有的添上去"（汉语大字典编辑委员会编，2010：399），而英译者取"夸大"意，这也是汉语固有的用法，都有训诂为依据。二者分歧不大。

笔者翻译和 YC 英译"容易"分歧很大。笔者分开来解，认为是两个词，"容"是动词，指可以、允许，"易"是动词，改变的意思；而 YC 英译的"容易"是一个词，取"轻率；草率；轻易"意。（汉语大词典编辑委员会和编纂处，1989a：1491）"容易"有上述意义的根据是《敦煌变文集·妙法莲华经讲经文》："'转精勤，莫容易，夜靖（静）三更思妙理。'"（同上）

笔者还在《敦煌变文集·父母恩重经讲经文》中找到一处类似用法："容易抛离不肯归，等闲弃背他乡土。"（王重民、王庆菽、向达等，1957：672）这两处"容易"尽管有这种用法，但句子的主语都是人。"转精勤，莫容易，夜靖（静）三更思妙理"是祈使语气，"莫"是副词，乃变文表示劝阻和禁止语气的主要形式，始用于中古（吴福祥，1996：160-161），"容易"是起述

谓作用的形容词，这句的逻辑主语是"你"；后一句"容易抛离不肯归，等闲弃背他乡土"的主语根据上下文是"儿"，"容易"是副词作状语。虽然这两句"容易"的意思都是"轻率；草率；轻易"，但用法与《辩正论》的"经不容易"的用法不一样，此处的主语明显是"经"（是物），整句是主位宾格的被动主题句。（申小龙，2001：201）古汉语中起述谓作用的形容词的确可以带宾语，如，"于是鲁多盗"（《左传·襄公二十一》），"彼多兵矣"（《左传·昭公二十一年》），"三代各异物"（《左传·定公》），现代汉语还有"红了眼圈""阴了天"等表述习惯，但是宾语都紧跟在起述谓作用的形容词的后面，没有前置的例子。所以，把"经不容易"这句的"容易"当成一个形容词，译为"轻率、草率、轻易"是不妥的。YC 英译"经不容易"成"The sutras should not be treated lightly"的理由不充分。看来这句的"容易"是翻译的假朋友。

第二句的"品藻"是品评、鉴定的意思，"水镜"喻指明鉴之人，典出《三国志》（见本书第二章 4.3.0 注释），此处应是翻译佛典的内行明眼人的意思，"兼"意为尽、全部、整个、完全，"备"是齐备、具备之意。整个这句的意思是：我常为品评佛典译文发愁，常让内行明眼人感到惭愧。要把佛理完全宣译出来，佛典传译者必须具备以下八个条件。这句尤其是"兼"为这段的关键，译错了将导致上下文理脱节。

YC 英译"常思品藻"为"Too heavy a preoccupation with stylistic flair and fine turns of phrases"，回译成中文：太过专注于文学风格的鉴别力和措辞的精雕细琢。这样英译对"品藻"纠缠过多，却理解不到位。YC 英译"终惭水镜"为"will result in the rendering of the illusory rather than the true meaning"，回译成中文：这导致虚假而非忠实的翻译。这样英译对"水镜"理解不到位，且没有译"惭"。"兼而取之"YC 英译为"Taking everything into consideration", 其中用 everything 译 "兼" 还可以, 但没有译 "之" 这个代词, 此处运远用代词还原的翻译方法, 译文才更清楚。

第四部

本部是作者彦琮的佛典译者条件论, 分为两段: 4.4.1 和 4.4.2。

4.4.1

作者彦琮在本段指出佛典译者应具备的学行 (品德和学问) 条件。翻译时, 应注意 "爱法" "觉场" "讥" "恶" "暗" "滞" 等词语的训诂和语义辨析, 还要提防翻译的假朋友。

◇译文对比

[原文简体] 诚心爱法, 志愿益人, 不惮久时, 其备一也。将践觉场, 先牢戒足, 不染讥恶, 其备二也。荃晓三藏, 义贯两乘, 不苦暗滞, 其备三也。旁涉坟史, 工缀典词, 不过鲁拙, 其备四也。襟抱平恕, 器量虚融, 不好专执, 其备五也。

[英译] First, a translator must love the truth sincerely and be devoted to spreading the Buddhist faith and wisdom to others. Second, to prepare himself for enlightenment, he should hold fast to the rules of abstinence and not arouse scorn or laughter in others. Third, he must be well read in the Buddhist canon and must understand both Mahayana and Hinayana Buddhism, and he should not be deterred by the difficulties he encounters. Fourth, he must also study the Chinese classics and Chinese history and make himself well versed in letters so that his translations will not be clumsy and awkward. Fifth, he must be

compassionate, open-minded and keen to learn, and must not be biased or stubborn. (Yue and Cheung, 2006:142)

◇翻译关键分析

第一句的"诚"意为坚信不疑,"爱法"指爱法乐法执着于法,法即佛法（dharma）;"志愿益人"是实行佛法的一部分,是以部分代整体的说法,当然包括宣译佛经;"惮"是畏难、畏惧、怕麻烦的意思;"久时"指前面信法、爱法和帮助别人（行法）,不光指帮助他人,还应该指这之前提到的所有的事,即信法行法助人。从这佛经宣译者应具备的第一个条件来看,这"八备"应该是对佛门中人的要求。也就是说,佛经宣译者首先应该是佛教徒。这句的"法"YC英译为 truth,有点差强人意。

第二句的"觉场""讥"和"恶"都是佛教专门术语,"戒足"是佛教特有的比喻（参见本书第二章 4.4.1 的注释）,理解不好会影响对这一条性质的判断。一般的佛教工具书都查不到"觉场"这个词,笔者用以经解经之法,根据藏经原文,断定此处的"觉场"指觉悟较高的层次。

"不染讥恶"YC英译为"not arouse scorn or laughter in others",回译成中文:不招致别人的轻蔑嘲笑。笔者在本书第二章 4.4.1 段对"讥"的注释中说:把"讥"理解成轻蔑嘲笑是小看了毕生守戒学佛的高僧。的确,如果信仰坚定、济世救人或隐居山林的高僧就只有这样的境界,便不能称为高僧,应称为矮僧。另外,YC英译还没有译出"恶"。

"讥"和"恶"表面上是平常用字,其实是佛教的术语。比如:范文澜把这"备二"译成"品行端正,忠实可信,不惹旁人讥疑"。"讥"成了"讥疑","不染……恶"大概化在了"品行端正"里面。这样翻译,采用的是"讥"和"恶"的平常字面意思,而没有考虑到佛教术语的问题。这两个字是古汉语和现代汉语的常用字,但在本文中并不是平常的用法,这是翻译中常见的

困难之一，翻译理论上称为翻译的假朋友（false friends or faux amis）。（Shuttleworth & Cowie，2004：57—58）

另外，曹世邦论及隋唐译场时，这样解释"备二"："琮公既书此为后学沙门之戒，则隋以前译场中，或颇不乏如僧印传中之'壮气之徒'也。译业所受之滋扰大矣。"（曹世邦，1981：206）他的意思是这句的"觉场"等于宣译佛经的译场，"戒足"意为引以为戒，"讥恶"就是讥嘲和中伤。这样解释的根据只有一个，就是《高僧传》卷8的释僧印传："时仗气之徒，问论中间，或厝以嘲谑。"（《大正藏》第50册 第380页）仔细阅读《高僧传》关于南朝宋齐间释僧印这二百五十多个汉字的小传，其中说他主要以讲《法华经》而著名，并没有提到他有翻译佛经的事迹。后来唐朝的《法华传记》和南宋的《释氏通鉴》明显采用的是《高僧传》的资料，且更简略，也并没有提供释僧印从事佛典翻译的一星半点的证据。看来，这个根据并不可靠。第二，曹世邦的这个解释还完全脱离了隋代彦琮"八备"的具体语境。第三，仅用"壮气之徒"一点支撑此处三个佛教术语，且最终要支撑当时的彦琮欲确立的佛典"翻译之式"，显得太单薄和浅陋。马祖毅（2006：94）也沿用曹世邦提出的"壮气之徒"等于此处"讥恶"的观点。

第三句的"筌晓三藏，义贯两乘"前后对仗工整，上下相互说明。"筌"是捕鱼器，竹制，有逆向钩刺，用筌捕住的鱼难以脱身，"筌晓"两个字加在一起指中土译者了解佛经的程度——像捕鱼器捕住鱼那样牢靠和透彻；"三藏"是佛教经律论三方面的经典，"义贯"也是中土译者应该了解"两乘"（指佛教大小乘）的程度，了解得要意义彻底贯通，也就是彻底了解；"苦"意为困扰，"暗"意为愚昧不明、不知不晓，"滞"意为静止、停止。第三句连起来的意思是：第三，要牢固掌握和透彻了解佛教经律论三藏，精通大小乘佛教，不要为不通经文教理和学无长进所困扰。

准确把握"筌""三藏""两乘""暗"和"滞"的意义是译好这句的关键。需要强调的是,这一条要求显然还是针对佛教徒的,否则谁会要求佛门以外的人去透彻了解和牢固掌握三藏之真义和贯通两乘的道理。自后汉以来流传下来的佛经译本到了隋朝最早出现了"大藏经"的提法(陈士强,2000:392),自此以后汉文大藏经版本众多。就拿近代以来流传最广、使用最普遍的汉文《大正藏》来说,总共100册,每册达千页以上,收集佛经三千多部,一万多卷。释彦琮那个时代的大藏经虽说总量不一定有今天这么多,但以当时的条件,其卷帙浩繁对当时的人而言也和我们今天所感到的解读困难应该差不多。如此浩繁的经典,若非一生专门拜佛念经的佛门中人,其他人谁能读完,不读完又怎么通晓?

第四句的"旁"有广博和旁及二义,"坟史"指中国古代典籍史书,"工"是擅长、善于的意思,"缀"指缀字联词或写作,"典词"就是典雅之词,"鲁"指迟钝、笨拙。整句连起来可译为:第四,要广泛涉猎佛教以外的中土古代典籍和史书,善于汉文辞章,不要腹中少文,下笔过于鲁钝。"涉"指粗略地阅读、浏览,不深入钻研,笔者的英译是 read cursorily。第四句与第三句的联系十分紧密,第一个字"旁"是十分明显的标志。上面第三备要求佛经宣译者掌握三藏之真义和两乘的道理是出家人的本分,那么这"备四"要求的广泛涉猎教外的中土古代典籍和史书,善于汉文辞章相对于出家人的本行而言就是偏门。这条显然还是针对佛教徒在言说。

第五句的"襟抱"是襟怀或者心地、心气的意思,"平"意为平和,"恕"乃仁也,也就是善良,"器量"指度量和涵养,"虚"意为是空,"融"是通达、融合的意思,"器量虚融"连起来的意思就是虚怀若谷,通达圆融。整句连起来意思就是:第五，做人要心地善良，心气平和，虚怀若谷，通达圆融，不要专断偏执。

"备五"确如梁任公所言是对佛经译者的一般人格道德要求（2001：187）。这一条的道德规范核心体现了儒家的道德理念和规范，维持了数千年中国传统社会的道德人心。前四条都是对佛门中人的要求，第五条怎么是对当时一般人的道德要求呢？其实，这并不奇怪，学佛之人成佛以前也都还是普通人，隋代僧人与之前的僧人一样多半出家生活在僧团当中。人没有做好出家入佛门还是不够格的，否则僧人之间如何相处，僧团如何维持，僧团与社会其他各界的关系如何维系？所以，佛门中人当然有佛门特殊的规矩，但一般做人的道德规范也不可缺少。佛教伦理与社会伦理是紧密相连的。佛教生存和发展离不开社会，所以其伦理思想学说和道德规范必须符合社会基本伦理道德的一般原则，佛教的道德规范不能违反社会的基本道德规范准则。佛教徒也是生活在现实社会的人，在遵守佛教伦理道德规范的同时，也必须遵守社会基本道德规范。只有这样他们才能适应社会，适应环境，存在于现实社会中，在现实社会中生存并得到发展。因此佛教伦理既有符合其宗教教义，反映其宗教道德规范的特殊内容，也有适应社会基本伦理和道德规范的，带有社会普遍性的内容。（业露华，2000：7）

4.4.1 傅惠生没有译文。

4.4.2

作者彦琮在本段提出佛典译者应具备的技术条件（方法和技术方面）。翻译时，要注意"道术""乃""闲""薄""粗""苍""雅"等词语的训诂和语义辨析。

◇译文对比

[原文简体] 耽于道术，澹于名利，不欲高衒，其

备六也。要识梵言，乃闲正译，不坠彼学，其备七也。
薄阅苍雅，粗谙篆隶，不昧此文，其备八也。八者备
矣，方是得人。

[英译] Sixth, he must devote himself to practising the truth; he must think lightly of fame and riches and harbour no desire to show off. Seventh, he must study the *Fàn* language [Sanskrit] until he knows it thoroughly, and must learn the correct methods of translating so that he will not lose the meaning of the doctrines. Eighth, he must also acquaint himself with the lexicons in ancient Chinese writings and with the development of the Chinese script so that he will not misuse words in his translations. Only when he has prepared himself in all these eight aspects will he be regarded as a worthy translator; (Yue and Cheung, 2006:142)

第一句的"道术"指世出世间的方法技术，当然也包括了宣译佛经之方法技术，"高衒"指高调炫耀。这句的翻译关键在"道术"，YC 英译为"practising the truth"（践行佛理）范围稍窄，"道术"不只包括佛理的践行。

从这条开始至"备八"侧重对宣译佛经在"术"（方法技术）上的要求，而前面五条当然是"学"（道德学识）的条件。此处的"道术"指世出世间的方法技术，当然也包括了宣译佛经之方法技术。佛教有内外学之分，内学指佛学，又名内明，即佛学。佛教徒修习本门学问和道术并不奇怪，为什么又要修外学呢？《佛学大辞典》是这样说的：

> 外学（术语），学外教之典籍及世间法也。毗奈耶
> 杂事六记舍利弗降伏拨无后世之外道，佛因听比丘学外
> 论。其文曰："佛告诸苾刍，非一切处有舍利子，其相

第六章　《辩正论》翻译的理论与实践

339

似者亦不可求，是故我听诸苾刍学卢迦耶等诸外俗论。
时诸苾刍闻佛世尊许学书论，遂无简别，愚昧之类亦学
外书。佛言：不应愚痴少慧不分明者令学外书，自知明
慧多闻强识能摧外道者，方可学习。诸明慧者，镇学外
典，善品不修。佛言：不应如是常习外典。佛言：当作
三时，每于两时读佛经，一时习外典。苾刍遂于年月分
作三时。佛言：人命迅速刹那无定。不应年月分作三
时，可于一日分为三分。苾刍朝习外典暮读佛经。佛
言：于日初分及以中后可读佛经，待至晚时应披外典。
苾刍即便暂时寻读，不诵其文。寻还废忘，佛言应诵。"
僧史略上曰："祇洹寺中有四韦陀院，外道以为宗极。
又有书院，大千界内所有不同文书并集其中，佛俱许读
之，为伏外道，而不许依其见也。"（丁福保，1991：
937）

从以上引文至少可以看出两点：第一，佛在世之时不仅亲自
告诫其弟子要习外道之学之术，而且以只争朝夕的精神非常具体
地规定了学习时间；第二，佛教徒学外道是为了破外道。所以，
"备六"是佛教徒在道术上应具备的总体条件，下面"备七"和
"备八"特别指出了中土佛经宣译者应该具备哪些具体的道术
条件。

第二句的"乃"是连词，表前后进层递进关系；"闲"是熟
悉、熟练的意思，通"娴"，可译成"善于"；"坠"的本义是落
下、掉下，此处用本义；"彼学"指与梵语相关的学问。整句连
起来就是：第七，要通梵语且善于正确地翻译，与梵语相关的学
问也不要落后。这句的"彼学"和下面第八备的"此文"相对
仗，先彼后此，明显是以中土文化为参照的话语。用今天西方翻
译研究的术语来说就是归化话语（domestication discourse）。

第三句开头的"薄阅苍雅"与"粗谙篆隶"又是前后工整的

对仗，相互说明；"薄"（数量少）与"粗"（微略）在这里都是副词，修饰后面的动词；"苍雅"是两本书，"苍"指《仓颉篇》，秦李斯著，教育学童识字的字书，秦始皇帝统一文字时又成为小篆书体的样板，"雅"指《尔雅》，是中国最早的一部词典。大致读一读这类汉语汉字工具书，基本能识别（"粗谙"）汉字篆隶这类古体，了解中土语言文字所涉及的学问，这些就是汉语言文字功夫和相关语文能力。为什么是"薄阅苍雅"，"薄阅"的意思就是基本掌握而不是成为精通的专家。站在佛教徒的立场，佛学以外的学问是"外学"，佛学才是"内学"，相应的典籍称之为"外典"和"内典"。对佛教徒而言，佛学当然要精通，而外学基本了解即可。这里的"薄阅苍雅"的"薄"与下一句"粗谙篆隶"第一个字"粗"相映衬和对偶。此条要求宣译佛经者在汉文字学上要有相当的修养。

最后第四句"八者备矣，方是得人"，"方"是副词，"才"的意思，"是"是指示代词，"得"是适合、适当的意思。这句总共才八个字，今译和英译也应尽量简短。

4.4.2 傅惠生没有译文。

第五部
本部是佛典译者的生成论，分成两段：4.5.1 和 4.5.2。

4.5.1
本段论述业力是佛典译者生成的动力。翻译时，"三业""业风""香草"等词语的训诂和语义辨析至关重要，不了解佛教业力果报说便可能译不好这段。

◇译文对比

［原文简体］三业必长，其风靡绝。若复精搜十步，应见香草。微收一用，时遇良材。虽往者而难俦，庶来者而能继。

[英译] only then will he be able to gain merit in the karmic trio of thought, word and deed and project his influence. Search thoroughly for such fine talent; gather them in one by one, and a group of good translators may be found. Although the translators of the past are beyond comparison, the practitioners to come may yet carry on their work. (Yue and Cheung, 2006: 142)

◇翻译关键分析

第一句的"三业"是佛教术语,指人的身口意,"必长"意为必定在增长,"其风"指业力之风,"靡绝"的"靡"是副词,表示否定,相当于"没""不","绝"是停止的意思。整句的意思是:人之业力从无始以来必定在不断增长,业力之风势不可挡,一定推出宣译人才。佛教的业力学说总是与因果报应说联系在一起,这是佛教的常识。也许作者认为这是常识,原文就没有明说"一定带来宣译人才"这句话,虽然如此但下文明说了"应见香草",而这四个字恰恰是这段的文眼。

YC 将这句英译为"only then will he be able to gain merit in the karmic trio of thought, word and deed and project his influence",回译成中文:"只有这样他才能增长其身口意三业的功德,发挥其影响。"这样译是因为译者不懂得佛教的"业"是什么,这句译偏了,与下面文眼的链条就断了。

陈义孝这样解释"业":"吾人的一切善恶思想行为,都叫做业,如好的思想好的行为叫做'善业',坏的思想坏的行为就叫做'恶业'"。(2002:276)丁福保解释得文绉绉的,但说得更透彻:

> 身口意善恶无记之所作也。其善性恶性,必感苦乐
> 之果,故谓之业因。其在过去者,谓为宿业,现在者谓

为现业。俱舍光记十三曰："造作，名业。"业为造作之义。是有二种：一如身之取舍屈伸等造作，名为身业，音声之屈曲造作，名为语业，是直指身之造作，语之造作为业也。二与第六意识相应而起，心所中思之心所也，思之心所以造作为性，故以之为业性。即动作身之思为身业。动起语之思为语业。作动意之思为意业。（丁福保，1991：2341）

所以，笔者对"业"是这样理解的：无论人的动作（身）、语言（口）和思想（意），无论何时何地，无论善与不善都在造业，并随着人的活动与日俱增，且因此而受果报。善业肯定算功德，难道恶业也算？隋朝高僧不会这样不懂行。

第二句"若复精搜十步，应见香草，微收一用，时遇良材"，"复"是副词，表示重复或继续，相当于"再"，也可以表示频度，相当于"又""也"；"见"意为显示、显露、出现；"香草"典出汉刘向《说苑·谈丛》："十步之泽，必有香草；十室之邑，必有忠士。"此处用来比喻"八备"的佛典宣译人才；"微"指数量少；"良材"本来指优质木材，也可用来比喻优秀人才。整句连起来的意思是：要是反复在周围考察，学有所成、具备上述八个条件的传译人才应该会脱颖而出，只要先有少数几个招来学有所用，后来还会遇到更多的宣译人才。YC英译这段文眼没有大毛病，但这句与上句意义脱节。

第三句的"俦"是动词，匹敌、伦比的意思，"庶"指众多。整句的意思是：虽说我们现在的优秀宣译人才没有过去那么多，但将来一定人才济济，继往开来。

4.5.1 傅惠生没有译文。

4.5.2
作者彦琮列举曹魏时代和以后的两晋等朝佛典译者产生的例

子，曹魏时本土没有译者，但有从外国来的。翻译这段，要注意"法桥""则""迥""偏"等字词的训诂和语义辨析。英译应注意时态配合。

◇译文对比

　　［原文简体］法桥未断，夫复何言。则延铠之徒，不迥隆于魏室，护显之辈，岂偏盛于晋朝。

［英译］As long as the bridge of the sublime doctrine is still in place, there is no need to draw any premature conclusions. Surely translators such as Bai Yan 白延［fl. 254－260 CE］and Saṃghavarman 康僧鎧［dates unknown］will not only flourish in the Wei Dynasty［220－265 CE］; there will also be others like them! Surely translators such as Dharmarakṣa 竺法護［230?－316 CE］and Fa Xian 法顯［337?－422? CE］will prosper not just in the Jin Dynasty［265－420 CE］but in other dynasties too! (Yue and Cheung, 2006:142)

◇翻译关键分析

　　第一句的"法桥"指佛法如桥，能使人渡生死之大河，是佛教常用的比喻，连上后面"夫复何言"，整个意思是：佛法之桥还没有断，还在渡人，这还有什么可说的呢？YC英译"As long as the bridge of the sublime doctrine is still in place, there is no need to draw any premature conclusions." 回译成中文："只要法桥还在，就不必匆忙下结论。"这与原文的意思有出入，主要是"夫复何言"没有译好。

　　第二句的"则"表示前后的因果关系，前面列举的原因有二，一是业力必然促使产生合格的佛典译者，二是佛法还在发挥威力，所以有魏延铠等来魏室翻译佛典，岂止晋有护显等宣译弘法，所以笔者把"则"译成"比如"，从上下文来看，这里是对

4.5.1 观点的举例说明；"延铠"是人名，指白延和康僧铠，前者龟鸠人，后者印度人，都是曹魏时代外来中土的译典僧人，"护显"指竺法护（西域高僧）和法显（中土高僧），都是晋朝译经僧人。整句的意思：比如，曹魏时还不是有沙门白延和康僧铠等外来僧人留在中土译经弘法，成就非凡，之后各朝岂止晋朝有竺法护和法显等中外僧人宣译弘法，功载千秋。作者彦琮在《辩正论》第三篇站在自己的位置对之前的中土佛典翻译史已经做过分段评价，最早的东汉三国、南北朝，主流的翻译情况都有交代，所以这里只说魏晋的情况，可谓点到为止，惜墨如金。这句原文过简，翻译时一定要把人名写全，交代其时代、地点等信息，以方便今天的读者阅读和检索。

这句 YC 英译："Surely translators such as Bai Yan 白延 [fl. 254−260 CE] and Saṃghavarman 康僧鎧 [dates unknown] will not only flourish in the Wei Dynasty [220−265 CE]；there will also be others like them! Surely translators such as Dharmarakṣa 竺法护 [230? − 316 CE] and Fa Xian 法显 [337? − 422? CE] will prosper not just in the Jin Dynasty [265−420 CE] but in other dynasties too!"回译成中文："当然如白延和康僧铠这类译者不仅将兴盛于魏朝，以后也必将有像他们这样的其他译者！当然像竺法护和法显这样的译者不仅将兴盛于晋朝，也必将兴盛于其他的朝代！"这样译，意思还是算译出来了。但原作者彦琮在隋朝，主要是在叙述过去的事，所以用一般过去时即可，这里 YC 英译一路用"will"，其时态或情态都不自然。

4.5.2 傅惠生没有译文。

五、第五篇

作者彦琮在本篇专论中土学佛者（包含佛典译者）通梵语的

重要性，本篇分成两部。

第一部

某人先发了一通议论，然后提出问题：佛经翻译总有音译何以通佛理？本部划分为两段：5.1.1和5.1.2。

5.1.1

本段说佛亲自说法，众生（不只是人，还包括其他生命形式）都理解而开悟，不存在翻译问题。翻译这段要注意"遥""四生""被""大慈""咸""蒙""远"等字词的训诂和语义辨析。

◇译文对比

　　[原文简体] 或曰：一音遥说，四生各解，普被大慈，咸蒙远悟。

[傅译] 有人说佛在遥远的天竺说经，四方理解各不相同。佛的光芒普照，遥远地域的人们均能获得启蒙和开悟。（傅惠生，2011：22—23）

[英译] Someone might say：

When the doctrine was pronounced by the Buddha in his own tongue in a faraway land, various interpretations were made of it in all four quarters. Nonetheless, the great message of compassion and mercy was widely circulated, and all received far-reaching understanding. (Yue and Cheung, 2006:142)

◇翻译关键分析

这句的"或"是有人的意思，"曰"根据上下语境应是提问说的意思，"一音"指佛陀说法，"遥"指时空皆远，"四生"是佛教名数，指胎、卵、湿、化四众生，"各"是都的意思，"普"意为全面，"被"意为施与，"大慈"译自梵文 mahā-maitri，给

众生福乐叫慈，"咸"意为感化，"蒙"意为蒙昧，"远悟"是"远"作宾语前置，动词应是"悟"即开悟，"远"指距离觉悟很远的人，"蒙"和"远"都指没有觉悟的众生。整句主语承前是佛陀，整句连起来的意思：有人提问时说："佛陀当年在天竺说法，胎、卵、湿和化生这四众生都能理解，福乐全面施与众生，广泛感化蒙昧，开悟迷惘。"

傅译佛教名数"四生"成"四方"。佛陀的"大慈"译成了光芒，失之肤浅；"咸蒙远悟"译成"遥远地域的人们均能获得启蒙和开悟"，其中的"众生"译成"人们"，这样译不是在赞扬佛陀，而是贬低。佛陀为天人师，岂止启蒙和开悟人！"各解"的"各"在此语境恰恰不能释为"各不相同"，否则当初佛对众生说法就像今天洋人来华演讲多半要请翻译来饶舌。

YC 英译："Someone might say：When the doctrine was pronounced by the Buddha in his own tongue in a faraway land，various interpretations were made of it in all four quarters. Nonetheless，the great message of compassion and mercy was widely circulated，and all received far-reaching understanding."回译成中文："有人可能说：佛陀在遥远的国度用他自己的语言说法，四方都各有解释。而佛陀慈悲的伟大信息广为传播，都得到了深远的理解。"这样译，毛病与傅译相同，都没译到位。英译的"大慈"译得很到位，"普被"没有译好，而"远"也没有译好。

5.1.2

某人又说，东汉和三国宣译佛经不强求音译，等等，然后提问：译本必存梵音何以透彻了解佛法？翻译本段要注意字词训诂，佛教术语的理解和文意的关联。

◇译文对比

[原文简体] 至若开源白马，则语逐洛阳；发序赤乌，则言随建业。未应强移此韵，始符极旨。要工披读，乃究玄宗，遇本即依，真伪笃信。案常无改，世称仰述。诚在一心，非关四辩，必令存梵，讵是通方？

[傅译] 译经始于白马寺，其语言用的是洛阳的方言，天竺高僧在赤乌译经，言语则是建业的方言。也不必采取硬译的方式，才是忠实于原文要义。重要的是仔细阅读，穷究深奥的佛理。遇到佛经文本，无论真伪，相信并依赖它。译本保持不改动，人们就认为是信仰的表达。诚信佛典在心，不在于辨论解析。一定要强令硬译，保存梵文，那是真正的懂梵文吗？（傅惠生，2011：23）

[英译] Besides, when Buddhism was first preached at White Horse Monastery 白馬寺 and sutra translation was undertaken in the city of Luoyang, it was the style of that region that was used. And when the religion was preached in the era of Chiwu(238−251 CE), that is the reign period of Sun Quan 孫權 (r. 222 − 252 CE), ruler of the Kingdom of Wu, sutra translation was initiated in the city of Jianye [present-day Nanjing] using the style of that region. This being the case, it would be wrong to think that this practice had to be changed before the translations could tap the ultimate meaning. Neither should it be necessary to study diligently before one can grasp the difficult, profound message. Let us just show our **faith** [xīn 信] by yielding to the source [yīběn 依本]. Follow it and translate accordingly, and do not change it recklessly; and the world will revere our work. Sincerity is a matter of the heart; it

has nothing to do with the power of argument. And erudition is not restricted to a thorough knowledge of the *Fàn* [Sanskrit] texts. (Yue and Cheung, 2006:142)

◇翻译关键分析

第一句"至若开源白马，则语逐洛阳，发序赤乌，则言随建业"其中的"开源"本义指开始出现河流的源头，这里作者应指佛教和佛经最初传入中土；"白马"指东汉洛阳白马寺，是佛教最初传入中土和佛典开译的标志性建筑和故事（参见本书第二章5.1.2的注释）；"语逐"的"语"指在洛阳的佛典宣译之语，"逐"是追求的意思。"语逐洛阳"和"言随建业"只有四个字，原文提供的实际信息实在太少，但今译为了读者又不得不详细说明，笔者只有根据学界了解到的隋之前的佛典译场情况来翻译这八个字。

根据曹世邦的研究，隋朝以前的佛典译场译经最突出的特点是"讲译同施"，就是译经与讲经同步进行。译经时译主手持佛典原本，一边将其口译成汉语，一边反复讲解，与此同时，在场的人也提出各种问题与之进行辩论。译经的过程实际也是讲经、辩论、释译的过程。译主不仅口译，而且还讲解、阐述佛经中的奥妙，发挥其中的精微。译主如不是像鸠摩罗什那样精通佛学的大师，实难以胜任。译场也就成了开放的讲经学府，前来倾听讲经的信徒很多，数百上千都有，译经就像开讨论会，在场的人都可以跟译主辩论。（曹世邦，1981：189－202）由此可见隋之前译场以译主为核心，经过讨论确认后，其译语即书写成文，即为佛言。所以，"语逐洛阳"笔者译成"众信徒都依从在洛阳的佛典传译之言"，下文的"言随建业"译成"大家又信奉在建业的宣译之语"。"发序赤乌"与前句的"开源白马"对仗很工整，可相互说明。"发序"的意思应该与"开源"差不多，指孙权为西域僧人康僧会请得舍利而叹服，为他立建初寺为江南佛寺之始。

"赤乌"指三国吴孙权赤乌十年（247 年），西域僧人康僧会至建业（今江苏南京）传播佛教，翻译佛经。

这句傅译为："中土译经始于白马寺，其语言用的是洛阳的方言，天竺高僧在赤乌译经，言语则是建业的方言。"不能说译错了，但将"语逐洛阳"译成"其语言用的是洛阳的方言"，"发序赤乌"译成"天竺高僧在赤乌译经，言语则是建业的方言"，不知有什么根据？

YC 英译"至若开源白马，则语逐洛阳"为"Besides, when Buddhism was first preached at White Horse Monastery and sutra translation was undertaken in the city of Luoyang, it was the style of that region that was used."回译成中文："此外，佛教初传白马寺，佛经初译洛阳城，采取的正是该地区的风格（时尚、文体、字体？）。"用英文 style 来译"语"，语义含糊不清，style 有多义——风格、时尚、文体、风度、类型、字体，到底是哪个意思，读者还是无法确定。再者，就汉字"语"的训诂而言，至多可勉强训出英文 style 所包含的"字体"这个义项。

"发序赤乌，则言随建业"的 YC 英译为"And when the religion was preached in the era of Chiwu〔 (238－251 CE), that is the reign period of Sun Quan 孫權（r. 222－252 CE), ruler of the Kingdom of Wu〕, sutra translation was initiated in the city of Jianye〔present-day Nanjing〕 using the style of that region."回译成中文："而佛教在三国吴孙权赤乌年间传播的时候，佛典翻译初次在建业城进行，用的是该地区的风格（时尚、文体、风度、类型、字体？）。"缺点同上。

第二句"未应强移此韵，始符极旨"其中"未应"是犹不曾的意思，"强"意为勉强，"移"意为变异、改变，"此韵"指汉字音节的韵母部分，"始"是方才的意思，"符"意为相合，"极旨"意为最高的主张，"要"指求取、求得，"工"是精巧、精致

和善于、擅长的意思，"披读"指阅读，"玄宗"指佛教。整句的意思是：汉乃至三国吴的佛经翻译皆不曾过分音译，方才符合佛法的宗旨，只求众信徒善于精读佛典译本，按图索骥以探佛教之究竟。傅译"未应强移此韵"为"也不必采取硬译的方式"，也算该译者的建构。

笔者有必要解释自己翻译选择的原因，从某种意义上说翻译是译者的选择，不同的译者选择不一样。"未应"的第一个义项是"犹不须"，相当于"也不必"的意思（汉语大词典编委会和编纂处，1989b：692）。但笔者并未选用这个义项，其中一个最重要的原因是支持该义项的例子都是宋朝的，上离隋朝有点远；不选用该义项的第二个原因是，如用则有点教训先贤的意味，笔者以为彦琮在此语境不会如此无礼。词典第二个义项是"犹不算"，与本句的语境不合，立马否定；第三个义项是"犹不曾"，用在本句的语境最恰当，因为是在叙述过去，且例子以唐朝居多，上离隋朝更近。第四个义项是"不应当"，教训意味更重，且例子是明朝的，上离隋朝更远，立马否定。另外，笔者认为，原文"极旨"是佛教最高宗旨，"极旨"这两个字随便怎么也训不出傅译"原文"的意思。

YC英译这句为"This being the case, it would be wrong to think that this practice had to be changed before the translations could tap the ultimate meaning."回译成中文是："既如此，以为只有改变这种做法，译典才能接通佛教宗旨，这是不对的。"这样英译离原意太远。

第三句"要工披读，乃究玄宗，遇本即依，真伪笃信"中"要"意为必须、应当；"工"意为善于、擅长；"披读""玄宗"当中的"本"指佛经抄本，就是译本，如第一章相关部分所述，在北宋以前，中土佛经多以抄本（译本）形式流传；"依"是遵从的意思；"为"等于"伪"。整句的意思是：众信徒必须善于精读译本，按图索骥以探佛教之究竟，可中土信徒每逢翻译的经本随即遵从，无论真伪，笃信无疑。

傅译是："重要的是仔细阅读，穷究深奥的佛理。遇到佛经文本，无论真伪，相信并依赖它。译本保持不改动，人们就认为是信仰的表达。"译文整句没有主语，让读者费力去猜，句子语气又似叙述又像教训，口吻不确定。

YC 英译这句为 "Neither should it be necessary to study diligently before one can grasp the difficult, profound message. Let us just show our faith [*xin* 信] by yielding to the source [*yiben* 依本]." 回译成中文是："要掌握玄奥之旨也就一定要刻苦用功学习。让我们彻底服从原本 [依本] 以证明我们的信念 [*xin* 信] 吧。"原文在叙述，而英译成了祈使的语气，漏译"真伪"，整句与上文意思衔接不起来。

第四句"案常无改，世称仰述"中的"案"是表示承接关系的连词，相当于"于是"，"常"是恒久不变的意思，"世"指世世代代，"称"意为赞扬，"仰"是敬慕的意思，"述"指遵循。连起来的意思是：于是那时的译本就这样原封不动地流传到今天，世代颂扬和遵循。

傅译是："译本保持不改动，人们就认为是信仰的表达。"YC 英译是："Follow it and translate accordingly, and do not change it recklessly; and the world will revere our work." 回译："因此遵循原本并照此翻译，不要贸然改变原本；这样世人才会敬重我们的工作。"

看来对第三和第四句的翻译，不同译者的理解都不同，各自的建构不同。

第五句"诚在一心，非关四辩，必令存梵，讵是通方？"中的"诚"指当初翻译之虔诚，"一心"指专心一意，"关"指关联，"四辩"指佛教道行较高者才有的四无碍智。"必令存梵，讵是通方?"其主语承前指汉和三国时代的佛典宣译者,"存梵"就是存有梵音,也就是今天说的音译,"讵"是副词,表示反问,相当于"怎么","通方"是完全通晓佛法的意思。整句连起来的意思是:当初宣译之虔诚在于专心一意,与四无碍智无关,可当时传译者必使译文保留了梵音,这样读者怎么透彻了解佛法呢?

傅译这句:"诚信佛典在心,不在于辩论解析。一定要强令硬译,保存梵文,那是真正的懂梵文吗?"第一个佛教术语"一心"只用一个"心"字来翻译,显然不到位,读者还是读不懂;具有深意的佛教术语"四辩"译成"辩论解析",与原意相距甚远,"关"译成"不在于",病在不讲训诂。加之,这句又没有主语,似在教训,与原意的叙述口吻不符,整句意思与原意相距甚远。"存梵"译"硬译"又译"保存梵文",笔者以为"硬译"是可以去掉的蛇足,"通方"译成"真正通晓梵文"。这句是本句乃至本节的关键,译错了上下脱节,文气不通。

YC 英译:"Sincerity is a matter of the heart; it has nothing to do with the power of argument. And erudition is not restricted to a thorough knowledge of the *Fan* [Sanskrit] texts." 回译是:"诚在于心,非关辩论之力。且博学不只是彻底了解梵文本的知识。"

英译的毛病还是上述两个佛教术语没有译好,虽然"关"译得可以,但整个意思与原意相距甚远。"必令存梵,讵是通方?"这句的英译不讲训诂。原文一句共八个汉字,哪个字可训出"博学"(erudition),或"不限于"(is not restricted to)?这样英译表明译者没有读出原句是提问语气,与上面傅译同病。

第二部

本部回答了第一部某人提出的问题:佛经翻译总有音译何以通佛理。在回答的过程中,作者彦琮阐述了本篇的主题:学佛通梵语的重要性。本部分有五段:5.2.1、5.2.2、5.2.3、5.2.4

和 5.2.5。

5.2.1

作者彦琮在本段阐明学佛要明白的大道理：眼界开阔，广结道友，名实合一。翻译时要注意"谈""经""旁""退""管锥""绝""穿凿"等字词的训诂和语义辨析。

◇译文对比

[原文简体] 对曰：谈而不经，旁惭博识；学而无友，退愧寡闻。独执管锥，未该穿壤。理绝名相，弥难穿凿。

[傅译] 有人说：说话没有依据经典，空有渊博的其他学识。学习没有伙伴，独自一人的时候应该羞愧自己孤陋寡闻。一个人不停地写，不能写尽天下的事理。道理如果脱离了具体事物和现象，更加难以解释。（傅惠生，2011：23）

[英译] This is my response：

One who presents arguments without making any reference to the canon will be shamed by erudite scholars; one who conducts studies without exchanging views with friends will eventually give up, lamenting his ignorance. A writer who forges ahead single-handedly cannot know the entire universe; the logic behind linguistic terms and the things they represent is so complicated it is almost impossible to understand. (Yue and Cheung, 2006：142—143)

◇翻译关键分析

第一句开头的"对曰"只有两个字，关键是"对"乃回答、应答的意思，加上"曰"就是我（作者）回答说的意思。傅译"对曰"成"有人说"。"对曰"的主语，根据此语境，省掉了主

语我，即作者本人。YC 英译为 "This is my response"（这是我的回答），很到位。

接下来的"谈而不经，旁惭博识；学而无友，退愧寡闻"，"谈"这里指嘴上空谈，"经"意为经过、经历，"旁惭"（在旁边惭愧）和"退愧"（服服帖帖地愧疚或自责）都是前偏后正结构。整句连起来的意思是：嘴上空谈而没有实际经历，会为别人博学多识在一旁惭愧；学佛而无道友只会心服口服地自责孤陋寡闻。

傅译这句是："说话没有依据经典，空有渊博的其他学识。学习没有伙伴，独自一人的时候应该羞愧自己孤陋寡闻。"原文的"经"译成"依据经典"，"旁惭"译成"空有"，不讲训诂。

YC 英译是："One who presents arguments without making any reference to the canon will be shamed by erudite scholars; one who conducts studies without exchanging views with friends will eventually give up, lamenting his ignorance."回译成中文是："论而不引经据典，将会为别人的博学而惭愧；学而不与学友交换观点，终将半途而废并为自己的无知而悲哀（懊悔）。"这与傅译相同，把原文的"经"译成"making any reference to the canon"（引用佛教经典），"退"译成"give up"（放弃），"愧寡闻"的"愧"本是惭愧的意思，译成了"悲哀或懊悔"（lament）。

第二句"独执管锥，未该穹壤"，"独"是唯独、仅仅的意思，"管"指筒形、中空而细长的管状物体，"锥"指锥子，即尖而细的锐利工具，"未"是表否定的副词，"该"是包容、包括的意思，"穹"指天空，"壤"指大地。整句直译是："只手握管子看不到整个天空，只用锥子刺不遍整个大地。"

傅译这句是："一个人不停地写，不能写尽天下的事理。"根据其译文，"独"作"独自一人"解，"执管锥"，作"手握毛笔"解，转换为"不停地写"。这样译，关键是把"独"解为独自一人，"管锥"理解为毛笔。这也是该译者的建构。

笔者也谈谈自己翻译"管锥"为什么不选毛笔这个义项。唐朝韩愈《毛颖传》用毛笔拟人，称毛颖，"秦皇帝使恬赐之汤沐，而封诸管城，号曰'管城子'"（1935：433）。毛笔又因此称为"管城子"。《旧五代史·史弘肇传》云："安朝廷，定祸乱，直须长枪大剑，至如毛锥子，焉足用哉！"毛笔又因此有了个雅号"毛锥子"。（薛居正，2000：983）黄庭坚有诗曰："管城子无食肉相"（缪钺、霍松林、周振甫，1987：516）。南宋陈人杰有这样的词句："原夫辈，算事今如此，安用毛锥！"（唐圭璋，1965：3079）。这两句的"管城子""毛锥"皆指毛笔。"管""锥"二字可视为"管城毛锥"的省称，指毛笔。所以，"管锥"二字组合确有毛笔的意思，然而其根据和典故都出自唐宋各大家的手笔，而《辩正论》写在隋朝，作者彦琮不可能知道其身后的唐、五代和宋的事情。所以，此处的"管锥"只能分别指其本意。这就是笔者不选毛笔来译"管锥"的第一个原因。

此外，"独执管锥，未该穹壤"前后都是四字结构，前后对仗很整齐。"独执"对"未该"都是副词后接动词的前偏后正的结构，相互说明；"执管锥"对"该穹壤"都是动宾结构对动宾结构。又从宾语而言，"管锥"对"穹壤"，管子对天空，锥子对大地，对仗很整齐，前后相互说明。这句用现代汉语的直译是：只通过手握管子看不到整个天空，仅利用锥子刺不遍整个大地。这是作者在比拟固执己见，视野狭小，看问题不全面，用比喻在讲大道理，与这段整体内容相一致。修辞、语法结构和语境这三个因素是笔者不用毛笔来翻译"管锥"的第二个原因。

YC 英译这句是："A writer who forges ahead single-handedly cannot know the entire universe."回译是："一意孤行的作家不可能知道整个宇宙。"这样英译，"独执管锥，未该穹壤"的翻译与上面傅译相同，特重"独"为独自一人的意思，

"执"为手握，"管锥"理解为毛笔。

第三句"理绝名相，弥难穿凿"，"理"指道理，"名"指名词、名称或者概念，"相"指现象，"弥"是更加的意思，"穿凿"是解释的意思。整句连在一起的意思是：抽象概念与具体的现象分离，道理就更加难以解释。

傅译这句是："道理如果脱离了具体事物和现象，更加难以解释。"译得很好。YC 英译是："the logic behind linguistic terms and the things they represent is so complicated it is almost impossible to understand."其回译是："言辞背后的道理与言辞所表现的事物非常复杂，几乎不可能理解。""理""名"和"相"三个概念的翻译与笔者差不多，但稍显冗繁，"绝"译成"复杂"，"弥难穿凿"译成"几乎不可理解"。

5.2.2

本段论述除非佛驻世，学佛都应懂梵语。翻译时要注意"冥""加""满字""利根""迥""悬解""雅怀""梵响"等字词的训诂和辨析。

◇译文对比

[原文简体] 在昔圆音之下，神力冥加；满字之间，利根迥契。然今地殊王舍，人异金口，即令悬解，定智难会。经音若圆，雅怀应合，直餐梵响，何待译言。

[傅译] 佛在世的时候，人们聆听他的教诲，冥冥中增加了神力。修性获得成就，听者的智慧能够与佛的智慧相通。但是今天我们学习佛法，不能住在佛生活的地方，也不能聆听他的教诲。即使有文本的解释，也肯定难以领会。佛经表达的道理如果同佛所说的是一样的，两者就应该是契合的。如果能够当面聆听佛的教导，就不需要翻译文本了。（傅惠生，2011：23）

[英译] At one time in the past, amazing power was

bestowed by the perfect words spoken by the Buddha, and the disciples with spiritual insight could find their insight awakened by the evocative richness of the words. But now we are no longer [with the Buddha] in the city of Rājagrha 王舍 and we cannot hear [the truth] directly from the Buddha's golden mouth. Besides, even if explanations are given, they will be difficult to understand. In spite of this, if the message is presented in the perfect language [Sanskrit], the intelligent mind should still be able to respond to it. And if the mind can benefit directly from *Fàn* [Sanskrit], what need is there for translation? (Yue and Cheung, 2006:143)

◇翻译关键分析

第一句的"圆音"直译成圆妙的声音,指佛的声音,与"一音"的意思相同,"神力"是佛陀的神通力,即神变和神异等超自然的能力,"冥"指看不见也听不见,即暗中,"加"指加被,就是佛菩萨的加力、支持和指导,"满字"譬称大乘经,"利根"指具有锐利的根器的人,即先天具有接受佛教之很大可能性的众生,"迥"通"独",在此语境是特别的意思,"契"指契合佛道。整句的意思是:在当初佛亲自说法的环境下,佛以神通力暗中支持、帮助和指导其弟子;(佛不在了),读大乘佛经特别有利于上根者契合佛道。

傅译是:"佛在世的时候,人们聆听他的教诲,冥冥中增加了神力。修性获得成就,听者的智慧能够与佛的智慧相通。"请注意其与笔者今译不同之处,"神力冥加"笔者译为"佛以神通力暗中支持、帮助和指导其弟子",傅译为"人们……为增加了神力","满字之间"傅译为"修性获得成就","利根迥契"傅译为"听者的智慧能够与佛的智慧相通"。关键的佛教术语和知识不通,如"神力""冥""加""满字"和"利根"都没有译出来。

YC 英译是："At one time in the past, amazing power was bestowed by the perfect words spoken by the Buddha, and the disciples with spiritual insight could find their insight awakened by the evocative richness of the words."其回译是："当初佛陀所说的完美之辞赐予了令人惊异的力量，有心灵悟性的众弟子能感到佛陀那富有启发力的言辞唤醒了其领悟力。"请注意这句英译与原文的差异，"在昔圆音之下，神力冥加"指在佛陀亲自说法的圆妙声音之下，佛的神通力加持众弟子，而英译是佛完美的言辞赐予了令人惊异的力量；"满字"指大乘佛经，英译成佛陀那富有启发力的言辞，"利根"指先天具有接受佛教之很大可能性的众生，英译成具有超自然领悟力的众弟子，"迥契"英译成唤醒了其领悟力。缺点与上述傅译相同。

第二句的"地"指作者所在的中土之地，"王舍"是佛陀生前常居住和宣讲佛法的地方，"金口"指佛陀之口，"即令"意为即便、即使，表让转，"悬解"是有所解脱的意思，"定智"意为禅定和智慧，"会"指彻底领悟。整句的意思是：但今天我辈佛门中人地处中土，已不是佛陀当初居住和说法的王舍城，讲经说法者亦非佛陀本身。今日中土弟子即使于尘世的烦恼有所解脱，但难以彻底领会禅定和智慧。

傅译是："但是今天我们学习佛法，不能住在佛生活的地方，也不能聆听他的教诲。即使有文本的解释，也肯定难以领会。""悬解"译成"有文本的解释"，"定智"没有译出来。

YC 英译是："But now we are no longer [with the Buddha] in the city of Rājagrha 王舍 and we cannot hear [the truth] directly from the Buddha's golden mouth. Besides, even if explanations are given, they will be difficult to understand."其回译是："但今天我们不再身处王舍城 [与佛陀在一起]，并且我们不能听到佛陀金口直接宣讲 [真理]。此外，即便有所解释，

也难以完全理解。""悬解"译成"有所解释","定智"也没有译出来。

第三句的"经"指梵本佛经，"音"根据《大正藏》第 50 册第 439 页"校勘记"，宋、元、明、旧宋本是"旨"，所以在此上下文中，"音"指声音和意义，"圆"的意思是完整、丰满、周全，"雅怀"指具有正信之内心的人，"餐"指听取，意译为学习，"梵响"指佛的说法，但记录在梵本佛典，译时取后者，"待"是需要的意思，"言"是话或言语的意思。整句连起来的意思是："梵本佛典要是音意完整，应有正信之心与之契合；既然此间可直接领略佛陀以梵语的说法，何必需要翻译佛典呢？"

傅译是："佛经表达的道理如果同佛所说的是一样的，两者就应该是契合的。如果能够当面聆听佛的教导，就不需要翻译文本了。""圆"译成"同佛所说的是一样的"，"雅怀"没有译，"直餐"译成"当面聆听"，"何待译言"以"何"开头的反问语气译成"就不需要翻译文本了"的平铺直叙。

"直餐"译成"当面聆听"是明显的错误。上文"在昔圆音之下"指当面直接听佛陀说法，"满字之间"已是大乘佛教的时代，佛早就不在了，到"经音若圆"指中土得到的梵本佛典音义完整，说的是作者彦琮所在的中土时代的情况，离佛陀驻世已有一千多年之遥。所以"直餐梵响"指的是中土信徒读梵本佛典与读译本相比较算是相对更直接聆听佛陀说法。

YC 的英译文是："In spite of this, if the message is presented in the perfect language [Sanskrit], the intelligent mind should still be able to respond to it. And if the mind can benefit directly from *Fàn* [Sanskrit], what need is there for translation？"回译成中文是："尽管这样，如果意义以完美的语言 [梵语] 表现出来，高智力的心依然应能与之响应。而假如这样的心灵能够直接从梵语受益，何需翻译？"

"经音若圆"的"经音"YC英译是"这个真理的意义"（the message），傅译为"佛经表达的道理"，而笔者的今译是"梵本佛典的音意"。"圆"YC的英译是"以完美的语言［梵语］表现出来"，傅译为"同佛所说的是一样的"，笔者的今译是"完整"，笔者的英译是 perfect in the sound and senses（音义圆满）。

笔者把这个上下文的"经音"译成"梵本佛典的音义"，原因如下：第一句开始"在昔圆音之下"是佛在世的情况，接着"满字之间"已是大乘佛教的时代的情况，佛早就不在了。第二句"然今地殊王舍"很明显在说中土的情况，所以这句的"经音若圆"说的是作者彦琮所在的时代传来的梵文佛典的音和义。加之下文说"直餐梵响"，也说明这个"经音"不是泛指佛经的经音，而是传到中土的梵文佛经的经音。

"雅怀"YC英译是高智力的心，傅惠生没有译，笔者今译是"正信之心"，笔者的英译是"the correct and sincere mind"（正信之心）。首先，"雅"不光有优雅、文雅的意思，还可训为正和规范。另外，《汉语大词典》给"雅怀"的定义是高雅的胸怀，但其根据主要在于文学用例。笔者以下再举几例，皆出自大藏经，而且都是唐释道宣的手笔，有助于启发我们确定该上下文语境中"雅怀"的意义。

《续高僧传》卷三：

> 颇誓传法化，不惮艰危，远度葱河来归震旦。经途所亘，四万有余，躬赍梵本，望并翻尽。不言英彦有坠纶言，本志颓然，雅怀莫诉，因而构疾自知不救。（《大正藏》第50册第440页）

此例的"雅怀"指冤屈的心。

《续高僧传》卷十三：

> 遂即言笑如常，容仪自若。素曰：'敢闻君子志矣，

恐不副雅怀。(《大正藏》第 50 册 524 页)

此例的"雅怀"指真诚的期望之心。

《续高僧传》卷十八:

　　告迁曰:'有心慕道,理应相度,观子骨法,当类
弥天。自揣澄公,有惭德义。可访高世者以副雅怀。
(《大正藏》第 50 册第 571 页)

此例的"雅怀"指高尚的心愿。

　　《广弘明集》卷四:"仆闻情存两宝,心慎四知,方
曰通人之雅怀。"(《大正藏》第 52 册第 115 页)

此例的"雅怀"指正信之心。可见,"雅怀"并非都是高雅
的胸怀,要根据具体的上下文而定。

"直餐梵响"YC 英译成"直接从梵语受益",这样"梵响"
等于梵语。笔者以为中土佛徒不是直接从梵语语言本身受益,而
是通过读梵语佛典,更直接领略佛的说法而从中受益,所以此处
行文应是 Fàn versions(梵文佛典)才讲得通。

5.2.3

本段论述中土宣译僧人要牢固佛法之根本,即读原典,应懂
梵语。翻译时要注意"本""等""固""音""一向""十例"等
词语的训诂和语义辨析,透彻理解佛教术语及其考证。

◇译文对比

　　[原文简体] 本尚亏圆,译岂纯实。等非圆实,不
无疎近。本固守音,译疑变意。一向能守,十例可明。
缘情判义,诚所未敢。

　　[傅译] 如果佛经文本传达的佛理本身就与佛的教导不相契
合,翻译的文本怎会纯粹和实在呢?所译佛经不能实在完整地表

达佛的教诲，译本与佛理就会产生不等的距离。经文本是记录佛的话语的，翻译就有可能改变原来的意思。如果能够保证佛的意思不改变，就要遵守"十例"的规则。仅仅根据表面文字来判断和理解佛的意思，我自然是不敢做的。（傅惠生，2011：23）

［英译］True, the source sutras themselves are less than perfect, but that is precisely why the translations are even further away from fullness of meaning; that is why there are bound to be all kinds of departures and deviations. Even if the source comes close to the Buddha's words, the translations are likely to change the meaning. Be that as it may, if we remain steadfast in our commitment ［to the study of Sanskrit］, the Ten Guiding Principles listed above can help fortify our works ［of translation］. I truly do not dare to rely on my own subjective feelings in interpreting the meaning of the doctrine. (Yue and Cheung, 2006:143)

◇翻译关键分析

第一句的"本"在此处指译经僧人的佛法修养之根本，"尚"是还的意思，"亏圆"指有欠于圆满，"译"指佛典翻译，"岂"指怎么，"纯实"指完美真实，"等"指同样，"不无"就是有，"疎近"指远和近。整句连起来的意思是：译经僧人的根本——佛法修养有欠缺，翻译佛典怎么能完美真实，译典同样不完美和真实，与佛法或多或少就有距离。

傅译这句是："如果佛经文本传达的佛理本身就与佛的教导不相契合，翻译的文本怎会纯粹和实在呢？所译佛经不能实在完整地表达佛的教诲，译本与佛理就会产生不等的距离。" YC英译这句是："True, the source sutras themselves are less than perfect，but that is precisely why the translations are even further away from fullness of meaning; that is why there are

bound to be all kinds of departures and deviations." 回译为中文是："的确，源本佛典本身不太完美，而这正是译文意义还有待于进一步充实的原因；这也是必定有出入的原因。"

笔者对这句的翻译与上述两位学者翻译的根本分歧在于翻译"本尚亏圆"的"本"，笔者理解其是佛法之本，此处的"本"用的是该字的本义——"草木的根或靠根的茎干"，用来比喻佛法是僧人的根本。笔者译文的逻辑是：译经僧人佛法之本有损→翻译缺失→（翻译与佛法的）距离。

傅译"本"为"佛经文本传达的佛理本身"。"亏圆"译成"就与佛的教导不相契合"。该译文的逻辑：译文本传达的佛理与佛的教导不相契合→翻译文本的缺失；译经不能实在完整表达佛的教诲→译本与佛理的距离。

傅译首先让人生疑之处是，"佛理本身"与"佛的教导"既然二者都来自于佛，怎来"不相契合"的问题？其次，开头已说"佛经文本传达的佛理本身就与佛的教导不相契合"，最后为什么又以"佛理"为标准来测量"译本"的距离，这有违反逻辑同一律的嫌疑。

英译文的逻辑：源本佛典不完美→译本完整意义有损→有出入。英译文最明显的问题在第二个分句："That is why there are bound to be all kinds of departures and deviations."读者可以从这个分句费力地猜出译本必定有出入，进而再费力猜出译本必定与上文完整的意义有出入。既然这样，这第二个分句没有必要说，因为第一个分句已经把该说的意思说完了。

第二句的"本"的意思同上句，"固"是动词，坚牢、巩固的意思，"守"意为遵守和奉行，"音"指佛的亲口教导，"译"意为解释，"疑"意为疑难，"变"通"辨"，指辨别，"意"指佛的真意。整句的意思是：只要译典僧人牢固佛法之本就会奉行佛陀的教诲，解释疑难，辨别出佛陀的真意。

傅译是："经文本是记录佛的话语的，翻译就有可能改变原来的意思。"这句的"本"译成"经文本"，"固守音"译成"是记录佛的话语的"，"译"等于翻译，"疑"译成"有可能"，"变意"译成"改变原来的意思"。汉字"固"和"守"都训不出记录的意思，因此该译文不讲训诂。傅译这句的矛盾也很明显。第一句的"本"译成"佛经文本传达的佛理本身"，第二句的"本"从上下文来看与第一句的"本"所指同一，论元相同，只不过第一句从反面论述，谓词是"尚亏圆"，第二句是正面论述，动词是"固"。

　　YC 英译这句是："Even if the source comes close to the Buddha's words, the translations are likely to change the meaning."回译是："即使源本接近于佛陀的话语，译本也有可能改变原意。"原文的"本"译为源本（the source），"固守"英译成接近于（come close to），这更不讲训诂。根据英译者这句的译文加上句的译文，进行逻辑推理，佛典原本有瑕疵，译本肯定也有缺陷；佛典原本几乎完美，译本还是有改变原意的可能性。照此译文的说法，这篇高僧专论佛典翻译的论文如此贬低翻译的作用，笔者认为没有道理。

　　笔者的翻译与傅译和 YC 英译的不同之处在于，这句的"本"与第一句的"本"都指中土译经僧人的佛法之本，"守音"和"译疑变意"是三个动宾结构，其主语都是指中土译经僧人，笔者的翻译都有训诂为依据。

　　第三句的"一向"是佛教术语，指意向于一处，无余念，无散乱之心也，"能守"指能够保持，"十例"指如来十种状态的说法①，"可明"就是可以明白，"缘"意为凭借和依据，"情"意为实情，"敢"是有胆量做某事的意思。整句连起来的意思是：中土宣译僧人只要保持意向专一，无散乱之心，"十例"也可明白；否则（一向不能守）宣译僧人确实不敢凭实情而判定佛陀的真意。

傅译这句是："如果能够保证佛的意思不改变，就要遵守'十例'的规则。仅仅根据表面文字来判断和理解佛的意思，我自然是不敢做的。"

"一向能守"译成"如果能够保证佛的意思不改变"，"十例"译成"规则"，不知有什么根据。原文这里的谓词明明是"可明"，怎么又译成了"要遵守"，这已不仅仅是不讲训诂的问题。"缘情"译成"仅仅根据表面文字"也不讲训诂，"诚"译为"自然是"也不讲训诂。佛教术语也没有译出，更不用提其考证问题。

YC 英译是："Be that as it may, if we remain steadfast in our commitment [to the study of Sanskrit], the Ten Guiding Principles listed above can help fortify our works [of translation]. I truly do not dare to rely on my own subjective feelings in interpreting the meaning of the doctrine." 回译成中文是："尽管这样，如果我们始终坚持努力[学习梵语]，以上列

① 笔者考证出这"十例"的出处。见本书第二章 5.2.3 的注释。第一种状态是如来亲自用语言说，第二种是如来用毛孔出声说法，第三种是如来光明舒音演法，第四种 令菩萨用语言说法，第五种是令菩萨毛孔亦出音声说法，第六种是令菩萨光明亦有音声说法，第七种是令诸刹海出声说法，第九种是以三世音声说法，第十种是以一切法中皆出声说法故。这"十例"是纯佛教性质的，非今天的科学和哲学可以包容，要明白佛陀这十种形式的说法，也非一般翻译人员可以胜任，所以需要持守"一向"的功夫。

举的"十条"能有助于增进我们的佛典［翻译］的善行。我确实不敢仅凭借自己的主观感情来解释佛理的意义。"

"一向能守"英译成"如果我们始终坚持努力［学习梵语］"，"十例"是该英译文上文列举的"十条"，"可明"英译成"能有助于增进我们佛典［翻译］的善行"，"缘情判义"译成"我确实不敢仅凭借自己的主观感情来解释佛理的意义"。

请注意，此处英译明显的问题：第一，"一向能守"的英译文，其主语是"we"（我们），而"缘情判义，诚所未敢"英译文的主语又成了"I"（我），对这句论元认识的不一致，表明作者对整句意义认识的混乱。第二，原文"十例可明"其中的"可明"英译成"能有助于增进我们的佛典［翻译］的善行"，无论从训诂和语境来考察都没有根据。

5.2.4

本段阐述俗人持忠孝之道能宣讲儒家圣德才能够弘扬其圣道，而僧人要求应更高，即要周详地向他人讲解佛法。翻译时要注意"若夫""家国""堪""发心""妙觉""奚假""坐"的训诂和语义辨析。

◇译文对比

［原文简体］若夫孝始孝终，治家治国，足宣至德，堪弘要道。况复净名之劝发心，善生之归妙觉。奚假落发翦须，苦违俗训，持衣捧钵，顿改世仪，坐受僧号，详谓是理。

［傅译］儒家思想以孝为要义，作为治国治家的根本。孝是充分值得宣传的最高道德，是弘扬大道的根本素质。更何况出家人敬佛清静如行孝道需发自内心，善待他人生命以成就普济众生的理想。为什么要剃法剪须，苦苦违背世俗做人的规矩呢？穿上袈裟，手持钵盂，人的世俗面貌顿时发生了改变。既然得了僧

号，那就要仔细学习佛理。（傅惠生，2011：23）

［英译］If it is believed that as long as we can conduct our lives with filial piety and keep our families and the state in good order, we are worthy to preach the all-important message of virtue, then are we not even more worthy if we have ［the lay scholar］ Vimalakīrti's unflagging interest in drawing people's attention to the unity of all beings, and ［the lay follower］ Susambhava's peaceful return to the quiet bliss of truth? Why then do we go through the tonsuring ceremony and shave our hair and beard, which means stubbornly breaking the habits of ordinary men? Why do we take the monk's robe and begging-bowl and change our worldly attire altogether? Surely it cannot be that we are just interested in receiving the title of a monk! (Yue and Cheung, 2006:143)

◇翻译关键分析

第一句的"若夫"即"至于"，用于句首或段落的开始，表示另提一事，"孝始孝终"即"中土俗人终身持忠孝之道"，"治家治国"其中的"家"和"国"非现代意义的家和国（具体请参见本书第二章5.2.4的注释）。"足宣至德，堪弘要道"这前后四字对仗工整，作用相同，意义相似，相互说明，"足"（能够）对"堪"（能够），"宣"（宣讲）对"弘"（弘扬），"至德"（至高之德）对"要道"（紧要之道），都指儒家之道。连起来可译为：至于俗人终生持忠孝之道，齐家治国，能宣讲儒家圣德才能弘扬儒家之道。

傅译这句是："儒家思想以孝为要义，作为治国治家的根本。孝是充分值得宣传的最高道德，是弘扬大道的根本素质。"这样译，原文开头的"若夫"没有译，缺乏上下文的衔接和转换，"孝始孝终"的典故没有译出来，还有这句隐含的行为主体（中

土俗人）没有显现，再者本句当中的关键词"足"和"堪"没有译。这句的主旨在于说明中土大多数的世俗之人的追求。这是原作者阐述本段观点的第一层论证。上述关键点没有译出来，论证的第一层意义大部丧失，难以进入下句第二层的论证。

第二句的"况复"指况且或何况（表示本句与上句相比更进一层的意义），后面六字对仗工整，作用相同，意义相似，相互说明，"净名"对"善生"都是人名，指佛教两位著名且佛教修养成就很高的居士，结构助词"之"对"之"，动宾结构"劝发心"（规劝众人发愿求取无上菩提的心）对动宾结构"归妙觉"（归向自觉觉他，觉行圆满，智德不可思议的正觉）。整句连起来的意思是：就佛教居士而言，讲经说法之佼佼者况且有维摩诘，其虔心向佛者何况还有善生。

傅译这句是："更何况出家人敬佛清静如行孝需发自内心，善待他人生命以成就普济众生的理想。"这样译，专有名词（两个人名）"净名"译成"出家人敬佛清静"，"善生"成了"善待他人生命"，佛教术语"发心"和"妙觉"理解偏了，这几处都是翻译本句的关键点，这样误读误译人名，原作者的第二层关于佛教优秀居士的举例和论证活生生地丢掉了。

YC 英译这两句成了一句，其译文是："If it is believed that as long as we can conduct our lives with filial piety and keep our families and the state in good order, we are worthy to preach the all-important message of virtue, then are we not even more worthy if we have [the lay scholar] Vimalakīrti's unflagging interest in drawing people's attention to the unity of all beings, and [the lay follower] Susambhava's peaceful return to the quiet bliss of truth?"回译成中文是："只要我们终身尽孝，管理好家庭，治理好国家，我们才足以宣扬至德。如果认为如此，那么只要我们有维摩诘（居士学者）一如专注于让人们关心众生之和

睦，要有居士善生平和安宁归向真理之极乐，我们难道不是更可堪弘扬圣道吗？"

英译比上述傅译要好些，但主要问题有两个：第一，把原文两句译成一句，表明英译者没有发现第一句是原作者第一层论证，说明中土大多数世俗人一生的抱负；第二句是通过列举佛教两位优秀的居士进行第二层论证；接着原作者的着眼点在下面第三句的论证。第二，依然没有把佛教术语"发心"和"妙觉"理解和翻译透彻。

第三句的"奚假"是何止的意思，"落发翦须"指剪掉头发和剃掉胡须以出家，"苦"在此处是副词，表程度，相当于"甚""很"，"违"是背离的意思，"俗训"意为世俗的法则，"持衣捧钵"意为身披袈裟，手捧钵盂，"顿"在此处是副词，表示情态，相当于"立刻"或"忽然"，"世仪"指世俗的仪表和举止，"坐"在此处也是副词，空或徒然的意思，"受"意为得或得到，"详"是周遍或详细的意思，"谓"意为告诉或说，"是理"直译为"这个道理"，即佛法的道理。整句的意思是：而出家人岂止剪发剃须，一反俗世之教养和规范，身披袈裟，手持钵盂，舍弃或改变世俗的仪容和举止，岂止徒然得到僧之称号，还必须会向他人详细讲解佛法之理。

傅译这句是："为什么要剃发剪须，苦苦违背世俗做人的规矩呢？穿上袈裟，手持钵盂，人的世俗面貌顿时发生了改变。既然得了僧号，那就要仔细学习佛理。""奚假"译成"为什么"不讲训诂，这样译释，"持衣捧钵，顿改世仪"成了原因，"落发翦须，苦违俗训"成了结果。"坐"译成"既然"不知有何根据，这样"坐受僧号，详谓是理"前后成了已然条件和结果的关系。"详谓"译成"仔细学习"，也不讲训诂。此处译文前后的逻辑关系，随便怎么读都十分勉强。

YC 英译这句是："Why then do we go through the

tonsuring ceremony and shave our hair and beard, which means stubbornly breaking the habits of ordinary men? Why do we take the monk's robe and begging-bowl and change our worldly attire altogether? Surely it cannot be that we are just interested in receiving the title of a monk!"回译成中文是："那么，为什么我们要经过意味着坚决革除普通人习惯的、剪发剃须的剃发仪式呢？为什么我们身穿和尚的袍子和手持钵盂，换下我们世俗的服装呢？当然其原因不可能是我们仅对得到和尚的称号感兴趣。""奚假"译成"为什么"，整句是因果关系，缺点与上述傅译类似。

笔者上文已谈到，这段第一句说中土俗人应该怎么样是第一层论证，第二句说佛教著名的两位居士（维摩诘和善生）又怎么样是第二层论证，而第三句说一名僧人应该怎么样，这是第三层论证，这才是原作者论证的落脚点。下一段完全说中土宣译僧人应该怎么样以结束全文。

5.2.5

本段论述僧人学佛弘法要寻佛字之源和佛主话语的旨趣，那就必须懂梵文。翻译时要注意"遥""趣""乎""吁""象运""兹"等字的训诂，并紧扣作者的论证推理的链条，英译要显现原文各句隐含的主语。

◇译文对比

　　［原文简体］遥学梵章，宁容非法。崇佛为主，羞讨佛字之源，绍释为宗，耻寻释语之趣。空经叶，弗兴敬仰，总见梵僧，例生侮慢，退本追末，吁可笑乎！像运将穷，斯法见续，用兹绍继，诚可悲夫。

　　［傅译］现在我们学习遥远国度的佛典，已经是接受了一种完全不同于传统的生存方式。应该是崇佛为主，羞愧自己能力不

足以研究佛教文字之源头，以介绍佛学承继佛法为宗，耻于仅为追寻佛学文字的趣味。满眼只是经书文字，不能增加人们对佛教的敬仰。就如同偶然遇见佛教僧人，没有敬仰，反倒产生侮慢之意。这样做就远离了根本而追逐末端，真是可笑了。佛像的世运将过去，但是佛法能够得到承继。然而用这种文字翻译的办法传承佛法，也实在是令人感到不得已。（傅惠生，2011：23）

[英译] And if we take the trouble to study the *Fàn* [Sanskrit] sutras from afar, we must not show any disrespect towards the dharma. If we worship the Buddha as our master and yet are too embarrassed to inquire into the origin of the name "Buddha"; if we wish to preach the Buddha's doctrine and yet are ashamed to pursue the fascinating linguistic usages in Buddhist texts; if we look at the sutras with an empty stare and without reverence in our hearts; if we, upon seeing an Indian monk, feel only contempt-have we not rejected the essential for the superficial? Is it not laughable? It is pathetic! With the image period of Buddhism coming to an end, a way must be found to carry the dharma forward. But is it not lamentable that we should try to carry it forward the way we do?

The text is too long; the rest has been omitted [said the writer(Dao Xuan)of this biography]... (Yue and Cheung, 2006: 143)

◇翻译关键分析

第一句的"遥"指站在作者彦琮隋朝时的中土与佛教发源并形成佛典的印度相比较而言时空皆遥远的意思，"梵章"指佛经，"宁"是副词，表示反诘，相当于"岂""难道"，"崇"意为尊崇，"主"即佛教之主，"羞"即耻或愧，"讨"意为探究，"绍"指继承或接续，"释"指释迦牟尼，"宗"指宗师，"寻"意为探究或研究，"趣"意为旨意或旨趣。整句连起来的意思是："今天（隋朝）中土僧人学习古时从印度流传过来的梵本佛经，岂能容忍非佛法的因素；尊佛陀为教主，怎会羞于探讨佛字之源，奉释迦牟尼为教宗，弘扬佛法，怎会耻于探索佛主话语的旨趣！"

傅译这句为："现在我们学习遥远国度的佛典，已经是接受了一种完全不同于传统的生存方式。应该是崇佛为主，羞愧自己能力不足以研究佛教文字之源头，以介绍佛学承继佛法为宗，耻于仅为追寻佛学文字的趣味。""遥"译为"遥远的国度"只译出了空间的遥远，没有表现出时间的遥远，"宁容非法"的"宁"译为"已经"没有训诂根据，"容"译"是接受了"不合此语境，"非法"译成"一种完全不同于传统的生存方式"似乎在这个语境中有点怪诞，"崇佛为主"译为"应该是崇佛为主"，其中的"应该是"不知从何而来，"羞讨佛字之源"译为"羞愧自己能力不足以研究佛教文字之源头"，其中的"自己能力不足"也不知从哪里而来，"佛教文字"的说法也不妥，有歧义。

第二句："空睹经业，弗兴敬仰，总见梵僧，例生侮慢退本追末，吁可笑乎。""空"意为徒然或白白地，"睹"意为看，"经业"指佛经经卷，"弗"是否定副词，相当于"不"，"兴"意为生起，"总"相当于纵然或即使，"例"等于"倒"，表示跟一般情理相反，"侮慢"即对人轻忽，态度傲慢，乃至冒犯无礼，"退本追末"即离开树根而去追逐末梢，"吁"意为呼喊或呼告，"乎"表示感叹语气或呼告。整句的意思是：若如此，他们见到佛经也枉然，对之内心不生起敬仰之情；纵然得见天竺僧人，反而内心藐视、傲慢无礼。如此本末倒置，真是可笑啊！

傅译这句是："满眼只是经书文字，不能增加人们对佛教的敬仰。就如同偶然遇见佛教僧人，没有敬仰，反倒产生侮慢之意。这样做就远离了根本而追逐末端，真是可笑了。""空睹"译为"满眼只是"，"兴"译为"增加"，"总"译为"就如同偶然"，都没有训诂的依据，"吁"和"乎"都是表示惊叹语气，译成"了"，原文的惊叹语气荡然无存。

YC英译上述第一至二句成一个长句，对原文论述的节奏和逻辑有所改变。上述二句的英译是：

"And if we take the trouble to study the *Fàn* [Sanskrit] sutras from afar, we must not show any disrespect towards the dharma. If we worship the Buddha as our master and yet are too embarrassed to inquire into the origin of the name "Buddha"; if we wish to preach the Buddha's doctrine and yet are ashamed to pursue the fascinating linguistic usages in Buddhist texts; if we look at the sutras with an empty stare and without reverence in our hearts; if we, upon seeing an Indian monk, feel only contempt-have we not rejected the essential for the superficial? Is it not laughable?" 回译成中文是："而且如果我们不怕麻烦学习来自远方的梵文佛经，那我们绝对不该表示不敬佛法。如果我们尊崇佛陀为我们的主人（导师?），却羞于探讨"佛"字之源；我们情愿弘扬佛法，却耻于继续使用佛教文本当中迷人的语言用法；如果我们空睹佛经，对之无敬仰之心；如果我们见到梵僧，心生藐视，那么我们不就退本追末了吗？这难道不可笑吗？"

"遥学梵章"的"遥"译为 from afar 只有空间的"遥"而无时间的"遥"，"宁容非法"的"宁容"译为"绝对不应该表示"没有训诂的根据，"宁"的真义没有译出，"非法"的"非"译为不敬（disrespect），这也没有训诂的依据。"崇佛为主"的"主"如果理解为教主即佛教的宗教领袖，用 Master 一词则应该头字母大写，否则就成了主人或导师，"耻寻释语之趣"当中的"释语之趣"译为"佛教文本当中迷人的语言用法"（the fascinating linguistic usages in Buddhist texts），这样译比较有趣。

英译者建构出两对假言推理：一是"（假如）遥学梵章，（那

么）宁容非法"。二是"（假如）崇佛为主，羞讨佛字之源；绍释为宗，耻寻释语之趣；空睹经业，弗兴敬仰；总见梵僧，例生侮慢；（那么）退本追末，吁可笑乎？"英译者对原作之意义的译文建构明显与笔者翻译建构不同。

第三句的"象运"即像法之时运，佛教认为佛灭后五百年为正法时代，其后一千年间为"像法时代"，该时代至隋朝千年已过半，所以作者认为他所处的时代是像法将要结束的时代，"穷"是完结，"斯法"直译为"这样的做法"，指上面第一和第二句描写的情况，"见续"意为继续，"用兹"直译为"用这个"，"绍继"指继承佛法，"诚"意为确实，"可悲夫"意为可悲啊。整句应译为：在这像法时代将要终结之时，这样本末倒置的现象更不会停止。这样来继承佛法，真可悲啊！

傅译这句是："佛像的世运将过去，但是佛法能够得到承继。然而用这种文字翻译的办法传承佛法，也实在是令人感到不得已。""象运"译成"佛像的世运"，其中佛教术语"像法"没有译出来，"斯法"译成"佛法"，没有译出在此上下文中"斯法"的意思，"兹"译成"然而用这种文字翻译的办法"也脱离了具体语境所赋予的意义，"可悲"译为"令人感到不得已"不讲训诂。

YC英译这句是："It is pathetic! With the image period of Buddhism coming to an end, a way must be found to carry the dharma forward. But is it not lamentable that we should try to carry it forward the way we do?"回译为中文是："真可怜！随着佛教形象时期将要结束的时候，必须找到一种弘扬佛法的途径。但我们竟然试图以我们现在的方式弘扬佛法，这难道不可悲吗？"

这样英译存在的问题如下：一是原文"象运"当中的专有名词"像法"没有译出来；二是"斯法见续"英译成"必须寻求一

种弘扬佛法的途径"，其中"斯"译为"一种"不讲训诂，"斯法"译为"一种弘扬佛法的途径"，脱离了具体的语境，原文"续"译为"找到"（find）不讲训诂。

最后四字"文多不载"是本段也是《辩正论》全文最后一句，但它恰恰不是作者彦琮写的，而是彦琮本传的作者道宣写的，表明他引用《辩正论》到此结束，也表明所引用的论文并不完整。整句的意思是：如彦琮法师鸿文，不再转载。

本段翻译的关键在于首先要根据原文的逻辑结构、文脉和文气分成三个意群。第一个意群以表反诘的"宁"字为核心。"遥学梵章，宁容非法？崇佛为主，羞讨佛字之源？绍释为宗，耻寻释语之趣？"这三句为一个意群，说明中土佛教徒理所当然应该做什么。其中的"宁"字是非常明显的标志，从意义上而言明显存在于后面两句之中，只不过因修辞原因承前省略了，应该是"崇佛为主，（宁）羞讨佛字之源"和"绍释为宗，（宁）耻寻释语之趣"。这第一个意群说明作为一名比丘理所应当做到的事情，作为后句的假设前提。第二句"空睹经叶，弗兴敬仰，总见梵僧，例生侮慢"为第二个意群，是在第一个意群假设的基础上理所应当做而没有做到的条件下发生的情况。换言之，第一个意群指出假设的前提，第二个意群推理。第三个意群包括两句："退本追末，吁可笑乎！象运将穷，斯法见续，用兹绍继，诚可悲夫！"这是作者彦琮自己根据以上推理结论的评论。整段的逻辑节奏是"假设——推理——评论"三节。本段意义之神完全要靠译者的领悟力、学养和对原作的熟悉程度才能了然于心。不同的译者其领悟力、深入原作的程度和学养不一样，对本段的翻译建构必定不同。

傅惠生的译释看不出原文论证的节奏和逻辑，读者要看清其中的道理很费力，常使人一头雾水。英译者的思路和逻辑与原作也有相当的差距。

章末结语

  本章笔者管窥蠡测《辩正论》翻译的理论、方法和批评，不免主观片面之见，请各位方家大德斧正。

  翻译是主体（人）支配和作用下语言符号的转换。翻译的基本过程就是人解读源码和编排新码的解码和编码的过程，整个过程关键是人，主体不同转换结果也不同，翻译是主体的建构。翻译《辩正论》有三个必要环节，一是确定原作的性质，二是了解原作者和最早的编者与确定作者的意图，三是解关于作者与作品相关的背景知识。翻译《辩正论》方法主要有直译、意译和深译三种，语内和语际翻译都通用。另外，《辩正论》的语内翻译要注意语内翻译的起点和假朋友的问题，还必须运用训诂的方法。本章笔者管窥蠡测《辩正论》翻译的理论、方法和批评，不免主观片面之见，请各位方家大德斧正。

第七章 《辩正论》的意义、地位和局限

评价万事万物最起码的基础和前提就是真正了解。就《辩正论》的评价而言，笔者在本专著中，系统研究了《辩正论》的作者、编者、标题，回顾了其研究史，梳理了近代以来相关的主要观点，详细探讨了其语言风格，对文章详细加注，仔细分析篇章结构，经过细致的语义研究后形成了自己的语内和语际翻译成果，对论文还进行了译理、佛理和其他道理的分析。《辩正论》研究史及从近代至 21 世纪的主要研究观点，笔者在本书第一章的第二节已有叙述和总结。笔者在本书第二至五章进行了《辩正论》的语义研究，佛理和译理的理论内容及其系统性研究，材料的挖掘和文献的出处也在上述各章。然后，笔者才自以为有资格来评价《辩正论》。在 21 世纪已进入第二个十年之际，还有学者仅凭一篇自话自说、漏洞豁显的论文[①]来评价《辩正论》，既不可靠又不可信。接下来笔者将综合以往的学者评价，主要结合自己的研究结论做出以下评价。

---

① 参见《彦琮〈辩正论〉对我国译论的历史贡献》一文，载《中国翻译》2011年第 1 期第 19－23 页。该文的问题笔者在本书前面的章节多处有分析。

第一节　《辩正论》的意义

《辩正论》在中国翻译理论史、中国古代佛典译论史上，甚至以西方翻译理论史为参照都是最早的甚或第一篇系统翻译专论。但应该注意的是，说它最早有两个限定条件，一是系统，二是专门研究翻译的论文，即专论（英文是 monograph）。在经过相关章节的专门研究后，笔者可以百分之百地认定《辩正论》是专门研究当时佛典翻译的专论，笼统来说是翻译专论。并且，在研究中，笔者深刻认识到《辩正论》为什么是系统的理论。

一、理论内容和构成

任何系统理论或学说存在的先决条件是必须论之有物，即有实在的内容。《辩正论》由佛典翻译原则论（前贤道安的佛经翻译原则——"五失本三不易"和"十条"，彦琮自己的佛经翻译标准论——"宁贵朴而近理，不用巧而背源"），佛典译者理论（包含佛典原本形成论、佛典翻译目的论、佛典翻译要求论、佛典译者条件论［"八备"］和佛典译者生成论五个理论），以及中土学佛者通梵语论三大理论组成。所以，《辩正论》是实在的理论。

二、理论的系统性

1. 各组成部分之间的联系

系统理论的第二个必要的内涵是，各个理论之间具有相互支撑的逻辑关系，而《辩正论》上述三大理论之间恰恰有这样的联系。简单地说，佛典翻译原则都要由佛典译者去执行、掌握和实现，所以论文的第二大理论阐述佛典译者理论，第三大理论是对第一和第二大理论已经出现的佛典译者必通梵语观点的加强论述。而各个理论内部也有紧密的联系。

2. 三大理论内部的联系

《辩正论》的第一大理论：佛典翻译原则论的内部，道安的"五失本"是佛典翻译客体论，即只针对译作的五个规定性原则；"三不易"是朦胧的主体论，暗含的潜台词是译者主体面对三个佛典翻译的困难自己应该怎样做才能克服。彦琮的佛典翻译标准论"宁贵朴而近理，不用巧而背源"表面上是客体论，即译典的意义一定要崇尚质朴而更接近佛理，绝不要华巧而违背佛法之源，实际上是在道安理论基础上的主客体合论。曾有著名翻译家和译论家说："以忠实于原作为取向的翻译标准首先是作为译者的自律准则，同时也作为评判译作质量的准绳。"（曹明伦，2006：12）既然客体标准也作用于主体，所以译者（主体）和译作（客体）这对主客二元之间的界限并非森严壁垒，牢不可破，翻译客体——译作的标准照样作用于翻译主体——译者，主客体在此融合（黄小芃，2009：71）。此乃翻译主客体解构论。这是佛典翻译原则论新旧传承之间的包孕与发展、继承和创新。

第二大佛典翻译理论——佛典译者理论的内部，作者彦琮先论述译者的工作对象（佛典原本形成论），再论述佛典译者的翻译目的，接着阐述佛典翻译的具体要求；之后列举佛典传译者应该具备的八个"学术"条件（著名的"八备"），前五条属于"学"条件（学识和学行），后三条为"术"（技术）条件，前后不可颠倒，顺序不能打乱，前后逻辑关系紧密；最后作者阐述中土佛典译者的生成论。这五个理论如珍珠，由佛典译者这根金线穿在一起。佛家理论说理之严密，构思之精巧由此可见一斑。"八备"是佛典译者主体性论，是对道安"三不易"的回应和发展。

《辩正论》第三个也是最后一个理论——中土学佛者（包含

佛典译者）通梵语论，一反前面论证推导夹杂评价历史的方式，以一问一答为主线，从五个方面再论证学佛者（当然包括译典者）为什么要通梵语直到无可辩驳为止，然后论文结尾。五个方面的联系是：首举事理合一之理，次论学佛三等级说（其中佛在随佛为佛法事理合一的最佳状态，次佳状态是读梵本大乘佛经，第三状态是读翻译佛经，其中第二和第三状态都需要中土僧人通梵语），之后阐述牢固佛法之本和守"一向"对翻译佛典的好处，再后树立教外教内一丝不苟弘法的榜样（通梵语才能相对更准确地弘法），最后再强调要学好佛经必先通晓梵语。

《辩正论》的严密体系还在于有理论传承（前承道安），不是无源之水，各大理论之间相互说明而主题明确，论理的先后顺序不能颠倒。道安的理论不可缺少，否则没有传统和延续性，彦琮的佛典翻译标准论也不可缺少，否则接下来的佛典译者理论就缺失灵魂。最后那个佛典译者懂梵文论的理论重要性要低些，是对前面已出现论点的补充论述。

三、佛理和译理

《辩正论》的第一大理论——佛典翻译原则论当中，道安的"五失本三不易"是翻译客体论及其连带的归化翻译策略论（五失本）和以凡圣之别的佛理阐述的译者主体论及其隐藏的翻译主体间性论，连带的原作者中心论。彦琮提出的佛典翻译标准："宁贵朴而近理，不用巧而背源"，"朴"以道家之道的旧瓶装佛法之新水，"理"和"源"都指佛法，佛典翻译完全以佛法为准绳。作者提出这个佛典翻译标准之前对中土佛经翻译史进行了分段批评，而其批评贯穿了维护正统和纯粹佛法、遵循佛法的佛教思想。

第一大理论的翻译思想就是在译文繁简的处理与风格华野的表现上如何把握翻译标准的问题；译本如何维护原本学说的纯洁

性问题；如何避免陈规陋习而更准确地翻译术语的问题。如何避免原本思想掺入译者意见的问题，原本思想的不同传承与翻译全面表现义理的问题。外国主译与本土助译之间如何协调而更充分表达原义的问题。总之，这部分的佛理与译理是你中有我，我中有你，难以分开。

《辩正论》第二大理论是佛典译者理论，其中的佛教思想是原典形成所依据的佛法不可违背，佛典翻译的技术要求也不能违背佛法。佛经翻译之目的与信佛之目的一致，都是自觉觉他的大小乘佛教的精神。佛经译者应具备的两个首要条件与佛教信徒必备的两个条件：皈依佛法、严守戒律基本一致。佛经译者的产生由业力推动。所以，佛教思想贯穿了整个第二大理论。

第二大理论的翻译思想是原作（ST）为译者（translator）的工作对象，没有对象就不能制作译作（TT），所以作者先论述译者所必然依据的工作对象（原典）。有了对象，而翻译是人在翻译，所以明确工作目的（"开大明而布范"）。之后提出译者应遵守的操作技术要求——译经三大要求。接着才详细和具体地列举译者应该具备的八个"学术"（包括德行）条件。最后论述的是产生译者的动力。由此看来，第二大理论是以译者为论述中心，具有非常严密逻辑的佛典翻译理论，并非只有干瘪而孤立的、板着面孔规范而无实际描述的八条（"八备"），为我们今天翻译学译者理论的楷模也当之无愧。

第三大理论当中的佛教思想首先提出一个命题：佛典翻译达到四辩的水准。那么言下之意的推论就是，如其命题成立则后汉与三国的佛典翻译不会有任何问题；不成立则问题就很多。第二，佛为天人师，佛陀说法不需要翻译（"一音遥说，四生各解"）。这是佛教特有的思想。第三，学佛等级论。佛在随佛，为最理想一等状态；佛不在读梵本大乘佛经（通梵语），为二等状态；读翻译佛典（通梵语），为第三等状态。与其要第三等不如

在第二状态，所以中土僧人必须通晓梵文；第四，作者以佛法的正像末三期其中的像法之末期学说为据，对一些中土僧人拒学梵语、蔑视梵僧的无理表达自己的无奈。此外，作者阐述时还论及印度佛教史和中国佛经翻译史的内容，举证史上一些著名人物，如印度佛教两个著名居士维摩诘和善生的事迹。

而这部分的纯译理并不复杂，目标语文化所在的人（包括译者）要了解源语（SL）文化必读源语原版著作，那就必须懂源语，因为源语原版著作与译作相比毕竟更接近于源语文化，这就充分说明了懂源语的重要性。

所以，笔者在本书中反复强调，《辩正论》出自高僧之手，保留在佛教大藏经中，属于汉文佛典，其理论是中土佛典翻译理论。论文用佛教理论来阐述佛典翻译理论，佛理和译理，你中有我，我中有你，有时难以分开。真要分开必须搞清其中的佛教理论，经过抽象提炼后才能提炼为纯翻译理论。若不厘清其中的佛教理论，试图跨越以跳上纯翻译理论的阶梯必定摔跟斗，跌得鼻青脸肿。

四、人本主义的佛典翻译理论

1. 人本主义的佛典翻译理论

《辩正论》首先推出的道安"三不易"原则和论文后面彦琮的学佛等级论让凡人窥见佛法名与实之相对距离拉大的情况。佛住世说法，佛法名实一致，到阿罗汉结集时代其名实开始有距离，再到翻译时代距离更大，而佛经译者在佛法的名实距离拉大的总趋势下，要克服缩小距离的困难。在这样的情形下，即便排除道安和彦琮自谦的成分，仍然可以看到道安和彦琮译论的可贵。而道安和彦琮作为佛门高僧完全站在佛教的立场制定佛典翻译原则，都没有要求凡夫译者在如此山穷水尽的地步借助佛或菩萨的神通力。

2. 没有"神气"也不冒"佛气"

西方早期要求《圣经》译者必须受到上帝的感召才能翻译圣
经（Robinson，D.，2006：13－14，34）。道安和彦琮的翻译原
则是人本主义的，没有西方早期《圣经》译论家的"神气"，更
没有佛教界的浑身佛气。《辩正论》从头至尾坚持佛法不可违的
原则，而且佛教和翻译思想水乳交融，但道安和彦琮都没有把佛
经翻译的原则神学化，强调是凡人的事业。在那个时代这尤其难
能可贵。

五、历史地位

明确了上述四点即可稳固确立《辩正论》的历史地位。笔者
以中国翻译理论史、中国古代佛典译论史、西方翻译理论史和中
国古代文化思想史为依据考察《辩正论》的历史地位。

1. 中国翻译理论史

2000 年出版的《中国译学理论史稿》收入的上古（先秦）
译论如果说还屈指可数（陈福康，2000：2－5），那么，六年后
出版的《中国翻译话语英译论集（上）》收入的上古（先秦）译
论已经有 25 条（Cheung，Martha P. Y.，2006：22－48），大多
出自先秦诸子，可以说蔚为壮观。从上古老子①到近古清朝乾隆
的两千多年间，以系统和翻译专论这两个条件为尺度，隋释彦琮
《辩正论》是最早的系统翻译专论。在隋朝的一千多年以后，清
乾隆年间（1736—1795）魏象乾著有《繙清说》一篇。这是论述
翻汉为清（满文）的专论，是古代译论的最后"压轴"篇。该论
文"1600 来字"（陈福康，2000：65），首先指出翻译之道在于

① 《老子》成书的年代，学界认为是春秋末期或战国中期。

"变"，与道安的"五失本"有异曲同工之妙。其次提出汉译满的标准："正"译（了意完辞顺气传神）和"五不"。最后为初学者指出了汉译清的入门之途。但《繙清说》与《辩正论》相比较，其理论性质、内容、系统性、实践基础和影响力不可同日而语。

从上古直到近古，通观整个中国古代译论，大多零散不成系统，抑或摘自经论的序跋和其他著作，系统专论只有《辩正论》与《繙清说》两篇。从清乾隆到后来的清末民初又才出现了为数不多的几篇翻译专论，但能否与《辩正论》相颉颃另当别论，再到现当代，系统的翻译专论专著才由涓涓细流形成江河滔滔之势。所以，《辩正论》在中国古代译论史上可谓凤毛麟角。

2. 中国古代佛典译论史

三国时期吴黄武三年（公元 224 年）维祇难出、竺将炎汉译《法句经》，支谦为之作序。（汤用彤，2011：76）支谦在序中发表译论，学界公认中国佛典译论由此始"发头角"（钱钟书，1979 b：1262），收尾有学者以北宋僧人赞宁的佛典译论（陈福康，2000：38），或以南宋僧人法云在其《翻译名义集》的译论殿军（Cheung, Martha P. Y., 2006：201）。《翻译名义集》于宣和初年（1119 年）开始编辑，至绍兴十三年（1143 年）编成，历时二十余载。（田光烈，1996：96）

从公元 224 年至 1143 年有九百多年，历经两晋、南北朝、隋、唐和两宋，历代佛经序跋、僧传、经录等佛教著作时有零星杂谈的佛典译论，而系统专论仅有隋释彦琮的《辩正论》和稍前的梁代释僧祐（445—518）所撰《胡汉译经音义同异记》[①]。全篇约 1500 字，是僧祐撰《出三藏记集》卷一之第四篇，有主题，有论证。其主题如标题，开头先简述神理、言辞、文字、音义之

间的关系，次论梵文的起源和书体，再论汉字的变化发展和书体，而后论梵字与字音，接着提出翻译定义、错误译例列举和同名异译举例，之后提出中土译典的关键和译人的素质，再评价译典先贤及译经之失，最后是论文的结论：原典源起西天，译经后行东土，东西语言不同，文体相异，但原译二经义理终归一致。《胡汉译经音义的同异记》与《辩正论》相比，理论的内容、深度、广度和体系性略逊一筹。若严格界定，后者才是专门研究佛典翻译的独立成篇的论文。

《辩正论》诞生在古代佛经翻译承上启下的转型期。在这个时期（隋朝），中国的佛经译场从之前的临时译场开始转向官办常设的译场。其理论来源于佛经翻译和佛教活动的实践，对以后的翻译实践有指导和预测作用，如其中的佛典译者理论，甚至启发了今天的译论，比如近代来学者们热议的废译论。"八备"学说虽是古代佛经译者的素质和条件论，对我们今天的译者理论和翻译应用理论也有参照作用。从佛经翻译史而言，《辩正论》作为佛经翻译理论，来自于佛经翻译实践，对后世的佛经翻译有指导作用。

从公元 224 年至 1143 年九百多年的中国古代佛典译论史上，系统专论仅有《辩正论》一篇，可谓世之稀有。《辩正论》是专门研究论证佛经翻译原则的论文，不是某经文的序跋，也不是只言片语，完全符合我们今天所谓理论的基本特征，即，理论是概念和原理的体系，是系统化的理性认识，具有全面、逻辑和系统性的特征（辞海编辑委员会，1999：3446）。今天我们某些翻译理论家认为中国延续近千年的佛经翻译仅有实践没有理论，这是历史虚无主义；或认为只有今天西方一本一本的书才算理论，这是西方中心论，或者一切以西方今天为标准的片面唯洋论在翻译学上的表现。其实，西方翻译理论并不是从古至今都发达。

3. 西方翻译理论史

如果把西方译论史在文艺复兴（14－16 世纪）前定为古代部分，以《辩正论》为焦点，笔者依然以系统和专论为标准横向对比中西翻译理论史，以此考察《辩正论》的历史地位。

古希腊历史学家希罗多德在公元前 5 世纪写下了其名垂青史之作《历史》（*Histories*，又译《希腊波斯战争史》），以前从未有人在这本书中发现译论。而今美国学者道格拉斯·罗宾逊出版译学史料文集《西方翻译理论：从希罗多德到尼采》，居然就发现了两段译论史料，放在其文集之首。（Robinson，D.，2006：1－4）罗宾逊因此把西方翻译理论史的开端从以往学界认定的公元前 1 世纪的西塞罗向前推到了希罗多德。以此为肇始直到中世纪结束共一千七百多年的西方古代翻译理论史，并没有系统的翻译专论，但不断有零星的译论出现在各种译作的序言、书信、文学或历史等著作中。差不多与隋释彦琮（557－610）同代的教皇格里高利一世（Gregory the Great，540－604）有两小段摘自其书信的译论。第一段大意是告诫译者不要逐词翻译，而要译出其意义，不要过于专注词的精译，否则无力表达思想。第二段大意是，从拉丁语译成希腊语，只守住词而几乎不顾其意，既译不出词又害其意。（Robinson，D.，2006：36）这两小段译论谈不上系统，也不算专论。

斯坦纳把整个西方译论的发展分成初期（公元前 1 世纪的西塞罗至 19 世纪初的施莱尔马赫），第二期（19 世纪初—1946 年），以及 20 世纪中叶以后的现代译论。而斯坦纳所推崇或特别提到的在西方初期的系统专论，如布鲁尼的译论（1420 年），于埃的译论（1661 年），英国泰特勒的译论（1792 年）和德国施莱尔马赫的译论（1813 年）都不在古代的范围内。（George Steiner，2001：248－249）所以，即便放在西方古代译论史范畴之内，《辩正论》也可昂首独步，彪炳千秋。

4. 整个中国古代文化思想史

中国古代文化整体上重人道和实际运用技术，文人士大夫不喜欢复杂烦琐的纯理论及其思维习惯。但中国思想史表明，自8世纪中叶起中国佛教理论兴趣才急剧衰退，转向具有浓厚中国实践实用特点的禅宗。（葛兆光，2001：55－56）而《辩正论》出自隋释彦琮这位当时学贯中西的高僧之手，诞生在中国佛教还有以译经、讲经、辩论和造疏等大规模抽象理论活动为基础的大背景下，其翻译思想是外来的佛教和中国固有思想的合璧。所以，《辩正论》作为珍贵的系统专篇理论对中国古代思想也有巨大的贡献。

第二节　《辩正论》的局限

一、佛典翻译标准的确立缺乏详细论证

《辩正论》之主旨是确立佛经翻译的准则，其中最重要的翻译原则和标准就是："意者宁贵朴而近理，不用巧而背源。"这个原则标准的关键是"理"和"源"，这二者的所指是同一的，就是指佛法。佛经译本的表现风格要质朴不要巧凿，但都以"理"和"源"为准。但从理论的角度而言，论文对这个佛经翻译的最高准则和标准论述不甚充分。这是论文的第一个缺陷。笔者以为，这其中的原因首先恐怕是作者认为这篇论文的言说对象都是中土佛教徒。佛教徒一切以佛法为准，这一点没有必要进行太多说明。当时乃至今天佛教徒学修佛法所凭依的四个基本原则——

"四依"① 和信徒的必备条件之———"三皈依"② 都以佛法为核心。既然佛教一切以佛法为准，佛经翻译当然也以佛法为最高标准。佛住世佛法以佛为准，佛灭以佛经为准。这些准则对佛教徒而言是最基本的原则，无须多言。但在今天教外之人看来，论文提出的佛经翻译最高标准论述甚少，以至学界多年来对此关注不多。大家都只注意到佛经汉译的译文表现风格或质或朴的问题，而不关注翻译标准。笔者以为，这个缺陷仅对教外之人而言算缺陷。

二、论文有内容服从形式的倾向

论文第二个缺陷是作者为了追求骈文体及句式对偶，让论文的内容服从其形式。比如，论文 2.3.2 段有"同鹦鹉之言，仿邯郸之步"，这两句意思一样，无非说中土小儿发蒙学习汉语汉字很难。类似的例子论文中有好几处。又如，论文 2.3.4 段中有"士行佛念之俦，智严宝云之末"，句式对偶很整齐，但实际上，根据朱士行、竺佛念、智严和宝云这四位的生平资料，朱士行是西行（至西域）求法的第一位（即最早的）中土僧人，但没有翻译佛典；智严和宝云既远行西域并去天竺求法又是当时中土的佛典译家，离作者彦琮的时代最近，所以原文说"之末"。朱士行、

---

① 四依，指法四依。一、依法不依人；二、依了义经不依不了义经；三、依义不依语；四、依智不依识（陈义孝，1994：129）。四依出自《大般涅槃经》，不计早期佚译本，东晋高僧法显翻译的《大般泥洹经》，或称《方等大般泥洹经》，内容相当于《大般涅槃经》的前五品，为现存此经的最早异译本。后又有高僧大德寻得其他原本留下多种译本。此经畅演大乘，议论宏辟，精义迭宣，从开始译出以来，各代高僧注疏宣讲，中国佛教界信受奉行不断，传播广泛，影响很大（高观如，1996b：141—155）。四依以佛法为中心。

② 皈依：皈向、依靠、救度之义。皈依佛、皈依法、皈依僧，叫作"皈依三宝"，也叫作"三皈依"（陈义孝，1994：217）。佛法僧为三宝，三宝以法宝为核心。

智严和宝云三位僧人才是具有大致共同特点的一组（"之俦"）。竺佛念只是苻姚二秦两代的著名优秀佛典译家，没有西行求法的经历，应单列。原作者彦琮在此为了追求对偶的文学形式造成两个缺点：一是行文过简，人名有省略；二是按时间先后顺序排列上述六位僧人与他说的"士行佛念之俦"又有矛盾，因为朱士行与智严和宝云才是大致同类型的僧人。

三、论文的结构缺陷

《辩正论》的第三个缺陷，如笔者在本书第三章《篇章结构及其译论分析》所指出的，其结构不太完整，经过了唐释道宣编头留干去尾的编辑。陈士强说："《辩正论》是一部专门论述翻译规式的著作，后佚。但是，唐道宣在《续高僧传》卷二《彦琮传》中辑引了它的主要内容，于中可以窥知大旨。"（2000：193）虽说这个缺陷从整体上而言对《辩正论》的理论体系并无大碍，但肯定是个缺陷。有这样的缺陷，历经约一千四百年的历史沧桑，还能保持今天现存的面貌实属不易。

如笔者在第三章所说，现存《辩正论》的第一段是论文的第一篇，出自彦琮本传的作者唐释道宣之手，非彦琮的原文。论文主干才是隋释彦琮的作品，而论文的最大缺陷是没有结尾。

章末结语

《辩正论》在中国翻译理论史、中国古代佛典译论史上，甚至以西方翻译理论史为参照都是最早的或第一篇系统翻译专论。但应该注意的是，说它最早有两个限定条件：一是系统，二是专门研究翻译的论文，即专论。其缺陷是整体上论述不详，说理不周。理论一提出，数语简单论述后随即转向下一个理论。这个特

点与中国其他古典理论相似。古代经论一般都不长，不像今天理论周详细密，寻章摘句。如儒家十三经、老子的《道德经》、庄子的《南华经》，都不似西方理论著作的长篇大论。《老子》五千言论天地万物之道，《论语》乃师生对话，谈人道与治国安邦之道，每段对话都不长，缺乏首尾相顾、规划整齐的详细论述。冯友兰说，中国先哲表达思想的方式有两大特点，一是言论文章简短，二古代艺术理想是"言有尽而意无穷"，所以古代思想的表达也朦胧隐晦，不推崇明晰，提倡暗示（冯友兰 1985：15－19）。古汉语的显著特点之一是尚简。《辩正论》毕竟是汉文佛典，属于中国古代文化的范围。《辩正论》作为中国古代的系统翻译专论，流传至今属凤毛麟角，难能可贵。对此视而不见，只见零星分散的偏论，便以为中国古代没有翻译理论，这是历史虚无主义。而又因《辩正论》而认为凡洋人后来有的翻译理论我中华古已有之，又有点文化自恋和自我陶醉。梁漱溟早就提醒国人，中国文化与西方文化相比较是该走的路没有走，半途拐了弯，是人类文化之早熟，而西方文化所走过的路多不可省略和跨越（1999：205－206）。所以难怪今天翻译理论界甚至整个学术界言必称希腊，无洋不成术，国学看似甚嚣尘上实际上却处于边缘地位。

结　论

　　综上所述，本书对《辩正论》进行了跨学科综合而以翻译学
为主导的研究，分析了有关其原作者和第一编录者的问题，回顾
了从古至今《辩正论》的研究历史，梳理了各科学者的主要观
点，提出了本书研究的对象、内容和方法，探讨了《辩正论》的
语言风格（第一章）；全面和详尽地注解了《辩正论》，今译和英
译了全文（第二章）；深入全面分析了《辩正论》的篇章结构
（第三章）；既研究"八备"又研究了"八备"学说（第四章）；
条分缕析《辩正论》所包含的翻译、佛教和其他思想及其关系，
还指出了原作者彦琮所说的佛典翻译之佛教性质（第五章）；提
出了《辩正论》翻译的理论和方法，开展了其翻译批评（第六
章）；最后以中国翻译理论史、中国古代佛典译论史，甚至以西
方翻译理论史为参照客观全面评价了《辩正论》（第七章）。隋释
彦琮的《辩正论》从古至今都有学者从不同角度关注和研究，是
中国最早的一篇系统翻译专论。《辩正论》由佛典翻译原则论、
佛典译者理论和中土学佛者通梵语论三大理论组成，逻辑关系严
密，相互支持并论证了《辩正论》的中心论点：中土佛典翻译原
则的确立和分析。上述三大理论的内部又有若干子理论支持各自
的主论点，一起论证和支持了全文的中心论点。

　　《辩正论》本身虽仅有两千多字，短小精悍，却是中国最早
的原创系统翻译论，其研究古已有之，今后也不会停止。本书所

论证的问题，作者都站在前面巨人的肩上，融会贯通已有的研究成果提出了独到的见解和得出了中肯的结论；本书所创作的语内和语际翻译成果也融入了前人的汗水，是凝聚了前贤灵感的结晶，其中作者创见如下：

一、首次跨学科综合研究了《辩正论》。用现有材料证明《辩正论》的原作者隋释彦琮不仅是隋朝翻译佛典的高僧还是隋朝负责佛典译场的官员，担任朝廷的学士官职；首次用确凿的材料考证了彦琮的出生地相当于今天河北省邢台市隆尧县。还首次纠正了 20 世纪 80 年代以来流行但不太准确的观点，认为彦琮是"北朝末年及隋初僧人"，应去掉其中"隋初"的"初"字，彦琮应是生活在北朝末年及整个隋朝的僧人；首次回顾了《辩正论》自隋产生以来从中古至今的研究情况，梳理了历代大家硕学的主要观点；首次提出了《辩正论》研究的七大课题和内容，探讨了《辩正论》研究的方法问题；首次研究了《辩正论》的语言风格，认定《辩正论》的语言风格是以文言为主的中西混合汉语，具有佛教色彩与世俗氛围相混杂的风格。

二、首次经同一译者（本书作者）之手同时完成了《辩正论》全文的语内（古代汉语译为现代汉语）和语际（汉语译为英语）翻译，推出了作者自己的语内和语际翻译成果，并同时探讨其语内和语际的翻译的理论和实践问题。加在《辩正论》原文和译文的注释就有五百多个，涉及训诂学、佛教和梵语等专业知识，这是迄今最为详尽的注释，再加上全篇的今译文和英译文，无论对中外一般读者的欣赏和了解还是为各学科学者的学术研究基本扫清了语义等障碍。本书冠名为《全注全译隋释彦琮〈辩正论〉》可谓名副其实。

三、首次在专著内特开一章进行了《辩正论》的篇章结构和译理分析。笔者认为，现存《辩正论》论文开头是唐释道宣所加，但其结尾缺失是论文结构的最大遗憾。虽然论文有这样的结构缺陷，但对整篇论文中心思想的表达，论文整体结构稳固和逻辑线索伸展影响不大。

四、首次分清了《辩正论》所包含的佛典译者条件论（"八备"）和佛典译者理论（"八备"学说）二者的区别和联系，并分别加以研究。

五、首次廓清和梳理了《辩正论》所包含的佛教、道家等各家的道理，从学理上厘清了各家思想的内容、脉络和相互关系，这更有利于研究其中的翻译思想。还首次指出了原作者彦琮所说的佛典翻译及其理论的佛教性质。

六、首次提出《辩正论》翻译的理论和方法，还首次开展了其语内和语际翻译批评

七、《辩正论》在中国翻译理论史，中国古代佛典译论史，甚至以西方翻译理论史为参照都是最早的或第一篇系统翻译专论。但应该注意的是，说它最早有两个限定条件：一是系统，二是专门研究翻译的论文，即专论。其缺陷是整体上论述不详尽，说理欠周密。理论一提出，数语简单论述后随即转向下一个理论。这个特点与中国其他古典理论相似。

参考文献

白化文. 1998. 汉化佛教法器服饰略说 [M]. 北京：商务印书馆：107－117.

陈望道. 1982. 修辞学发凡 [M]. 上海：上海教育出版社：85－86.

陈义孝，竺摩法师鉴定. 2002. 佛学常见辞汇 [M]. 台北：财团法人佛陀教育基金会.

陈福康. 2000. 中国译学理论史稿（修订本）[M]. 上海：上海外语教育出版社.

陈士强. 1997. 中国学术名著提要·宗教卷 [M]. 上海：复旦大学出版社：32.

陈士强. 2000. 中国佛教百科全书·经典卷 [M]. 上海：上海古籍出版社.

陈士强. 2001. 佛学研究十八篇导读 [M] // 梁启超. 佛学研究十八篇. 上海：上海古籍出版社：1－18.

陈星桥. 1999. 佛教称谓漫谈 [J]. 法音（2）：29－34.

慈怡. 1988. 佛光大辞典 [M] 第一至八册. 台北：佛光事业文化有限公司.

超海，等. 1996. 重订教乘法数 [M] // 凡痴居士，编. 佛学辞书集成（10册）第9册. 汕头：汕头大学出版社.

曹仕邦. 1981. 论中国佛教译场之译经方式与程序 [M] // 张曼涛，主编. 现代佛教学术丛刊 38. 第四辑. 八·佛典翻译史论. 台北：大乘文化出版社：187－282.

曹明伦. 2006. 论以忠实为取向的翻译标准——兼论严复的"信达雅 [J]. 中国翻译（4）：12－19.

曹明伦. 2007a. 翻译之道：理论与实践 [M]. 保定：河北大学出版社.

曹明伦. 2007b. 译者的注释意识和译文的注释原则 [M] // 曹明伦. 英汉翻译实践与评析. 成都：四川人民出版社：79－91.

曹明伦. 2013. 谈深度翻译和译者的历史文化素养 [J]. 中国翻译（3）：117－119.

辞海编辑委员会. 1999. 辞海 [M]. 缩印本. 上海：上海辞书出版社.

传正有限公司编辑部. 1997. 乾隆大藏经（共 168 册）[M]. 台北：传正有限公司.

大正藏刊行会. 1992. 大正藏 [M]. 台北：新文丰出版有限公司.

丁福保. 1991. 佛学大辞典 [M]. 上海：上海书店.

荻原雲来. 1979. 汉译对照梵和大辞典（上下）[M]. 台北：新文丰出版公司影印.

冯友兰. 1985. 中国哲学简史 [M]. 涂又光，译. 北京：北京大学出版社.

范文澜. 1979. 范文澜历史论文选集 [M]. 北京：中国社会科学出版社.

范文澜，蔡美彪，等. 1994. 中国通史 1－10 册·第 3 册 [M]. 北京：人民出版社.

范文澜. 2002. 范文澜全集（共十卷）[M]. 石家庄：河北教育

出版社.

方立克. 1994 中国哲学大辞典 ［M］. 北京：中国社会科学出版社：742.

傅惠生. 2011. 彦琮《辩正论》对我国译论的历史贡献 ［J］. 中国翻译（1）：19－23.

高承. 1989. 事物纪原 ［M］. （明）李果订正，金圆，李沛藻点校. 北京：中华书局：391.

高观如. 1996a. 道宣（596－667）［M］// 中国佛教协会编. 中国佛教（二）. 上海：东方出版中心：116－120.

高观如. 1996b. 大般涅槃经 ［M］// 中国佛教协会编. 中国佛教（三）. 上海：东方出版中心：145－153.

葛兆光. 2001. 中国思想史第二卷：七世纪至十九世纪中国的知识、思想和信仰 ［M］// 葛兆光. 中国思想史全三册. 上海：复旦大学出版社：55－61.

葛兆光. 2005. 研究范式与学科意识的自觉 ［J］. 山东大学学报哲社版（04）：11.

郭元兴. 1996. 辩正论 ［M］// 中国佛教协会编. 中国佛教第四辑. 上海：东方出版中心：214.

郭朋. 1994. 中国佛教思想史上卷 ［M］. 福州：福建人民出版社：319.

郭宏安. 2002. 跋 ［M］// 波德莱尔（法）. 郭宏安，译. 恶之花. 桂林：广西师范大学出版社：362－367.

顾久. 1987. 古汉语数字虚化规律刍议 ［J］. 贵州师范大学学报：社会科学版，（1）：36－41.

慧皎等（梁）. 1991. 高僧传合集 ［M］. 上海：上海古籍出版社：118－119.

韩愈（唐）. 1935. 韩昌黎全集 ［M］. 上海：世界书局：433.

黄忏华. 1977. 隋代佛教概述 ［M］// 张曼涛，主编. 现代佛教

学术丛刊6·隋唐五代篇（中国佛教史专集之二）. 台北：大乘文化出版社：1—16.

黄小芃. 2009. 批评者眼中的译者 [J]. 四川教育学院学报（4）：69—71.

侯外庐，赵纪彬，等. 1980. 中国思想通史第三卷 [M]. 北京：人民出版社：26；26—62.

胡平生. 1999. 孝经译注 [M]. 北京：中华书局：1.

何乐士，敖镜浩，等. 1985. 古代汉语虚词通释 [M]. 北京：北京出版社：789.

蒋寅. 2003. 古典诗学的现代诠释 [M]. 北京：中华书局.

伽达默尔. 1999. 真理与方法——哲学诠释学的基本特征上下卷 [M]. 洪汉鼎，译. 上海：上海译文出版社：490.

巨赞. 1996. 道安 [M] // 中国佛教协会编. 中国佛教（二）. 上海：东方出版中心：20—26.

梁启超. 2000. 清代学术概论 [M]. 朱维铮，导读. 上海：上海古籍出版社：89.

梁启超. 2001a. 翻译文学与佛典 [M] // 梁启超，陈士强，导读. 佛学研究十八篇. 上海：上海古籍出版社：165—201.

梁启超. 2001b. 佛典之翻译 [M] // 梁启超，陈士强导读. 佛学研究十八篇. 上海：上海古籍出版社：202—279.

梁漱溟. 1999. 东西文化及其哲学 [M]. 北京：商务印书馆：202—204；205.

李百药（唐）. 2000. 北齐书 [M]. // 中华书局编辑部编. "二十四史"（简体字本）（全六十三册）. 北京：中华书局：416—417.

李牧华. 1977. 我国最伟大的翻译家——玄奘 [M] // 张曼涛，主编. 现代佛教学术丛刊16·玄奘大师研究下. 台北：大乘文化出版社：173—186.

李普文. 2008. 唐释彦悰与隋释彦琮考辨［J］. 宗教学研究
（02）：76－79.

李富华，何梅. 2003. 汉文佛教大藏经研究［M］. 北京：宗教
文化出版社.

李安. 1996. 昙无谶［M］//中国佛教协会编. 中国佛教（二）.
上海：上海东方出版中心：55－58.

刘林魁，普慧. 2007. 北周通道观的设置及其影响［J］. 唐都学
刊（3）：66－70.

陆机（西晋）. 2002. 文赋集释［M］. 张少康，集释. 北京：人
民文学出版社：60.

刘峰. 2001. 中道［CD］//中国大百科全书总编辑委员会. 中国
大百科全书光盘（1.2版）. 北京：中国大百科全书出版社.

陆元炽. 1987. 老子浅释［M］. 北京：北京古籍出版社：
60－62.

陆宗达. 2002. 训诂简论［M］. 北京：北京出版社.

罗根泽. 1984. 中国文学批评史一（原中华上编版）［M］. 上
海：上海古籍出版社.

罗新璋. 1984. 翻译论集［M］. 北京：商务印书馆.

罗新璋，陈应年. 2009. 翻译论集［M］. 北京：商务印书馆.

吕澂. 1925. 佛典泛论. 北京：商务印书馆.

吕澂. 1979. 中国佛学源流略讲［M］. 北京：中华书局.

吕澂. 1996a. 支谦［M］//中国佛教协会编. 中国佛教（二）.
上海：上海东方出版中心：9－11.

吕澂. 1996b. 朱士行［M］//中国佛教协会编. 中国佛教
（二）. 上海：上海东方出版中心：12.

吕澂. 1996c. 菩提留支［M］//中国佛教协会编. 中国佛教
（二）. 上海：上海东方出版中心：79－81.

吕澂. 2005. 印度佛学源流略讲［M］. 上海：上海人民出版

社：23.

廉田茂雄. 1986. 简明中国佛教史 [M]. 郑彭年，译. 上海：
上海译文出版社：165.

隆莲. 2001. 支娄迦谶 [CD] //中国大百科全书总编辑委员会.
中国大百科全书光盘（1.2 版）. 北京：中国大百科全书出
版社.

隆尧县地名办公室. 1983. 隆尧县地名志 [M]. 河北隆尧县：
隆尧县地名办公室.

马克思. 1995. 《黑格尔法哲学批判》导言 [M]. //中共中央马
恩列斯著作编译局编. 马克思恩格斯选集第一卷. 北京：人民
出版社：2.

毛泽东. 1993. 关于农村调查 [M]. //中共中央文献研究室编.
毛泽东文集第二卷. 北京：人民出版社：378.

毛泽东. 1999. 在莫斯科共产党和工人党代表会议上的讲话
[M]. //中共中央文献研究室，编. 毛泽东文集第七卷. 北
京：人民出版社：331.

马祖毅，等. 2006. 中国翻译通史（古代部分全一卷）[M]. 武
汉：湖北教育出版社.

孟华. 2004. 汉字：汉语和华夏文明的内在形式 [M]. 北京：
中国社会科学出版社.

孟凡君. 2006. 中国翻译学主体性问题研究 [D]. 北京：北京
大学外国语学院：70.

缪钺，霍松林，周振甫，等. 1987. 宋诗鉴赏辞典 [M]. 上海：
上海辞书出版社：516.

倪士毅（元）. 1985. 作义要诀 [M]. //新文丰出版公司编辑
部. 丛书集成新编第 80 册. 台北：新文丰出版公司：432.

欧阳修，宋祁（北宋）. 2000. 新唐书 [M]. //中华书局编辑
部，编. "二十四史"（简体字本）（全六十三册）. 北京：中华

书局：994.

钱钟书. 1979a. 管锥编第三册［M］. 北京：中华书局：1101.

钱钟书. 1979b. 管锥编第四册［M］. 北京：中华书局.

钱学烈. 1998. 寒山拾得诗校评［M］. 天津：天津古籍出版社：448.

饶宗颐. 1996. 澄心论萃［M］. 上海：上海文艺出版社：170—177.

任继愈. 1981a. 宗教词典［M］. 上海：上海辞书出版社：1159.

任继愈. 1981b. 佛经的翻译［M］. // 张曼涛，主编. 现代佛教学术丛刊38·第四辑 八 佛典翻译史论. 台北：大乘文化出版社：387—395.

任继愈. 1993. 中国佛教史第二卷［M］. 北京：中国社会科学出版社.

任继愈. 2002. 佛教大辞典［M］. 南京：江苏古籍出版社.

释道诚（北宋）. 1996. 释氏要览［M］. // 痴居士，等. 佛学辞书集成（6）. 汕头：汕头大学出版社：37.

释道世（唐）. 2003. 法苑珠林校注［M］. 周淑伽，苏晋仁校注. 北京：中华书局.

释法云（南宋）. 1995. 翻译名义集［M］. // 河北禅学研究所. "中国佛学文献丛刊"《佛学三书》. 北京：中华全国图书馆文献缩微复制中心：39.

释僧佑（梁）. 1992. 高僧传［M］. 汤用彤校注、汤一玄整理. 北京：中华书局。

释僧佑（梁）. 2003. 出三藏记集［M］. 苏晋仁、萧炼子点校. 北京：中华书局.

释赞宁（宋）. 1987. 范祥雍点校. 宋高僧传（全二册）［M］. 北京：中华书局.

释宗晓（宋）. 1993. 金光明经照解 [M]. //藏经书院. 卍续藏经. 全一五一册第三十一册. 台北：新文丰出版公司：743—744.

苏玉. 2006. 光绪唐山县志 [M]. //上海书店出版社编. 中国地方志集成河北府县志辑（全七十三册）68. 上海：上海书店出版社：155—372.

石峻，楼宇烈，方立天，等. 1991. 中国佛教资料汇编第二卷第三册 [M]. 北京：中华书局.

苏晋仁. 1989a. 大宋僧史略 [M]. //中国佛教协会编. 中国佛教（四）. 上海：东方出版中心：111—112.

苏晋仁. 1989b. 历代三宝纪 [M]. //中国佛教协会编《中国佛教》（四）. 上海：东方出版中心：131.

苏晋仁. 1989c. 续高僧传 [M]. //中国佛教协会编《中国佛教》（四）. 上海：东方出版中心：158—160.

申小龙. 2001. 汉语语法学——一种文化的结构分析 [M]. 南京：江苏教育出版社.

史为乐. 2005. 中国历史地名大辞典 [M]. 北京：中国社会科学出版社.

沙特沃思，考伊（英）著，谭载喜主译. 2005. 翻译研究词典 [M]. 北京：外语教学与研究出版社：232.

唐圭璋. 1965. 全宋词（精装全五册） [M]. 北京：中华书局：3079.

汤用彤. 2000a. 汤用彤全集（全七卷）第二卷. 石家庄：河北人民出版社.

汤用彤. 2000b. 第二分 魏晋南北朝佛教 [M]. 汤用彤. 汤用彤全集（全七卷）第一卷：223.

汤用彤. 2011. 汉魏两晋南北朝佛教史（增订本）[M]. 北京：北京大学出版社.

田光烈. 1996. 翻译名义集 [M]. 中国佛教协会，编. 中国佛教（四）. 上海：东方出版中心：96.

童玮. 1997. 二十二种大藏经通检 [M]. 北京：中华书局：8.

王重民、王庆菽、向达等. 1957. 敦煌变文集 [M]. 北京：人民文学出版社：672.

王文颜. 1984. 佛典汉译之研究 [M]. 台北：天华出版事业有限公司.

王力. 2001. 古代汉语（校订重排本）. 1－4 册 [M]. 北京：中华书局：1242.

王力. 2004. 汉语史稿 [M]. 北京：中华书局.

王宏印. 2003. 中国传统译论经典诠释——从道安到傅雷 [M]. 武汉：湖北教育出版社.

王秉钦. 2004. 20 世纪中国翻译思想史 [M]. 天津：南开大学出版社.

王铁钧. 2006. 中国佛典翻译史稿 [M]. 北京：中央编译出版社.

汪榕培等. 2009. 中国典籍英译 [M]. 上海：上海外语教育出版社：8.

魏征（唐）. 2000. 隋书 [M]. //中华书局编辑部，编. "二十四史"（简体字本）（全六十三册）. 北京：中华书局.

魏嵩山. 1995. 中国历史地名大辞典 [M]. 广州：广东教育出版社.

五老旧侣. 1981. 中国译经制度考 [M]. //张曼涛，主编. 现代佛教学术丛刊 38·佛典翻译史论. 台北：大乘文化出版社：171.

吴福祥. 1996. 敦煌变文语法研究 [M]. 长沙：岳麓书社：160－161.

许慎（汉）. 1978. 说文解字 [M]. 北京：中华书局：314.

薛居正（北宋）. 2000. 旧五代史［M］. ∥中华书局编辑部，编. "二十四史"（简体字本）（全六十三册）. 北京：中华书局：983.

熊十力. 1996. 佛家名相通释［M］. 上海：东方出版中心：17.

熊永谦. 1986. 魏晋南北朝骈文选注［M］. 贵阳：贵州人民出版社.

祥云法师. 1993. 佛教常用"呗器、器物、服装"简述［M］. 福州：福建省佛教协会.

谢重光，白文固. 1990. 中国僧官制度史［M］. 西宁：青海人民出版社.

徐复. 1992. 广雅诂林［M］. 上海：江苏古籍出版社：1.

徐通锵. 2005. 汉语结构的基本原理：字本位和语言研究［M］. 青岛：中国海洋大学出版社：208－209.

义楚（五代）. 1990. 释氏六帖［M］. 杭州：浙江古籍出版社.

严可均（清）辑，史建桥、苑育新审订. 1999. 全隋文 先唐文. 北京：商务印书馆.

游侠. 1996a. 真谛［M］. ∥中国佛教协会编. 中国佛教（二）. 上海：上海东方出版中心：88－90.

游侠. 1996b. 鸠摩罗什［M］. ∥中国佛教协会编. 中国佛教（二）. 上海：上海东方出版中心：37－45.

印顺. 2001. 佛法概论［M］. 上海：上海古籍出版社.

俞鹿年. 1992. 中国官制大辞典［M］. 哈尔滨：黑龙江人民出版社.

颜治强. 1994. 从《辩正论》看彦琮的翻译思想［J］. 中国翻译（5）：56－57.

苑艺，容宽. 1984. 释彦琮及其"八备""十条"［J］. 法音（6）：12－14；41.

业露华. 2000. 中国佛教伦理思想［M］. 上海：上海社会科学

院出版社：7.

余光中. 2000. 余光中谈翻译 [M]. 北京：中国对外翻译出版公司.

于景祥. 2002. 中国骈文通史 [M]. 长春：吉林人民出版社.

佚名. 1998. 大元圣政国朝典章（上中下）[M]. 北京：中国广播电视出版社.

张东荪. 1995. 不同的逻辑与文化并论中国理学 [M]. ∥张汝伦，编选. 理性与良知——张东荪文选. 上海：上海远东出版社：386－421.

张曼涛. 1978. "现代佛教学术丛刊"（21）佛教逻辑与辩证法（佛教逻辑专集之一）[M]. 台北：大乘文化出版社.

张登本，等，译. 2008. 全注全译黄帝内经 [M]. 北京：新世界出版社.

查明建，田雨. 2003. 论译者主体性——从译者文化地位的边缘化谈起 [J]. 中国翻译（1）：19－24.

周振甫. 1995. 文心雕龙今译 [M]. 北京：中华书局.

周振甫. 1996. 文心雕龙辞典 [M]. 北京：中华书局：1.

周裕锴. 2003. 中国古代阐释学 [M]. 上海：上海人民出版社.

朱庆之. 1992. 佛典与中古汉语词汇研究（大陆地区博士论文丛刊，18）[M]. 台北：文津出版社.

朱志瑜，朱晓农. 2006. 中国佛籍译论选辑评注 [M]. 北京：清华大学出版社.

震华法师. 1999. 中国佛教人名大辞典 [M]. 上海：上海辞书出版社.

赵朴初. 2000. 永乐北藏（共200册）[M]. 北京：线装书局.

中国佛教协会编. 中国佛教（四）[M]. 上海：东方出版中心，1996：211.

中国历史大辞典编撰委员会. 2000. 中国历史大辞典 [M]. 上

参考文献

海：上海辞书出版社.

《中华大藏经》编辑局. 1993. 中华大藏经（汉文部分）第六十
　　一册［M］. 北京：中华书局.

汉语大字典编委会. 2010. 汉语大字典：九卷本［M］. 武汉：
　　湖北长江出版集团·崇文书局；成都：四川出版集团·四川辞
　　书出版社.

汉语大词典编委会和编纂处. 1986. 汉语大词典（第一卷）
　　［M］. 上海：上海辞书出版社.

汉语大词典编委会和编纂处. 1988. 汉语大词典（第二卷）
　　［M］. 上海：汉语大词典出版社.

汉语大词典编委会和编纂处. 1989a. 汉语大词典（第三卷）
　　［M］. 上海：汉语大词典出版社.

汉语大词典编委会和编纂处. 1989b. 汉语大词典（第四卷）
　　［M］. 上海：汉语大词典出版社.

汉语大词典编委会和编纂处. 1990a. 汉语大词典（第五卷）
　　［M］. 上海：汉语大词典出版社.

汉语大词典编委会和编纂处. 1990b. 汉语大词典（第六卷）
　　［M］. 上海：汉语大词典出版社.

汉语大词典编委会和编纂处. 1991a. 汉语大词典（第七卷）
　　［M］. 上海：汉语大词典出版社.

汉语大词典编委会和编纂处. 1991b. 汉语大词典（第八卷）
　　［M］. 上海：汉语大词典出版社.

汉语大词典编委会和编纂处. 1992a. 汉语大词典（第九卷）
　　［M］. 上海：汉语大词典出版社.

汉语大词典编委会和编纂处. 1992b. 汉语大词典（第十卷）
　　［M］. 上海：汉语大词典出版社.

汉语大词典编委会和编纂处. 1993a. 汉语大词典（第十一卷）
　　［M］. 上海：汉语大词典出版社.

汉语大词典编委会和编纂处. 1993b. 汉语大词典（第十二卷）[M]. 上海：汉语大词典出版社.

中华佛典宝库编. [2013]. 英汉－汉英－英英佛学辞典［G/OL］//中华佛典宝库编. 佛学辞典在线版 V1 ［2013－05－15］http://www. fodian. net/zxcd/default. asp.

Arnold，Mathew. "The Translator's Tribunal from On Translating Homer（1861）", in Douglas Robinson（ed.）Western Translation Theories：From Herodotus to Nietzsche. Beijing：Foreign Language Teaching and Research Press，2006.

Akira Hirakawa（平川彰 编）. A Buddhist Chinese-Sanskrit Dictionary（《佛教汉梵大辞典》），Tokyo，Japan：The Reiykai，1997.

Appiah，Kwame Anthony. Thick Translation. The Translation Studies Reader. L. Venuti. （ed.）. London & New York：Routledge，2000.

Cheung，Martha P. Y. An Anthology of Chinese Discourse on Translation － Volume One：From Earliest Times to the Buddhist Project. Manchester，UK and Kinderhook，USA：Saint Jerome Publications，2006.

Fung Yu-Lan. The Spirit of Chinese Philosophy. English trans. by E. R. Hughes. London：Stephen Austin and Sons，Ltd. ，1947.

Holmes，James. Translated ! Papers on Literary Translation and Translation Studies. Amsterdam：Rodopi，1988.

Leeuwen，Theo Van. "Chapter 1 Three models of interdisciplinarity." A New Agenda in（critical）Discourse Analysis：Theory，Methodology and Interdisciplinarity.

参考文献

407

Ed. Ruth Wodak and Paul Chilton. Amsterdam/Philadelphia: John Benjamins Publishing Company, 2005.

Reiss, Katharina. *Translation Criticism – the Potentials and Limitations*. Shanghai: Shanghai Foreign Language Education Press, 2004.

Robinson, Douglas. *Western Translation Theory: from Herodotus to Nietzsche*. Beijing: Foreign Language Teaching and Research Press, 2006.

Shuttleworth, Mark, Cowie, Moira. *Dictionary of Translation Studies*. Shanghai: Shanghai Foreign Language Education Press, 2004.

Steiner, George. *After Babel: Aspects of Language and Translation*, 3rd edition. Shanghai: Shanghai Foreign Language Education Press: 2001.

Jakobson, Roman. *"On Linguistic Aspects of Translation"* in Lawrence Venuti, ed. *The Translation Studies Reader*. London and New York: Routledge, 2004.

Venuti, Lawrence. *The Translator's Invisibility: a History of Translation*. Shanghai: Shanghai Foreign Language Education Press, 2004: 19—20

Webster's Third New International Dictionary, Unabridged [CD]. Merriam-Webster, Incornorated, 2000.

Williams, Monier. *A Sanskrit-English Dictionary*. London: Oxford University Press, 1872.

Wikipedia, the free encyclopedia http://en. wikipedia. org/wiki/ Kashaya. 2012—09—12.

Yue, Diana, Cheung, Martha. *On the Right* Way. Martha P. Y. Cheung, ed. An Anthology of Chinese Discourse on

全注全译隋释彦琮《辩正论》

Translation — Volume One: From Earliest Times to the Buddhist Project. Manchester, UK and Kinderhook, USA: Saint Jerome Publications, 2006.

附录　《辩正论》原文、简体、今译文和英译文对照

原文：

　　然琮久參傳譯。妙體梵文。此土群師皆宗鳥迹。至於音字詁訓。罕得相符。乃著辯正論。以垂翻譯之式。其[2]詞曰。彌天釋道安每稱。譯胡爲秦。有五失本三不易也。一者胡言盡倒而使從秦。一失本也。二者胡經尙質。秦人好文。傳可衆心非文不合。二失本也。三者胡經委悉。至於歎詠丁寧反覆。或三或四不嫌其繁。而今裁斥。三失本也。四者胡有義說。正似亂詞。尋檢向語文無以異。或一千或五百。今並刈而不存。四失本也。五者事以合成將更旁及。反騰前詞已乃後說而悉除。此五失本也。然智經三達之心。覆面所演。聖必因時時俗有易。而刪雅古以適今時。一不易也。愚智天隔聖人叵階。乃欲以千載之上微言。傳使合百王之下末俗。二不易也。阿難出經去佛未久。尊大迦葉令五百六通迭察迭書。今[3]雖千年而以近意量[4]截。彼阿羅漢乃兢兢若此。此生死[5]人平平若是。豈將不以知法者猛乎。斯三不易也。涉兹五失經三不

易。譯胡爲秦。詎可不愼乎。正當以不關異言傳令知會通耳。何復嫌於得失乎。是乃未所敢知也。余觀道安法師。獨秉神慧高振天才。領袖先賢開通後學。修經錄則法藏逾闡。理衆儀則僧寶彌盛。[6]稱印手菩薩豈虛也哉。詳梵[7]典難易。[8]詮譯人之得失。可謂洞入幽微能究深隱。至於天竺字體悉曇聲例。尋其雅論亦似閑明。舊喚彼方總名胡國。安雖遠識未變常語。胡本雜戎之胤。梵[9]惟眞聖之苗。根旣懸殊。理無相濫。不善諳悉多致雷同。見有胡貌卽云梵種。實是梵人漫云胡族。莫分眞僞良可哀哉。語梵雖訛比胡猶別。改爲梵學知非胡者。竊以佛典之興。本來西域。譯經之起。原自東京。歷代轉昌迄玆無墜。久[10]云流變稍疑虧。動競逐澆波。尟能迴覺。討其故事。失在昔人。至如五欲順情。信是難棄。三衣苦節定非易忍。割遺體之愛入道要門。捨天性之親出家恒務。俗有可反之致忽然已反。梵有可學之理何因不學。又且。發蒙草創。[11]伏膺章簡。同鸚鵡之言。[12]傲邯鄲之步。經營一字爲力至多。歷覽數年其道方博。乃能包括今古網羅天地。業似山丘[13]文類淵海。彼之梵法大聖規[14]摹。略得章本通知體式。研若有功解便無滯。匹於此域固不爲難。難尚須求。況其易也。或以內執人我外慚諮問。枉令祕術曠隔神州。靜言思之慇而流涕。向使法蘭歸漢僧會適吳。士行佛念之儔。智嚴寶雲之末。纔去俗衣尋教梵字。亦霑僧數先披葉典。則應五天正語充布閻浮。三轉妙音[15]並流震旦。人人共解。省翻譯之勞。代代咸明。除疑網之失。於是舌根恒淨。心鏡彌朗。藉此聞思永爲種性。安之所述大啓玄門。其間曲細猶或未盡。更憑正文助光遺迹。粗開要例。則有十條字聲。一句韻。二問答。三名義。五經論。五歌頌。六呪功。七品題。八專業。九異本。十各疎其相。廣文如論。安公又云。前人出經。支讖世高。審得[16]胡本。難繼者也。羅叉支越。斲鑿之巧者也。竊以得本 [17] 開質斲巧由文。舊以爲鑿今固非審。握管之暇試復論之。先覺諸賢高名參聖。慧解深發功業弘啓。創發玄路早入空門。辯不虛起義應雅合。但佛教初流方音尠會。以斯譯彼仍恐難明。無廢後生已承前哲。梵書漸播眞宗稍演。其所宣出 [18] 窮謂分明。聊因此言輒銓古譯。漢縱守本猶敢遙議。魏雖在昔終欲懸討。或繁或簡理容未適。時野時華例頗不定。晉宋尙於談說。爭壞其淳。秦 [19] 梁重於文才。尤從其質。非無四五高德緝之以道。八九大經錄之以正。自茲以後迭相祖述。舊典成法且可憲章。展轉

[2] 詞＝辭【明】。[3] 雖＝離【宋】【元】【明】【宮】。[4] 截＝裁【宋】【元】【明】【宮】。[5] 人＋（而）【元】【明】。[6]（世）＋稱【宋】【元】【明】【宮】。[7] 典＋（之）【宋】【元】【明】【宮】。[8] 詮＝銓【宋】【元】【明】【宮】。[9] 惟＝唯【元】【明】。[10] 云＝之【宋】【元】【明】【宮】。[11] 伏＝服【元】【明】。[12] 倣＝放【宋】【元】【明】【宮】。[13] 文＝志【元】【明】。[14] 摹＝謨【宋】【元】【明】【宮】。[15] 並＝普【宋】【元】【明】【宮】。[16] 胡＝故【宋】【元】【明】【宮】。[17] 開＝關【宋】【元】【明】【宮】。[18] 窮＝竊【宋】【元】【明】【宮】。[19] 梁＝涼【宋】【元】【明】【宮】。

————————————————————————

同見因循共寫。莫問是非誰窮始末。僧鬘惟對面之物。乃作華鬘。安禪本合掌之名。例爲禪定。如斯等類固亦衆矣。留支洛邑義少加新。眞諦陳時語多飾異。若令梵師獨斷。則微言罕革。筆人參制。則餘辭必混。意者寧貴撲而近理。不用巧而背源。儻見淳質請勿嫌 [1] 怪。昔日仰對尊顏瞻尙不等。親承妙吼聽 [2] 之猶別。諍論起迷。豫昞涅槃之記。部黨興執。懸著文殊之典。雖二邊之義佛亦許可。而兩間之道。比丘未允其

致。雙林早潛一昧初損。千聖同志九旬共集。雜碎之條。尋訛
本誠水鵠之頌。俄舛昔經。一聖纔亡法門卽滅。千年已遠人心
轉僞。旣乏 [3] 寫水之聞。復寡懸河之說。欲求冥會詎可得
乎。且儒學古文變猶紕繆。世人今語傳尙參差。況凡聖殊倫東
西隔域。難之又難論莫能盡。必懇勲於三 [4] 覆。靡造次於一
言。歲校則利有餘。日計則功不足。開大明而布範。燭長夜而
成務。宣譯之業未可加也。經不容易理藉名賢。常思品藻終慚
水鏡。兼而取之。所備者八。誠心愛法志願益人不憚久時其備
一也。將踐覺場先牢戒足不染譏惡。其備二也。筌曉三藏義貫
兩乘不苦闇滯。其備三也。旁涉墳史工綴典詞不過魯拙。其備
四也。襟抱平恕器量虛融不好專執。其備五也。[5] 沈於道術
澹於名利不欲高衒。其備六也。要識梵言乃閑正譯不墜彼
學。其備七也。薄閱蒼雅。粗諳篆隸。不昧此文。其備八
也。八者備矣。方是得人三業必長其風靡絕。若復精搜十步應
見香草。微收一用時遇良 [6] 材。雖往者而難儔。庶來者而能
繼。法橋未斷夫復何言。則延鎧之徒。不迥隆於魏室。護顯之
輩。豈偏盛于晉朝。或曰。一音遙說四生各解。普被大慈咸蒙
遠悟。至若開源白馬。則語逐洛陽。發序赤烏。則言隨建
業。未應強移此韻始符極旨。要工披讀乃究玄宗。遇本卽依眞
[7] 爲篤信。案常無改世稱仰述。誠在一心非關四辯。必令存
梵詎是通方。對曰。談而不經旁慚博識。學而無友退愧寡
聞。獨執管錐未該穹壤。理絕名 [8] 想彌難穿鑿。在昔圓音之
下神力冥加。滿字之間利根逈契。然今地殊王舍人異金口。卽令
懸解定知難會。經 [9] 音若圓雅懷應合。直餐梵響何待譯
言。本尙虧圓譯豈純實。等非圓實不無疎近。本固守音譯疑變
意。一向能守十例可明。緣情判義誠所不敢。若夫孝始孝終治家
治國。足宣至德堪弘要道。況復淨名之勸發心。善生之歸妙
覺。奚假落髮翦鬚苦違俗訓持衣捧 [10] 盂頓改世儀。坐受僧

號詳謂是理。遙學梵章寧容非法。崇佛爲主。羞討佛字之源。紹釋爲宗。恥尋釋語之趣。空覩經 [11] 葉弗興敬仰 [12] 總見梵僧 [13] 例生侮慢。退本追末吁可笑乎。[＊] 象運將窮斯法見續。用茲紹繼誠可悲夫。文多不載。

[1] 怪＝煩【宋】【元】【明】【宮】。[2] 之猶＝猶有【宋】【元】【明】【宮】。[3] 寫＝瀉【宋】【元】【明】【宮】。[4] 覆＝復【元】【明】。[5] 沈＝耽【宋】【元】【明】【宮】。[6] 材＝林【宋】【元】【明】【宮】。[7] 為＝偽【宋】【元】【明】【宮】。[8] 想＝相【宋】【元】【明】【宮】。[9] 音＝旨【宋】【元】【明】【宮】。[10] 盂＝鉢【宋】【元】【明】【宮】。[11] 葉＝業【宋】【元】【明】【宮】。[12] 總＝忽【宋】【元】【明】。[13] 例＝倒【宋】【元】【明】【宮】。[＊27－2] 象＝像【宋】【元】【明】【宮】＊。

（《大正藏》第 50 册第 2060 號經，第 438 頁 a16－第 439 頁 b27）

简体：

辩正论

作者：[隋] 释彦琮

第一篇

1.0.0（然琮久参传译，妙体梵文，此土群师皆宗鸟迹，至于音字诂训，罕得相符。乃著《辩正论》，以垂翻译之式。其词曰。）

第二篇

2.1.1 弥天释道安每称：译胡为秦，有五失本、三不易也。

一者，胡言尽倒，而使从秦，一失本也。二者，胡经尚质，秦人好文，传可众心，非文不合，二失本也。三者，胡经委悉，至于叹咏，丁宁反复，或三或四，不嫌其繁，而今裁斥，三失本也。四者，胡有义说，正似乱词，寻检向语，文无以异，或一千或五百，今并刈而不存，四失本也。五者，事以合成，将更旁及，反腾前词，已乃后说，而悉除此，五失本也。

2.1.2 然《智经》三达之心，覆面所演，圣必因时，时俗有易，而删雅古，以适今时，一不易也。愚智天隔，圣人叵阶，乃欲以千载之上微言，传使合百王之下末俗，二不易也。阿难出经，去佛未久，尊大迦叶令五百六通迭察迭书，今离千年，而以近意量裁。彼阿罗汉乃兢兢若此，此生死人平平若是，岂将不以知法者猛乎？斯三不易也。涉兹五失经三不易，译胡为秦，讵可不慎乎？正当以不关异言，传令知会通耳，何复嫌于得失乎？是乃未所敢知也。

2.1.3 余观道安法师，独禀神慧，高振天才，领袖先贤，开通后学；修经录则法藏逾阐，理众仪则僧宝弥盛，称印手菩萨，岂虚也哉！详梵典难易，诠译人之得失，可谓洞入幽微，能究深隐。

2.2.1 至于天竺字体，悉昙声例，寻其雅论，亦似闲明。旧唤彼方，总名胡国，安虽远识，未变常语。

2.2.2 胡本杂戎之胤，梵惟真圣之苗，根既悬殊，理无相滥。不善谙悉，多致雷同。见有胡貌，即云梵种；实是梵人，漫云胡族，莫分真伪，良可哀哉！语梵虽讹，比胡犹别。改为梵学，知非胡者。

2.2.3 窃以佛典之兴，本来西域；译经之起，原自东京，历代转昌，迄兹无坠。久之流变稍疑亏，动竟逐浇波，鲜能回觉。讨其故事，失在昔人。

2.3.1 至如五欲顺情，信是难弃，三衣苦节，定非易忍，割遗体之爱入道要门，舍天性之亲出家恒务。俗有可反之致忽然已反，梵有可学之理何因不学？

2.3.2 又且，发蒙草创，伏膺章简，同鹦鹉之言，仿邯郸之步；经营一字，为力至多，历览数年，其道方博，乃能包括今古，网罗天地，业似山丘，志类渊海。彼之梵法大圣规摹，略得章本，通知体式，研若有功，解便无滞。

2.3.3 匹于此域，固不为难。难尚须求，况其易也。或以内执人我，外惭咨问，枉令秘术，旷隔神州！静言思之愍而流涕。

2.3.4 向使法兰归汉，僧会适吴，士行佛念之俦，智严宝云之末，才去俗衣，寻教梵字，亦沾僧数，先披叶典，则应五天正语，充布阎浮，三转妙音，并流震旦；人人共解，省翻译之劳，代代咸明，除疑网之失。于是舌根恒净，心镜弥朗，藉此闻思，永为种性。

2.4.0 安之所述，大启玄门，其间曲细，犹或未尽。更凭正文，助光遗迹。粗开要例，则有十条：字声一，句韵二，问答三，名义四，经论五，歌颂六，呪功七，品题八，专业九，异本十，各疏其相，广文如论。

第三篇

3.1.1 安公又云：前人出经，支谶、世高，审得胡本，难继者也；罗叉、支越，斲凿之巧者也。窃以得本开质，斲巧由文，旧以为凿，今固非审。

3.1.2 握管之暇，试复论之。先觉诸贤，高名参圣，慧解深发，功业弘启，创发玄路，早入空门，辩不虚起，义应雅合。但佛教初流，方音鲜会，以斯译彼，仍恐难明。无废后生，已承前哲。梵书渐播，真宗稍演，其所宣出，窃谓分明。

3.2.1 聊因此言，辄铨古译。汉纵守本，犹敢遥议，魏虽在昔，终欲悬讨；或繁或简，理容未适，时野时华，例颇不定。

3.2.2 晋、宋尚于谈说，争坏其淳！秦、凉重于文才，尤从其质。非无四五高德，缉之以道，八九大经，录之以正。

3.2.3 自兹以后，迭相祖述，旧典成法，且可宪章，辗转同见，因循共写，莫问是非，谁穷始末。僧鬘惟对面之物，乃作华鬘，安禅本合掌之名，例为禅定，如斯等类，固亦众矣。留支洛邑，义少加新。真谛陈时，语多饰异。

3.3.0 若令梵师独断，则微言罕革，笔人参制，则余辞必混。意者宁贵朴而近理，不用巧而背源。悦见淳质，请勿嫌怪。

第四篇

4.1.1 昔日仰对尊颜，瞻尚不等，亲承妙吼，听之犹别。净论起迷，豫炳涅槃之记。部党兴执，悬著文殊之典，虽二边之义，佛亦许可，而两间之道，比丘未允其致。

4.1.2 双林早潜，一味初损。千圣同志，九旬共，集杂碎之条，寻讹本，诚水鹄之颂，俄舜昔经，一圣才亡，法门即减。

4.2.1 千年已远，人心转伪，既乏泻水之闻，复寡悬河之说，欲求冥会，讵可得乎？且儒学古文，变犹纰缪，世人今语，传尚参差。况凡圣殊伦，东西隔域，难之又难，论莫能尽。

4.2.2 必慇勤于三覆，靡造次于一言。岁校则利有余，日计则功不足。开大明而布范，烛长夜而成务。

4.3.0 宣译之业，未可加也，经不容易，理藉名贤。常思品藻，终惭水镜。兼而取之，所备者八。

4.4.1 诚心爱法，志愿益人，不惮久时，其备一也。将践觉场，先牢戒足，不染讥恶，其备二也。筌晓三藏，义贯两乘，不苦暗滞，其备三也。旁涉坟史，工缀典词，不过鲁拙，其备四也。襟抱平恕，器量虚融，不好专执，其备五也。

4.4.2 耽于道术，澹于名利，不欲高衒，其备六也。要识梵言，乃闲正译，不坠彼学，其备七也。薄阅苍雅，粗谙篆隶，不

昧此文，其备八也。八者备矣，方是得人。

4.5.1 三业必长，其风靡绝。若复精搜十步，应见香草。微收一用，时遇良材。虽往者而难俦，庶来者而能继。

4.5.2 法桥未断，夫复何言。则延铠之徒，不迥隆于魏室，护显之辈，岂偏盛于晋朝。

第五篇

5.1.1 或曰："一音遥说，四生各解，普被大慈，咸蒙远悟。

5.1.2 至若开源白马，则语逐洛阳；发序赤乌，则言随建业。未应强移此韵，始符极旨。要工披读，乃究玄宗，遇本即依，真伪笃信。案常无改，世称仰述。诚在一心，非关四辩，必令存梵，讵是通方？"

5.2.1 对曰："谈而不经，旁惭博识；学而无友，退愧寡闻。独执管锥，未该穿壤。理绝名相，弥难穿凿。

5.2.2 在昔圆音之下，神力冥加；满字之间，利根迥契。然今地殊王舍，人异金口，即令悬解，定智难会。经音若圆，雅怀应合，直餐梵响，何待译言。

5.2.3 本尚亏圆，译岂纯实。等非圆实，不无疏近。本固守音，译疑变意。一向能守，十例可明。缘情判义，诚所未敢。

5.2.4 若夫孝始孝终，治家治国，足宣至德，堪弘要道。况复净名之劝发心，善生之归妙觉。奚假落发翦须，苦违俗训，持衣捧钵，顿改世仪，坐受僧号，详谓是理。

5.2.5 遥学梵章，宁容非法。崇佛为主，羞讨佛字之源，绍释为宗，耻寻释语之趣。空睹经叶，弗兴敬仰，总见梵僧，例生侮慢，退本追末，吁可笑乎！像运将穷，斯法见续，用兹绍继，诚可悲夫。"

（文多不载。）

（根据《大正藏》第 50 册史传部二《续高僧传第二卷·译经篇二·隋

418

今译文：

辩正论

译者：黄小芃

第一篇

1.0.0（尽管彦琮多年来参与佛经传译，精通梵文，可中土众多的法师都只推崇学汉字，况且汉梵字词的语音和意义很少一致。于是他作《辩正论》，为的是让佛经翻译的法则留传后世。他这样说。）

第二篇

2.1.1 著名高僧道安常说：胡文佛经译为秦言必定要发生五种变化并且存在着三大困难。第一，胡经语序完全颠倒，翻译后要使之符合秦言的顺序，这是首先要变的。第二，胡经崇尚质朴，而秦人喜好文采，传译后的佛经译文要让秦人称心如意，一定非有文采不可，这是第二变。第三，佛经原文论述十分详细，咏唱赞叹的时候更是再三反复，有时重复三四次不嫌其烦，翻译裁减冗赘和重复，这是第三变。第四，佛经原文有偈颂，相当于此间辞赋篇末"乱曰"那部分总括全篇要旨的话，与前文相对照意思没什么不同，有时有一千或者五百个词的偈颂，今天在译文中一并删去而不保留，这是第四变。第五，佛经原文从多方面讲完一事要更换话题，则要重复完前事的内容才更换，而译文把重复部分全部删除，这是第五变。

2.1.2 但《般若经》佛陀以其三达之智亲自阐发，佛陀当年也一定顺应他所在的时代和风俗随机施教，可时代和风俗古今变化很大，而今天中土佛典译者要裁定古正的圣典以适应当今时代

的需要，这是传译佛经的第一大困难。愚痴和智慧有天地之别，佛陀超越凡夫高不可攀，而今天的凡夫译者想要把佛陀上千年以前的精妙说法传译得符合历代帝王以后现世的陋俗，这是宣译佛经的第二大困难。当年阿难在第一次结集出经时离释迦离世不久，佛的另一大弟子摩诃迦叶使五百罗汉反复会诵、审核、甄别经文，然后才系统固定下来。今天离那时有千年之遥，但如今翻译按凡人浅近之意衡量和裁择原典。当年有神通的阿罗汉出经那么小心谨慎，可如今凡夫宣译者如此稀松平常，难道还不明白真知佛法者要求很严格吗？这就是传译佛经的三大困难。经过这五大转变和三大困难，胡文佛经译成秦言岂能不慎重？则正因为此间人不懂外语，传译此经是为了让他们理解般若之智而已，又怎会疑虑于译文的得失？这得失却并非不可知。

2.1.3 我研究了道安法师，他特有超凡智慧的禀赋，充分展现了自己的天才，为中土佛教先贤之表率，引领了后来的学佛者。他撰修经录使佛经之典藏更清晰，整理并修订僧尼轨范和佛法宪章使僧团日益壮大，世人尊称他为"印手菩萨"，他当之无愧。道安法师详细了解梵文佛经的难易之处，评价了传译者的得失，他的研究可以说深入细致、探讨了别人难以发现的问题。

2.2.1 至于天竺梵字母悉昙之字体和发音，我研究了道安的高明而正确的论述后发现他也似乎很精通熟练。以前把天竺称为那个地方，笼统地冠名为胡国，虽道安被其师佛图澄赞为有"远识"，但他并没有改变这种习以为常的含混名称。

2.2.2 胡本来指中夏以西各民族的子孙，而梵才是南亚次大陆佛陀的后辈，此胡梵两地的民族之根源截然不同，照理不应混同。但不知其中的原委，大多把二者混为一谈。每当有胡人模样的都说成是梵人；别人确实为梵人却乱称为胡人，真伪不辨可悲可叹！说别人是梵人本来也不对，与胡人相比又还有区别。今天胡学要改称为梵学，因为已知不属于胡。

2.2.3 我认为佛典本来起源于天竺，而中土佛典翻译原本最早从东汉都城洛阳开始，此后历代逐步兴盛直到今天。久而久之以讹传讹，佛典胡本与梵本的区别就分不清了，加之世风日益浅薄，世人舍本逐末，很少有人能醒悟知错。考察这段历史，胡梵混淆的错误（不在道安而）应归咎于其之前的人。

2.3.1 再者，人有财、色、名、饮食和睡眠这五欲，当然顺乎世俗人情，虽确实难以舍弃，且作为僧人身披袈裟、苦守戒律，虽说这常人一定难以心甘情愿地坚持，但僧人还是上别父母下离妻子，舍天伦之情出家入佛门坚持求道。作为僧人，世俗人情一旦有背弃之理就出世而背离不顾，而天竺有可学之真理为什么不学呢？

2.3.2 况且，中土小儿发蒙识字作文，背诵诗文，虔心奉行经典的教导，如鹦鹉学舌人云亦云，似小儿学步亦步亦趋；如此这般要学好和掌握一个汉字都要付出很大的努力，积数年苦读之功才算学问广博，才能学贯古今、经天纬地，才能去干一番大事业，以图鸿鹄之志。那源自天竺的佛法乃大圣释迦牟尼所创，只要能取得其经本，也还是可以彻底了解其理论体系和表达样式；研习若有收获，理解就不会有障碍。

2.3.3 有的佛门同道凡事顽固坚持以本土为中心，不去克服困难直接研究原典。可还是有些佛门同道迎难而上，再难也一定研究原典，更何况相对容易的梵文。还有的佛门同道内心执人我之相，耻于向他人学习，只可惜让世之稀有的佛法长期远离中土！沉思默想之，我真是痛哭流涕。

2.3.4 早期来中土译经的外僧其中有竺法兰，于东汉明帝（58－78在位）时来朝，三国时又有外僧康僧会到吴都。远行西域甚至印度求法的中土僧人，最早有曹魏时代的朱士行，最晚有东晋至刘宋时期的智严和宝云两位佛典译家。竺佛念是苻姚二秦两代的佛典译家。假如上述各代中外高僧译家经常教那些刚脱去俗衣而入教的僧人既学梵字又习为僧之道，且先读佛教原典，那么今天就可能实现这样的理想：来自五印度的正语将传遍人世间，三转法轮、传播佛法的妙音将广泛回荡在我们东方震旦；佛的正语和佛法妙音将为每个僧人所理解，且为各代僧人都明白，解免了翻译的辛劳，避免失足落入迷惑之网。这样，其舌根作为六根之一，为知味发言之根本则永远清净，而其内心也就如明镜般越发明朗；这闻思二慧的依托将永成其佛性。

2.4.0 道安法师的论述大开佛法玄妙之门，其中的曲折详细或有不尽之处。他还凭借正文法，更加光大了佛陀遗留的圣迹。摘其要者大致而论，则我以为正文法有十条：第一字声，第二句韵，第三问答，第四名义，第五经论，第六歌颂，第七呪功，第八品题，第九专业，第十异本，分门别类，加以陈述，其细节如其鸿文。

第三篇

3.1.1 道安法师又说，前人如东汉桓帝建和元年（147年）至洛阳的安世高，又如桓帝末年（167年）至洛阳的支娄迦谶，翻译佛经确实符合原本，后世难以赓续；三国吴支谦和西晋西域僧人无罗叉译经，译文雕巧删改。我以为，符合原本译文表达才质朴，译文雕巧删节为追求文采。以前认为删改过分的，今天看来不一定确切。

3.1.2 借此机会，再来讨论早期译经的情况。佛门先觉诸贤久负盛名，位跻佛教圣人之列，起智慧之用，发起了深厚的道功，走上了真理之路，早已进入佛教的高境界，多亏了他们巧说法义的辩才，译文义理总体而言正确而符合原典。但当时佛教毕竟是震旦初传，此间懂得原典语言的人很少，即便有懂行的人用中土语言翻译原典，恐怕依然有难以完全阐明佛法真义之处。可是，我佛门后继者并不放弃，继承前贤之佛经宣译事业。随着佛

教梵文经书越来越多、愈来愈广泛地传入中土，佛教真正的宗旨逐渐阐发明确，后继者宣译出来的佛经我以为总体而言清楚明了。

3.2.1 我姑且依照今天的见解，妄评我中土古时佛经翻译。汉和以曹魏为代表的三国虽说是佛经翻译之肇始，但鄙人还是不揣冒昧，在数百年之后的今天还是要把这两代联系起来探讨、议论其得失。这两代的佛经译文有的过繁，则佛理表达冗赘，有的过简，则佛理表达有亏；译文时而太质朴，因此体例有偏颇，时而太华丽，体例因此又不一致。

3.2.2 后来两晋与刘宋期间崇尚玄谈，怎么也败坏了佛典翻译的纯正之质！前后秦和五凉之间佛经翻译注重译者的文才，尤其依从原文之质。此间不时有高僧大德、各宗大经指导传译依循正道。

3.2.3 从此以后前代传译的旧典成法后世相沿承袭，译者不同却众口一词、译文雷同，书面上也都按老规矩成文，谁也不问是非，不寻根探究事情的真相。梵音"僧鬘"不过对面之物的意思，偏译成"华鬘"（其意为身首饰物的花串），"安禅"本来是合掌的梵称，都译成"禅定"，诸如此类陈规陋译确实很多。菩提留支，北印度人，北魏永平元年（508 年）来到洛阳，他翻译佛经在原意的基础上加入了些许自己的见解；真谛，西印度人，梁武帝太清二年（548 年）八月到建业翻译佛典，其翻译大多反映佛教某派学说特定时代、特定人物的思想。

3.3.0 佛经传译若仅让译场梵僧译主独自裁定译文，那原文精深微妙的言辞在译文表达还是不甚充分，让本土笔受参与译文的裁决，译文又必定混杂多余的言辞。我的看法是佛典传译宁要本真而更接近佛法之理，不要华巧而违背佛法之源。倘若见到纯正本真的佛经译文，不要怀疑，也不要抱怨。

4.1.1 昔日佛弟子满怀敬仰面对佛陀，聆听他亲口讲经说法，但各自看到和听到的都不一样。于是他们各执己见、争论不休，反而迷惑不定，这预示了《涅槃经》的意义。佛教派别兴起，各执己见，居然有派别这样毫无根据地记载"文殊经"，说什么即便二边（断常有无、有边无边）之义，佛陀也认可有道理。但实际上这两个极端就是一介比丘也绝对不允许落在任何一边。

4.1.2 佛陀过早涅槃，不再亲自传法。此后不久，五百比丘在当年雨季利用三个月的安居时间结集，把已变得紊乱失序和零星不完整的佛陀先后说法加以整理补齐，然后系统结集成经；他们找出了教内错误的根源，避免把"不解生灭法"背诵成"不见水鹄鹤"那样的诵经错误，杜绝这类似顷刻间对佛说法的歪曲，制止了佛教法门因释迦离世可能随之减少的危险。

4.2.1 佛亲自传法离今有一千多年之遥，当今人心虚伪，而佛陀辩才无碍、诲人不倦、毫无保留、口若悬河的讲经说法已没有了。那今天我中土学佛者想领会大道怎么可能呢？而且儒家经典在今天也变得有错误，今日之人用今语传达同样的意思今语都有差别。更何况我们与释迦具凡圣之别，中土和天竺又有东西地理的差异。所以我们在中土宣译佛经困难重重、难以言表。

4.2.2 要克服上述困难，宣译者必须认真负责、反复校对、一字一句也不能马虎。这样一年辛劳之后译作还算可观，但一天的收获又太少。为了觉悟而广传佛法，宣译佛典只有夜以继日地辛勤劳动才对成就佛教事业有所裨益。

4.3.0 宣译佛经不能凭空添枝加叶，不允许改变原经，因为佛理的保存靠的是阿罗汉和其他佛门先贤当初结集的记录。我常为鉴定佛典翻译发愁，也常让内行明眼人感到惭愧。要把佛理完全宣译出来，佛典传译僧人要具备以下八个条件。

4.4.1 第一，僧人佛典译者要诚心爱佛法，心甘情愿以法助人，不要怕经久费时。第二，要成佛必先从严守佛门戒律起步，不染世俗八风和违教的恶行恶念。第三，佛教经律论三藏的经义理解要透彻，大小乘的道理要贯通，不要为不通经文教理和学无长进所困。第四，要广泛涉猎佛教以外的中土文化、历史典籍，善于汉文辞章，不要腹中少文，下笔过于鲁钝。第五，做人要宽仁平和，虚怀若谷，通达圆活，不专断偏执。

4.4.2 第六，要埋头钻研并掌握翻译佛典所需的内外方法技术，淡于名利，不要过分炫耀。第七，要通梵语且善于正确翻译，不要让与梵语相关的学问落后。第八，大致要了解《仓颉篇》、《尔雅》这类汉语汉字工具书，基本能识别汉字篆隶这类古体，不要连本土语言文字都不通。具备这八个条件，这才算合格的传译僧人。

4.5.1 人之身口意三业从无始以来必定在不断增长，业力如风势不可挡，一定促成宣译人才。要是反复在周围考察，还是可能遇见学有所成的具有上述八个条件的传译人才。只要先收用少数几个，后来还会遇到更多优秀人才。虽说我们现在不敢与过去相比，但将来一定人才济济，继往开来。

4.5.2 佛法之桥没断仍在渡人，这还有什么可说的呢。比如，沙门白延和康僧铠等外来僧人不又在曹魏时代于中土翻译佛经，弘扬佛法，成就非凡。之后各朝岂止晋朝有竺法护和法显等中外僧人宣译弘法，功载千秋。

第五篇

5.1.1 有人提问说："佛陀当年说法，胎生、卵生、湿生、化生，这四众生都能理解，佛陀普遍赐福于众生，广泛感化蒙昧、开悟迷惘。

5.1.2 至于中土佛典翻译，始于东汉明帝时的洛阳白马寺，众信徒都依从洛阳的佛经宣译之言；三国吴主孙权在赤乌年为外僧在吴都建业立江南有史以来第一座佛寺，大家又信奉在建业的佛典宣译之语。这两代的佛经传译都不曾过分音译，方才符合佛法的宗旨。众信徒必善于精读译本，按图索骥以探佛教之究竟，可他们每逢佛经译本随即遵从，无论真伪，笃信无疑。于是，那时的译本就这样原封不动地流传到今天，世代颂扬和恭敬地遵从。当初宣译确实取决于专心一意，与四无碍智无涉，可一定要佛典译本保留梵音，这怎么透彻了解佛法呢？"

5.2.1 我回答说："嘴上空谈而没有实际经历，会因为别人博学多识而自己在一旁惭愧；学佛而没有道友就会心服口服地自责孤陋寡闻。一个人顽固坚持自己狭隘的见解，看问题就有局限和不全面。抽象概念与具体的现象分离，道理就更加难以完全理解透彻。

5.2.2 当初佛亲自说法，以其神通力暗中支持、帮助和指导其弟子；（佛不在）读梵本大乘佛经，特别有利于上根者契合佛法。而今天我辈佛门中人地处中土已不是佛陀当年常居住和说法的王舍城，讲经说法者亦非佛陀本身，今日中土信众即使有所解脱，也难以领会禅定和智慧。但原本佛经若本来音意圆满，应有正信之心与之契合，那么在此间假如可以直接读梵典领略佛陀以梵语的说法，何必需要翻译。

5.2.3 但假如宣译僧人的佛法之根本有亏；翻译佛典怎么能真实完美，而译本同样有缺失，与佛法就有出入。然而，只要牢固佛法之根本和奉行佛陀的教诲，就可解释疑难和判别佛的真义。传译僧人只要保持意向专一，无散乱之心，十例也可明白；否则（不能守"一向"）宣译僧人确实不敢凭实情来判定佛之真义。

5.2.4 至于中土俗人终生持忠孝之道，齐家治国，光宗耀祖，能宣讲儒家圣德才能弘扬其圣道。况且，居士善劝人发愿求

取无上菩提心者有维摩诘，虔心向佛者还有善生。故而僧人岂止剔发剃须、决然背离俗世之教养和规范，岂止身披袈裟、手持钵盂，顿然改变世俗的仪容，岂止徒然享有僧之名号，还必须周详地向他人讲解佛法之理。

5．2．5 我们中土僧人学习古时流传下来的梵本佛经，岂能容忍非佛法的因素。尊佛陀为教主，怎会羞于探讨佛字之源，奉释迦牟尼为教宗，弘扬佛法，怎会耻于探索佛主话语的旨趣。若如此，懂得佛经也是徒劳，内心对之不起敬仰之情，倘若见到天竺僧人反而生起轻视和傲慢之心，如此本末倒置，真可笑啊！在这像法时代将要终结之时，这样本末倒置的现象更不会停止。这样来做佛弟子，真可悲啊！

（如彦琮法师鸿文，不再转载。）……

英译文：

On Right Way
Translated by Huang Xiaopeng

Chapter 1

1. 0. 0(Although Yan Cong had years of experience in the sutra translation and was versed in the *Fàn* language [Sanskrit], many a Buddhist master of this land only appreciated and learned Chinese; moreover sounds and meanings of [Sanskrit and Chinese] words could seldom match. Thus he wrote the treatise, *On Right Way*, so as to bequeath to the succeeding bhikshu generations the model for translating Sutras. The following is what it says.)

2.1.1 The celebrated monk Dao An (道安) used to say: in translating the sutra from Hu-language into Chinese, there are five **changes** (*shīběn* 失本) to make and three difficulties to overcome(*búyì* 不易). The first is to change the Hu-language reversed word order into that of Chinese in the translations. The second is to change Hu-language sutras, **plain** (*zhì* 质) in style, into refined (*wén* 文) Chinese—as only **refined** (*wén* 文) sutra texts can please the Chinese, who like **refined** (*wén* 文) writing. The third is to tailor the Hu-language sutras, elaborate and detailed, or to remove the repetitive chants, considered **wordy** (*fán* 繁), in the Chinese translation. The fourth is to erase completely in the Chinese translation the 500- or 1000-word gāthā which the Hu version has, and whose meaning is the same at that of previous text; the gāthā is the equivalent to the last part of a Chinese verse, which recapitulates the meaning of the whole section. The fifth is to remove the repetitions in the Chinese translation; the original narrative, having completed a theme, repeats the completed one before it goes to another.

2.1.2 Whereas the Buddha himself expounded prajñāpāramitā (Wisdom) Sutras with his trividyā wisdoms, adapting his teachings to his times and fashions, which have been changing since then. So today's Chinese mortal translator must modify and tailor in an appropriate way the ancient canonized sutras in the translations to meet the needs of present time. This is the first difficulty for a sutra translator to overcome. Between the enlightened and the unenlightened is an immense gap between heaven and earth while the Buddha is above an

immortal's reach, and yet the ordinary unenlightened translator want to make the Buddha's subtle and profound words from a millennium ago suitable to our times and fashions. This is the second difficulty to overcome. When Ānanda (阿难) recited the Sutra-Pitaka at the first Council shortly after the Buddha's nirvana, Mahākāśyapa (大迦叶) let the five hundred arhats to check rigorously the recited sermons again and again before the sutra, were finalized. Today it is more than a millennium away from the 1st Council, and the unenlightened sutra translators here weigh, select and delete the sutras by their shallow understanding. How cautious and conscientious the arhats were at the 1st Council, and how lax and common the mortal translators are today! Are the mortal translators not aware that those who truly know Buddhism are rigorous? This is the third difficulty to overcome. Such are the five changes to make and the three difficulties to overcome in translating Hu-language sutras into Chinese. How can a translator be reckless?It is just because the most Chinese Buddhists do not know the foreign language that the translation can let them understand the wisedom (prajñā) fully and thoronghly. How should I again be skeptically so worried about the success or failure of sutra translation? Yet it would not be impossible to know it.

2. 1. 3 My studies of Master Dao An have indicated his sole endowment with supernatural wisdom and great talent which was fully manifested; as the example of early outstanding Chinese Buddhist sages, he inspired and directed later believers in the right way. He compiled the bibliography—*A Comprehensive Catalogue of the Sutras* (综理众经目录, *Zōnglǐzhòngjīng*

mùlù)—providing more information on the Tripitaka; he sorted out and improved the rules, rituals and Buddhist charter for Chinese monks&nuns, whose entire community was being expanded. Indeed he deserved the title "bodhisattva with the seal-like mark on his arm" people called him. He knew precisely the difficulties in the *Fàn* (Sanskrit) sutras, and he evaluated the strengths and weaknesses of the sutra translators; his studies were thorough into the most minute and deeply-hidden parts.

2.2.1 As for Siddhaṃ script and phonetic patterns in *Tianzhu* (the Indian subcontinent), Dao An seemed also to know them well according to my studies of his brilliant and fair views. In the past, *Tianzhu* (the Indian subcontinent) was called "that land", being included in the general name "Hu countries". Though a man of "distinctive ideas and knowledge" had his teacher Fo Tucheng praised him as, Dao An did not rectify but retained the common usage.

2.2.2 The *Hu* are the descendants of the uncivilized peoples to or in the west border of China, whereas only the *Fàn* are the real posterity of the Buddha's compatriots. Since the two are of different origins, it is ungrounded to confuse them both. But those who can't tell the difference may take the two as the same, and they may call a man with a Hu face one of *Fàn* (Indian) breeding; they may also mistake a real native of the *Fàn* land (the Indian subcontinent) as a *Hu* man. How sad they are to be unable to tell true from false! Their third mistake is to take a foreigner as either Hu or Fan; in fact he is neither a Fan nor a Hu. So we should correct the mistakes and call Buddhism as learning from the *Fàn* (Sanskrit) land, for we know it is not

from the Hu.

2.2.3 In my opinion the Buddhist sutras originated in *Fàn* land (the Indian subcontinent) and the sutra translation, beginning in the Eastern Han Dynasty in the Eastern capital (Luoyang), has been thriving for centuries without waning in China. In centuries of the Sutras' circulation the differences between *Hu* and *Fàn* (Sanskrit) versions had been blurred. And ordinary worldly people tended to chase the shallow fashions and few could wake up to their mistakes. Reviewing the past I can blame the confusion (not on Dao An but) on people in earlier ages.

2.3.1 Besides, a man has the **five desires**(五欲) of wealth, sex, food, fame and sleep, being agreeable to human's worldly nature, and being certainly hard to abandon while a bhikshu has to wear kashaya and to observe monastic disciplines, which are no small ordeal for him. Yet a bhikshu as a Buddhist ascetic has renounced his secular life, and concentrated on the Buddhist practices, leaving behind all kinds of worldly distractions and even deep love between families such as the spouse, children and parents. A bhikshu would turn his back against the old ways of his mundane life once he finds a reason. Why doesn't he learn Buddhist truths from the *Fàn* land (the Indian subcontinent)?

2.3.2 Furthermore, a Chinese child just old enough to receive initial schooling must learn how to recognize and to write Chinese characters and a composition, must recite the classics, and follow them word by word, like a parrot learning human speech and like a toddler learning how to walk. It is painful and laborious to master even a single character or word. It will take

years of dedicated study to go through the classics, and to know all about the past and present as well as heaven and earth. Only then it is time for him to strive for a great cause and achieve his ambitions. Buddhism was created by Sakyamuni, the Buddha himself, in the *Fàn* land (the Indian subcontinent). With the Sutra original texts in hand it will be possible to understand fully Buddhist theoretical systems and expressive forms; a successful study of Buddhist sutra texts will also result in unraveling the meaning without obstruction.

2.3.3 Some of our counterparts are too stubbornly homeland-centered to overcome the difficulties in studying directly the original sutras, and the other open-minded ones are perseverant in doing so, however difficult they are, not to mention the much easier *Fàn* (Sanskrit) language. Or even some Chinese monks' attachment in their mind to the (mistaken) conception of self (人我执) and their disgrace to learn from others have long made the rare and precious Buddhism remote and inaccessible to China. What a pity! My reflections on this in my moments of quiet reduce me to tears.

2.3.4 Among the earliest foreign monk sutra translators were Gobharana (法兰), who arrived in the Eastern Han Dynasty(between 58 and 78 CE), and Kang Senghui (康僧会), who came to the Kingdom of Wu in 247 AD. Among the Chinese monks who travelled to the Western Regions or/and India to study Buddhism Zhu Shixing (朱士行) from the Kingdom of Wei was the earliest, being succeeded by Zhi Yan (智严, 350－427 CE) and Bao Yun (宝云, 376－449 CE), both sutra translators the latest to our time; Zhu Fonian (竺佛念), was an eminent sutra translator in the Early and Late Qin dynasties. If the foreign and Chinese monk translators would teach Sanskrit to the Chinese monks who just shed their worldly garments and newly joined the order, and if they would teach them how to be a monk as well as how to read frist the original Buddhist sutras in Sanskrit, then the following dreams would come true: the correct speech (正语) from India would be spread all over the earth and the Buddha's melodious voice of turning Dharma wheels would be heard throughout China; the speech and voice would be understood by all bhikshus, who would be saved the toilsome task of translation; successive generations of bhikshus would all be illuminated without being lost in the net of doubts. Then their tongues, one of the six faculties and the basis of taste and speech consciousness, would ever become purified, and their hearts and minds cleansed increasingly clear as a mirror; then their reliance on the two kinds of wisdoms: hearing and thinking the Buddha's teaching would always predispose them for Buddhahood.

2.4.0 Dao An's above expositions have opened wide the gate to the dharma, even though some profound details therein remained perhaps to disclose. He also shed more light on the Buddha's precious legacy by the method of correcting sutra translations. Here I roughly listed his following ten main Guidelines and Methods for Correcting the Sutra Translations. The first is about the word sound. The second is about the sentence rhythm and tempo. The third is about the question-and-answer form. The fourth is about the name and meaning of terms. The fifth is about sutra commentaries. The sixth is about

songs and gathas. The seventh is about the power of mantras. The eighth is about section titles. The ninth is about special areas, and the tenth is about variant translations. In this way the sutra translations are corrected item by item, and please refer to Dao An's writings for the details of the Ten Guidelines.

Chapter 3

3. 1. 1 The Dharma Master Dao An also said that sutra translators in olden times, such as An Shigao (安世高) (who arrived at Luoyang in 147 CE), and Lokaksema (支谶) (who arrived in Luoyang in 167 CE) indeed conformed their translations to the Hu-language source texts, which was difficult for the later translators to follow. Zhi Qian (支谦), the sutra translator of Wu Kingdom and Moksala (无叉罗) **elaborately refined** (*qiǎo* 巧) and pruned the Sutra translations. My opinion would be that only the translations conforming to the source are expressed **plainly**(*zhì* 质), and the **elaborately refined** (*qiǎo* 巧) and pruned ones are for **literary grace**(*wén* 文). What was at one time criticized as much pruned may now be regarded as not necessarily right.

3. 1. 2 Now let me take this chance to discuss again the sutra translation of the early period. The Chinese enlightened early pioneers in Buddhism were reputed and ranked as Buddhist saints; the functions of their wisdom became so powerful and deep that they achieved much by opening the road of profound truth and reaching the gateway to the emptiness of self and dharma. Thanks to their wisdom in understanding and expression, the meaning of sutra translations generally may have

matched that of the source. After all, that was the time when Buddhism first spread to China, and few Chinese knew the source languages; even though some people who knew the both SL and TL translated the sutras into Chinese, they probably still found the teachings of Buddhism difficult to express fully. Never giving up, our later generations of Buddhists carried forward the earlier pioneers' cause unremittingly. Along with more and more *Fàn* (Sanskrit) writings and sutras gradually spreading into China, the true doctrine was expounded more and more fully. Their translation and explanation of the sutras were, I would say, increasingly distinct and clear.

3.2.1 Now I tentatively and rashly review the earlier sutra translations in today's point of view. Although Han Dynasty and the following Three-kingdom period were regarded as the very beginning for the sutras translation in China, I venture to comment on the gain and loss in the translations of the both periods combined. Some of the translations were **wordy** (*fán* 繁) with redundant expressions, and others too **brief** (*jiǎn* 简) to be transferred adequately. At times they were so **coarse** (*yě* 野) (plain) that they were stylistically incomplete or so **flowery** (*huá* 华)(adorned) that their style was inconsistent.

3.2.2 Between Jin Dynasties (265－420 CE) and the Liu Song Dynasty (420－479 CE) of the Southern Dynasties the vogue for mystical conversations polluted the purity of sutra translations anyhow. In the north of China, in the States of Early Qin (351－394) and Late Qin (386－417) and the States of Liang(301－420), the translator's **literary talent** (*wéncái* 文才) was stressed, and the **original features** (*zhì* 质) of the source

sutras were particularly followed, too. At times there were groups of eminent monks and virtuous scholars who kept the sutra translation in the right way of Buddhist dharma under the guidance of some chief sutras.

3.2.3 From then on, later monk generations copied exactly the old-fashioned translation examples and rules of the earlier dynasties. As the result different sutra translators transferred some Sanskrit terms in the same old way regardless of concrete situations. None asked if there were any mistakes, and few bothered to probe into the real truth. For example, they translated "samaksha", a Sanskrit word meaning "what is before one's eyes", into *"huāmán"* (花鬘), which actually means "wreath" (on the head or body for decoration) in Chinese, and "añjali", which is the Sanskrit term for placing one's palms together, all into *"chándìng"* (禅定), which actually refers to the practice of zen meditation. Other such poor translation examples are many. Bodhiruci(菩提留支), the sutra translator from Northern India, arrived in Luoyang in 508 when it was in the reign of Northern Wei of Northern Dynasties, and he added something of his own to the translations. Paramartha(真谛), being from western India, the famous sutra translator in Chen Dynasty of the Southern Dynasties, with his translations was mostly **reflecting** (*shì* 饰) the certain saint's Buddhist ideas of the certain school in the given historical period .

3.3.0 If the Translation Assembly's *Fàn* (Sanskrit) master translator was allowed solely to decide the meaning, he could not express so fully the implicit and delicate ST lines in the TT. However, if the Chinese **semi-translator** (*bǐrén* 笔人) took part

436

in the master's decision-making, there would definitely be some confusing and redundant expressions. My opinion is that the translation **true to the original nature** (*pŭ* 朴) and closer to the Buddhist dharma is preferable to the **artfully adorned** (*qiǎo* 巧) one that goes against the origin of dharma. When we read a translation pure and **true to the source** (*chúnzhì* 淳质), we should not complain suspiciously.

Chapter 4

4. 1. 1 In those years early believers could look veneration up to the Buddha's face, but what they saw even then was different; hearing his wonderful voice with their own ears, they received different messages. Thus their arguments caused more doubts, which revealed in advance mahā-parinirvāṇa-sūtra. When different Buddhist sects rose, clinging obstinately to their own views, some sects even recorded the "Mañjuśrī Sutra" so unfoundedly that they said: Buddha accepted the correctness of two extremes(such as Being and Non-being). However, in fact even a Buddhist bhikshu does not allow any believer to fall on either of the opposite sides.

4. 1. 2 Too early entering nirvana the Buddha no longer gave his teachings by himself. Soon afterwards in the first Buddhist sutra council five hundred bhikshus codified the Buddha's doctrines in the period of 90 days' peaceful dwelling(安居), by mending and connecting the fragmented and disjointed parts of the Buddha's sayings. They found out the root of mistakes within Buddhism so as to prevent them, like the one made by the monk who misrecited the Buddha's words "not perceive the

Dharma of arising and ceasing" into "not see the duck flying and rising". Such an error soon distorted the Buddha's exact words. Anyway the 1st sutra council avoided the immediate reduction of Buddhist dharma-mukha (dharma-gates) though the Buddha passed away a few months ago.

4. 2. 1 Now the Buddha's own teachings are a millennium away from us, and the man's mind is increasingly infected with hypocrisy. Without the Buddha's own tireless, eloquent and all-out teachings, how can our Chinese believers attain enlightenment today? Moreover, even Ruist classics do not avoid text errors; today we speak the same words but different messages are transmitted. Furthermore, the gap between the mortals and the Buddha is so immense, and China in the east and India in the west is geographically so far apart that the difficulties in our spreading and translating Buddhist sutras are hard to tell.

4. 2. 2 To overcome the difficulties we must be earnest and careful in repetitive checking of the translated texts and avert even the smallest error in every single word or sentence. We make a progress with years of work, but mere days are not enough. For our own enlightenment and extensive development of Buddhism we must work through long nights so as to fulfill the mission.

4. 3. 0 In the process of sutra publicity and translation a monk translator can add or change nothing of the sutra, because the sublime doctrine is kept in the words finalized by the early Buddhist arhats and saints. I often feel sad to appraise some translations, about which a good sutra translator with discerning

eyes is guilty. In order to transfer the full truth in a translation, a sutra translator must have the following Eight Prerequisites.

4.4.1 First, a monk translator must devoutly love the Buddhist Dharma, by which he must be ready to help others, not being afraid of long-time efforts. Second, to attain the Buddhahood he should start with strict observance of the precepts and rule, being not infected with the worldly Eight Winds (八风 = 讥) and the wickedness (è 恶, the ideas and behaviors against Buddhism). Third, he must grasp thoroughly the Tripitaka, Mahayana and Hinayana Buddhism, not being bothered by his ignorance of the above-mentioned sutras and doctrines and by stagnancy in his studies of Buddhism. Fourth, in addition to Buddhist canons and knowledge, he must also read extensively and cursorily the Chinese classics and Chinese history and make himself well versed in letters to avoid clumsy and awkward translations. Fifth, he must be kindhearted, flexible, accommodating, peaceful-& open-minded, and must not be biased or self-willed.

4.4.2 Sixth, the monk translator must also concentrate on all methods and skills needed by sutra translating, being indifferent to fame and riches, harboring no desire to show off. Seventh, he must know thoroughly the Fàn language (Sanskrit) and how to translate in a right way, never falling behind in the learning related with the Fàn language (Sanskrit). Eighth, he must skim over *Cāngjié Piān* (仓颉篇), the Chinese character book in Qin Dynasty (245—206 BC), and *Ěryǎ* (尔雅), the first Chinese dictionary, and he can read the Chinese seal characters (*Zhuàn* 篆) or official script (*Lì* 隶), never being ignorant of his native language. Only with all these eight prerequisites prepared, is a sutra translator qualified.

4. 5. 1 Somebody will always become a worthy Sutra translator under the overwhelming power of his karmic trio of thought, word and deed, which has been gaining its strength like non-stopping wind day by day since the beginningless. So if repeat searching around thoroughly, you can find such fine talent as with the above 8 prerequisites; employ a few of them first, and more of them may be found in the future. Although there are not so many good sutra translators as in the past, more and more practitioners to come will carry on our work .

4. 5. 2 It is no longer in doubt that the dharma bridge has still been in place to help people. For example, in the Wei (220－265 CE) of the Three Kingdoms the foreign translators such as Bai Yan（白延）and Saṃghavarman（康僧铠）stayed yet in Luoyang for sutra translation and flourished. In the later dynasties it was not just in Jin Dynasties（265－420 CE）that there were such outstanding sutra translators as Dharmakṣa (竺法护) and Fa Xian（法显）who flourished.

Chapter 5

5. 1. 1 Someone said: "When the Buddha pronounced the dharma in his own tongue more than a millennium ago in India, the viviparous, self-produced, those born from moisture or an egg could all understand the Buddha, who granted his blessings to all beings, widely converting and enlightening all the ignorant and unenlightened.

5. 1. 2 Besides, the sutra translation began at White Horse

Monastery（白马寺）in the city of Luoyang during Emperor Ming's Reign（57－74 CE）of the Eastern Han Dynasty and the early believers did listen to the monk translators' words in Luoyang. And in his reign years of Chiwu（238－51 CE）, Sun Quan（孙权, r. 222－252 CE）, ruler of the Kingdom of Wu built the first Buddhist temple of the region in the city of Jianye（建业, the kingdom's capital, roughly present-day Nanjing）and the believers trusted the sutra translator's words there. In Han Dynasty and later Three Kingdom Period, the sutra translators did not overdo transliteration in the TTs, which was considered to conform to the ultimate aim of Buddhism, so that local Buddhists could read intensively the translated sutras before they probed into the very core of Buddhism. The believers followed whatever versions they obtained regardless to the true or fake. So the sutra translations of the early period have passed on intact till today, being praised and followed generation after generation. The early sutra translations depended indeed on the translators' wholehearted concentration on their work, but had nothing to do with the Four abilities of unhindered understanding and expression（四辩）. Since the early translators must have kept some Fàn（Sanskrit）sounds in the TTs, how can a local believer understand thoroughly the Dharma?"

5.2.1 The following is my answer(to the above question).

"One who just talks but without real experiences will be shamed aside by a much experienced and learned person; a Buddhist without Buddhist friends will sincerely blame himself for his limited knowledge and scanty information. A self-opinioned man is narrow-minded, who can not see the whole

universe. It is all the more impossible to understand the truth for one to separate the name (abstract conception) and thing (concrete phenomenon).

5. 2. 2 In his pronouncing the dharma in his own tongue the Buddha was secretly supporting, assisting and instructing the early disciples with his supernatural powers(神通);(Without the Buddha) particularly the sharp faculties (利根) can tally with Buddhahood by reading Mahayana sutras. But now our Chinese bhikshus are not in the city of Rājagrha (王舍) where the early believers were able to hear the Buddha's teachings directly from his golden mouth. Today, even if the Chinese believers seem to have some freedom from afflictions, it will be hard for them to have dhyāna (禅定) and prajña (智慧). If the sutras in *Fàn* language (Sanskrit) were perfect in the sound and senses, the correct and sincere-minded would be able to correspond to them; if the Chinese believers can directly read the sutras in *Fàn* (Sanskrit), what need is there for a translator?

5. 2. 3 Indeed, if the Chinese monk translators are not firmly and perfectly rooted in the Dharma, how can they translate purely and truthfully? In such defective translations there are bound to be all kinds of departures and deviations from the Dharma. If only they grasp Dharma as firmly and deeply as a tree takes root and follow the Buddha's words, they will be able to explain the doubts and discern the Buddha's true meaning or intention. If the monk translators can keep their attention concentrated, they can even understand the ten cases of the Buddha's speaking dharma; otherwise they truly dare not to determine what the Buddha means on the basis of facts.

全注全译隋释彦琮《辩正论》

5.2.4 As for a Chinese layman's conduct of filial piety, loyalty and bringing honor to his house so as to keep his clan and enfeoffed land affairs in order, he can carry forward Confucianism only if he can preach it in words. Moreover, among lay Indian Buddhist practitioners Vimalakīrti was good in his persuading others to arouse their thought, or sincere and earnest intention to attain enlightenment（发心）; Susambhava, the young lay man's trust in and reliance（归依）on buddhahood were absolute and complete. So a bhikshu must fully and precisely explain the dharma to others, more than having gone through the tonsuring ceremony and shaving the hair and beard, more than wearing kashayas and holding begging-bowls in hands, rebelling greatly against the mundane education and code of conducts, more than abandoning or changing abruptly their worldly appearances and acts, more than receiving the title of a bhikshu in vain.

5.2.5 Today（In Sui Dynasty）our（Chinese）bhikshus are studying the *Fàn* (Sanskrit) sutras which came from India in the olden times, how can we tolerate any non-dharma elements? How can we, who worship the Buddha as the founder of Buddhism, be too embarrassed to inquire into the origin of the name "Buddha"? How can we, whose mission is to carry forward Buddhism and who worship the Buddha as our greatest teacher, be ashamed to pursue the fascinating messages in Buddha's words? If so we would read the sutras in vain and without reverence in our hearts; upon seeing a *Fàn* (Indian) monk, we would yet feel contempt and arrogance. To put the cart before the horse, how laughable are we! With the Dharma Semblance

443

Age coming to an end, none can stop such perversions. How lamentable it is to be a bhikshu in this way!"

(The remaining text is too long and has been omitted.) [said the writer (Dao Xuan) of this biography]....